东台辞郎村

南　京　博　物　院
无锡市文化遗产保护和考古研究所　编著
东　台　市　博　物　馆

文物出版社
北京·2020

图书在版编目（CIP）数据

东台辞郎村／南京博物院，无锡市文化遗产保护和
考古研究所，东台市博物馆编著．—北京：文物出版社，
2020.7

ISBN 978 - 7 - 5010 - 6503 - 5

Ⅰ．①东… Ⅱ．①南… ②无… ③东… Ⅲ．①文化遗
址—发掘报告—东台—唐代—明代 Ⅳ．①K878.05

中国版本图书馆 CIP 数据核字（2019）第 297868 号

东台辞郎村

编 著：南 京 博 物 院
无锡市文化遗产保护和考古研究所
东 台 市 博 物 馆

责任编辑：谷艳雪
责任印制：张 丽
封面设计：程星涛

出版发行：文物出版社
社 址：北京市东直门内北小街 2 号楼
邮 编：100007
网 址：http://www.wenwu.com
邮 箱：web@wenwu.com
经 销：新华书店
印 刷：河北鹏润印刷有限公司
开 本：889mm×1194mm 1/16
印 张：24.75 插页：2
版 次：2020 年 7 月第 1 版
印 次：2020 年 7 月第 1 次印刷
书 号：ISBN 978 - 7 - 5010 - 6503 - 5
定 价：380.00 元

Cilangcun Site of Dongtai

(With an Abstract in English)

by

Nanjing Museum

Wuxi Municipal Institute of Cultural Heritage and Archaeology

Dongtai Museum

Cultural Relics Press

Beijing · 2020

目 录

插图目录

彩版目录

第一章　前　言

　　泰东河古名运盐河、下运河，是淮南水路系统的重要组成部分，沿线历史文化资源丰厚。近现代以来，泰东河在泄洪排水、水运灌溉等方面作用凸显，多次进行疏浚、修筑河堤。中华人民共和国成立后，泰东河一直是引江干河和水利水运的主通道。进入21世纪，泰东河工程作为江苏省江水东引北调的重要组成部分，被水利部列为《加快治淮工程建设规划（2003～2007年）》确定实施的重点治淮项目，被江苏省列为"十二五"淮河流域重点平原洼地治理工程。该工程西起泰州海陵区，经姜堰、兴化至盐城东台，西接泰州引江河北口，东连通榆河，全长55.076千米，是一项排涝、输水、结合航运、改善水环境的综合利用工程。2011年初，泰东河工程开工实施。

　　2011年5月9日，江苏省世行贷款泰东河工程建设局向江苏省文物局发出《关于申请世行贷款泰东河工程蒋家舍遗址考古调查勘探的函（苏世泰［2011］24号)》，江苏省文化厅、文物局高度重视，向南京博物院下发了《关于委托对世行贷款泰东河工程用地范围进行有关考古调查、勘探工作的函（2011年5月12日）》，2011年5月至2011年6月，南京博物院迅速组织调查队对蒋家舍遗址和泰东河工程河段沿线及堆土区域进行了详细的考古调查工作，共发现10处新石器时代到唐宋时期的文物点，分别是东台市辞郎村遗址（唐宋至元明时期）、晏溪河遗址（唐宋至明清时期）、泰河村遗址（宋代至明清时期）、摹云村遗址（宋代至明清时期）、新稽村遗址（唐宋至明清时期）、陶庄四组遗址（宋代）、陶庄五组遗址（宋代至明清时期）、兴化市郭西遗址（唐宋至明清时期）、蒋家舍遗址（部分属于东台市时堰镇，新石器时代至明清时期）和姜堰市姜茅村遗址（宋代至明清时期）。

　　2011年10月，经国家文物局批准，南京博物院牵头组织徐州博物馆、镇江博物馆、泰州市博物馆、盐城博物馆、淮安市博物馆、无锡市文化遗产保护和考古研究所、兴化市博物馆、姜堰市博物馆、东台市博物馆等单位工作人员组成了十支考古队，对泰东河工程沿线文物点展开了抢救性考古发掘工作。2011年11月，世界银行检查团检查了江苏省世行贷款泰东河工程文物保护工作，考察了东台辞郎村遗址发掘现场。2011年12月，江苏省文物局组织文物考古专家对泰东河工程考古工地进行了中期检查与验收。2012年4月，泰东河沿线考古发掘工作全部结束。

　　辞郎村遗址是泰东河工程处十处重要文物点之一，因位于东台市辞郎村东侧，故名。辞郎之名源于董永七仙女的传说故事，东台地区有大量与董永传说相关的地名和遗迹，如汉董永墓、辞郎河、凤凰池、缫丝井以及辞郎村、摹云村等有关的遗迹地名达五十余处。依托董永传说风物建设的西溪董永七仙女文化园更是将董孝贤祠、浮雕长廊、十八里亭、老槐树、荷风茶舍、缫丝井、摹云阁、双鞋庄、桑田草堂、鹤落坮、舍子头、大茶壶、水车、鸽舍等二十多个景点集中展示，呈现给游客一幅美轮美奂的画卷。西溪历史悠久，因东临大海之利，唐代作为淮南盐场的一个中心区，置盐监治所。北宋时期，名相吕夷简、晏殊和范仲淹等都曾在西溪出任过盐官。辞郎村遗址东距西溪古镇 3 千米，处在上游一处重要的关卡位置，分布在泰东河两岸。通过发掘所揭示的文化面貌来看，遗址在唐宋时期是最为繁盛的阶段，这应该是与西溪盐业的中心地位密切相关的，正是盐业的繁荣带动了运河沿岸市镇的发展。

此次考古发掘区选择在河道开挖线以内进行布方，东、西两岸发掘区揭露了许多晚唐至南宋时期的重要遗迹，出土了大量瓷器、陶器等生产生活遗物，对遗址文化内涵的认识有了充分的实物依据。遗址中发现有很多食用过的牛骨，这似乎很不符合唐宋时期严控杀牛保证畜力的规定，结合当时淮南盐业对于国家赋税的重要意义和遗址之于西溪盐监的关卡位置，可以大胆推测辞郎村遗址很有可能是一处重要的军事关卡驻地，用以保障运河盐业的正常运营。此后，随着海岸线不断东迁，传统煎盐工艺赖以兴旺的卤水东去，政局变动造成了社会动荡，淮南盐业遭受重大打击。黄河夺淮入海，海流辐射沙脊群，废盐垦荒渐成趋势。从一定意义上说，考古发掘所揭示的文化内涵恰如历史的演变过程。此外，值得注意的是，遗址东、西岸遗存的区别问题。遗址唐代时期的文化面貌基本一致，进入宋代以后，出土遗物有许多不一样的情况，这是与遗址功能分区有关，还是与泰东河的治理变迁相关，值得关注与探讨。辞郎村遗址所在地河网密布，水路交通发达，泰东河、串场河等多为重要盐运水道，在国计民生、社会发展中起到了十分重要的作用，实际上充当了沿岸居民"母亲河"的角色，诸如辞郎村遗址等依河而生、临河而建的布局，正是人们与运河守望共生的真实写照。

及至今日，泰东河在泄洪排水、水利水运等方面的作用仍然十分重要。历史过往仿佛东逝之水，不同的是沧桑积淀。考古发掘工作大多数时刻是在轰隆隆的建设工程催促下抢救进行，而十分有意思的是，许多具有重要历史意义的考古发现正是在这种境况下不期而遇。如何将文化遗产保护与社会经济建设统筹发展成了一个不得不直面的话题。文化遗产保护工作对于社会主义文化建设、坚定文化自信具有突出的价值意义，社会经济建设对于国民经济、社会发展更是十分重要，两者怎样做到协调统一呢？泰东河工程文物保护项目的顺利实施提供了一个样板答案：通力合作、协调配合是关键。经过江苏省级文物、水利部门的通力合作，省市县文物部门科学考古，泰东河工程联合考古队顺利完成了发掘计划，获取了丰硕成果，有力地推动了地域文明探索，促进了文化遗产的保护工作。泰东河工程建设如期进行，考古发掘与工程建设实现了双赢。泰东河工程文物保护项目对当地文化发展、经济与社会协调发展起到了良好的示范作用。

第二章　地理环境与历史沿革

一、地理环境

东台原为泰州管辖，因位于泰州之东，地势稍高，当地称台，故名东台。又传先有西溪，后有东台，位于西溪之东，且烧盐亭场林立，因此又名东亭。东台市位于苏北中部黄海之滨，地理坐标为北纬 32°33′～32°57′，东经 120°07′～120°53′，市境东濒黄海，西连运河，南接长江，北望徐淮。南宫河、安时河、老梁垛河、蚌蜓河、车路河、梓辛河等干河西引东调，川东港、东台河、梁垛河、三仓河、安弶河、方塘河、红星河东流入海，泰东河、串场河、通榆河、输水河、头富河、潘堡河和垦区干河纵贯南北，河网密布，水运便通。

东台市地处北亚热带向暖温带过渡的地带，属温湿季风气候区，全市气候温和湿润，雨水充沛，日照充足，霜期较短，雨热同期，四季分明。境内自然资源丰富，素有"金东台"之美誉。拥有 85 千米长的海岸线和 10.4 公顷的连陆滩涂，另有东沙、条子泥等岸外辐射沙洲 6.7 万公顷，滩涂面积占江苏省的 22%。连陆滩涂以每年 150 米左右的速度向大海延伸，年新增土地 600 多公顷。境内有动物资源 150 多种，盛产鱼、虾、蟹、贝、藻、沙蚕等海产品。有 88 种鸟类在滩涂地生息繁衍、迁徙停留。植物资源有 300 多种，其中药用植物多达 100 多种。境内可开采矿种有石油和砖瓦用黏土。境内常年平均气温 15.0℃，无霜期 220 天，降水量 1061.2 毫米，日照 2130.5 小时。气候条件比较优越，但由于地理位置及季风环流的影响，容易遭受雨涝、台风、冰雹等灾害的袭击。

东台全境为平原地带，范公堤（今通榆公路）沿串场河纵贯南北，将东台市分成堤东、堤西两大地块。堤西属里下河水网地区，河港纵横，盛产水稻，地势东北高平，西南低洼，为著名的时溱洼地，平均地面真高 2.5 米，最低洼地为 1.4 米。堤东地区为黄河夺淮后泥沙淤积形成的滨海平原，平均地面真高 4.0 米左右，面积广阔，宜粮宜棉，沿海滩涂开发利用潜力很大。

二、历史沿革

东台历史悠久，溱东镇开庄遗址的发掘显示，距今 5000 年左右，已有人群在此地生息繁衍。[①] 商周时期为淮夷地。春秋战国时，先后属吴、越和楚，楚国筑广陵城（今扬州市广陵区

---

① 盐城市博物馆、东台市博物馆：《江苏东台市开庄新石器时代遗址》，《考古》2005 年第 4 期。

西北蜀冈一带）。秦分广陵而置晦陵县（即海陵县，今泰州市海陵区），晦陵县先后隶属薛郡和东晦郡（即东海郡）。西汉时，海陵县先后隶属楚国东海郡、荆国东阳郡、吴国东阳郡、江都国东阳郡、广陵郡、临淮郡、徐州临淮郡。汉武帝建元元年（公元前140年），为适应草煎盐生产需求，设立临淮郡广陵县西溪镇。元狩六年（公元前117年），置临淮郡，建海陵县，辖海安、西溪两镇。魏晋南北朝时期，东台地域在徐州海陵郡建陵、宁海两县境内。隋唐时期，东台地域横跨海陵、宁海两县，先后隶属扬州总管府和江都郡。唐武德九年（626年），宁海县并入海陵县。贞观元年（627年），时属淮南道扬州海陵县。南唐升元元年（937年），海陵县属泰州，海陵监（与县同级）移至东台场，东台之名始见于史书。[①] 宋元时期，东台属泰州军海陵县，海陵监移治如皋，置西溪盐仓监（今东台西溪）。明洪武元年（1368年）设西溪镇巡司于东台场，隶属泰州；清乾隆三十三年（1768年）置东台县，由同知改为县治从泰州分出，隶属江苏省扬州府[②]。民国时期，东台县一度直属江苏省，后改属江苏省盐城行政督察区。1987年，东台撤县建市（县级），隶属盐城市。

---

① ［宋］乐史著，王文楚等点校：《太平寰宇记》，中华书局，2007年。东台之名最早见诸"南唐升元元年（937年）置海陵监于泰州东北之东台场"的记载。

② 参考文献：《东台县志》，据清嘉庆二十二年（1817年）刊本（东台知县周右总纂，单壮图、许士模协纂，蔡复午等分编）影印，中国方志丛书·华中地方·第二十七号，台北成文出版社，1970年。东台县地名委员会编：《江苏省东台县地名录》，1985年。江苏省地方志编纂委员会：《江苏市县概况》，江苏凤凰科学技术出版社，2014年，第318～320页。江苏省地方志编纂委员会：《江苏建置志》，江苏人民出版社，2013年，第513～517页。

第三章　遗址概况

一、调查发现

辞郎村遗址于 2011 年调查发现（彩版一，1）。2009 年，江苏省委、省政府将泰东河整治工程确定为保障沿海发展的水源工程。2010 年，水利部审核批准实施泰东河整治工程，并列为世行贷款项目。2011 年 3 月，泰东河全线展开拓浚整治。因泰东河整治工程涉及河道拓浚、平地开河、对沿线跨河桥梁（道路、铁路）进行拆建（新建）等内容，对河道两岸及新开河道的部分地区造成重大影响，根据《中华人民共和国文物保护法》第二十九条"进行大型基本建设工程，建设单位应当事先报请省、自治区、直辖市人民政府文物行政部门组织从事考古发掘的单位在工程范围内有可能埋藏文物的地方进行考古调查、勘探"的规定，2011 年 6月，受江苏省文物局委托，并根据江苏省文物局的要求，南京博物院负责组织对泰东河整治工程用地范围进行考古调查、勘探工作（彩版一，2）。经调查，在东台市广山镇（现属五烈镇）辞郎村东约 700 米处，泰东河工程标段 CS10 ~ CS14 间，发现一处文化遗存分布非常密集的区域，地表散布大量的青瓷碗、白瓷碗、执壶残件及陶片、砖瓦等物，结合河岸剖面观察，可见有较为明显的文化层堆积。因遗址紧邻辞郎村，故名辞郎村遗址。

遗址东距东台市区 7 千米，北临西溪古镇，中心地理坐标为北纬 32°49′11″，东经 120°15′46″（图一）。勘探揭示，遗址包括泰东河东岸和西岸两个部分，东岸部分长 320、宽 150 米，面积约 4.8 万平方米，西岸部分长 320、宽 100 米，面积约 3.2 万平方米，遗址总面积约 8 万平方米。遗址受工程影响面积约 7100 平方米，其中泰东河东岸遗址受影响面积约 5100 平方米，西岸受影响面积约 2000 平方米。此外，在泰东河整治工程沿线还发现蒋家舍遗址、晏溪河遗址、泰河村遗址、摹云村遗址等十余处重要文化遗存。

辞郎村遗址所在的广山镇一带属于泰东河流域，水路交通发达。泰东河古称西溪河、辞郎河、运盐河，是历代重要的盐运水道与行洪通道，亦曾是泰州西溪直通海口的主要河道。现河道西起泰州西坝，穿越泰州、兴化、东台，东至东台串场河海道口，全长达 60 千米。《东台水利志》："（北宋庆历年间，1041 ~ 1048 年）复治泰州西溪河，发积盐。"[①] 此为治理泰东河的早期记载，河道的开挖时间不详。《东台地名志》载，泰东河最早开发于汉代，为运盐

---

① 东台水利志编纂委员会：《东台市水利志》，河海大学出版社，1998 年，第 71 页。

图一　辞郎村遗址位置图

河，继则为宋。① 《水的泰州》一文称泰东河全线开挖贯通于明永乐二年（1404 年），是明代为加快海盐流通所采取的举措。②

二、发掘整理

2011 年 11 月至 2012 年 1 月，经国家文物局批准，南京博物院联合无锡市文化遗产保护和考古研究所、东台市博物馆等单位，对遗址进行了抢救性发掘。发掘集中于泰东河河口开挖线以内的东西两岸，依河道走势布方，共计发掘面积 3555 平方米（图二）。遗址文化层堆积在东西两岸有差别，东、西岸遗存发掘时未进行统一编号，现将遗址东西两岸分为两区，东岸为 D 区，西岸为 X 区，单位遗迹编号分别为 "2011DCD……" 和 "2011DCX……"，为便于行文介绍，后文编号简略为 "D……" 和 "X……"。

东岸共布 5 米 × 5 米探方 80 个，探方编号为 DT0701、DT0702、DT0703、DT0704、DT0801、DT0802、DT0803、DT0804、DT0901、DT0902、DT0903、DT0904、DT1001、DT1002、DT1003、DT1004、DT1101、DT1102、DT1103、DT1104、DT1201、DT1202、DT1203、DT1204、DT1301、DT1302、DT1303、DT1304、DT1401、DT1402、DT1403、DT1404、DT1501、DT1502、DT1503、DT1504、DT1601、DT1602、DT1603、DT1604、DT1701、DT1702、DT1703、DT1704、DT1801、DT1802、DT1803、DT1804、DT1901、DT1902、DT1903、DT1904、DT2001、DT2002、DT2003、DT2004、DT2101、DT2102、DT2103、DT2104、DT2201、DT2202、DT2203、DT2204、DT2301、DT2302、DT2303、DT2304、

---

① 东台县地名委员会编：《东台县地名录》，东台县地名委员会，1985 年，第 229 页。
② 黄炳煜：《水的泰州》，《江苏地方志》2011 年第 5 期。

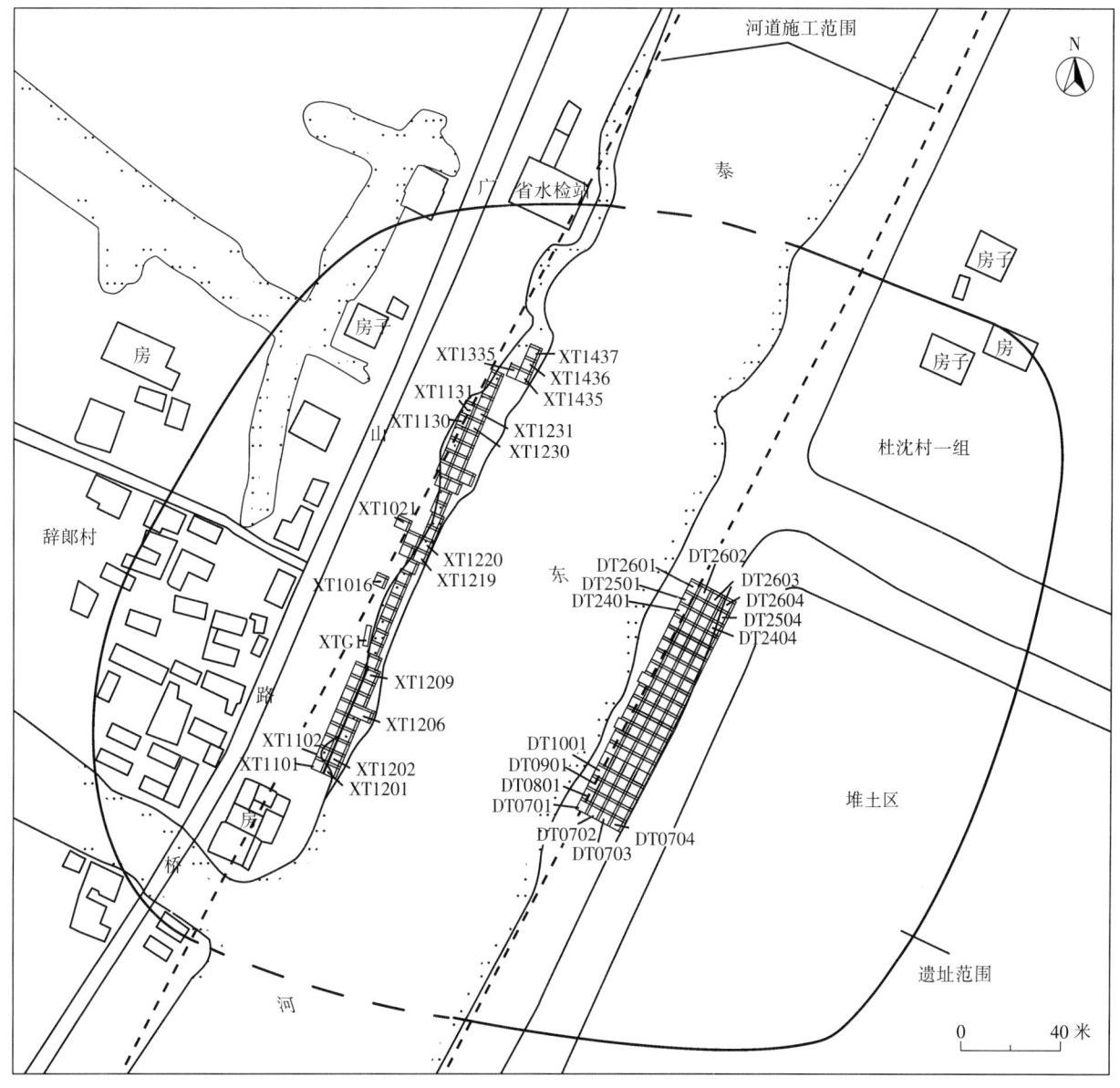

图二　遗址范围图

DT2401、DT2402、DT2403、DT2404、DT2501、DT2502、DT2503、DT2504、DT2601、DT2602、DT2603、DT2604，其中DT1401、DT1801分别向西扩方1米，共计发掘面积2010平方米。西岸共布5米×5米探方59个及5米×10米探沟1条，探方编号为XT1016、XT1021、XT1101、XT1102、XT1103、XT1104、XT1105、XT1106、XT1107、XT1108、XT1109、XT1119、XT1120、XT1126、XT1127、XT1128、XT1129、XT1130、XT1131、XT1201、XT1202、XT1203、XT1204、XT1205、XT1206、XT1207、XT1208、XT1209、XT1210、XT1211、XT1212、XT1213、XT1214、XT1215、XT1216、XT1217、XT1218、XT1219、XT1220、XT1221、XT1222、XT1223、XT1224、XT1225、XT1226、XT1227、XT1228、XT1229、XT1230、XT1231、XT1232、XT1233、XT1234、XT1325、XT1326、XT1335、XT1435、XT1436、XT1437和XTG1，其中XT1206向东扩方4米，发掘面积1545平方米（图三；彩版二，1、2）。

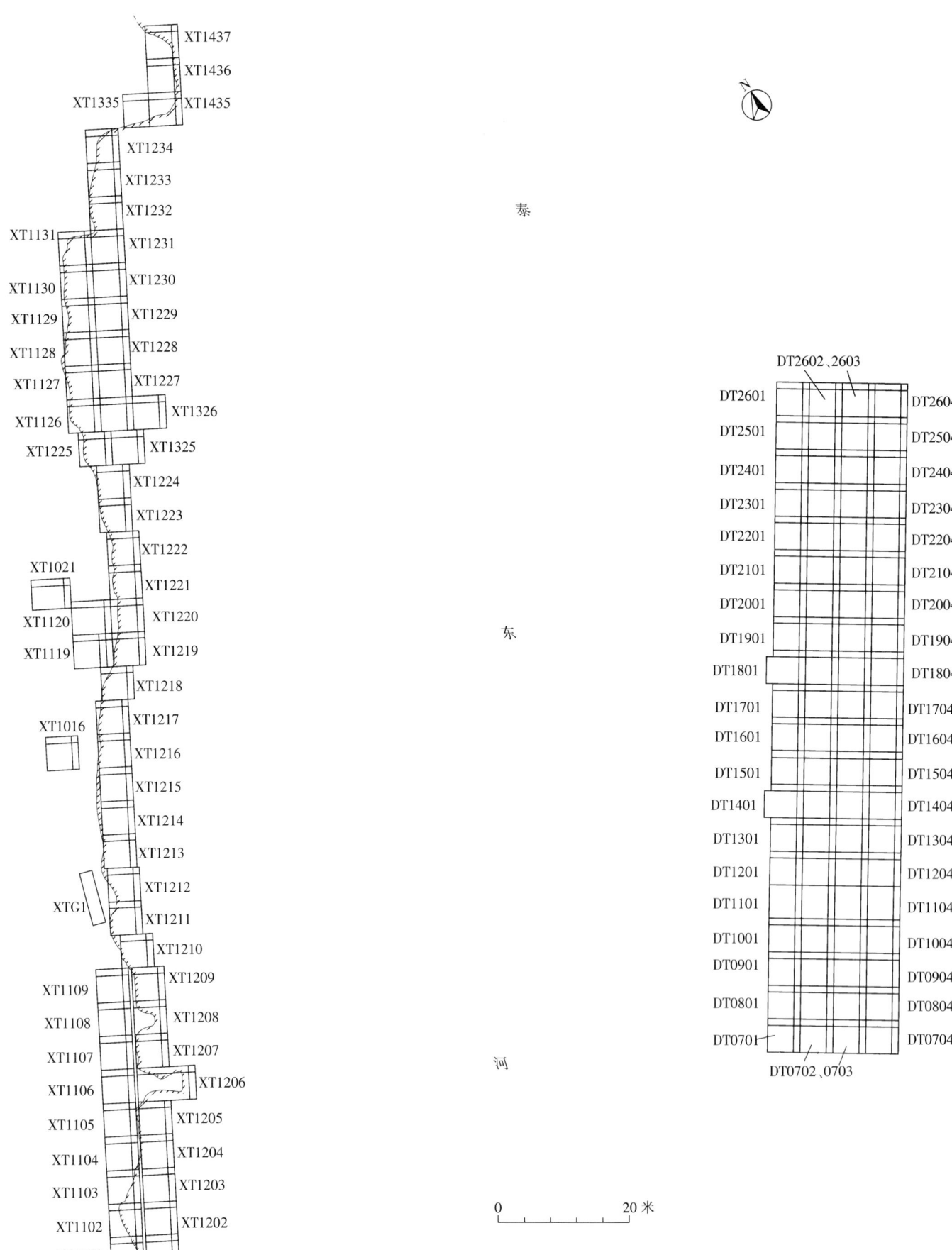

图三　东、西岸遗址布方图

　　此次考古发掘项目领队为周润垦，遗址东、西岸的发掘工作分别由南京博物院和无锡市文化遗产保护和考古研究所负责实施。东岸发掘区由无锡市文化遗产保护和考古研究所李光日、全仁学、邵海波、苏作威、孙东文等负责发掘，西岸发掘区由南京博物院周润垦、李保国、刘乃会等负责发掘。发掘工作结束后，李保国、刘乃会、邵海波等开始整理原始发掘记录、修复器物。2016年开始，发掘领队周润垦统一安排报告整理工作：高伟、仪张敏负责器物线图的绘制与描图，制作器物卡片；周润垦、高伟负责器物摄影与排版工作；霍华老师指导遗址出土瓷器窑口的鉴定工作；山东大学宋艳波老师和王杰、高亚琪对出土动物骨骼进行了分析；南京艺术学院的黄瑾和白雪对出土遗物进行了修复，雷小燕修复了部分出土遗物；邵海波核对了辞朗村遗址东西岸发掘区资料；中国人民大学2014级的博士研究生刘翀，硕士研究生孟艳云、王红艳、山西大学2019届毕业生范育彬、朱思奇参与了部分文字校对和整理工作。报告最后由高伟统稿完成。

　　资料整理初期，由高伟、李光日执笔编写了一篇简报《江苏东台辞郎村遗址发掘简报》，发表在《东南文化》2017年第6期，其中凡与本报告冲突的，均以本报告为准。

第四章 发掘区堆积

辞郎村遗址 2011 年度抢救性发掘区分别处在泰东河东、西两岸，整个发掘区地势较为平坦，皆为河道开挖线以内的河岸边缘。发掘区堆积根据堆积性质可分为地层堆积和遗迹堆积两类，按其形成年代又可分为近现代、元明时期、唐代和宋代的堆积。两岸发掘区堆积有所差异，东岸未见唐代文化层分布，西岸揭露有晚唐、宋和明代地层。

一、地层堆积

东岸地层以探方 DT2401 ~ DT2404 南壁为例介绍如下（图四）。

第 1 层：现代耕土，厚 5 ~ 30 厘米。灰黄色土，土质疏松，遍布全部发掘区。夹杂许多植物根茎。DH1、DH8、DG2 开口于本层下。

第 2 层：厚 0 ~ 32 厘米，距地表深 25 ~ 50 厘米。浅灰色土，土质致密较硬，分布于发掘区北部。夹杂有木炭屑及红烧土颗粒等物，出土较多青瓷残片、青花瓷碎片和灰陶片，为元明时期文化层。

第 3 层：厚 0 ~ 65 厘米，距地表深 48 ~ 82 厘米。灰黑色土，土质略硬。出土大量青瓷片和少量陶片，为宋代文化层。DG1、DG3 ~ DG6、DH2 ~ DH7、DH9 ~ DH13 开口于本层下。

第 3 层下为黄色生土。

西岸地层以探方 XT1101 ~ XT1109 西壁为例介绍如下（图五）。

第 1 层：现代耕土，厚 15 ~ 30 厘米。灰褐色土，土质疏松，遍布发掘区。夹杂许多植物根茎。XH6、XG1、XG9 开口于本层下。

1B 层：厚 15 ~ 25 厘米。灰黑淤土，分布于 XT1201 ~ XT1234、XT1126 ~ XT1131、XT1325 ~ XT1335、XT1435 ~ XT1437 等探方。位于河岸断崖下部，断崖下部探方地层为河道冲刷淤积，河岸断崖高差 2 ~ 2.5 米。

第 2 层：厚 5 ~ 25 厘米，距地表深 20 ~ 35 厘米。黄褐色土，夹杂少量蚌壳碎片，土质较硬。出土有青瓷残片、青花瓷片和少量灰陶片，为元明时期文化层。XG2、XG3、XG6 开口于本层下。

第 3 层：厚 0 ~ 60 厘米，距地表深 40 ~ 80 厘米。深褐色土，土质较硬。出土较多青瓷片、少量釉陶片及灰陶片。XH2、XH5、XH7、XG4、XG5、XJ2、XM1 开口于本层下。

第 4 层：厚 0 ~ 25 厘米，距地表深 52 ~ 83 厘米。灰褐色土，土质致密。出土遗物多为青瓷片，另有少量釉陶片和灰陶片。XH1、XH8、XH9、XH10、XH11、XH12、XJ1 开口于本层下。

第 3、4 层为宋代文化层。

第 5 层：厚 0～45 厘米，距地表深 41～126 厘米。黄褐色土，夹杂水锈、少量细沙及草木灰等，土质较硬。出土较多青瓷片。

第 6 层：厚 0～50 厘米，距地表深 43～120 厘米。浅灰色沙土，土质致密。出土较多的青瓷片。XG8、XG11 开口于本层下。

第 7 层：厚 0～40 厘米，距地表深 52～131 厘米。灰褐色黏土，土质较硬。出土较多青瓷片。XH13、XG10 开口于本层下。

第 8 层：厚 0～45 厘米，距地表深 58～132 厘米。黑褐色黏土，夹杂草木灰、青泥块及黄泥块等，土质致密。出土较多青瓷片和少量灰陶片。

第 9 层：厚 0～40 厘米，距地表深 74～182 厘米。青灰色土，土质松软，分布于发掘区南部。XH3、XH4、XG7 开口于本层下。

第 10 层：厚 0～20 厘米，距地表深 118～160 厘米。灰褐色土，土质松软，分布于发掘区南部。

第 11 层：厚 0～30 厘米，距地表深 106～176 厘米。黄褐色土，土质较软，分布于 XT1103、XT1104。

第 12 层：距地表深 171～182 厘米。青黑色土层，土质松软，分布于 XT1103、XT1104，厚 0～50 厘米。XH14、XH15 开口于本层下。

第 5～12 层为唐代文化层。第 12 层下为黄色生土。

二、单位堆积

本节仅就遗迹单位的分类情况、堆积概况、各个遗迹单位的数量和具体编号进行介绍（图六），至于他们形制与属性，将在后文中进行详细介绍。

（一）遗迹分类及分布情况

灰坑　东岸发掘区灰坑分布较为零散，其中 DH4 和 DH5 存在叠压打破关系，余者较为分散，开口形制多呈圆形，为一般生活垃圾坑；西岸灰坑分布密集，集中于发掘区南侧，存在较多叠压打破关系，层位关系较为复杂，形制大小各不相同。

灰沟　东岸发掘区灰沟形制均较大，横跨或纵跨多个探方，多数东西向分布，与泰东河呈垂直交汇状。西岸发掘区灰沟亦与泰东河呈交叉分布形态，在断崖处消失，沟内堆积单位较多，厚度不一，出土大量的瓷片、陶片以及丰富的动物骨骼。

水井　主要分布于西岸发掘区，平面呈圆形。

墓葬　在西岸发掘区发现并清理一座，方形。

（二）遗迹单位堆积概况

发掘区的堆积单位和遗迹单位较多，各单位之间叠压或打破关系较为明确，单位开口层位也较清楚，时代主要分近现代、明代、宋代和唐代。

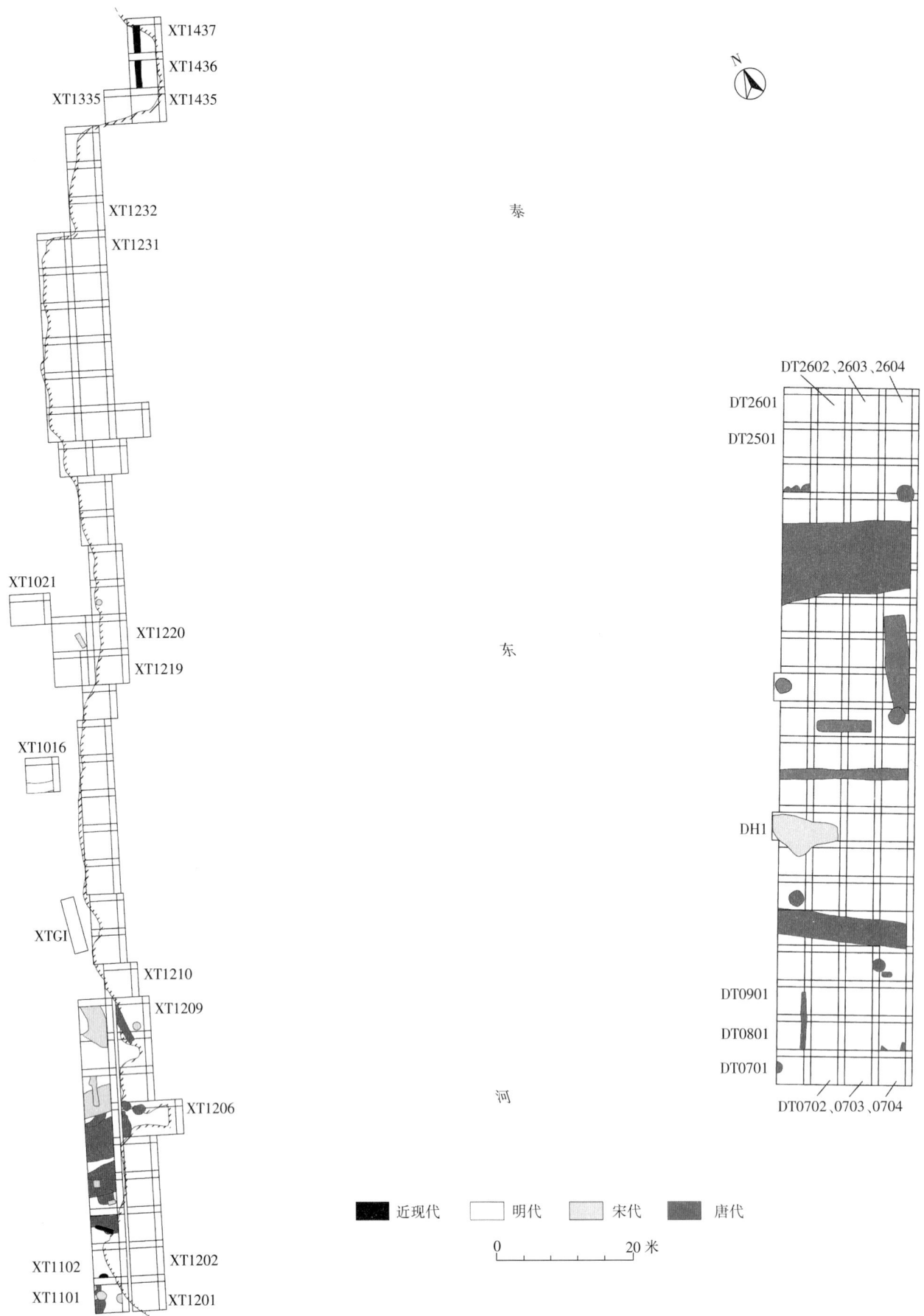

图六　遗迹分布图

1. 近现代遗迹

灰沟 2 条，编号为 XG1、XG9；灰坑 1 个，编号为 XH6。皆位于西岸发掘区。

2. 明代遗迹

灰沟 1 条，编号为 XG6。位于西岸发掘区。

3. 宋代遗迹

宋代遗迹共 12 处。根据单位属性可分为灰沟、灰坑、水井、墓葬四类，其中东岸发掘区灰坑 1 个；西岸发掘区灰沟 3 条、灰坑 5 个、水井 2 口、墓葬 1 座。

（1）灰沟 3 条，编号为 XG2、XG3、XG5；

（2）灰坑 6 个，编号为 DH1、XH5、XH7、XH8、XH9、XH10；

（3）水井 2 口，编号为 XJ1、XJ2；

（4）墓葬 1 座，编号为 XM1。

4. 唐代遗迹

唐代遗迹共 32 处，主要为灰沟和灰坑。其中东岸发掘区灰沟 6 条、灰坑 12 个；西岸发掘区灰沟 5 条、灰坑 9 个。

（1）灰沟 11 条，编号为 DG1、DG2、DG3、DG4、DG5、DG6、XG4、XG7、XG8、XG10、XG11。

（2）灰坑 21 个，编号为 DH2、DH3、DH4、DH5、DH6、DH7、DH8、DH9、DH10、DH11、DH12、DH13、XH1、XH2、XH3、XH4、XH11、XH12、XH13、XH14、XH15。

整体来看，遗址东岸文化层堆积较薄，西岸断崖上部文化层堆积相对丰富，相互间叠压打破关系复杂，东、西岸发掘区揭露遗迹以生产生活废弃物遗留为主，偶见水井和墓葬，发掘区内形制较大的灰沟普遍与泰东河呈交汇状分布，这一现象或对揭示遗址的性质具有指示性意义。

第五章　唐代遗存

第一节　遗存概述

唐代地层分布在西岸发掘区，河岸断崖上部探方 XT1016、XT1021、XT1101～XT1109、XT1119、XT1120 和 XT1206 第 5～12 层为唐代地层，东岸发掘区仅发现灰坑和灰沟。两岸发现的主要遗迹现象是灰沟和灰坑，皆为土质遗迹，东岸发掘区唐代遗迹分布较为零散（图七），西岸集中于发掘区南部（图八）。共发现并清理灰沟 11 条、灰坑 21 个，其中东岸灰沟 6 条、西岸灰沟 5 条，东岸灰坑 12 个、西岸灰坑 9 个。

一、遗迹概述

（一）灰沟

本次发掘区中，灰沟皆呈条状。根据灰沟的分布方向可分之为东西向和南北向两类。

东西向灰沟　与泰东河交叉分布，体量多数较大，部分灰沟可与泰东河交汇对接，具有联通运河的功用。共 8 条，为 DG1～DG4、XG7、XG8、XG10、XG11。

南北向灰沟　与泰东河并行分布，体量较小，为一般生活类垃圾沟。共 3 条，为 DG5、DG6、XG4。

（二）灰坑

按灰坑的口部形制可分之为圆形、方形、不规则形三型。

方形坑　共 6 个，如 DH8、DH11、DH12、XH13～XH15。

圆形坑　共 12 个，为 DH2、DH3、DH7、DH9、DH10、DH13、XH1～XH4、XH11、XH12。

不规则形坑　共 3 个，为 DH4～DH6。

二、遗物概述

两岸出土唐代遗物皆以瓷器为主，另有少量釉陶器、陶器、石器、铁器和铜钱等。

（一）瓷器

根据统计，东西两岸发掘区共出土瓷器 2900 余件/片，其中东岸 1143 件/片，西岸

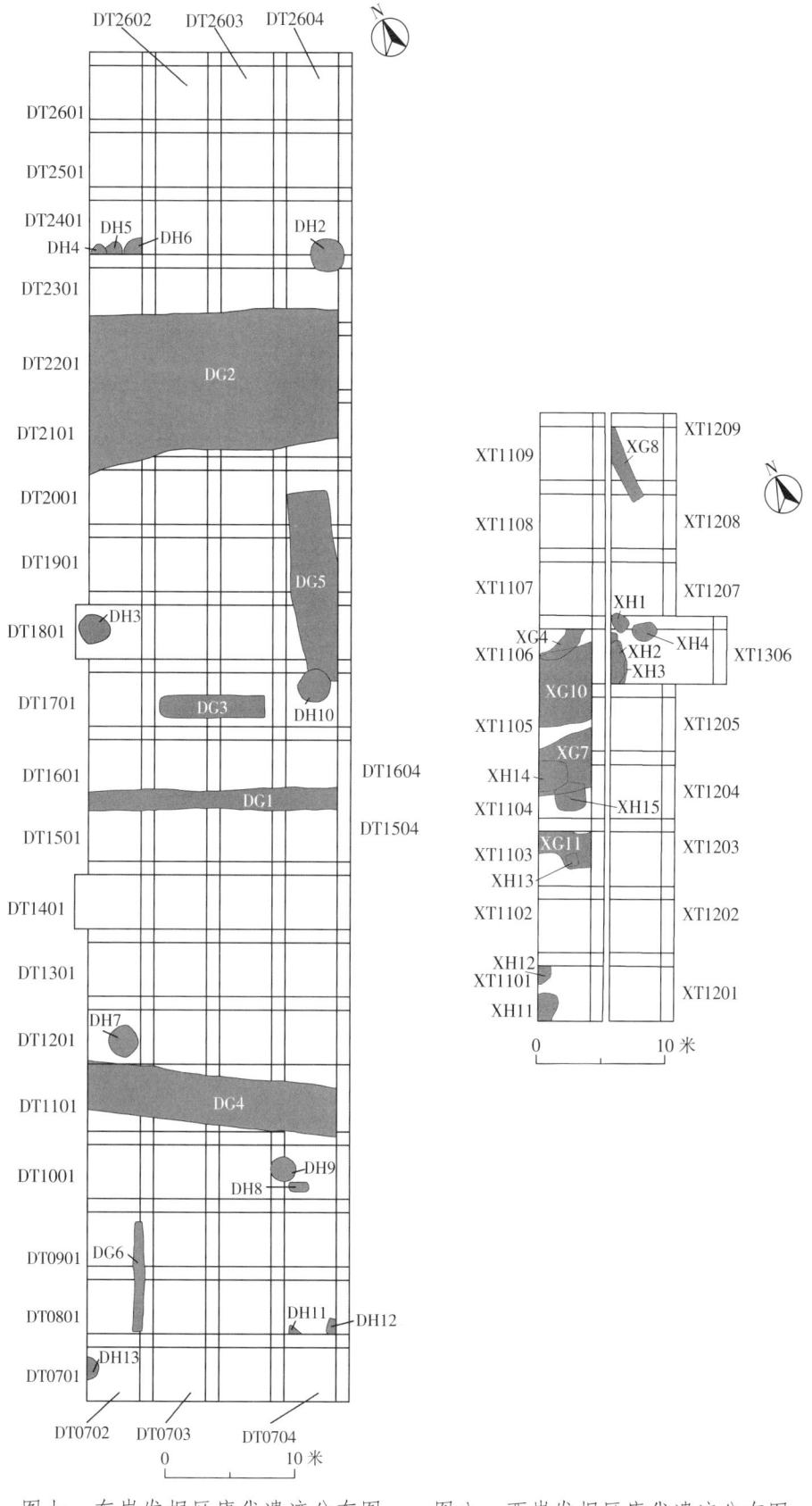

图七　东岸发掘区唐代遗迹分布图　　图八　西岸发掘区唐代遗迹分布图

1757 件/片，可辨有越窑、寿州窑、长沙窑、宜兴窑等窑口产品。釉色以青釉为主，酱釉其次，另有少量白釉和素烧瓷器。器类多为日常生活用品，可分碗、钵、罐、执壶、盂、盏、盆、盒、灯盏等 9 大类。以碗类最多，占出土瓷器的 77%。瓷器釉层普遍较薄，多半釉，胎、釉结合不紧密，有脱釉现象。瓷器胎料比较粗糙，存在气泡、沙粒。以灰胎为主，另有少量黄褐胎、砖红胎、紫胎，素烧瓷中砖红胎数量最多。装饰手法主要有彩绘和贴塑。彩绘多为釉下彩，多饰于执壶和罐的外腹或肩部，主要为褐彩，有少量绿彩，纹样有双鱼纹、条纹和彩斑等。

碗　共 381 件。依据足部特征分 3 型：

A 型　平底。258 件。标本 DG1：89（参见图三二，3；彩版九，1）。

B 型　玉璧底。113 件。根据腹部深浅分 2 亚型：

Ba 型　深腹，器形较大。34 件。标本 DG1：10（参见图三八，4；彩版一八，1）。

Bb 型　浅腹，器形较小。79 件。标本 XG10②：10（参见图八四，2）。

C 型　矮圈足。10 件。标本 DG1：121（参见图四四，7；彩版二八，1）。

盏　共 15 件。敞口，尖圆唇，斜直壁与足部连接紧密。标本 DG1：96（参见图四五，8）。

盘　共 4 件。敞口，弧直壁。标本 DG4：12（参见图五三，1；彩版四一，1）。

钵　共 18 件。依据腹部特征分 2 型：

A 型　弧腹。8 件。标本 XT1101⑦：6（参见图八六，8；彩版六〇，1）。

B 型　折腹。10 件。标本 XH11：1（参见图八七，6；彩版六一，2）。

罐　共 34 件。依据口部和腹部特征分 4 型：

A 型　敛口，鼓腹。8 件。标本 DG1：57（参见图四六，2；彩版三一，1）。

B 型　侈口，弧腹。19 件。标本 DG1：16（参见图四七，1；彩版三一，3）。

C 型　直口，弧腹。5 件。标本 DG1：60（参见图四九，1；彩版三四，3）。

D 型　喇叭口，弧鼓腹。2 件。标本 DG4：27（参见图四九，6）。

执壶　共 20 件。依据腹部特征分 2 型：

A 型　瓜棱腹。5 件。标本 XG10②：7（参见图八九，1；彩版六四）。

B 型　弧鼓腹。15 件。标本 DG3：6。

盂　共 8 件。依据口部特征分 2 型：

A 型　敛口。7 件。标本 DG1：53（参见图五二，1；彩版三九，1）。

B 型　侈口。1 件。DG1：82（参见图五二，7；彩版四〇，2）。

盆　共 5 件。依据口部特征分 3 型：

A 型　敛口。1 件。DG1：86（参见图五三，9；彩版四二，2）。

B 型　敞口。2 件。标本 DG1：116（参见图五三，6）。

C 型　侈口。2 件。标本 XT1206⑦：11（参见图九〇，2；彩版六八，2）。

盒　7 件。标本 XG10②：6（参见图九〇，4；彩版六九，2）。

灯盏　2 件。标本 DG4：19（参见图五三，10；彩版四三，3）。

（二）釉陶器

釉陶器出土数量较少，主要器类有盆和盏。

盆　2 件。标本 DG5：8（参见图五四，2；彩版四四，1）。

盏　2 件。标本 XT1021⑤：1（参见图九一，1）。

（三）陶器

陶器有盆、罐、抄手砚及网坠等。

盆　共 6 件。依据口部特征分二型。

A 型　侈口。3 件。标本 XT1206⑥：27（参见图九一，4）。

B 型　敞口。3 件。标本 DG5：13（参见图五四，8；彩版四四，2）。

罐　共 1 件。XG10③：3，侈口，短沿，弧肩，鼓腹，下残，腹下部是细绳纹（参见图九一，5）。

抄手砚　1 件。XT1206⑥：33，簸箕状，梯形足，砚堂平展，墨池处下陷，两侧边弧收，器形规整（参见图九一，6；彩版六九，4）。

网坠　1 件。XT1016⑤：1，平面呈桃心状，由青砖改制，器身上部有一孔，对钻而成（参见九一，7；彩版七〇，1）。

（四）建筑材料

主要有莲花纹方砖和莲花纹瓦当。

莲花纹方砖　2 件。标本 DH10：1，方形，中部孔侧为莲瓣纹凸起，外围以联珠纹装饰，四角为四瓣莲花，背面素饰（参见图五五，1；彩版四四，3）。

莲花纹瓦当　1 件。XG10②：8，当面为凸起莲瓣纹，中间为莲子花心，外围一周联珠纹（参见图九一，8；彩版七〇，2）。

（五）石器

出土少量石器，有石碾轮、杵、砺石等。

碾轮　2 件。标本 DG3：12，圆形（参见图五五，7；彩版四四，5）。

杵　2 件。标本 DG2④：1，球形状，中有一孔（参见图五五，5）。

砺石　2 件。标本 DH10：11，平面近长方形，残缺（参见图五五，4）。

（六）其他

出土有少量铁器和铜钱。另外，值得注意的是，西岸发掘区出土了大量的动物骨骼，共收集骨骼共 92 件，其中 50 件出土于灰沟，42 件出土于地层，可鉴定 90 件，全部为哺乳动物，动物种属包括牛、猪、狗和马，其中牛的数量占全部数量的 85.6%，具体鉴定报告详见本书第八章。

铁器　1 件。XG10⑥：3，长条状，锈蚀严重（参见图九一，10；彩版七〇，4）。

铜钱　1 枚。XT1120⑥：2，可辨为"开元通宝"（参见图九一，11；彩版七〇，5）。

三、时代概述

东岸发掘区唐代遗迹有 DG1、DG2、DG3、DG4、DG5、DG6、DH2、DH3、DH4、DH5、DH6、DH7、DH8、DH9、DH10、DH11、DH12、DH13，存在层位打破关系的遗迹有 DH4→DH5、DH10→DG5。西岸发掘区唐代遗迹有 XG4、XG7、XG8、XG10、XG11、XH1、XH2、XH3、XH4、XH11、XH12、XH13、XH14、XH15，存在层位打破关系的遗迹有 XH2→XH3、XG4→XG10、XG7→XG14、XG15、XG11→XH13。（附表一）

东岸发掘区遗物集中出土于 DG1、DG4 等灰沟内，西岸发掘区遗物主要出土于探方地层和 XG10 内，在挑选标本时参考了单位遗物的类型和比例，在此基础上进行统计梳理。两岸出土遗物类型具有较高的一致性，遗物质地多样，有瓷器、陶器、石器、铁器等，器类以碗、罐、壶、盆、盏等为主，另有少量建筑构件，具有较典型的晚唐五代时期特征。（附表二、三）

第二节　东岸唐代遗存

一、遗迹

共计 18 处，分为灰沟和灰坑两类，皆属土质遗迹。

（一）灰沟

共发现 6 条，为 DG1、DG2、DG3、DG4、DG5、DG6。沟口平面皆呈长条状。

DG1

分布于 DT1501 ~ DT1504、DT1601 ~ DT1604 等探方，东西延伸至探方外（参见图七）。开口于 3 层下，打破生土。沟口平面呈长条状，斜壁，弧底（图九；彩版三，1）。沟口距地表深 0.1 ~ 0.6 米，揭露部分长 19、宽 1.35 ~ 1.7 米，沟深 0.6 ~ 1.0 米。沟内堆积分 3 层：第 1 层，红褐色土，夹杂大量红烧土块，土质较软。第 2 层，灰黑色土，夹杂草木灰，土质疏松，出土大量青瓷片、泥质灰陶片、少量釉陶片及砖瓦残块等，可辨器形有青瓷碗、青瓷罐、青瓷钵及釉陶罐、灰陶盆等。第 3 层，灰褐色土，夹杂草木灰，土质较黏。第 3 层下为生土。

DG2

分布于 DT2001、DT2101 ~ DT2104、DT2201 ~ DT2204、DT2301 ~ DT2304 等探方，东西延伸至探方外（参见图七）。开口于 1 层下，打破生土。条状，斜壁，平底（图一〇）。沟口距地表深 0.15 ~ 0.65 米，揭露部分长 19、宽 11.8 米，沟底宽 6 米，沟深 1.2 米。坑内堆积分为 4 层：第 1 层，深灰色土，致密，略硬，含炭粒、沙粒，出土有砖瓦块、蚌壳、铁器、石砚等。第 2 层，灰色土，致密，略硬，含炭粒、沙粒，出土少量青瓷碗圈足等。第 3 层，灰褐色，致密，略硬，含炭粒、沙粒，出土有青瓷碗、青瓷枕、青瓷壶流、釉陶罐底、陶盆口沿、

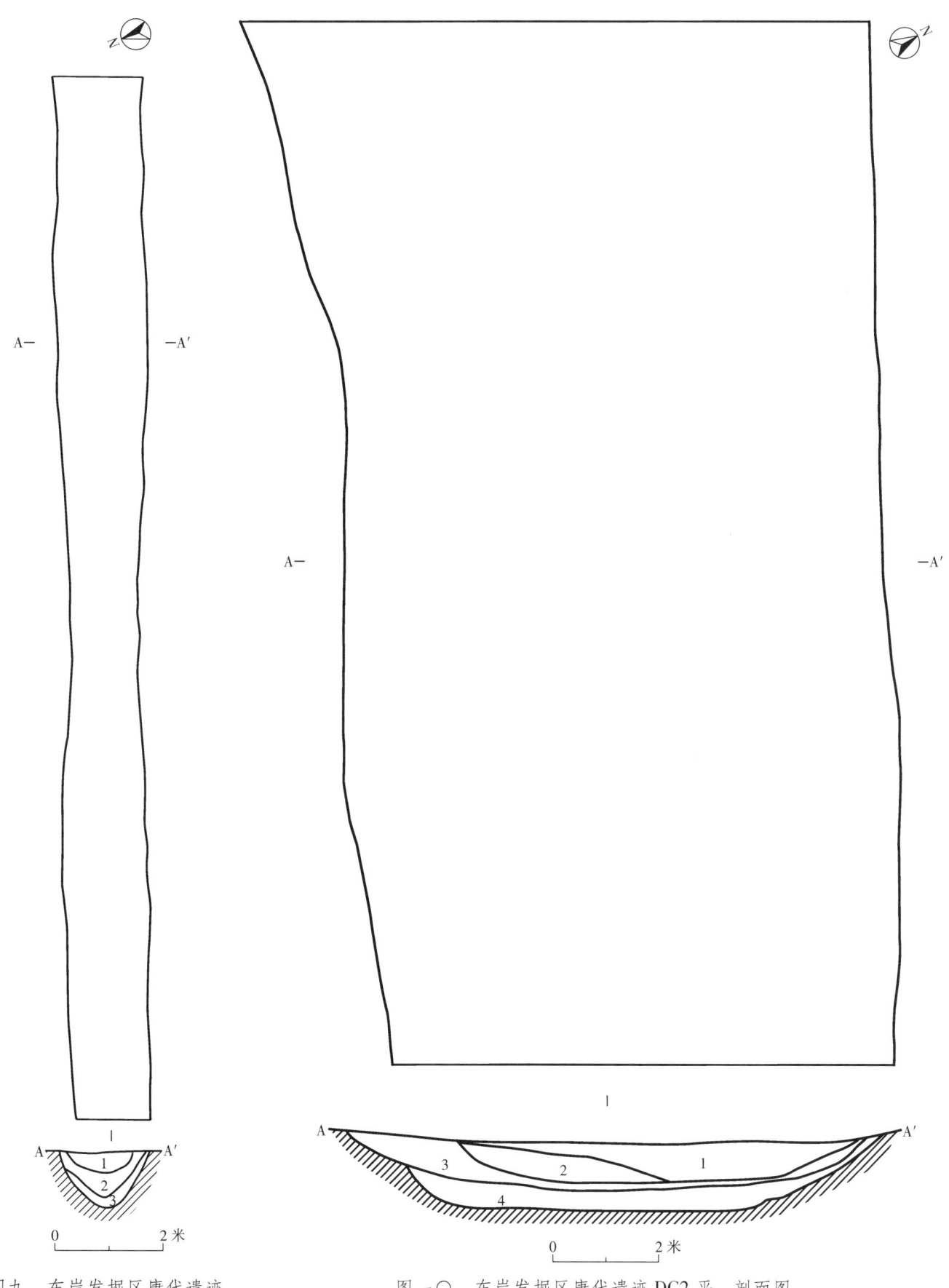

图九 东岸发掘区唐代遗迹
DG1 平、剖面图

图一〇 东岸发掘区唐代遗迹 DG2 平、剖面图

陶砖块以及铜钱等。第 4 层，青灰色土，土质纯净，出土有青瓷碗的平底、玉璧底、口沿及青瓷执壶、青瓷罐、陶罐口底残片、砖、石碾轮等。根据出土遗物可知，DG2 的使用期为唐代，1~3 层为沟内废弃堆积，出土遗物以宋代遗物为主；4 层出土较多唐代遗物。

DG3

位于 DT1702、DT1703 内（参见图七）。开口于 3 层下，打破生土。长条状，斜壁，横剖面呈锅底状（图一一）。沟口距地表深 0.6 米，长 8、宽 1.7 米，沟深 1.1 米。沟内堆积分 3 层：第 1 层，灰色土，土质湿黏。第 2 层，黑灰土，夹杂大量草木灰，出土较多瓷片和陶片，可辨器形有瓷碗、瓷壶、瓷罐和陶盆等。第 3 层，灰色土，土质较黏。

DG4

分布于 DT1004、DT1101~DT1104 等探方，东西延伸至探方外（参见图七）。开口于 3 层下，打破生土。沟口平面呈条状，斜壁，底不平（图一二）。揭露部分东西长 19、南北宽 3.8 米，沟深 0.4~0.8 米。沟内堆积分 2 层：第 1 层，黄褐色土，土质略松，含沙量较大，出土有泥质灰陶片、瓷片、青砖残块等，可辨器形有陶盆、瓷碗、瓷钵、瓷壶。第 2 层，灰褐色土，土质较硬，内夹杂有草木灰，出土有泥质灰陶片、瓷片等，可辨器形有陶盆、瓷碗、瓷钵、瓷壶等。

DG5

分布于 DT1704、DT1804、DT1904、DT2004 等探方，向南延至探方外（参见图七）。开口于 3 层下，打破生土，西南角被 DH10 打破。沟口呈不规则长方形，斜壁，底不平（图一三）。沟口距地表 0.7 米，揭露部分南北长 14、东西宽 3.6 米，沟深 0.5~0.9 米。沟内填灰黑色土，土质略硬，出土较多陶片和青瓷片，可辨器形有陶盆、青瓷碗、青瓷罐等。

DG6

位于 DT0901、DT0801 探方内（参见图七）。开口于 3 层下，打破生土。沟口平面呈长条状，斜壁，底部较平（图一四）。沟口南北长 8.6、东西宽 0.54~0.7 米，沟深 0.4 米。沟内堆积分为 2 层：第 1 层，灰色土，土质较黏。第 2 层，灰黑色土，夹杂草木灰，出土较多瓷片和陶片，可辨器形有瓷碗、陶罐及陶盆等。

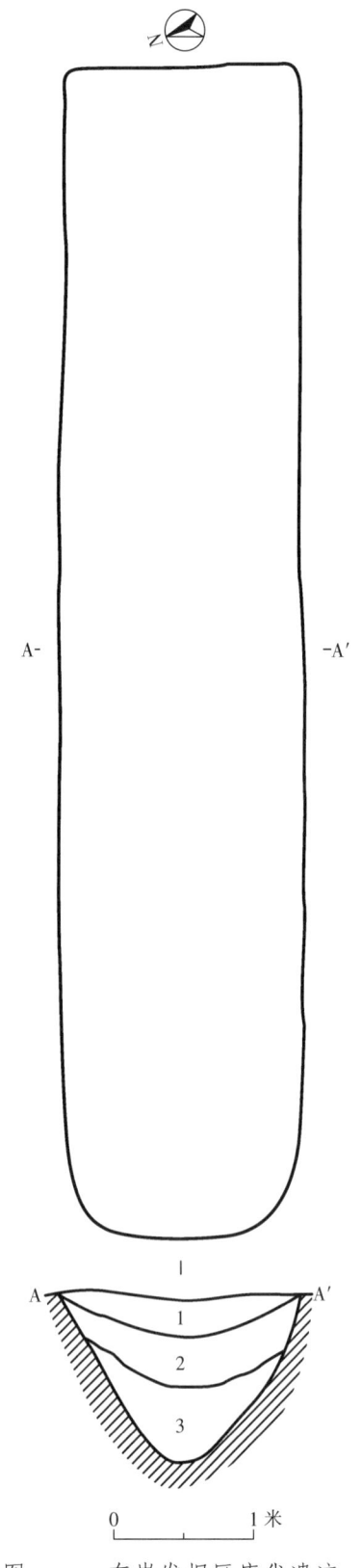

图一一　东岸发掘区唐代遗迹
DG3 平、剖面图

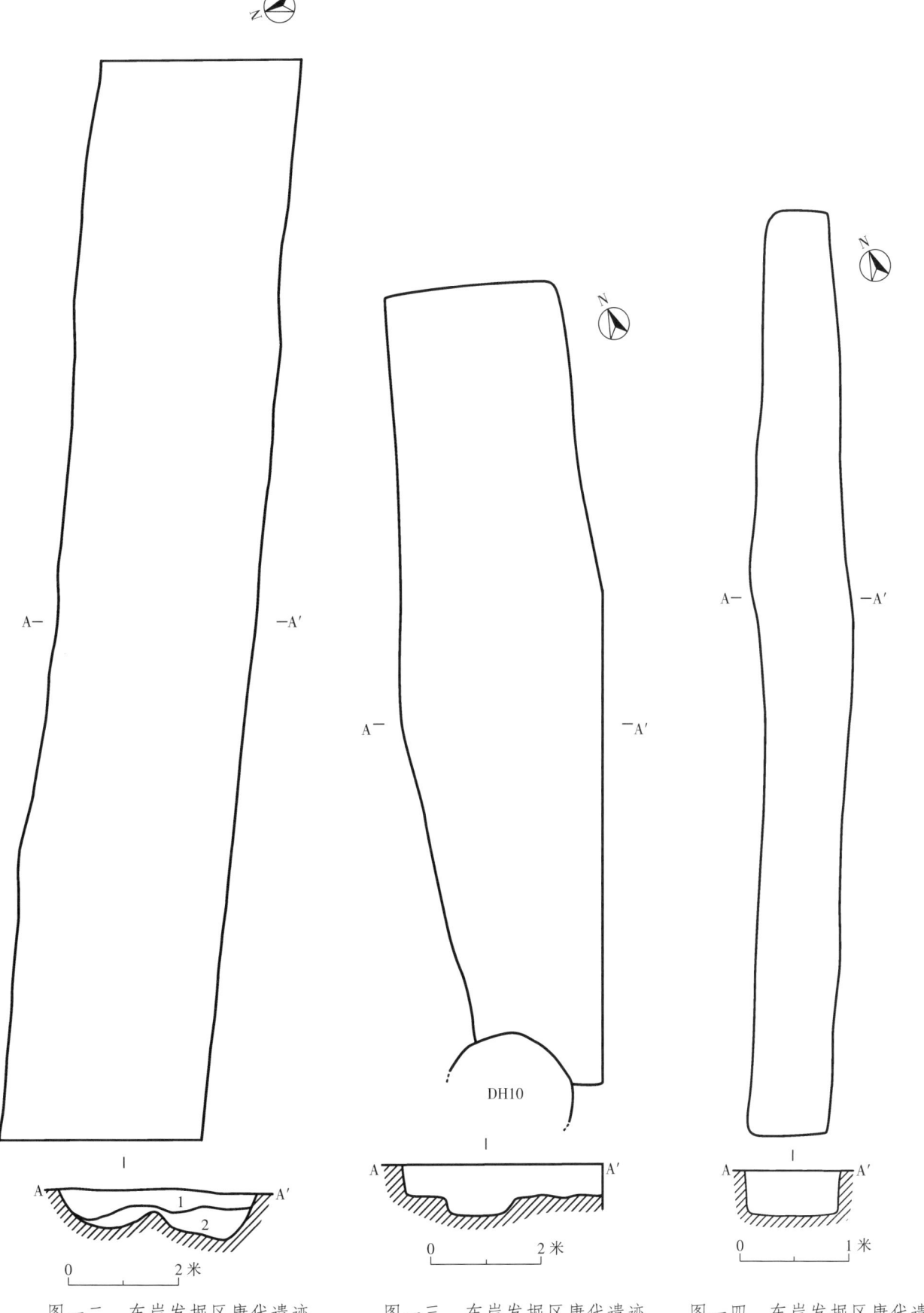

图一二　东岸发掘区唐代遗迹
DG4 平、剖面图

图一三　东岸发掘区唐代遗迹
DG5 平、剖面图

图一四　东岸发掘区唐代遗迹
DG6 平、剖面图

（二）　灰坑

12 个。依口部形制分圆形坑、方形坑和不规则形坑。

1. 圆形坑

6 个。DH2、DH3、DH7、DH9、DH10、DH13。

DH2

位于 DT2304 和 DT2404 内（参见图七）。开口于 3 层下，打破生土。圆形，斜壁，底近平（图一五；彩版三，2）。坑口东西 2.56、南北 2.45 米，坑深 1.45 米。坑内填深灰色土，土质较软。出土有大量瓷片、泥质陶片和砖块等，可辨器形有瓷碗、瓷壶和陶盆等。

DH3

位于 DT1801 内（参见图七）。开口于 3 层下，打破生土。坑口平面近圆形，弧壁，底近平（图一六）。坑口直径 2.35 米，坑底直径 1.3 米，坑深 1.3 米。坑内堆积分 3 层：第 1 层，灰黄色土，土质疏松。第 2 层灰黑色土，土质疏松，含草木灰，出土较多青瓷瓷片，可辨器形有碗和壶。第 3 层，灰黄土，较密实。

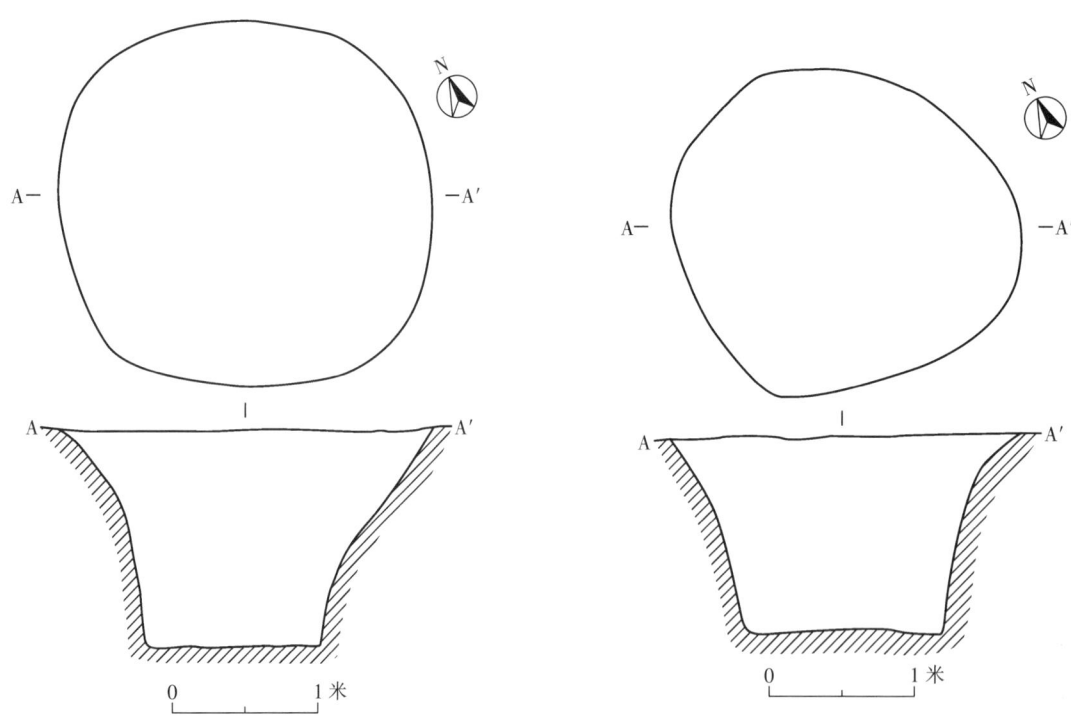

图一五　东岸发掘区唐代遗迹 DH2 平、剖面图　　图一六　东岸发掘区唐代遗迹 DH3 平、剖面图

DH7

位于 DT1201 东侧（参见图七）。开口于 3 层下，打破生土。近圆形，斜壁，底近平（图一七）。直径 2.32 米，坑深 1.3 米。坑内填灰黄色土，出土较多瓷片和陶片，可辨器形有瓷碗、瓷罐及瓦块等。

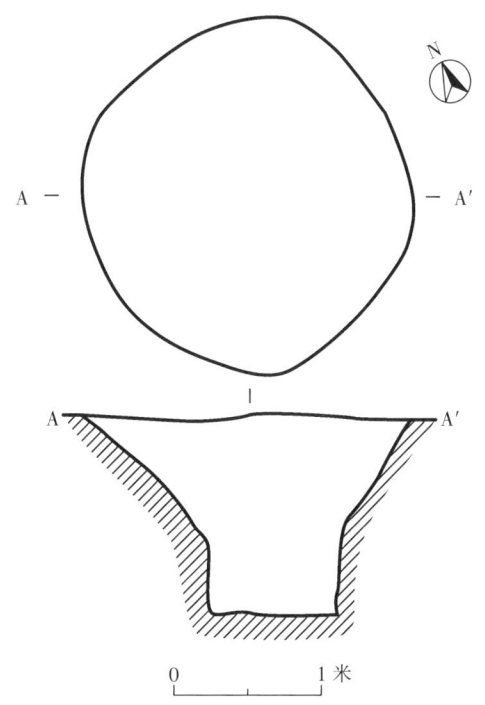
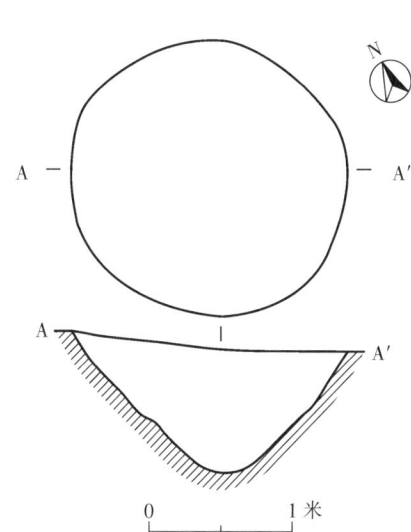

图一七　东岸发掘区唐代遗迹 DH7 平、剖面图　　图一八　东岸发掘区唐代遗迹 DH9 平、剖面图

DH9

位于 DT1004 内，部分叠压于 DT1003 东隔梁下（参见图七）。开口于 3 层下，打破生土。坑口平面近圆形，斜壁，圜底（图一八）。坑口距地表 0.35 米，直径 1.9 米，坑深 0.94 米。坑内填深灰色土，土质松软，夹杂较多炭粒。出有较多瓷片和陶片，可辨器形有青瓷执壶和陶盆等。

DH10

位于 DT1704 内（参见图七）。开口于 3 层下，打破 DG5 至生土。近圆形，斜壁，底近平（图一九）。坑口直径 2.6 米，坑深 1.3 米。坑内堆积分 3 层：第 1 层，深灰色土，土质较黏。第 2 层，灰褐色土，含草木灰，出土大量瓷片和陶片，可辨器形有瓷碗、陶盆和陶罐等。第 3 层，灰色土，土质湿黏。

DH13

位于 DT0701 内，部分叠压于探方西壁下（参见图七）。开口于 3 层下，打破生土。揭露部分为半圆形，斜壁，底近平（图二〇）。坑口距地表 0.05 米，直径 1.7 米，坑深 0.65 米。坑内填灰黑色土，土质松软，含较多炭粒。出土较多瓷片和陶片，可辨器形有瓷碗和陶盆。

2. 方形坑

3 个，为 DH8、DH11、DH12。

DH8

位于 DT1004 探方内（参见图七）。开口于 1 层下，打破生土。坑口平面呈圆角方形，斜直壁，底近平（图二一）。坑口距地表深 0.35 米，东西长 1.52、南北宽 0.72 米，坑深 0.2 米。坑内填深灰色土，出土有青瓷碎片、泥质灰陶片和青砖残块等物，可辨器形有瓷碗和灰陶盆。

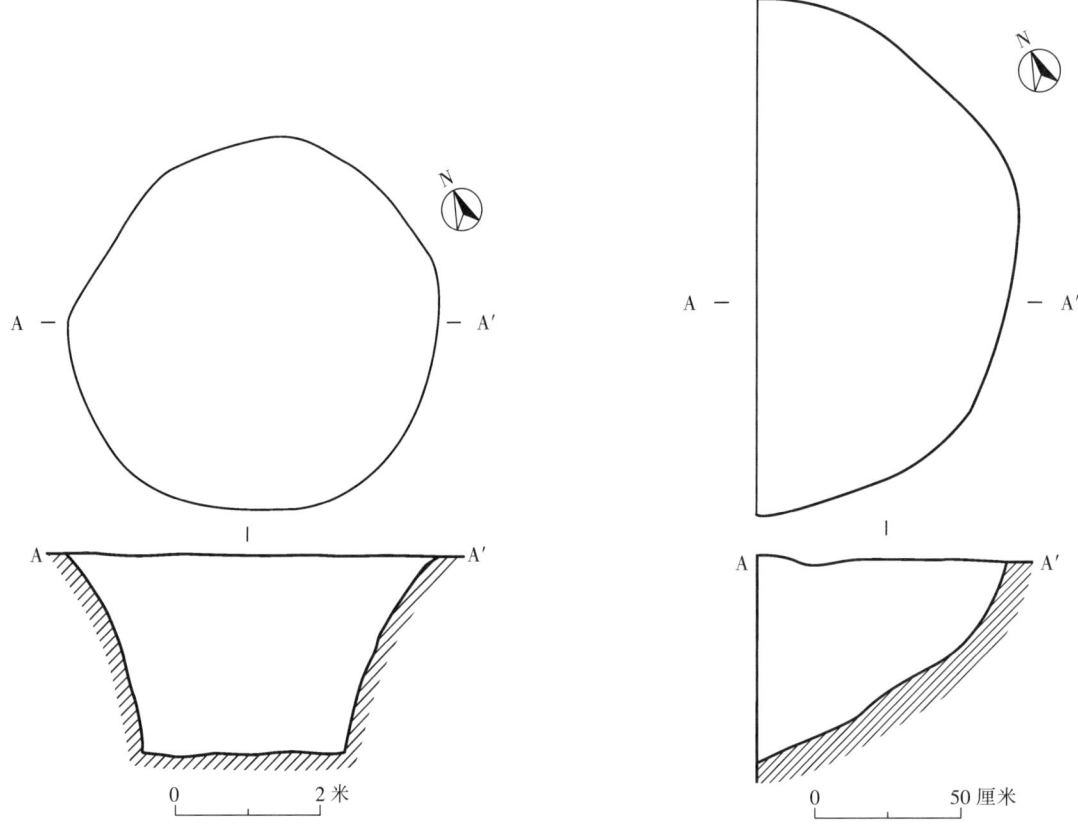

图一九　东岸发掘区唐代遗迹 DH10 平、剖面图　　图二〇　东岸发掘区唐代遗迹 DH13 平、剖面图

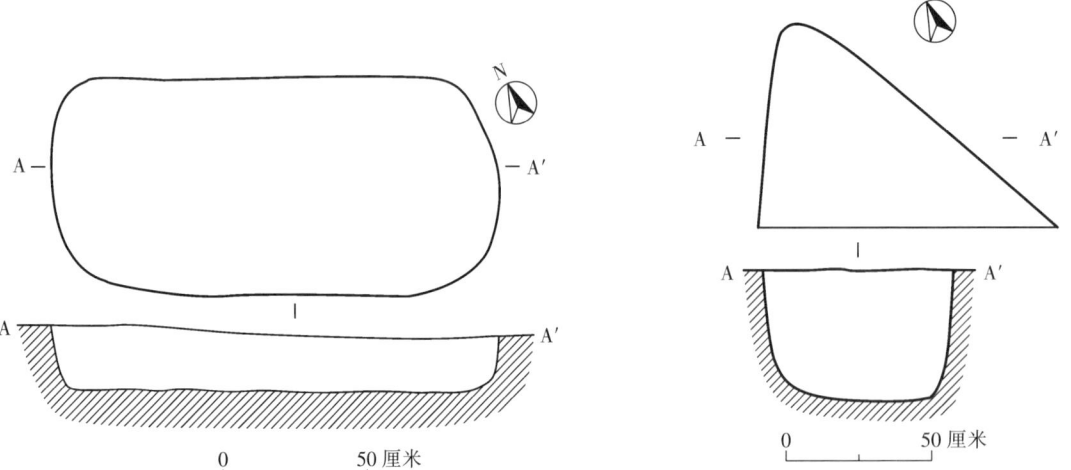

图二一　东岸发掘区唐代遗迹 DH8 平、剖面图　　图二二　东岸发掘区唐代遗迹 DH11 平、剖面图

DH11

位于 DT0804 西南部，部分压于探方南壁下（参见图七）。开口于 3 层下，打破生土。揭露部分呈三角形，直壁，底近平（图二二）。坑口距地表 0.35 米，长 1、宽 0.68 米，坑深 0.45 米。坑内填深灰色土，土质略松。出土少量瓷片和陶片，可辨器形有瓷碗和陶盆。

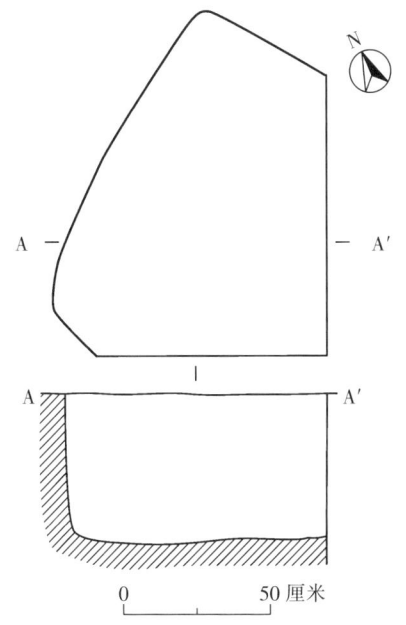

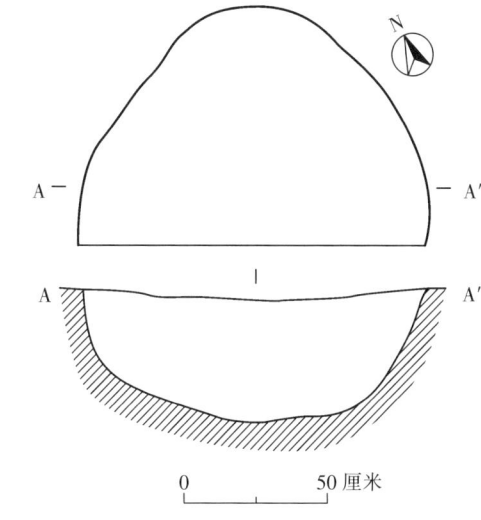

图二三　东岸发掘区唐代遗迹 DH12 平、剖面图　　　　图二四　东岸发掘区唐代遗迹 DH4 平、剖面图

DH12

位于 DT0804 东南角，部分叠压于探方东、南壁下（参见图七）。开口于 3 层下，打破生土。揭露部分呈长方形，斜直壁，底近平（图二三）。坑口距地表 0.4 米，长 0.9、宽 1.2 米，坑深 0.5 米。坑内填深灰色土，土质略松。出土少量瓷片和陶片，可辨器形有瓷碗等。

3. 不规则形坑

3 个，DH4、DH5、DH6。

DH4

位于 DT2401 的西南部，部分叠压于南壁下（参见图七）。开口于 3 层下，打破 DH5 至生土。揭露部分为半圆形，斜壁，底近平（图二四）。坑口长 1.2、宽 0.8 米，坑深 0.4 米。坑内填黄灰色土，质地紧密。

DH5

位于 DT2401 中南部，部分叠压于南壁下（参见图七）。开口于 3 层下，被 DH4 打破，打破生土。揭露部分为半圆形，斜壁，底近平（图二五）。坑口长 1.4、宽 0.8 米，坑深 0.52 米。坑内填灰黄色土，质地紧密。

DH6

位于 DT2401 东南角，部分叠压于东、南壁下（参见图七）。开口于 3 层下，打破生土。揭露部分为扇形，斜壁，底近平（图二六）。坑口距地表深 0.65 米，东西长 1.3、南北宽 1.2 米，坑深 0.3 米。坑内填灰黄色土，土质松软。

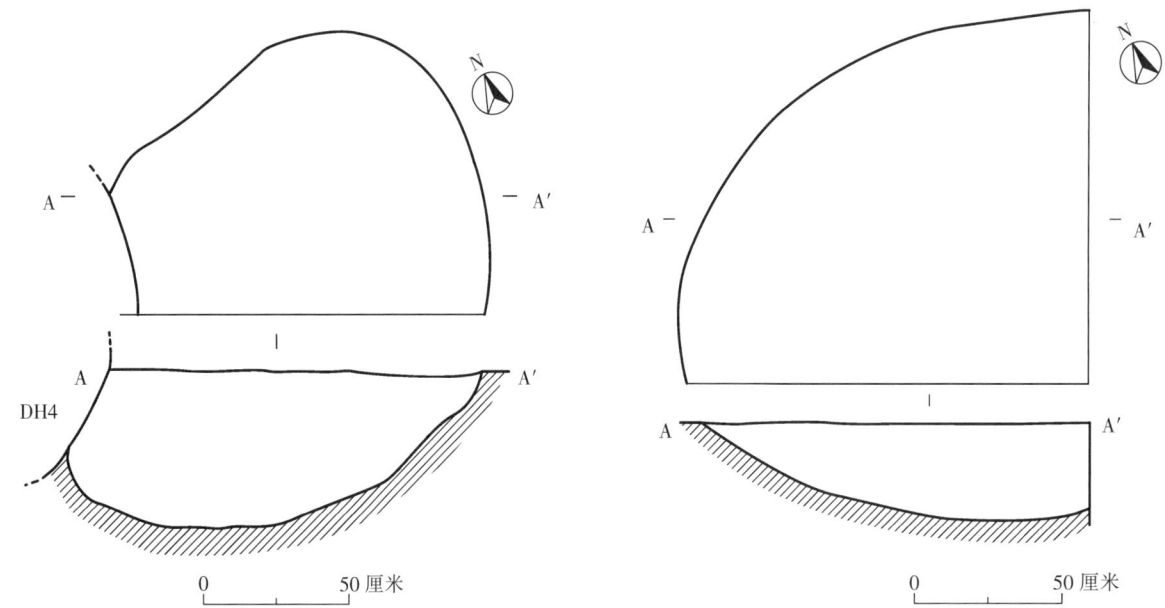

图二五　东岸发掘区唐代遗迹 DH5 平、剖面图　　图二六　东岸发掘区唐代遗迹 DH6 平、剖面图

二、遗物

东岸唐代遗存中的出土遗物主要发现于灰沟（DG1、DG3～DG6）和灰坑（DH2～DH7、DH9、DH10～DH13）内，器类以瓷器为大宗，另有少量釉陶器、陶器、石器、铁器和铜钱等。

（一）瓷器

碗

共 200 件。有 A 型、B 型和 C 型。

A 型　平底，敞口。共 120 件，可辨识有宜兴窑 56 件、越窑 24 件、寿州窑 1 件、未定窑口 39 件。

宜兴窑　共 56 件。胎色多灰褐泛紫，釉色分青釉、酱釉和茶叶末釉。

青釉　51 件。

DG1：1，敞口，斜直壁，平底略内凹，器底见支钉块状痕。紫胎，青釉略泛灰绿色，釉较浑浊，光泽感不强，内壁满釉，外壁半釉，有流釉痕。口径 18、底径 11.5、高 5 厘米。（图二七，1）

DG1：3，斜直壁，平底内凹。紫胎，青釉略泛灰绿色，釉较浑浊，釉面有细开片，内壁满釉，外壁半釉，有流釉痕。内外底见支钉块状痕。口径 18.8、底径 12、高 4.7 厘米。（图二七，2）

DG1：6，紫灰胎，青釉泛黄，釉较浑浊，内壁满釉，外壁半釉，有流釉痕。内外底见支钉块状痕。口径 18.5、底径 11.7、高 5 厘米。（图二七，3；彩版四，1）

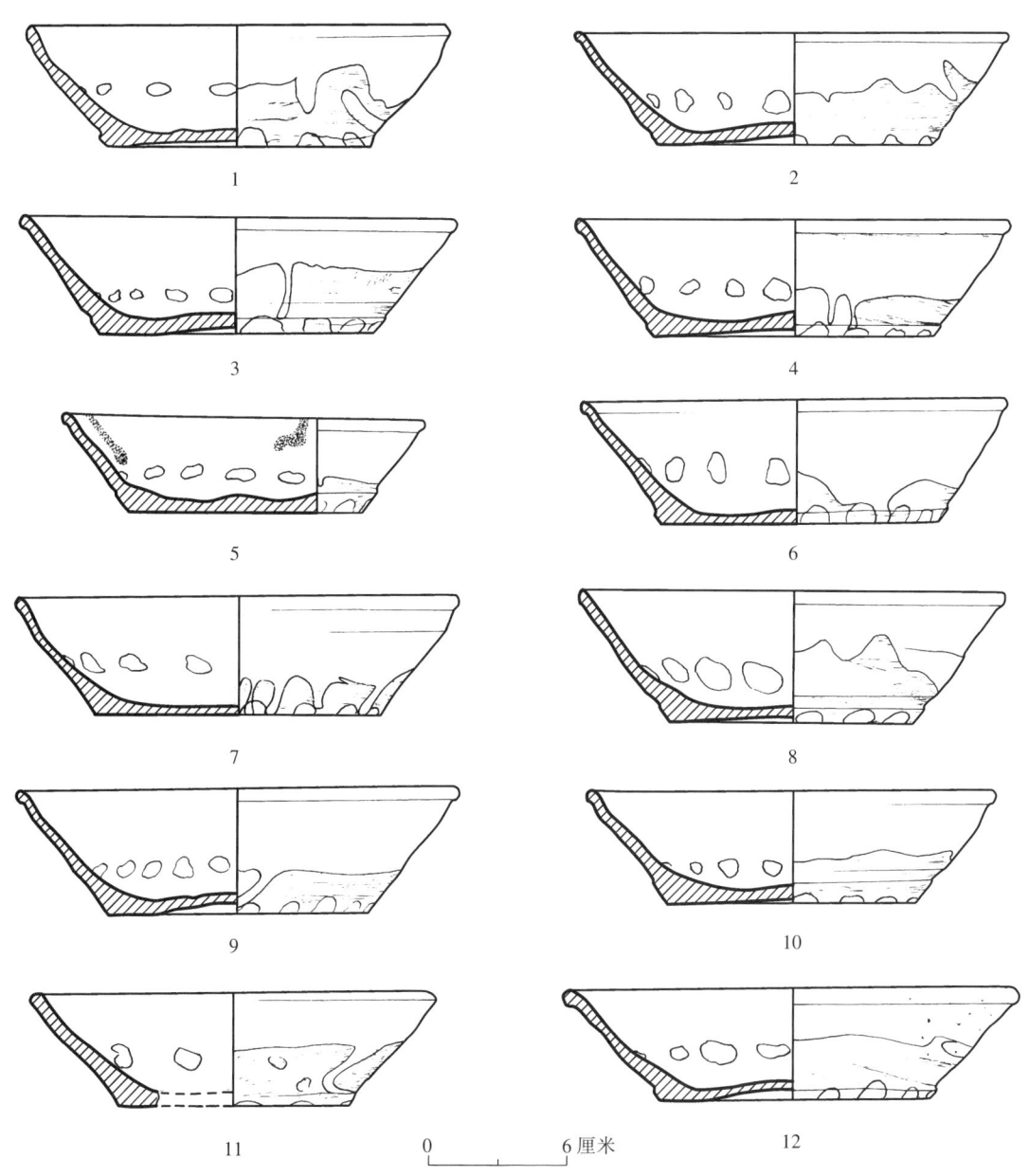

图二七 东岸发掘区出土唐代 A 型瓷碗

1. DG1：1 2. DG1：3 3. DG1：6 4. DG1：12 5. DG1：43 6. DG1：47 7. DG1：63 8. DG1：68
9. DG1：102 10. DG1：105 11. DG1：107 12. DG1：109（宜兴窑）

DG1：12，青灰胎，青釉泛黄，釉较浑浊，内壁满釉，外壁半釉，有流釉痕。口径 19、底径 12、高 5 厘米。（图二七，4；彩版四，2）

DG1：43，灰胎，青釉，内壁满釉，外壁半釉，有流釉及脱釉现象。口径 15.6、底径 10、高 4 厘米。（图二七，5；彩版五，1）

DG1：47，灰褐胎，青釉，内壁满釉，外壁釉不及底，有流釉痕。口径 18.6、底径 12.2、高 5.2 厘米。（图二七，6）

DG1：63，灰褐胎，青釉，内壁满釉，外壁釉不及底，有流釉痕。口径 19、底径 12.2、

高5厘米。（图二七，7）

DG1：68，灰褐胎，青釉，内壁满釉，外壁半釉，有流釉痕。口径18.6、底径10.8、高5.6厘米。（图二七，8）

DG1：102，灰褐胎，青釉泛灰褐，内壁满釉，外壁半釉，有流釉痕。口径19.2、底径11.2、高5.2厘米。（图二七，9）

DG1：105，灰褐胎，青釉，内壁满釉，外壁半釉，有流釉痕。口径18、底径10.8、高4.8厘米。（图二七，10）

DG1：107，灰褐胎，青釉，内壁满釉，外壁半釉，有流釉痕。口径17.4、底径10、高4.8厘米。（图二七，11）

DG1：109，灰褐胎，青釉泛灰，内壁满釉，外壁半釉，有流釉痕。口径20、底径12、高4.7厘米。（图二七，12）

DG2④：7，灰褐胎，青釉，内壁满釉，外壁半釉，有流釉痕。口径18、底径10、高5.1厘米。（图二八，1）

DG2④：8，灰褐胎，青釉，内壁满釉，外壁半釉，有流釉痕。高5.5厘米。（图二八，2）

DG2④：9，灰胎，青釉，内壁满釉，外壁半釉，有流釉痕。高6.1厘米。（图二八，3）

DG3：8，灰黄胎，青釉，釉面光亮，内壁满釉，外壁半釉，有流釉痕。口径19.4、底径12、高5.2厘米。（图二八，4；彩版五，2）

DG3：19，灰褐胎，青釉，内壁满釉，外壁半釉，有流釉痕。高4.6厘米。（图二八，5）

DG3：20，灰褐胎，青釉，内壁满釉，外壁半釉，有流釉痕。口径19.2、底径12、高5厘米。（图二八，6）

DG3：21，灰褐胎，青釉泛褐，内壁满釉，外壁半釉，有开片和流釉痕。口径19.9、底径13.6、高5厘米。（图二八，7）

DG3：23，灰胎，青釉泛灰，内壁满釉，外壁半釉，有流釉痕。口径19.2、底径12、高5.2厘米。（图二八，8）

DG4：9，灰褐胎，青釉泛褐，内壁满釉，外壁半釉，有流釉痕。口径19.8、底径11.5、高5.4厘米。（图二八，9；彩版六，1）

DG4：10，灰褐胎，青釉，内壁满釉，外壁半釉，釉面不匀，有流釉痕。口径18.9、底径11.4、高5.8厘米。（图二八，10）

DG5：12，灰褐胎，青釉泛褐，内壁满釉，外壁半釉，有流釉痕。口径19.1、底径11.3、高5.4厘米。（图二八，11）

DG6：6，圆唇，弧壁，平底。灰胎，青釉。口径19.8、底径12、高5.5厘米。（图二八，12）

DH2：1，灰褐胎，青釉，内壁满釉，外壁半釉。口径19.2、底径10、高5.5厘米。（图二九，1）

DH2：3，灰褐胎，青釉泛绿，内壁满釉，外壁半釉，釉面不匀，有流釉痕。口径18.2、底径10.8、高5.8厘米。（图二九，2）

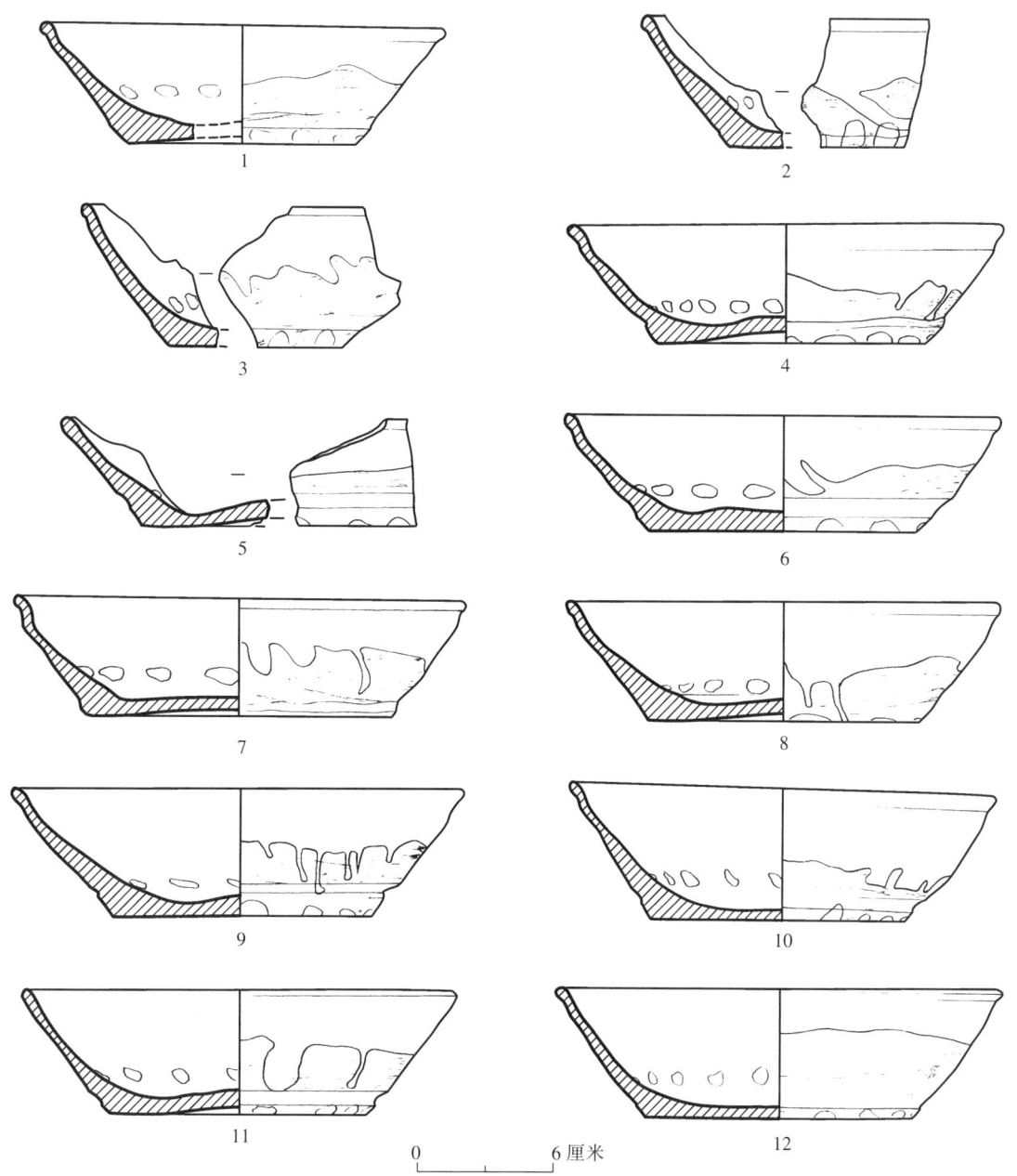

图二八　东岸发掘区出土唐代 A 型瓷碗

1. DG2④：7　2. DG2④：8　3. DG2④：9　4. DG3：8　5. DG3：19　6. DG3：20　7. DG3：21　8. DG3：
23　9. DG4：9　10. DG4：10　11. DG5：12　12. DG6：6（宜兴窑）

　　DH2：6，灰褐胎，青釉，内壁满釉，外壁半釉，釉面不匀，有流釉痕。口径 18、底径
10.2、高 5.8 厘米。（图二九，3）

　　DH2：8，灰褐胎，青釉泛绿，内壁满釉，外壁半釉，釉面不匀，有流釉痕。口径 17.9、
底径 9.7、高 5.5 厘米。（图二九，4）

　　DH2：9，灰褐胎，青釉，内壁满釉，外壁半釉，釉面不匀，有流釉痕。高 5.1 厘米。（图
二九，5）

　　DH3：2，灰胎，青釉泛黄，内壁满釉，外壁半釉，釉面不匀，有流釉痕。口径 19.3、底

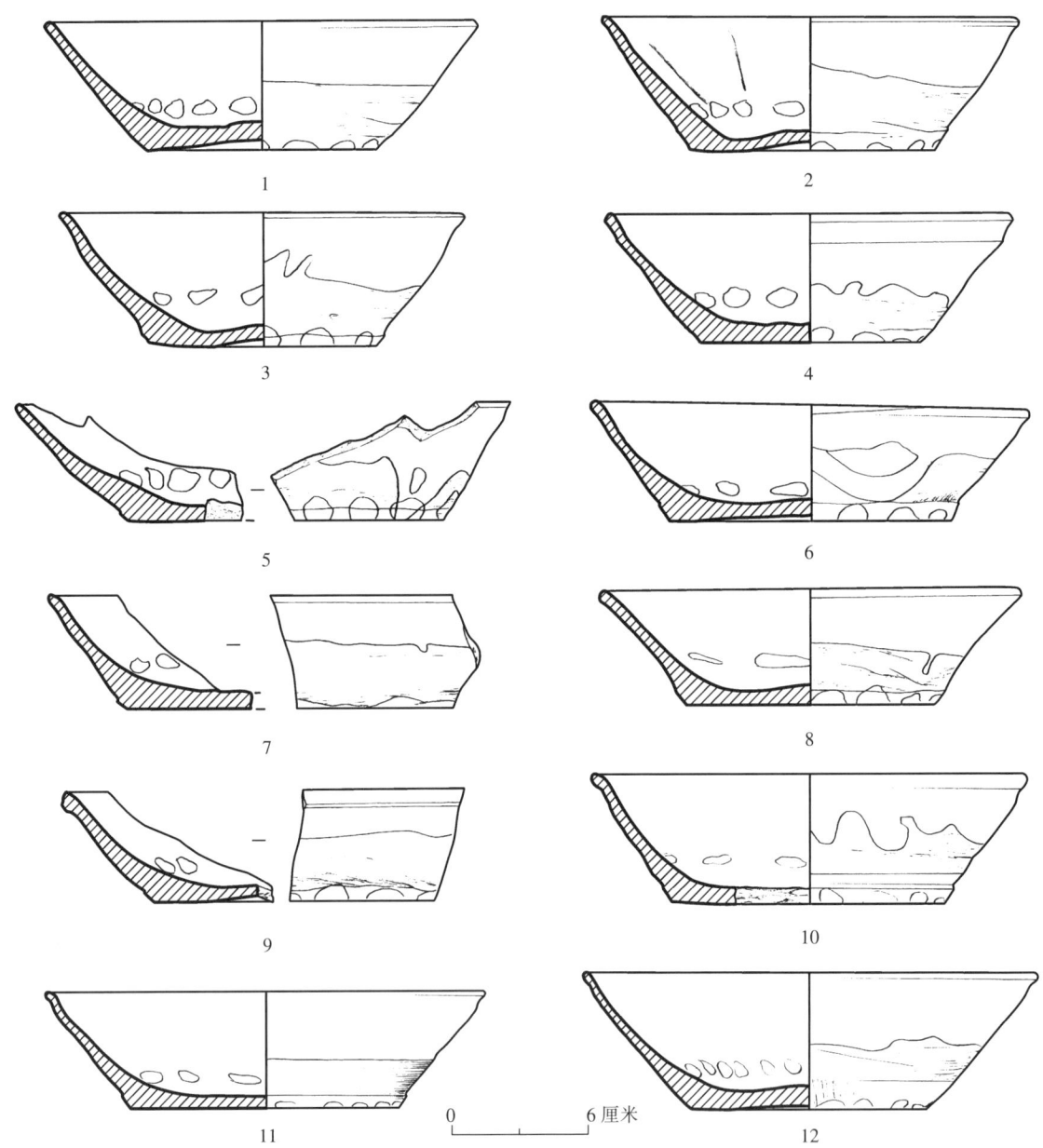

图二九　东岸发掘区出土唐代 A 型瓷碗

1. DH2：1　2. DH2：3　3. DH2：6　4. DH2：8　5. DH2：9　6. DH3：2　7. DH7：2　8. DH10：7
9. DH10：10　10. DT0804③：3　11. DT0804③：4　12. DT1304②：1（宜兴窑）

径 12.4、高 5.2 厘米。（图二九，6；彩版六，2）

　　DH7：2，灰褐胎，青釉，内壁满釉，外壁半釉。高 4.9 厘米。（图二九，7）

　　DH10：7，灰胎，青釉泛绿，内壁满釉，外壁半釉，釉面不匀，有流釉痕。口径 18.6、
底径 11、高 5 厘米。（图二九，8）

　　DH10：10，灰褐胎，青釉泛绿，内壁满釉，外壁半釉，釉面不匀，有流釉痕。高 4.8 厘
米。（图二九，9）

　　DT0804③：3，灰褐胎，青釉，内壁满釉，外壁半釉，有流釉痕。口径 19、底径 12、高

5.5 厘米。（图二九，10）

DT0804③：4，灰褐胎，青釉，内壁满釉，外壁半釉，有流釉痕。口径 19.6、底径 12、高 5 厘米。（图二九，11）

DT1304②：1，灰胎，青釉，内壁满釉，外壁半釉，有流釉痕。口径 19.9、底径 10.4、高 5.8 厘米。（图二九，12）

DT1703②：1，灰褐胎，青釉泛褐，内壁满釉，外壁半釉，有流釉痕。口径 19.2、底径 12、高 5.2 厘米。（图三〇，1）

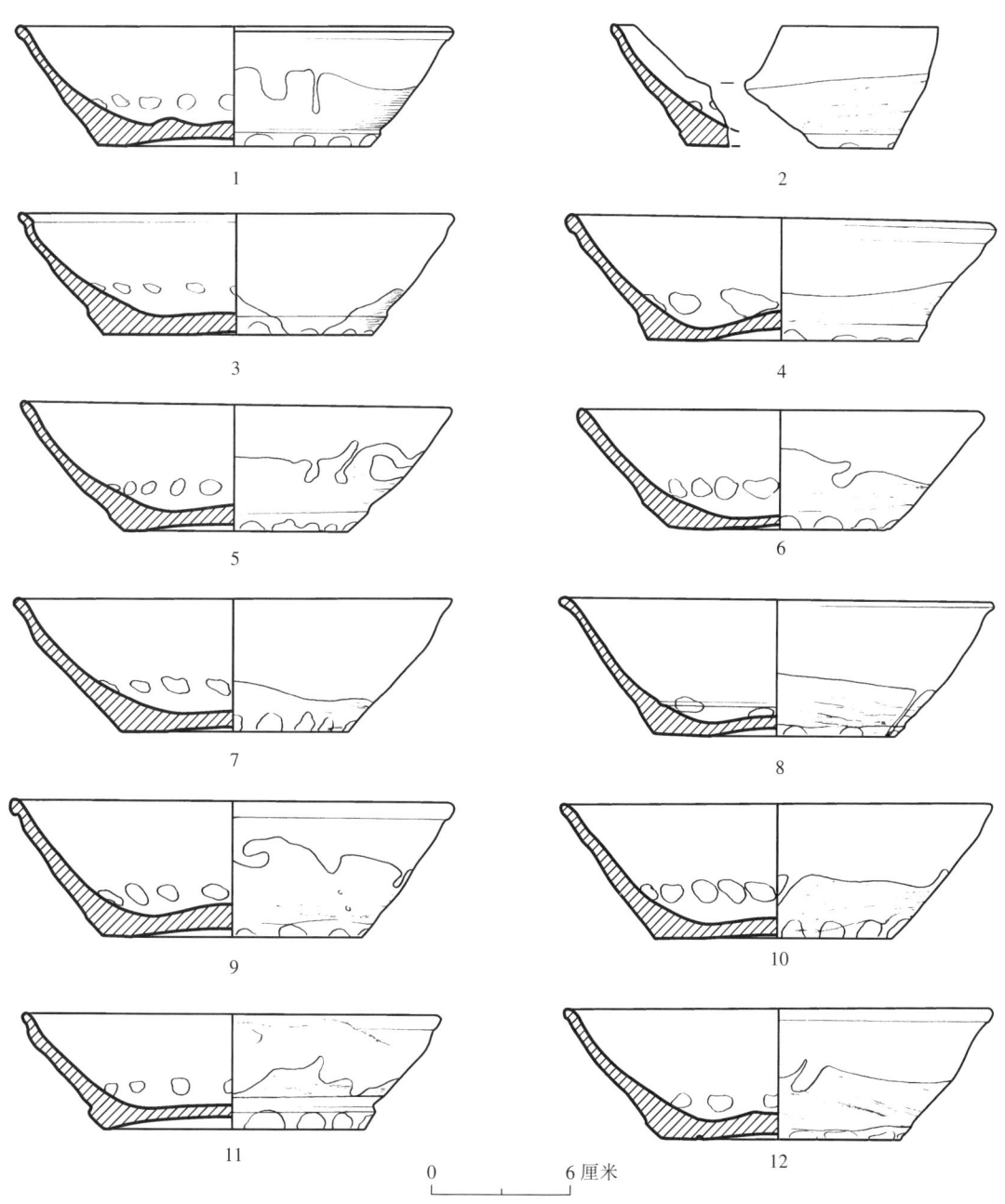

图三〇　东岸发掘区出土唐代 A 型瓷碗

1. DT1703②：1　2. DT2204②：1　3. DT2204②：2　4. D 采：1　5. D 采：2　6. D 采：4　7. D 采：5
8. D 采：7　9. D 采：15　10. D 采：18　11. D 采：20　12. D 采：22（宜兴窑）

DT2204②：1，灰褐胎，青釉，内壁满釉，外壁半釉。高 5.2 厘米。（图三〇，2）

DT2204②：2，灰褐胎，青釉。口径 19.1、底径 11.9、高 5.2 厘米。（图三〇，3）

D 采：1，灰褐胎，青釉泛褐，内壁满釉，外壁半釉，有流釉痕。口径 19、底径 12.2、高 5.4 厘米。（图三〇，4）

D 采：2，灰褐胎，青釉，内壁满釉，外壁半釉，有流釉痕。口径 19、底径 9.9、高 5.5 厘米。（图三〇，5；彩版七，1）

D 采：4，灰胎，青釉，内壁满釉，外壁半釉，有流釉痕。口径 18.1、底径 10、高 5.1 厘米。（图三〇，6）

D 采：5，灰胎，青釉，内壁满釉，外壁半釉，有流釉痕。口径 19.2、底径 10、高 5.7 厘米。（图三〇，7）

D 采：7，褐胎，青釉，内壁满釉，外壁半釉，有流釉痕。口径 19.3、底径 10.8、高 5.9 厘米。（图三〇，8）

D 采：15，灰胎，青釉，内壁满釉，外壁半釉，有流釉痕。口径 19.5、底径 11.4、高 5.8 厘米。（图三〇，9）

D 采：18，褐胎，青釉泛褐，内壁满釉，外壁半釉，有流釉痕。口径 19.2、底径 10.7、高 5.8 厘米。（图三〇，10）

D 采：20，褐胎，青釉，内壁满釉，外壁半釉，有流釉痕。口径 18.4、底径 11.4、高 5 厘米。（图三〇，11）

D 采：22，红胎，青釉泛褐，内壁满釉，外壁半釉，有流釉痕。口径 19.1、底径 10.8、高 5.6 厘米。（图三〇，12；彩版七，2）

D 采：25，灰胎，青釉，内壁满釉，外壁釉不及底，有流釉痕。口径 19.2、底径 9.8、高 5.8 厘米。（图三一，1；彩版八，1）

D 采：27，弧直壁，平底内凹。褐胎，青釉泛褐，有开片，内壁满釉，外壁釉不及底，有流釉痕。口径 18.6、底径 10.8、高 5.9 厘米。（图三一，2）

D 采：29，灰褐胎，青釉，内壁满釉，外壁半釉，有流釉痕。口径 18.4、底径 10.7、高 5.5 厘米。（图三一，3）

酱釉　4 件。

DH10：3，灰胎，酱褐釉，内壁满釉，外壁半釉，釉面不匀，有流釉痕。口径 20.2、底径 12.4、高 5.2 厘米。（图三一，4）

DH10：4，灰胎，酱褐釉，内壁满釉，外壁半釉，釉面不匀，有流釉痕。口径 19.2、底径 12、高 4.7 厘米。（图三一，5）

D 采：24，灰褐胎，酱釉，内壁满釉，外壁半釉，有流釉痕。口径 18.5、底径 10.2、高 5.5 厘米。（图三一，6）

D 采：28，灰褐胎，酱釉，内壁满釉，外壁半釉，有流釉痕。口径 18.5、底径 10.1、高 5.2 厘米。（图三一，7）

茶叶末釉　1 件。

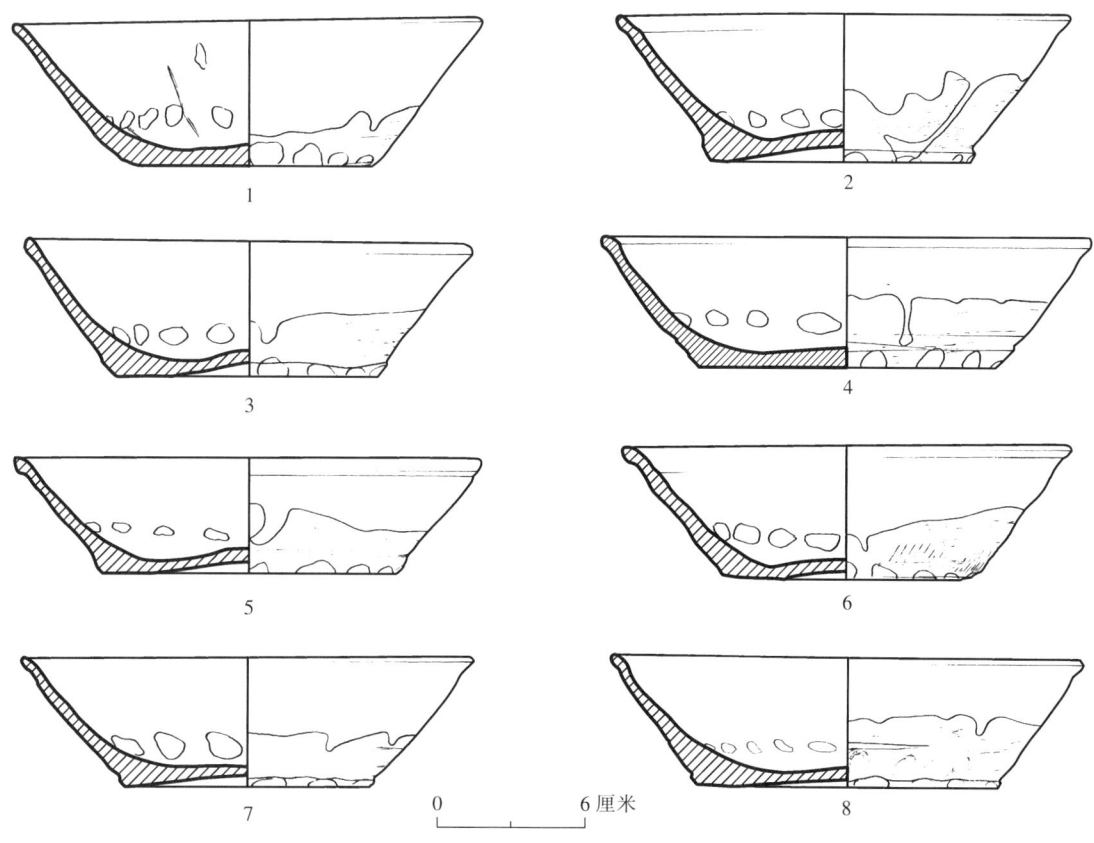

图三一 东岸发掘区出土唐代 A 型瓷碗
1. D 采：25 2. D 采：27 3. D 采：29 4. DH10：3 5. DH10：4 6. D 采：24 7. D 采：28 8. DG4：13
（宜兴窑）

DG4：13，褐色胎，茶叶末釉，内壁满釉，外壁半釉，釉面不匀，有流釉痕。口径 19.5、底径 12.6、高 5.2 厘米。（图三一，8）

越窑 共 24 件。胎多呈灰色，胎质细腻，均施青釉。

DG1：20，灰色胎，青釉，内壁满釉，外壁半釉。口径 19.2、底径 11、高 5.8 厘米。（图三二，1；彩版八，2）

DG1：67，灰胎，青釉泛灰绿，内壁满釉，外壁半釉，有流釉痕。口径 19、底径 12、高 5.2 厘米。（图三二，2）

DG1：89，灰胎，青釉，内壁满釉，外壁半釉，有流釉痕。口径 19.6、底径 12、高 5.7 厘米。（图三二，3；彩版九，1）

DG1：104，灰褐胎，青釉，内壁满釉，外壁釉不及底，有流釉痕。口径 17.4、底径 10、高 5.2 厘米。（图三二，4）

DG1：111，灰褐胎，青釉，内壁满釉，外壁半釉，有流釉痕。口径 16.2、底径 10.6、高 4 厘米。（图三二，5）

DG1：113，灰胎，青釉，内壁满釉，外壁半釉，有流釉痕。口径 18.7、底径 11.6、高 5 厘米。（图三二，6）

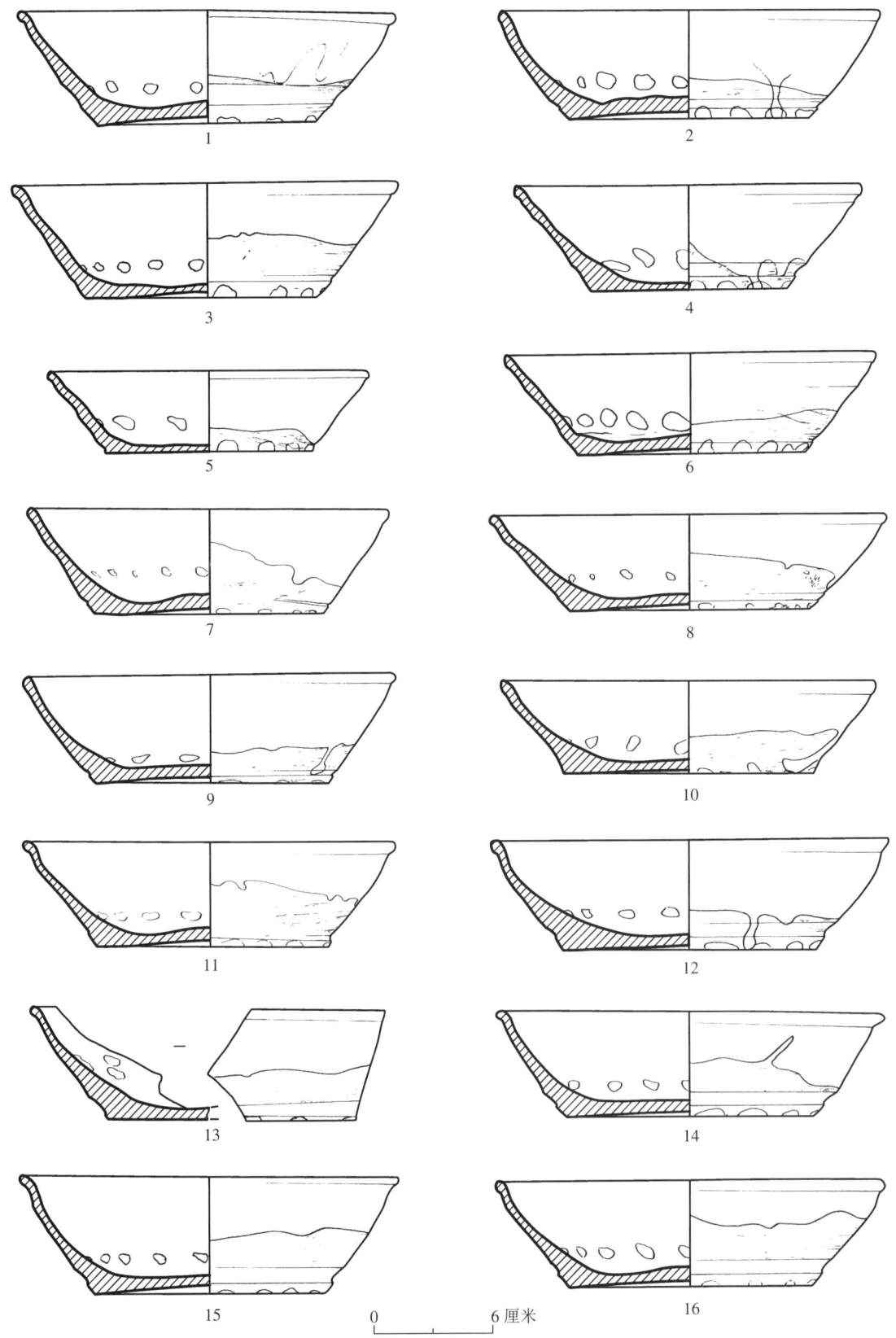

图三二 东岸发掘区出土唐代 A 型瓷碗

1. DG1：20　2. DG1：67　3. DG1：89　4. DG1：104　5. DG1：111　6. DG1：113　7. DG3：1　8. DG3：4
9. DG3：9　10. DG3：24　11. DG4：11　12. DG4：16　13. DG4：18　14. DG5：5　15. DG5：6　16. DG5：7
（越窑）

DG3：1，灰红胎，青釉泛黄，内壁满釉，外壁半釉，有流釉痕。口径18.4、底径11.7、高5.2厘米。（图三二，7）

DG3：4，灰褐胎，青釉，釉面光亮，内壁满釉，外壁半釉，有流釉痕。口径19.8、底径12、高4.6厘米。（图三二，8）

DG3：9，灰胎，青釉，内壁满釉，外壁半釉，有流釉痕。口径19、底径11.8、高5.2厘米。（图三二，9；彩版九，2）

DG3：24，灰褐胎，青釉泛褐，内壁满釉，外壁半釉，有流釉痕。口径18.9、底径12.6、高4.6厘米。（图三二，10）

DG4：11，灰胎，青釉，内壁满釉，外壁半釉，釉面不匀，有流釉痕。口径19、底径11.9、高5.2厘米。（图三二，11）

DG4：16，灰褐胎，青釉泛褐，釉面较光亮，内壁满釉，外壁半釉，釉面不匀，有流釉痕。口径20、底径12.8、高5.4厘米。（图三二，12）

DG4：18，灰褐胎，青釉泛褐，内壁满釉，外壁半釉，釉面不匀，有流釉痕。高5.5厘米。（图三二，13）

DG5：5，灰胎，青釉，内壁满釉，外壁半釉，有流釉痕。口径19.5、底径12.4、高5.2厘米。（图三二，14）

DG5：6，灰褐胎，青釉，内壁满釉，外壁半釉，有流釉痕。口径19.3、底径11.8、高5.8厘米。（图三二，15）

DG5：7，灰褐胎，青釉泛褐，内壁满釉，外壁半釉，有流釉痕。口径19.5、底径12.2、高5.2厘米。（图三二，16；彩版一〇，1）

DH7：1，灰胎，青釉，内壁满釉，外壁半釉，釉面不匀，有流釉痕。口径19.6、底径11.7、高5.4厘米。（图三三，1）

DH10：8，灰胎，青釉泛绿，内壁满釉，外壁半釉，釉面不匀，有流釉痕。口径18.4、底径11.8、高5.6厘米。（图三三，2）

DH11：2，黄褐胎，青釉，内壁满釉，外壁半釉，釉面不匀，有流釉痕。口径19.2、底径12.1、高5.2厘米。（图三三，3）

DH11：3，灰褐胎，青釉，内壁满釉，外壁半釉，釉面不匀，有流釉痕。口径19.2、底径11.5、高5.6厘米。（图三三，4；彩版一〇，2）

DH11：4，灰褐胎，青釉，内壁满釉，外壁半釉，釉面不匀，有流釉痕。口径19、底径11.1、高5.4厘米。（图三三，5；彩版一一，1）

D采：3，弧直壁，平底略内凹。灰褐胎，青釉泛褐，内壁满釉，外壁半釉，有流釉痕。口径18.5、底径9.2、高5.8厘米。（图三三，6；彩版一一，2）

D采：14，灰褐胎，青釉泛褐，内壁满釉，外壁釉不及底，有流釉痕。口径19.1、底径11.7、高5.4厘米。（图三三，7）

D采：19，灰褐胎，青釉泛褐，内壁满釉，外壁半釉，有流釉痕。口径19、底径11、高5.5厘米。（图三三，8）

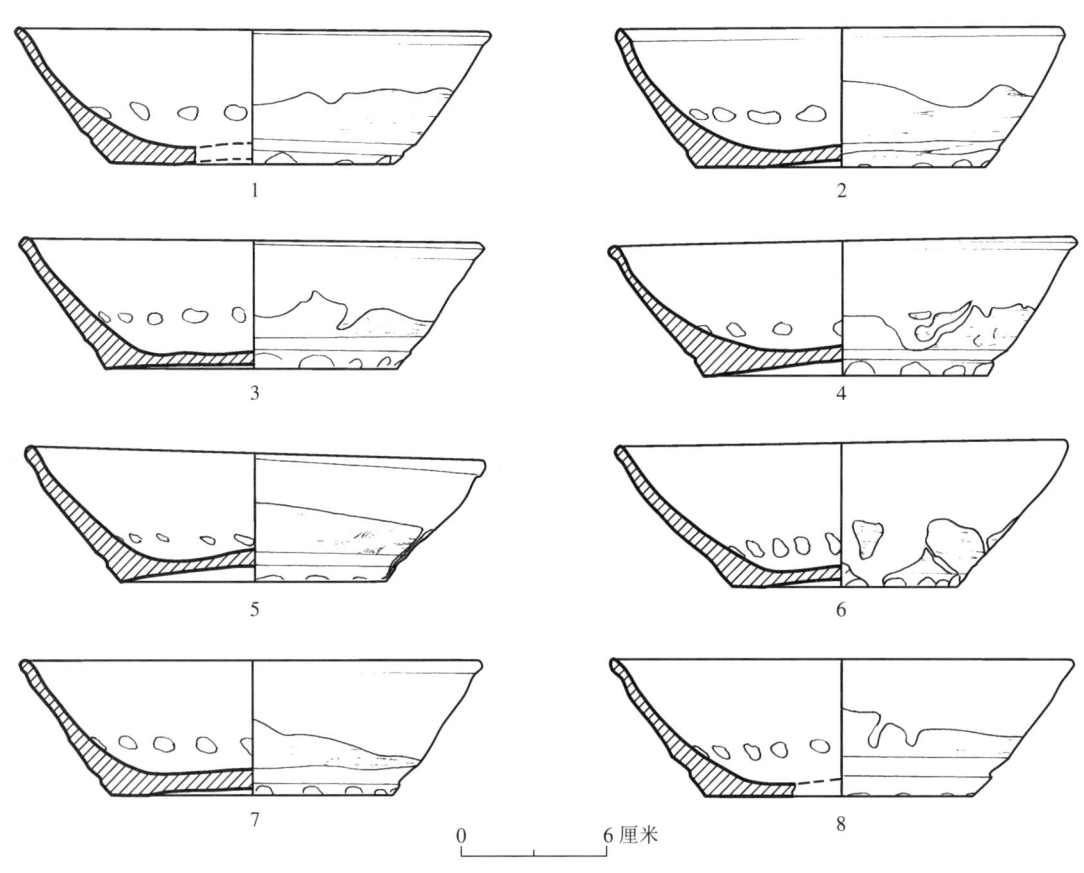

图三三　东岸发掘区出土唐代 A 型瓷碗

1. DH7：1　2. DH10：8　3. DH11：2　4. DH11：3　5. DH11：4　6. D 采：3　7. D 采：14　8. D 采：19（越窑）

寿州窑　共 1 件。胎色偏红，施青黄釉。

DG5：9，红胎，青黄釉。口径 19.2、底径 12、高 6 厘米。（图三四，1；彩版一二，1）

未定窑口　共 39 件。胎色较杂，多灰褐，多施青釉，有酱釉 1 件。

青釉　38 件。

DG1：13，灰胎，青釉泛黄，釉较浑浊，光泽感不强，内壁满釉，外壁半釉，有流釉痕。口径 19.7、底径 12.2、高 5.5 厘米。（图三四，2；彩版一二，2）

DG1：30，近底处旋削。红褐胎，青釉泛黄，内壁满釉，外壁半釉，有流釉现象。口径 19.2、底径 12、高 5 厘米。（图三四，3；彩版一三，1）

DG1：37，灰褐胎，青釉泛灰绿，内壁满釉，外壁半釉，有流釉痕。口径 19.9、底径 12、高 5.4 厘米。（图三四，4）

DG1：51，灰褐胎，青釉，内壁满釉，外壁半釉，有流釉、脱釉现象。口径 18.5、底径 12.2、高 4.9 厘米。（图三四，5）

DG1：64，灰胎，青釉，釉色泛灰，内壁满釉，外壁半釉，有流釉痕。口径 19.6、底径 12.4、高 4.7 厘米。（图三四，6）

DG1：65，红胎，青釉，内壁满釉，外壁半釉，有流釉痕。口径 19、底径 11.5、高 5 厘米。（图三四，7）

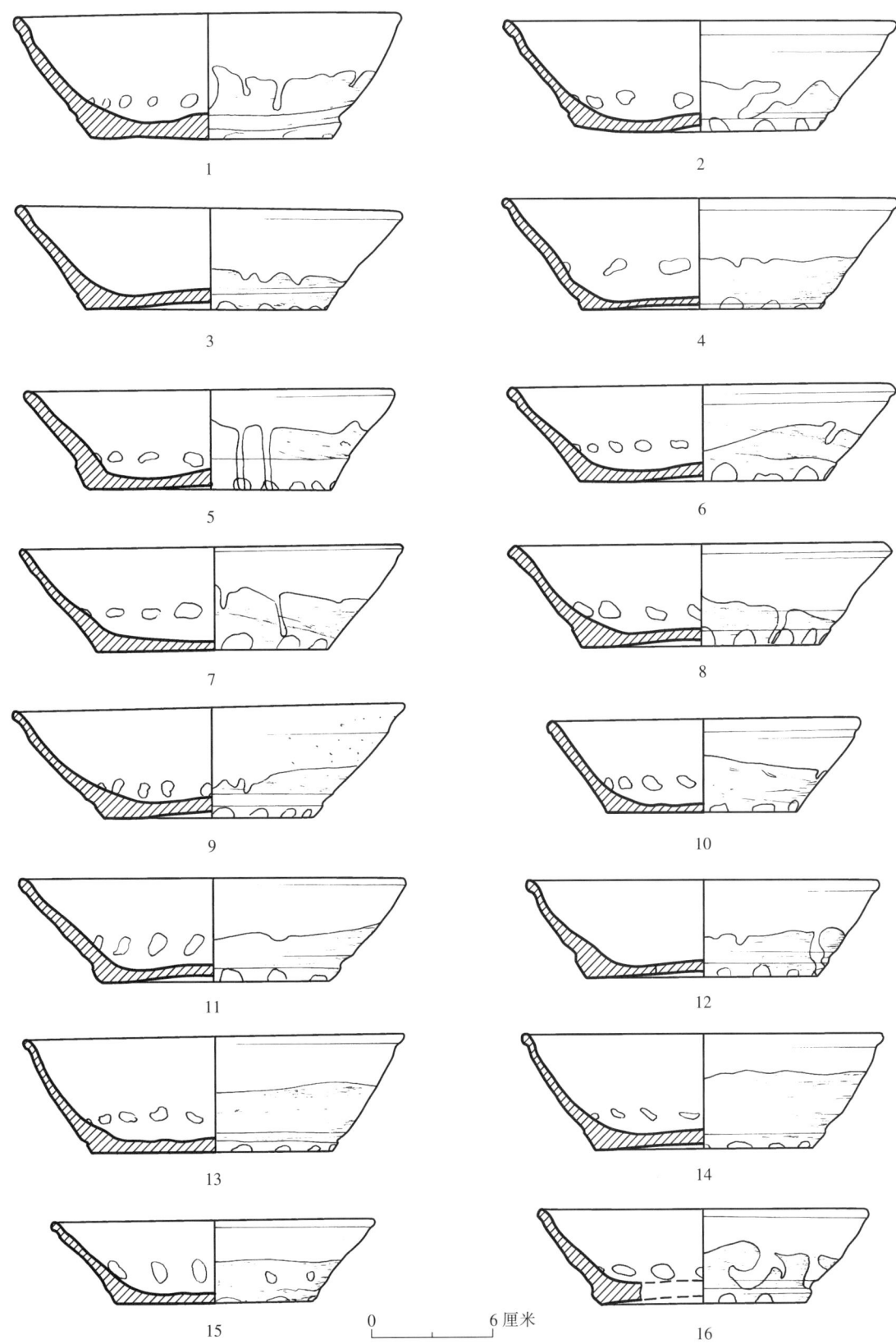

0　　　　6厘米

图三四　东岸发掘区出土唐代 A 型瓷碗

1. DG5：9　2. DG1：13　3. DG1：30　4. DG1：37　5. DG1：51　6. DG1：64　7. DG1：65　8. DG1：66
9. DG1：76　10. DG1：100　11. DG1：101　12. DG1：103　13. DG1：106　14. DG1：108　15. DG1：110
16. DG1：112（1 寿州窑，余未定窑口）

DG1：66，灰褐胎，青釉，内壁满釉，外壁半釉，有流釉痕。口径 19.5、底径 12、高 5 厘米。（图三四，8）

DG1：76，灰褐胎，青釉，内壁满釉，外壁半釉，有流釉痕。口径 19.6、底径 10.4、高 5.4 厘米。（图三四，9；彩版一三，2）

DG1：100，灰褐胎，青釉泛灰绿，内壁满釉，外壁施釉至腹上部，有流釉痕。口径 15.7、底径 9.6、高 4.6 厘米。（图三四，10）

DG1：101，灰褐胎，青釉，内壁满釉，外壁半釉，有流釉痕。口径 19.2、底径 11.6、高 5 厘米。（图三四，11）

DG1：103，红胎，青釉，内壁满釉，外壁半釉，有流釉痕。口径 17.8、底径 11.6、高 4.8 厘米。（图三四，12）

DG1：106，灰褐胎，青釉，脱釉严重。口径 19、底径 12、高 5.6 厘米。（图三四，13）

DG1：108，灰胎，青釉，内壁满釉，外壁半釉。口径 18.2、底径 11、高 5.6 厘米。（图三四，14）

DG1：110，灰褐胎，青釉，内壁满釉，外壁半釉，有流釉痕。口径 16.2、底径 9.9、高 4 厘米。（图三四，15）

DG1：112，灰褐胎，青釉，内壁满釉，外壁半釉，釉面不匀，有流釉痕。口径 16.7、底径 10.6、高 4.6 厘米。（图三四，16）

DG2④：6，灰胎，青釉，内壁满釉，外壁半釉，有流釉痕。口径 19.6、底径 12.4、高 5 厘米。（图三五，1）

DG3：7，灰胎，青釉，内壁满釉，外壁施釉至口下部，有流釉痕。口径 19.4、底径 12.2、高 5.2 厘米。（图三五，2；彩版一四，1）

DG3：10，红胎，青釉泛黄，内壁满釉，外壁半釉，有流釉痕。口径 19.5、底径 12.3、高 5.2 厘米。（图三五，3；彩版一四，2）

DG3：11，灰褐胎，青釉，内壁满釉，外壁半釉，釉面不匀，有流釉痕。口径 20.3、底径 12.1、高 5.2 厘米。（图三五，4）

DG3：15，灰胎，青釉，内壁满釉，外壁半釉，有流釉痕。口径 19、底径 12.6、高 4.6 厘米。（图三五，5）

DG3：18，灰胎，青釉，内壁满釉，外壁半釉，有流釉痕。口径 19.5、底径 12.6、高 5 厘米。（图三五，6）

DG3：22，灰褐胎，青釉，内壁满釉，外壁半釉，有流釉痕。高 5.2 厘米。（图三五，7）

DG3：25，灰褐胎，青釉泛褐，内壁满釉，外壁半釉，有流釉痕。高 5.6 厘米。（图三五，8）

DG4：8，灰胎，青釉，内壁满釉，外壁半釉，有流釉痕。口径 19.1、底径 12、高 5.8 厘米。（图三五，9）

DG4：15，灰褐胎，青釉泛褐，内壁满釉，外壁半釉，釉面不匀，有流釉痕。口径 19.1、底径 11.6、高 4.8 厘米。（图三五，10）

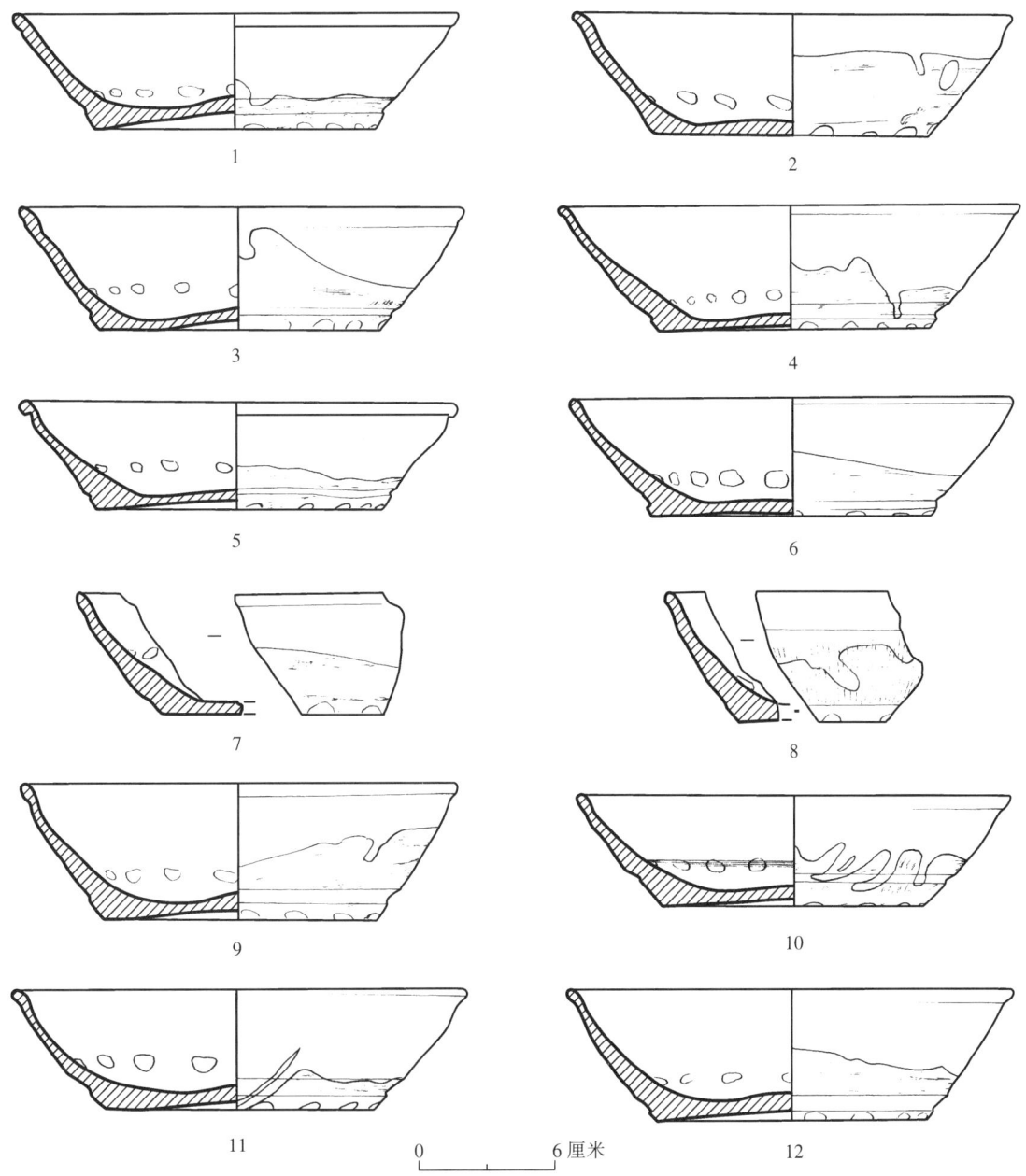

图三五　东岸发掘区出土唐代 A 型瓷碗
1. DG2④：6　2. DG3：7　3. DG3：10　4. DG3：11　5. DG3：15　6. DG3：18　7. DG3：22　8. DG3：25
9. DG4：8　10. DG4：15　11. DG4：17　12. DG4：21（未定窑口）

　　DG4：17，灰褐胎，青釉泛褐，内壁满釉，外壁半釉，釉面不匀，有流釉痕。口径 20、底径 11.9、高 5.1 厘米。（图三五，11）

　　DG4：21，灰褐胎，青釉，内壁满釉，外壁半釉，釉面不匀，有流釉痕。口径 19.6、底径 12.1、高 5.6 厘米。（图三五，12）

　　DG4：22，灰胎，青釉，内壁满釉，外壁半釉，釉面不匀，有流釉痕。口径 19.5、底径 11.4、高 5.2 厘米。（图三六，1）

　　DG5：4，灰褐胎，青釉，内壁满釉，外壁半釉，施釉不匀，有流釉痕。口径 19、底径

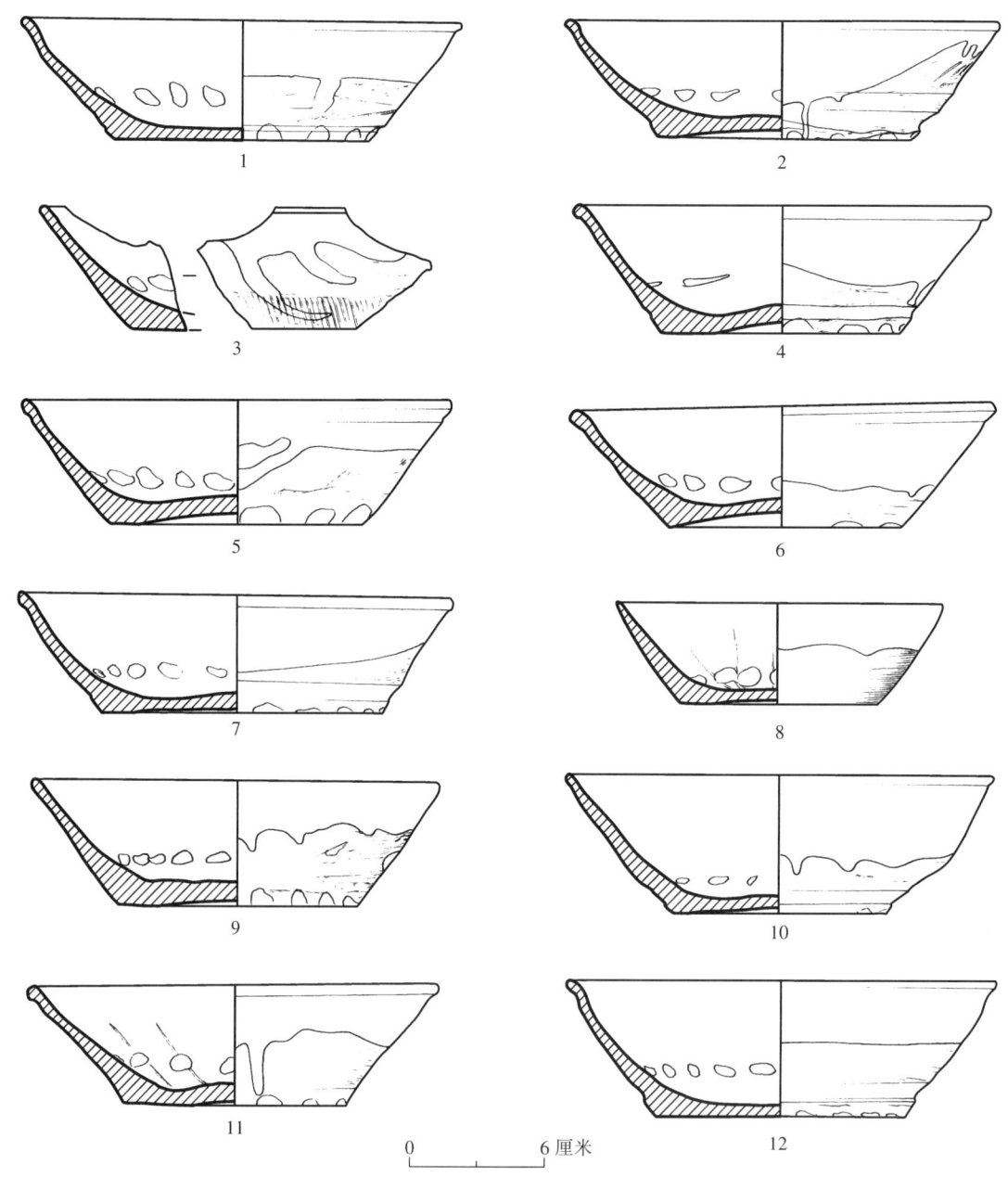

图三六　东岸发掘区出土唐代 A 型瓷碗
1. DG4：22　2. DG5：4　3. DH2：7　4. DH7：3　5. DH10：2　6. DH10：9　7. DH11：5　8. DT1402②：1
9. DT2001③：1　10. D 采：6　11. D 采：9　12. DG4：14（未定窑口）

11.2、高 5.1 厘米。（图三六，2；彩版一五，1）

　　DH2：7，灰褐胎，青釉泛绿，内壁满釉，外壁半釉，釉面不匀，有流釉痕。高 5.3 厘米。
（图三六，3）

　　DH7：3，灰褐胎，青釉，内壁满釉，外壁半釉，釉面不匀，有流釉痕。口径 18.4、底径
10.6、高 5.5 厘米。（图三六，4）

　　DH10：2，灰胎，青釉泛绿，内壁满釉，外壁半釉，釉面不匀，有流釉痕。口径 19、底
径 11.3、高 5.3 厘米。（图三六，5）

DH10：9，灰胎，青釉，内壁满釉，外壁半釉，釉面不匀，有流釉痕。口径18.8、底径10.2、高5.4厘米。（图三六，6）

DH11：5，灰胎，青釉泛绿，内壁满釉，外壁半釉，釉面不匀，有流釉痕。口径19.3、底径12.6、高5.1厘米。（图三六，7）

DT1402②：1，灰褐胎，青釉，内壁满釉，外壁半釉，有流釉痕。口径14.3、底径8.7、高4.4厘米。（图三六，8）

DT2001③：1，褐胎，青釉，内壁满釉，外壁半釉。口径18.2、底径10.8、高5.4厘米。（图三六，9）

D采：6，灰褐胎，青釉，内壁满釉，外壁半釉，有流釉痕。口径18.9、底径9.4、高6厘米。（图三六，10）

D采：9，灰褐胎，青釉，内壁满釉，外壁半釉，有流釉痕。口径18.5、底径10、高5.3厘米。（图三六，11）

酱釉　1件。

DG4：14，红胎，酱釉，内壁满釉，外壁半釉，有流釉痕。口径19、底径11.1、高5.9厘米。（图三六，12）

B型　玉璧底。70件。依腹部深浅分2亚型。

Ba型　深腹。15件，可辨识有越窑8件、寿州窑3件、未定窑口4件。

越窑　8件。胎呈灰色，胎质细腻，均施青釉。

DG1：11，灰胎，青釉泛灰绿，有细小开片，内壁满釉，外壁釉不及底，有流釉现象。口径17.3、底径6.5、高6.8厘米。（图三七，1；彩版一五，2）

DG1：18，浅灰胎，青釉泛黄，有开片，内壁满釉，外壁半釉，有流釉现象。口径16、底径5.6、高6厘米。（图三七，2）

DG1：28，敞口，圆唇，弧壁，内壁口下见一处支钉块状痕。浅灰胎，青釉泛黄，有细小开片，内壁满釉，外壁半釉。口径17.6、底径5.8、高6.5厘米。（图三七，3；彩版一六，1）

DG1：33，灰胎，青釉，内壁满釉，外壁半釉。口径18.6、底径6.5、高7.2厘米。（图三七，4；彩版一六，2）

DG1：50，灰胎，青釉泛灰，内壁满釉，外壁半釉，有流釉痕。口径18.6、底径5.8、高7.5厘米。（图三七，5）

DG1：56，灰胎，青釉，釉面光亮，内壁满釉，外壁半釉，有流釉痕。口径17、底径5.8、高5.8厘米。（图三七，6；彩版一七，1）

DG1：62，灰胎，青釉泛灰，内壁满釉，外壁半釉，有流釉痕。口径16.6、底径6.3、高6.4厘米。（图三七，7）

DG4：5，灰胎，青釉，内壁满釉，外壁釉不及底，有流釉痕。口径16.7、底径5.6、高6厘米。（图三七，8）

寿州窑　3件。胎色较杂，施青釉与青黄釉。

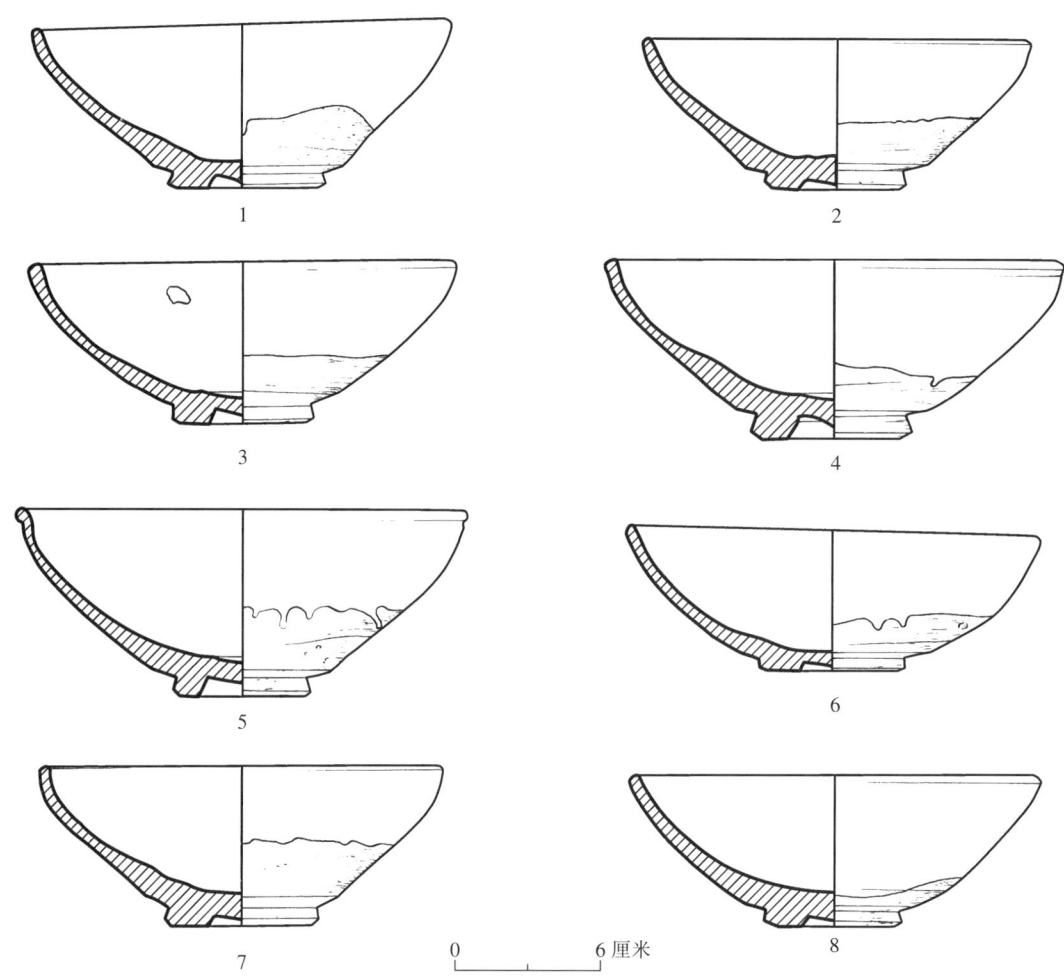

图三七　东岸发掘区出土唐代 Ba 型瓷碗

1. DG1∶11　2. DG1∶18　3. DG1∶28　4. DG1∶33　5. DG1∶50　6. DG1∶56　7. DG1∶62　8. DG4∶5（越窑）

　　青釉　2件。

　　DG1∶32，灰胎，青釉，内壁满釉，外壁施釉至腹上部，有流釉痕。口径16.4、底径6.3、高5.5厘米。（图三八，1）

　　DG4∶26，红胎，青釉，内壁满釉，外壁釉不及底。口径17.3、底径6、高7.5厘米。（图三八，2）

　　青黄釉　1件。

　　DG1∶38，足外沿斜削，挖足较深。灰褐胎，青黄釉，内壁满釉，外壁半釉，有流釉痕。口径17.8、底径6.8、高6.7厘米。（图三八，3；彩版一七，2）

　　未定窑口　4件。胎呈灰黄色，分青釉与青黄釉。

　　青釉　3件。

　　DG1∶10，敞口，弧壁，深腹，玉璧底，足外沿斜削。圆唇略外卷，浅灰胎，青釉泛黄，釉面光亮，有细小开片，内壁满釉，外壁釉不及底，有流釉现象。口径17.2、底径6.4、高7.8厘米。（图三八，4；彩版一八，1）

　　DG1∶52，灰黄胎，青釉，脱釉严重，内壁满釉，外壁釉不及底。口径19.2、底径

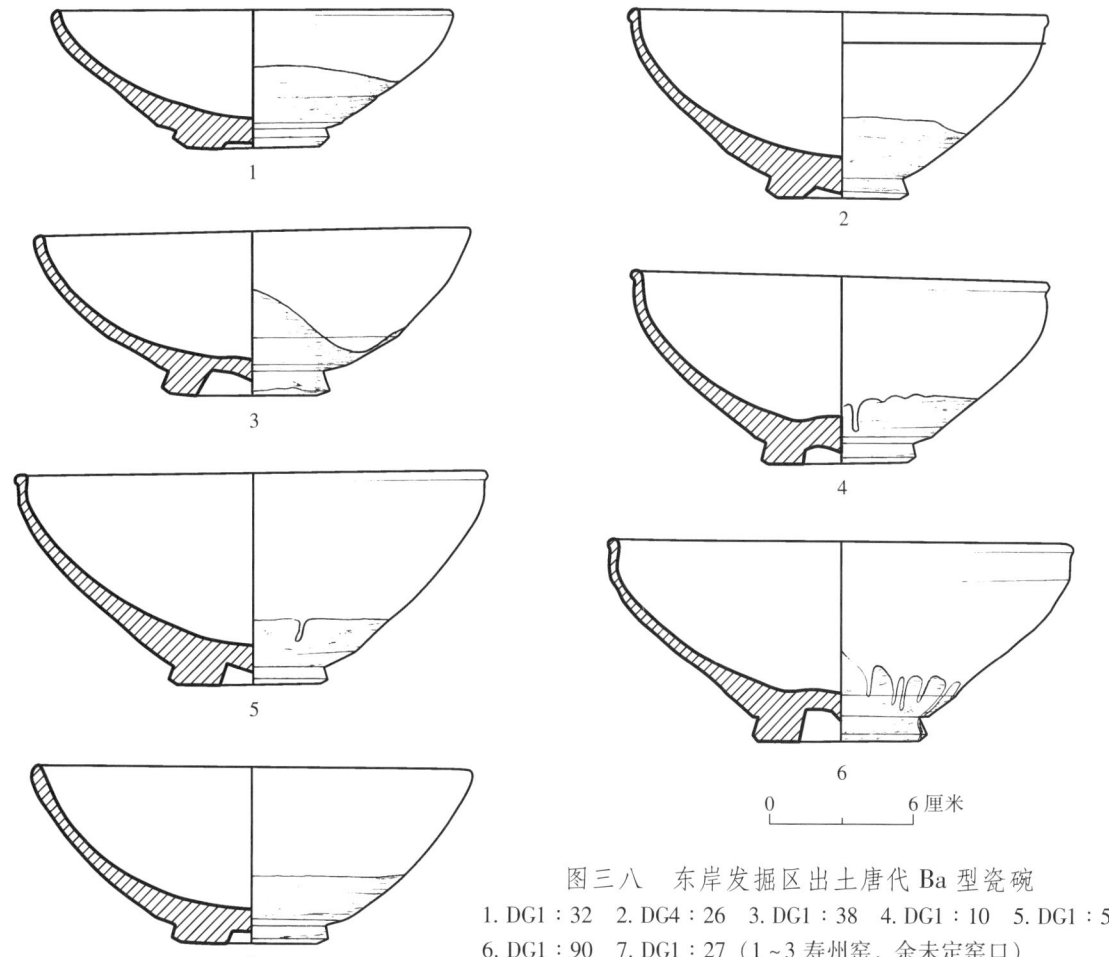

图三八 东岸发掘区出土唐代 Ba 型瓷碗
1. DG1：32 2. DG4：26 3. DG1：38 4. DG1：10 5. DG1：52
6. DG1：90 7. DG1：27（1~3 寿州窑，余未定窑口）

6.5、高 8.6 厘米。（图三八，5）

DG1：90，灰黄胎，青釉，内壁满釉，外壁半釉，有流釉痕。口径 19.2、底径 7.2、高 8 厘米。（图三八，6）

青黄釉 1 件。

DG1：27，灰黄色胎，青釉，有细小开片，内壁满釉，外壁半釉，有流釉现象。口径 18、底径 6.4、高 7 厘米。（图三八，7）

Bb 型 浅腹。共 55 件，可辨识有越窑 33 件、寿州窑 17 件、未定窑口 5 件。

越窑 33 件。胎色以灰为主，少数偏黄，胎质细腻，釉色分青釉与青黄釉。

青釉 25 件。

DG1：2，敞口，圆唇，弧壁，腹较浅，玉璧底，足外沿斜削。浅灰胎，青釉泛黄，有细小开片，口唇部有较多破裂的气孔，内壁满釉，外壁釉不及底。口径 11.7、底径 4.5、高 4.2 厘米。（图三九，1）

DG1：5，灰胎，青釉泛灰，有细小开片，内壁满釉，外壁半釉。口径 12、底径 4、高 3.9 厘米。（图三九，2）

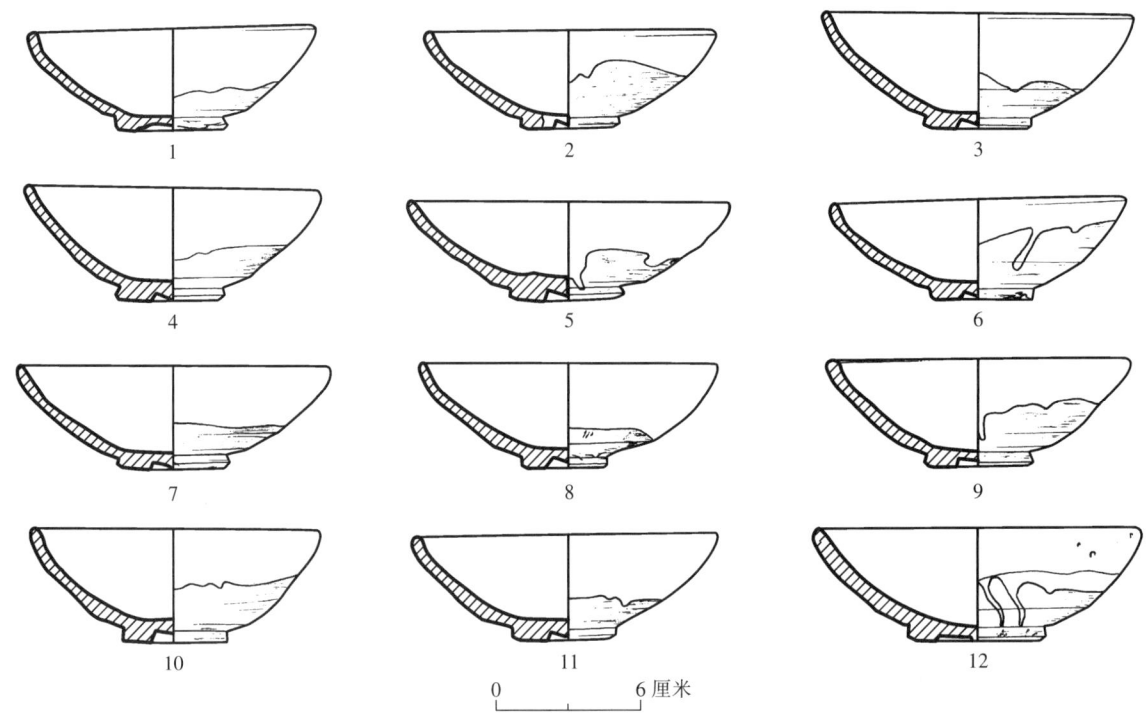

图三九 东岸发掘区出土唐代 Bb 瓷碗

1. DG1：2　2. DG1：5　3. DG1：23　4. DG1：24　5. DG1：26　6. DG1：36　7. DG1：39　8. DG1：41
9. DG1：92　10. DG1：93　11. DG1：95　12. DG3：3（越窑）

DG1：23，敞口，圆唇，弧壁，玉璧底，挖足较浅，足外沿斜削。灰褐胎，青釉泛黄，有开片，内壁满釉，外壁半釉，有流釉现象。口径12.6、底径4.4、高4.6厘米。（图三九，3；彩版一八，2）

DG1：24，玉璧底，挖足较浅，足外沿斜削。浅灰胎，青釉泛黄，釉面光亮，有细小开片，内壁满釉，外壁半釉。口径12.1、底径4.4、高4.6厘米。（图三九，4；彩版一九，1）

DG1：26，浅灰胎，青釉泛黄，釉面光亮，有细小开片，内壁满釉，外壁半釉。口径13.2、底径4.7、高4厘米。（图三九，5）

DG1：36，灰胎，青釉，内壁满釉，外壁半釉，有流釉痕。口径12、底径4.2、高4厘米。（图三九，6；彩版一九，2）

DG1：39，灰胎，青釉，釉面光亮，内壁满釉，外壁半釉，有流釉痕。口径12.8、底径4.6、高4厘米。（图三九，7）

DG1：41，灰胎，青釉，釉面光亮，内壁满釉，外壁半釉，有流釉痕。口径12.2、底径3.5、高4.2厘米。（图三九，8；彩版二〇，1）

DG1：92，灰胎，青釉泛灰绿，内壁满釉，外壁半釉，有流釉痕。口径12.4、底径4.5、高4.3厘米。（图三九，9）

DG1：93，灰胎，青釉，内壁满釉，外壁半釉，有流釉痕。口径11.8、底径4.3、高4.5厘米。（图三九，10）

DG1：95，灰胎，青釉泛灰，内壁满釉，外壁半釉。口径12.5、底径4.3、高4.2厘米。

（图三九，11）

DG3：3，灰胎，青釉，釉面光亮，口唇部有许多釉面破裂的气泡，内壁满釉，外壁半釉。口径13.3、底径5.6、高4.5厘米。（图三九，12）

DG4：4，灰胎，青釉泛灰，内壁满釉，外壁釉不及底，有流釉痕。口径12.8、底径4.5、高4.3厘米。（图四○，1；图版二○，2）

DG4：25，灰胎，青釉泛灰，釉面内壁满釉，外壁釉不及底。口径12.7、底径4.6、高4.2厘米。（图四○，2）

DG5：1，灰胎，青釉泛灰，釉面不匀，内壁满釉，外壁半釉，有流釉痕。口径13.5、底径4.7、高4.6厘米。（图四○，3；彩版二一，1）

DG5：2，灰胎，青釉泛灰，釉面不匀，内壁满釉，外壁半釉，有流釉痕。口径13.5、底径4.0、高4.4厘米。（图四○，4）

DG5：10，灰胎，青釉泛灰，内壁满釉，外壁釉不及底，有流釉痕。口径12.8、底径4.8、高4.2厘米。（图四○，5）

DG5：11，灰胎，青釉，釉面光亮，内壁满釉，外壁半釉，有流釉痕。口径13.9、底径4.5、高4.2厘米。（图四○，6）

DG6：5，灰胎，青釉泛灰，内壁满釉，外壁半釉，有流釉痕。口径13、底径4.3、高4厘米。（图四○，7；彩版二一，2）

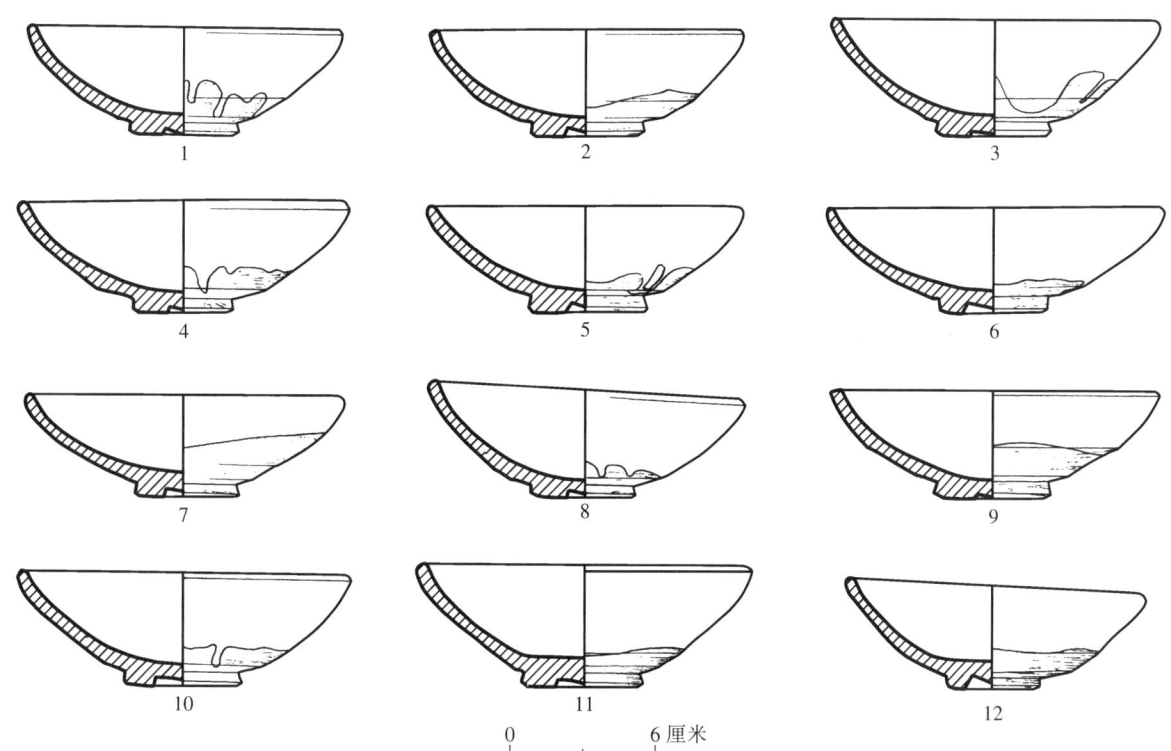

图四○　东岸发掘区出土唐代Bb型瓷碗

1. DG4：4　2. DG4：25　3. DG5：1　4. DG5：10　5. DG5：2　6. DG5：11　7. DG6：5　8. DH3：1　9. DH10：5
10. DH12：1　11. DT0703③：1　12. DT0804③：2（越窑）

DH3：1，灰胎，青釉，内壁满釉，外壁半釉，釉面不匀，有流釉痕，口径13、底径4.3、高4.5厘米。（图四〇，8）

DH10：5，灰黄胎，青釉，外壁半釉，内壁满釉，釉面不匀，有流釉痕。口径13.6、底径4.8、高4.3厘米。（图四〇，9）

DH12：1，灰黄胎，青釉，内壁满釉，外壁半釉，釉面不匀，有流釉痕。口径13.6、底径4.8、高4.5厘米。（图四〇，10）

DT0703③：1，灰黄胎，青釉，内壁满釉，外壁釉不及底，有流釉痕。口径13.7、足径5、高4.8厘米。（图四〇，11）

DT0804③：2，灰黄胎，青釉泛灰，内壁满釉，外壁半釉，有流釉痕。口径12.4、底径3.8、高4.3厘米。（图四〇，12）

DT1002②：1，灰黄胎，青釉，釉面光亮，内壁满釉，外壁半釉，有流釉痕。口径13.3、足径5、高4.2厘米。（图四一，1）

青黄釉　8件。

DG1：91，灰胎，青黄釉，内壁满釉，外壁半釉，有流釉痕。口径12.5、底径4.7、高4.1厘米。（图四一，2）

DG1：98，灰胎，青黄釉，内壁满釉，外壁半釉，有流釉痕。口径11.8、底径3.7、高3.6厘米。（图四一，3）

DG3：13，灰胎，青黄釉，内壁满釉，外壁半釉，有流釉痕。口径12.7、底径4.6、高4.6厘米。（图四一，4）

DG3：14，灰胎，青黄釉，釉面内壁满釉，外壁半釉，有流釉痕。口径12.4、底径3.8、高4厘米。（图四一，5）

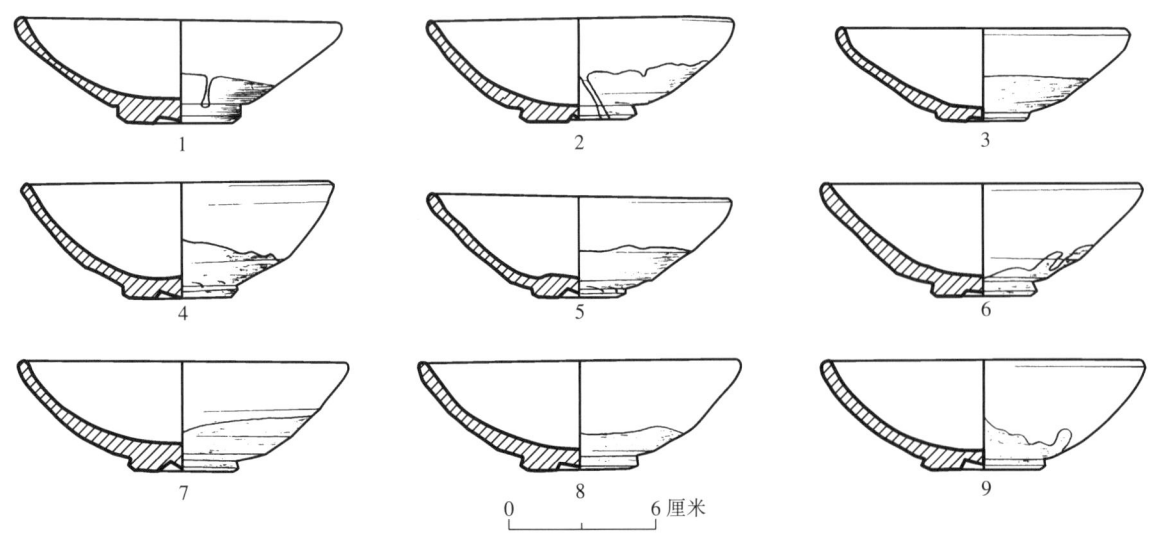

图四一　东岸发掘区出土唐代Bb型瓷碗

1. DT1002②：1　2. DG1：91　3. DG1：98　4. DG3：13　5. DG3：14　6. DG4：3　7. DG4：6　8. DG4：23
9. DG4：24（越窑）

DG4：3，灰黄胎，青黄釉，内壁满釉，外壁釉不及底，有流釉痕。口径13、底径4.2、高4.5厘米。（图四一，6；彩版二二，1）

DG4：6，灰胎，青黄釉，釉面光亮，有开片，内壁满釉，外壁半釉。口径13.4、底径4.5、高4.4厘米。（图四一，7）

DG4：23，灰胎，青黄釉，釉面光亮，内壁满釉，外壁釉不及底。口径13.1、底径4.8、高4.3厘米。（图四一，8）

DG4：24，灰黄胎，青黄釉，满釉。口径13、底径5、高4.4厘米。（图四一，9）

寿州窑　17件。多灰黄胎，胎色不纯，分青釉与青黄釉。

青釉　6件。

DG1：31，红胎，青釉，内壁满釉，外壁半釉，有开片。口径12、底径4.4、高3.8厘米。（图四二，1）

DG1：44，灰黄胎，青釉，内壁满釉，外壁半釉，有流釉痕。口径12、底径4.5、高4厘米。（图四二，2；彩版二二，2）

DG1：45，灰胎，青釉，内壁满釉，外壁半釉，有流釉痕。口径12.2、底径4、高4厘米。（图四二，3；彩版二三，1）

DG1：97，红胎，青釉，内壁满釉，外壁半釉，有流釉痕。口径12、底径4.4、高3.9厘米。（图四二，4）

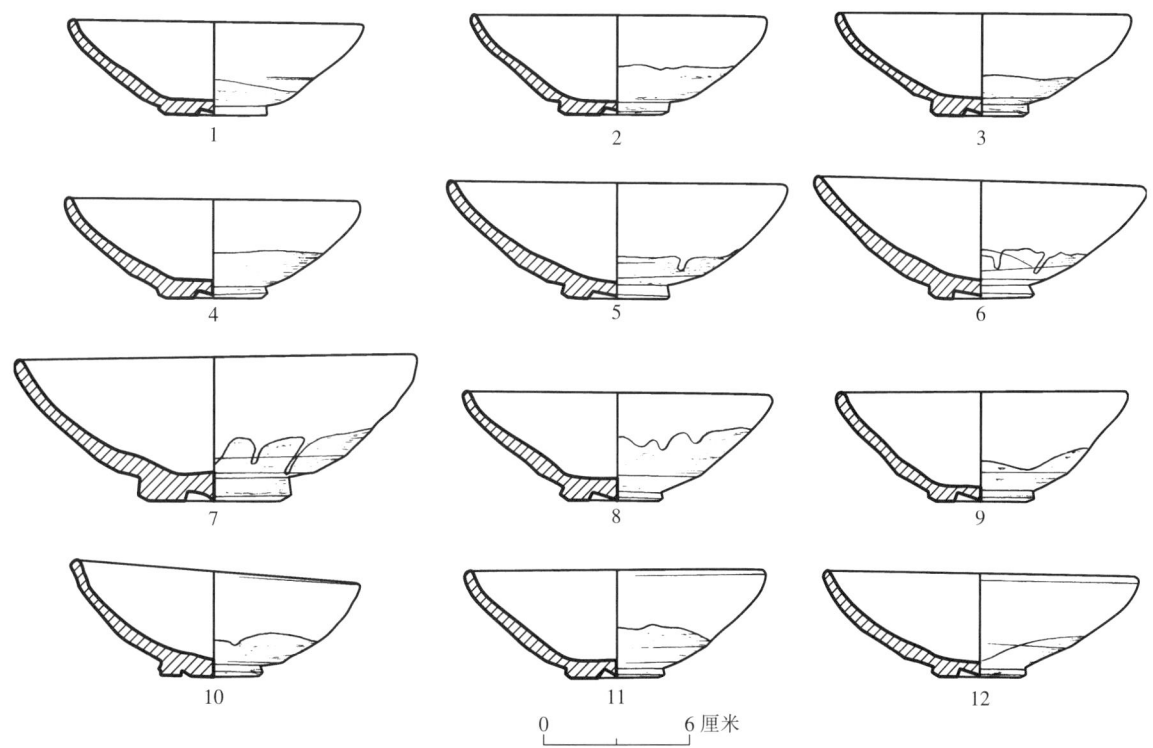

图四二　东岸发掘区出土唐代Bb型瓷碗

1. DG1：31　2. DG1：44　3. DG1：45　4. DG1：97　5. DG6：3　6. DG6：4　7. DG1：9　8. DG1：15　9. DG1：19

10. DG1：22　11. DG1：25　12. DG1：34（寿州窑）

DG6：3，灰黄胎，青釉，内壁满釉，外壁半釉，有流釉痕。口径13.6、底径4.4、高4.6厘米。（图四二，5；彩版二三，2）

DG6：4，灰黄胎，青釉，内壁满釉，外壁半釉，有流釉痕。口径13.6、底径4.3、高4.8厘米。（图四二，6；彩版二四，1）

青黄釉　11件

DG1：9，红胎，青黄釉，内壁满釉，外壁半釉，有流釉现象。口径16.2、底径6.1、高5.7厘米。（图四二，7；彩版二四，2）

DG1：15，褐胎，青黄釉，内壁满釉，外壁釉不及底，有流釉现象。口径12.4、足径4.2、高4.2厘米。（图四二，8；彩版二五，1）

DG1：19，灰黄胎，青黄釉，内壁满釉，外壁釉不及底。口径11.9、底径4.4、高4.3厘米。（图四二，9）

DG1：22，灰褐胎，青黄釉，内壁满釉，外壁半釉，有流釉现象。口径11.6、底径4.2、高4.6厘米。（图四二，10；彩版二五，2）

DG1：25，浅灰胎，青黄釉，内壁满釉，外壁半釉。口径12.2、底径4、高4.2厘米。（图四二，11；彩版二六，1）

DG1：34，灰黄胎，青黄釉，内壁满釉，外壁釉不及底。口径12.8、底径3.8、高4.1厘米。（图四二，12；彩版二六，2）

DG1：49，灰黄胎，青黄釉，内壁满釉，外壁半釉，有流釉痕。口径13、底径4.8、高4.7厘米。（图四三，1）

DG3：2，黄褐胎，青黄釉，内壁满釉，外壁釉不及底，有流釉痕。口径12.8、底径4.6、高4.4厘米。（图四三，2；彩版二七，1）

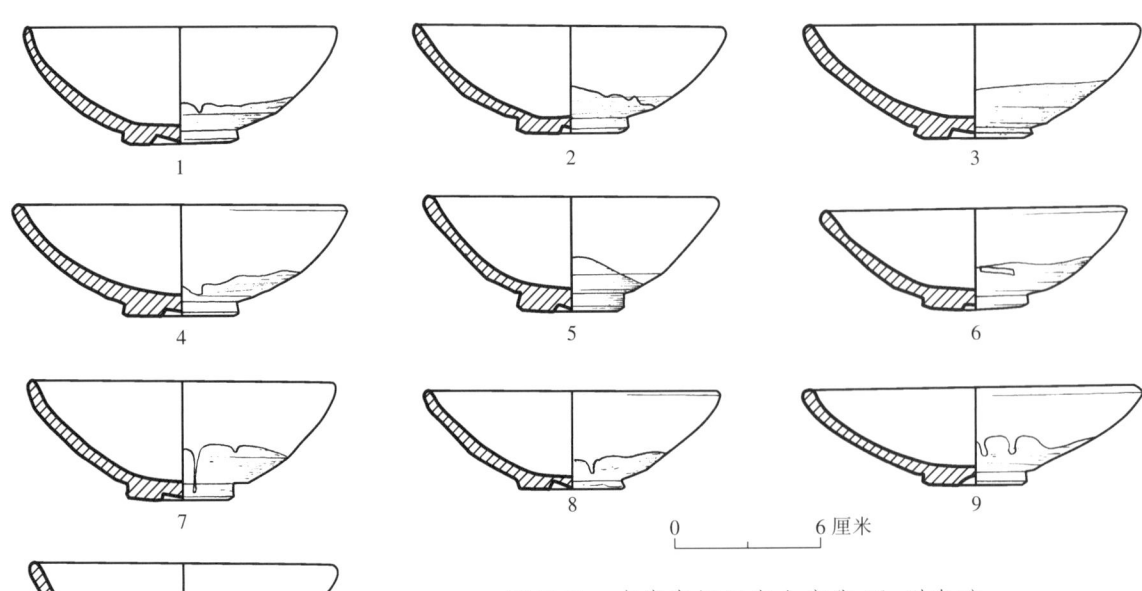

图四三　东岸发掘区出土唐代Bb型瓷碗
1. DG1：49　2. DG3：2　3. DG4：7　4. DH13：1　5. DT1501②：1
6. DG1：35　7. DG1：40　8. DG1：61　9. DH11：1　10. DT0804③：1
（1~5寿州窑，余未定窑口）

DG4：7，灰胎，青黄釉，釉面光亮，内壁满釉，外壁半釉。口径13.7、底径4.8、高4.6厘米。（图四三，3）

DH13：1，灰黄胎，青黄釉，釉面光亮，内壁满釉，外壁半釉，釉面不匀，有流釉痕。口径13.8、底径4.7、高4.4厘米。（图四三，4）

DT1501②：1，灰黄胎，青黄釉，内壁满釉，外壁釉不及底，有流釉痕。口径12.1、底径4.4、高4.5厘米。（图四三，5）

未定窑口　5件。多为灰胎，胎色不纯，均为青釉。

DG1：35，圆唇，弧壁，腹部有卵状修复痕，玉璧底，足外沿斜削。灰胎，青釉，内壁满釉，外壁半釉，有流釉痕。口径12.5、底径4.3、高4厘米。（图四三，6）

DG1：40，灰胎，青釉，釉面光亮，内壁满釉，外壁半釉，有流釉痕。口径12.6、底径4.4、高4.7厘米。（图四三，7）

DG1：61，灰胎，青釉，内壁满釉，内底有釉蚀现象，外壁半釉，有流釉痕。口径12、底径4.4、高3.9厘米。（图四三，8）

DH11：1，灰褐胎，青釉泛黄，外壁半釉，内壁满釉，釉面不匀，有流釉痕。口径13.8、底径4.2、高3.9厘米。（图四三，9）

DT0804③：1，灰黄胎，青釉泛灰，内壁满釉，外壁半釉，有流釉痕。口径12.7、底径4.4、高4.4厘米。（图四三，10）

C型　矮圈足。共10件，其中宜兴窑8件、寿州窑2件。

宜兴窑　8件。胎色呈灰偏褐，分青釉与青黄釉。

青釉　6件。

DH2：2，圆唇略外撇，弧壁，矮圈足。器底见支钉块状痕。灰褐胎，青釉泛绿，内壁满釉，外壁半釉，釉面不匀，有流釉痕。口径17.3、底径9、高6.7厘米。（图四四，1；彩版二七，2）

D采：8，灰胎，青釉，内壁满釉，外壁釉不及底，有流釉痕。口径18.8、底径8.6、高7厘米。（图四四，2）

D采：10，灰胎，青釉泛灰，内壁满釉，外壁釉不及底，有流釉痕。口径19.6、底径8.9、高6.9厘米。（图四四，3）

D采：13，灰褐胎，青釉泛褐，内壁满釉，外壁釉不及底，有流釉痕。口径18.4、底径8.6、高6.8厘米。（图四四，4）

D采：16，灰褐胎，青釉泛褐，内壁满釉，外壁半釉，有流釉痕。口径18.7、底径8.9、高6.8厘米。（图四四，5）

D采：30，灰胎，青釉泛灰，内壁满釉，外壁施釉不及底，有流釉痕。口径19.2、底径8.4、高7.3厘米。（图四四，6）

青黄釉　2件。

DG1：121，敞口，弧壁，圈足。红胎夹细砂，质地较粗糙，青黄釉，内壁满釉，外壁半釉。口径11.8、底径6、高4.4厘米。（图四四，7；彩版二八，1）

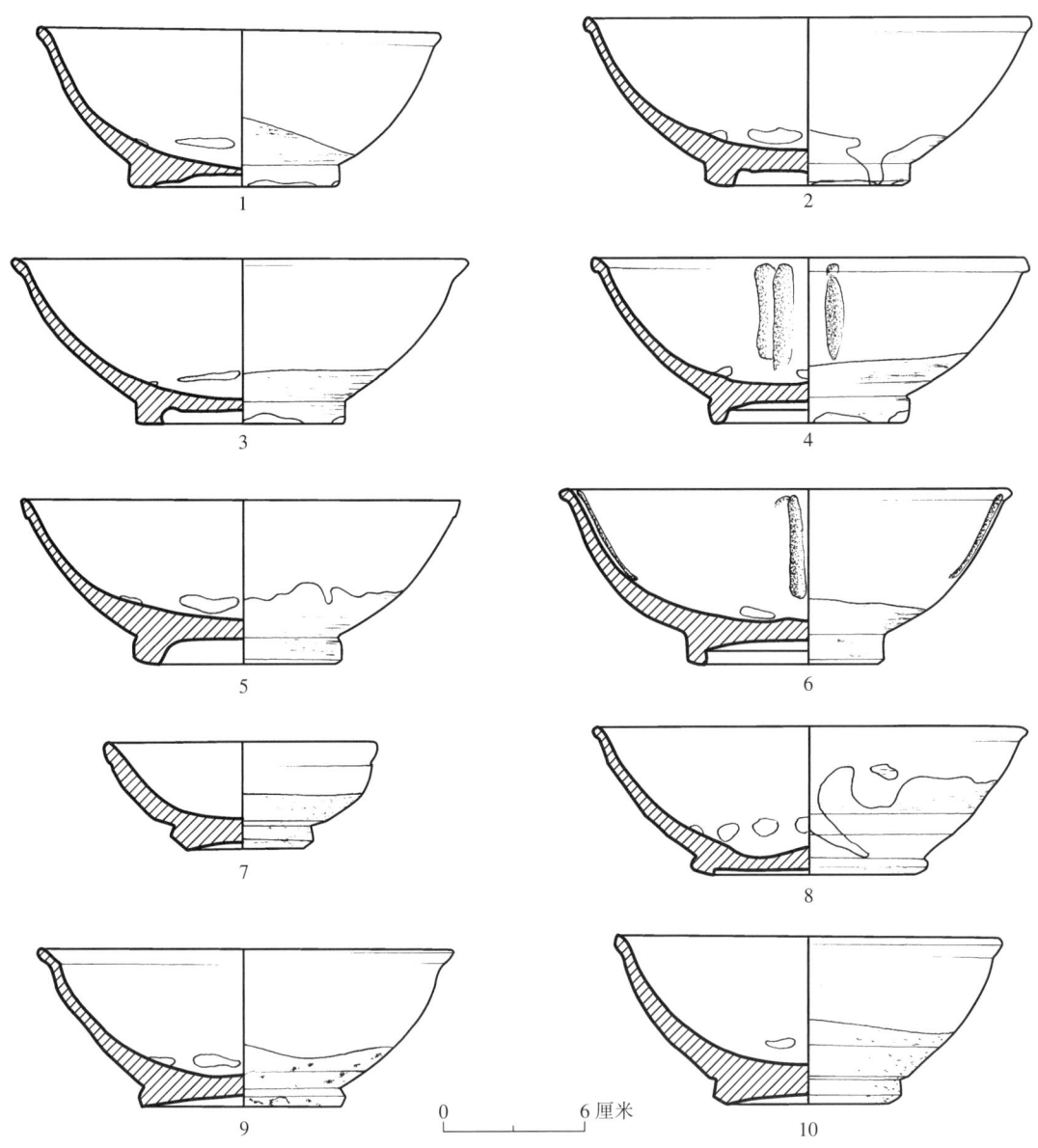

图四四　东岸发掘区出土唐代 C 型瓷碗

1. DH2：2　2. D 采：8　3. D 采：10　4. D 采：13　5. D 采：16　6. D 采：30　7. DG1：121　8. D 采：26　9. D 采：11　10. D 采：12（1～8 宜兴窑，余寿州窑）

　　D 采：26，器底见一圈支钉块状痕。褐胎，青黄釉，脱釉严重，有流釉痕，内壁满釉，外壁半釉，外壁釉不及底。口径 18.4、底径 10.1、高 6.1 厘米。（图四四，8；彩版二八，2）

　　寿州窑　2 件。胎色不纯，均为青黄釉。

　　D 采：11，内底见一圈支钉块状痕。红胎，青黄釉泛褐，内壁满釉，外壁半釉。口径 17.9、底径 8.8、高 6.6 厘米。（图四四，9）

　　D 采：12，灰黄胎，质地粗糙，含细砂，青黄釉，内壁满釉，外壁半釉。口径 16.4、底径 8、高 7 厘米。（图四四，10）

　　盏

　　共 9 件，其中越窑 5 件、寿州窑 1 件、未定窑口 3 件。

越窑　5件。胎呈灰色，质细腻，分青釉与青黄釉。

青釉　2件。

DG1：29，玉璧底，挖足较浅。足外沿斜削。浅灰胎，青釉泛黄，釉面有开片，满釉，足底露胎。口径13.6、底径5.2、高5.2厘米。（图四五，1）

DG1：42，灰胎，青釉，釉面有开片。口径13、底径5.5、高4.8厘米。（图四五，2；彩版二九，1）

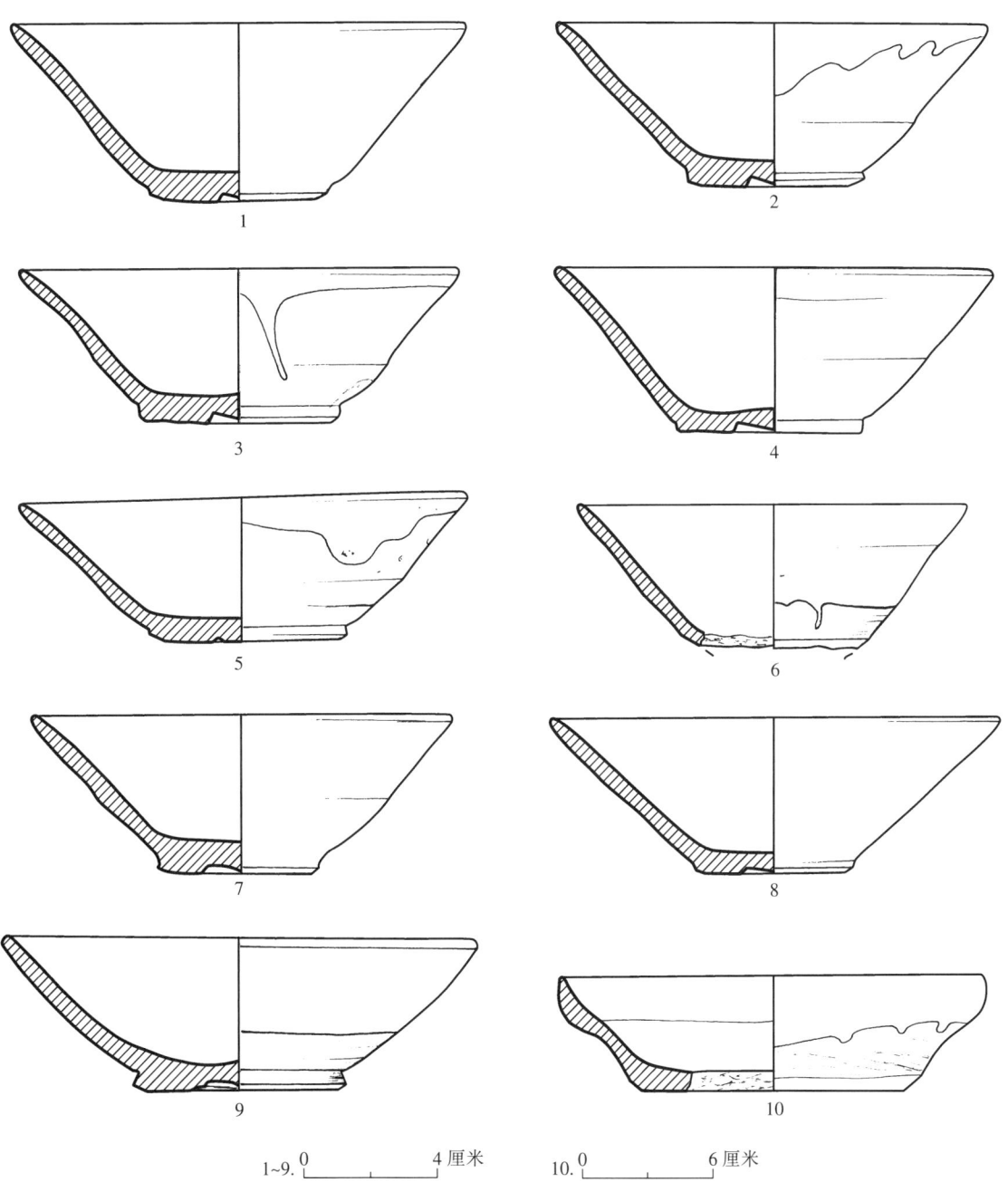

1~9. 0 ———— 4厘米　　10. 0 ———— 6厘米

图四五　东岸发掘区出土唐代瓷盏、钵

1~9. 盏（DG1：29、DG1：42、DG1：14、DG1：21、DG1：48、DG1：8、DG1：94、DG1：96、DG1：99）

10. 钵（DT1302②：1）（6寿州窑，7~9未定窑口，余越窑）

青黄釉　3件。

DG1：14，敞口，圆唇，直壁，玉璧底，足外沿斜削。浅灰胎，青黄釉，有细小开片，满釉，足底露胎。口径13.2、底径5.8、高4.6厘米。（图四五，3；彩版二九，2）

DG1：21，浅灰胎，青黄釉，釉面有细小开片。口径13.3、底径5.6、高4.8厘米。（图四五，4；彩版三○，1）

DG1：48，灰胎，青黄釉，釉面有开片。口径13.4、底径5.6、高4.4厘米。（图四五，5；彩版三○，2）

寿州窑　1件。

DG1：8，黄褐胎，青黄釉，内壁满釉，外壁半釉。口径12、残高4.1厘米。（图四五，6）

未定窑口　3件。胎呈灰色，均施青黄釉。

DG1：94，灰胎，青黄釉。口径12.8、底径4.9、高4.7厘米。（图四五，7）

DG1：96，灰胎，青黄釉。口径13.6、底径4.8、高4.6厘米。（图四五，8）

DG1：99，灰胎，青黄釉，满釉，足底露胎。口径14.2、底径6.5、高4.6厘米。（图四五，9）

钵

共1件。

B型　为越窑产品。敞口，圆唇，折腹，平底。

DT1302②：1，灰胎，青釉，内壁满釉，外壁半釉，有流釉痕。口径19.4、底径12、高5厘米。（图四五，10）

罐

共25件。有A型、B型、C型和D型。

A型　敛口，鼓腹。共4件，可辨识有长沙窑1件、未定窑口3件。

长沙窑　1件。胎色灰褐，质地坚硬，均为青黄釉。

DG3：26，小圆口，圆唇，圆肩，肩以下残失。灰褐色胎，坚硬，施青黄釉，内外壁均施釉。口径3.2、残高2.8厘米。（图四六，1）

未定窑口　3件。灰色胎，均施青釉。

DG1：57，短束颈，溜肩，肩部饰四系，鼓腹，平底略内凹。肩部饰四个环形系。灰胎，青釉，半釉。口径14.6、底径15、最大腹径45.3、高40厘米。（图四六，2；彩版三一，1）

DG1：120，肩部饰四系。灰胎，青釉，半釉。口径22、最大腹径48.5、残高51厘米。（图四六，3）

DG1：123，灰胎，青釉，半釉。口径27.5、最大腹径52.3、底径23.8、高56.7厘米。（图四六，4；彩版三一，2）

B型　侈口，弧腹。共15件，可辨识有宜兴窑8件、长沙窑3件、越窑2件、未定窑口2件。

宜兴窑　8件。烧制火候不均，胎多呈红色，分青釉与酱釉。

青釉　6件。

DG1：16，青釉褐斑双系罐，束颈，弧壁，平底略内凹，肩部饰两环系，近底处旋削，

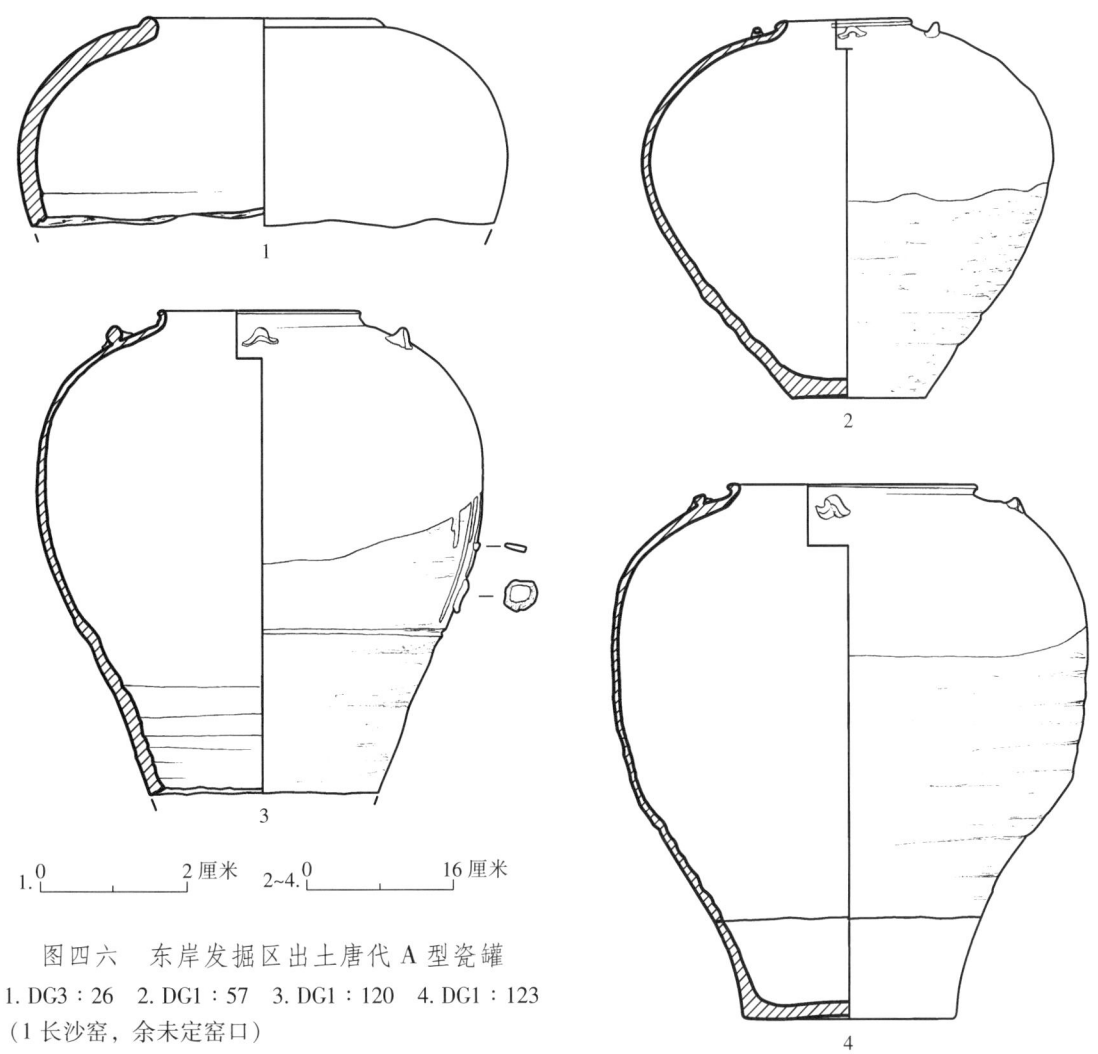

图四六　东岸发掘区出土唐代 A 型瓷罐
1. DG3：26　2. DG1：57　3. DG1：120　4. DG1：123
（1 长沙窑，余未定窑口）

内、外底见支钉块状痕。红褐胎，青釉泛黄，内壁满釉，外壁釉不及底。口沿及肩部施不规则褐色彩斑，口径 19.1、底径 10.8、高 18.3 厘米。（图四七，1；彩版三一，3）

DG1：70，肩部有两对称环系，其一饰斑状褐彩，内、外底见支钉块状痕。灰胎，青釉，内外壁均釉不及底。口径 17.8、最大腹径 18.4、底径 10.2、高 18.2 厘米。（图四七，2；彩版三二，1）

DG1：72，口沿及肩部饰四处不规则斑状褐彩，肩部环系已残，内、外底见支钉块状痕。红胎，青釉，内壁满釉，外壁釉不及底，有流釉痕。口径 17.5、最大腹径 18.3、底径 11.1、高 16.7 厘米。（图四七，3；彩版三二，2）

DG1：74，口沿及腹上部饰斑状褐彩。灰黄胎，青釉，有流釉痕。口径 20、残高 17.5 厘米。（图四七，4）

DG1：75，口沿及肩部饰四处不规则斑状褐彩，肩部环系已残。内、外底见支钉块状痕。红胎，施青釉，内壁满釉，外壁釉不及底，有流釉痕。口径 17.7、最大腹径 17.9、底径 10.5、高 17.8 厘米。（图四七，5）

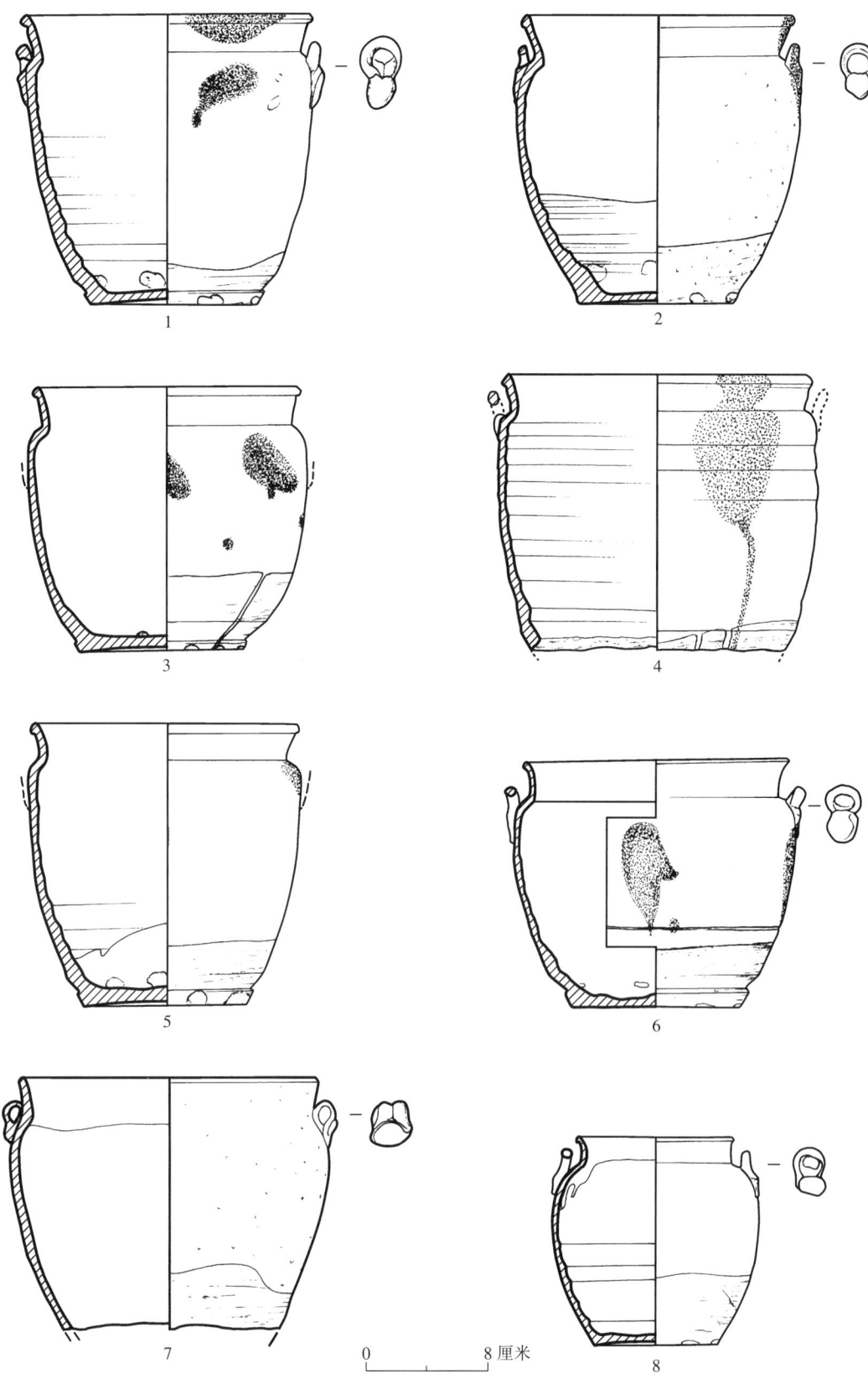

图四七 东岸发掘区出土唐代 B 型瓷罐

1. DG1：16 2. DG1：70 3. DG1：72 4. DG1：74 5. DG1：75 6. DG5：3 7. DG2④：4

8. DG4：20（宜兴窑）

DG5：3，肩部饰两个对称环系，腹部饰四块叶斑状酱褐彩。灰褐胎，青釉，内壁施釉至口下部，外壁釉不及底。口径17.2、最大腹径18.3、底径11、高15.8厘米。（图四七，6；彩版三二，3）

酱釉 2件。

DG2④：4，肩部贴附两对称复系。红胎，酱釉，内壁施釉至口下部，外壁釉不及底，施釉不匀，有较多气泡。口径19.8、最大腹径21、残高15.9厘米。（图四七，7；彩版三三，1）

DG4：20，肩部有二对称环系，底部见支钉块状痕。褐胎，酱釉，内壁施釉至口部，外壁釉不及底。口径10.2、最大腹径13.5、底径8.1、高13.2厘米。（图四七，8；彩版三三，2）

长沙窑 3件。

DG1：54，肩部饰复系，腹部饰压印竖线纹。灰胎，青釉，釉面光亮，内壁施釉至口下部，外壁满釉，底部露胎。口径13.2、最大腹径18.3、底径14.6、高17.4厘米。（图四八，1；彩版三三，3）

DG1：80，口残，斜颈，窄肩斜弧，腹微鼓，腹壁较直，下腹缓斜收，大底内凹，底外侧磨光，与腹结合处抹角。灰褐胎，较坚硬，青黄釉，外壁满釉，内壁施釉至口下部，外底心施釉，其周侧露胎。器身施褐彩，花纹图案由点绘的斜线、圆圈组成。最大腹径18、底径15.6、残高17.1厘米。（图四八，2）

DG1：81，口残，圆肩，鼓腹，下腹斜收，底残，肩部残存一环系，系座装饰有图案。灰褐胎，器胎较薄，质地坚硬，青黄釉，内壁施釉至口下部，外壁满釉，褐彩，彩绘图案由点绘的圆圈和斜线组成。残高20厘米。（图四八，3）

越窑 2件。胎呈灰色，均为青釉。

DG1：69，瓜棱状弧腹，肩部饰对称复系耳。灰胎，施青釉，釉面光亮，外壁釉不及底。口径12.4、最大腹径17、残高16.2厘米。（图四八，4）

DG1：71，肩部环系已残，内、外底见支钉块状痕。灰胎，青釉，内壁满釉，外壁釉不及底。口沿及肩部饰四处不规则斑状褐彩。口径18.3、最大腹径19.4、底径11、高18.3厘米。（图四八，5；彩版三四，1）

未定窑口 2件。胎呈红色，施釉不及底，分青釉和酱釉。

青釉 1件。

DG4：1，肩部饰两对称环系，器底见支钉块状痕。红褐胎，青釉，内壁施釉至口下部，外壁釉不及底。口径9.8、最大腹径15、底径11.4、高17.7厘米。（图四八，6；彩版三四，2）

酱釉 1件。

DG1：73，肩部饰两个对称环系，其一残，红胎，酱釉，内壁施釉至口沿下，外壁釉不及底。口径15.3、最大腹径19.2、残高17.3厘米。（图四八，7）

C型 直口，弧腹。共4件，可辨识有长沙窑1件、未定窑口3件。

长沙窑 1件。胎呈灰色，质坚硬，均为青黄釉。

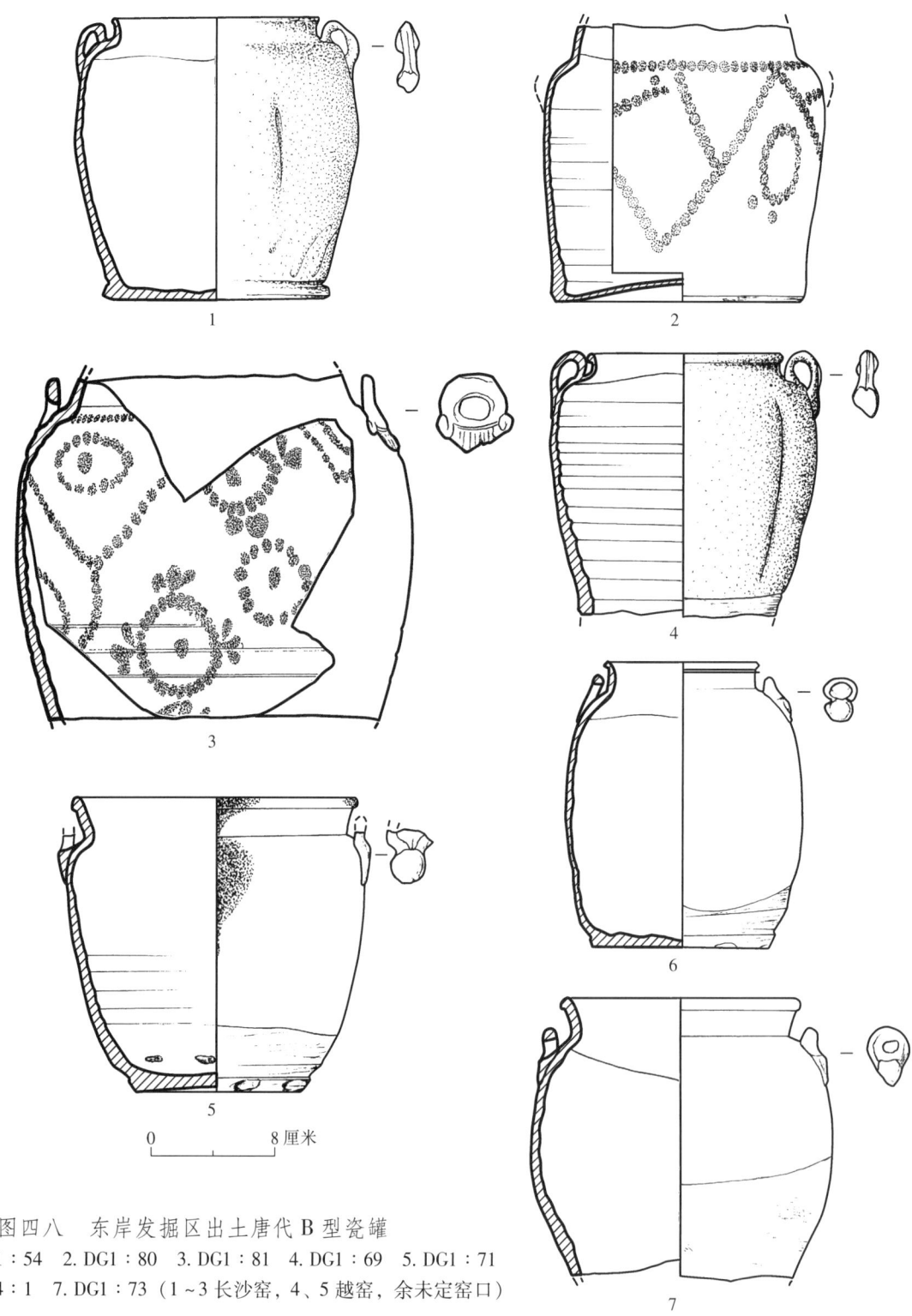

图四八　东岸发掘区出土唐代 B 型瓷罐
1. DG1：54　2. DG1：80　3. DG1：81　4. DG1：69　5. DG1：71
6. DG4：1　7. DG1：73（1～3 长沙窑，4、5 越窑，余未定窑口）

　　DG1：60，卷沿。束颈，弧腹，平底内凹。灰胎，青黄釉，釉面内壁施釉至口下部，外壁满釉。口径11.5、最大腹径15.6、底径10.8、高16.4厘米。（图四九，1；彩版三四，3）

　　未定窑口　3 件。胎色以灰为主，釉色分青釉与酱釉。

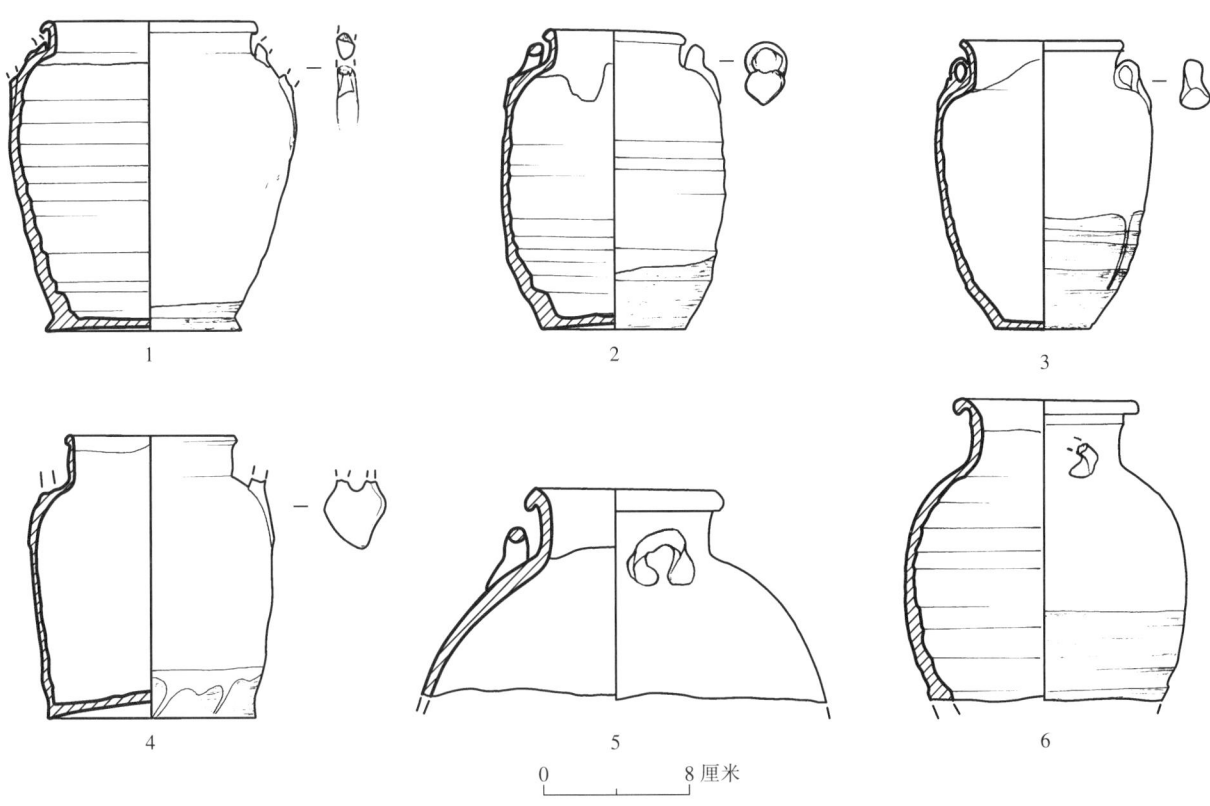

图四九 东岸发掘区出土唐代 C、D 型瓷罐

1～4. C 型罐（DG1∶60、DG1∶78、DG3∶5、DG6∶2） 5、6. D 型罐（DG2④∶5、DG4∶27）（1 长沙窑，2～4 未定窑口，余寿州窑）

青釉 1 件。

DG1∶78，肩部饰两对称环系。灰胎，青釉泛褐。口径 7.8、最大腹径 12、底径 7.8、高 15.9 厘米。（图四九，2）

酱釉 2 件。

DG3∶5，肩部饰对称两环系。褐胎，酱釉，半釉，有开片和流釉痕。口径 8.9、最大腹径 12、底径 5.3、高 15.3 厘米。（图四九，3；彩版三五，1）

DG6∶2，肩部贴系残。灰胎，胎壁较薄，酱褐釉，内壁施至口沿处，外壁酱褐釉釉不及底。口径 9.5、最大腹径 13.2、底径 11.3、高 15 厘米。（图四九，4；彩版三五，2）

D 型 喇叭口，弧鼓腹。共 2 件。均为寿州窑产品，胎呈灰色，施酱黑釉。

DG2④∶5，外卷沿，溜肩，肩部残存三环系。灰褐胎，酱黑釉，内壁施釉至口下部，外壁满釉。口径 9.7、残高 11 厘米。（图四九，5）

DG4∶27，溜肩，弧鼓腹，肩部残存一环系。灰胎，酱黑釉，釉面内壁施釉至口部，外壁釉不及底。口径 9.3、最大腹径 15.5、残高 15.9 厘米。（图四九，6）

执壶

14 件。有 A 型和 B 型。

A 型 瓜棱腹。2 件。均为长沙窑产品，胎呈灰色，施青釉泛黄。

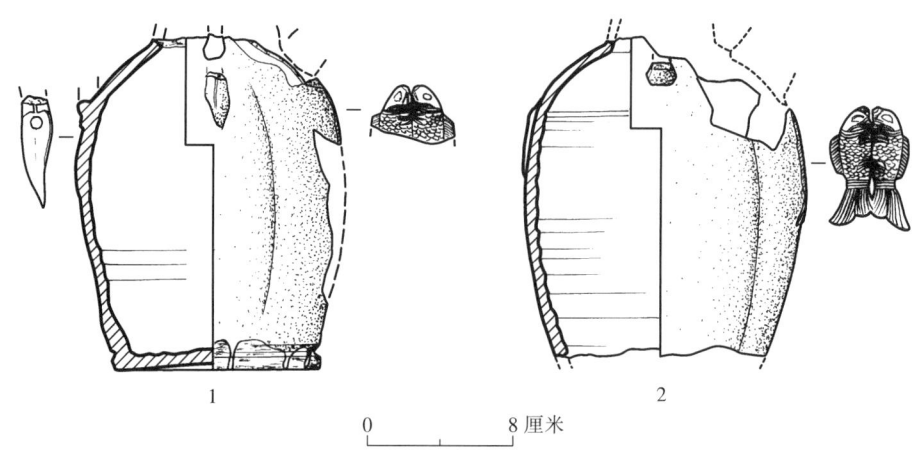

图五〇　东岸发掘区出土唐代 A 型瓷执壶
1. DG1：58　2. DG1：77（长沙窑）

DG1：58，溜肩，瓜棱状弧腹。平底内凹。流下部贴饰双鱼纹。灰胎，青釉泛黄，内壁满釉，足底露胎。最大腹径 15、底径 11.4、残高 17.5 厘米。（图五〇，1；彩版三五，3）

DG1：77，瓜棱状弧腹贴饰双鱼纹。灰胎，施青釉泛黄，外壁满釉，有细小开片。最大腹径 15.3、残高 16.7 厘米。（图五〇，2）

B 型　喇叭口，圆唇，短束颈，溜肩，鼓腹，平底略内凹。共 12 件，可辨识有长沙窑 1 件、宜兴窑 1 件、寿州窑 1 件、未定窑口 9 件。

长沙窑　1 件。

DG3：17，残存腹部及一流，八角短流，瓜棱状腹部。青釉，腹部饰绿彩条纹。残高 11 厘米。（图五一，1）

宜兴窑　1 件。

DG6：1，青釉褐彩条纹执壶。八棱短流，后有弓形执手，两侧贴塑一对环耳，内底与腹结合处下凹一周。灰褐胎，施青釉，内壁施釉至肩部，外壁釉不及底，腹部饰 4 组对称的褐彩条纹，每组 7 道。口径 10.3、最大腹径 16.2、底径 9.6、高 22.2 厘米。（图五一，2）

寿州窑　1 件。

DG3：6，八棱短流，肩附二纵向复系。灰褐胎，施青黄釉。内壁施釉至肩部，外壁釉不及底。肩腹部饰 3 组对称的褐彩条纹，每组 7 道。口径 9.8、最大腹径 15、底径 10.3、高 21.1 厘米。（图五一，3；彩版三六，1）

未定窑口　9 件。胎多呈褐色，胎色不纯，分青釉与酱釉。

青釉　4 件。

DG1：46，红胎，青釉，釉不及底。肩腹部饰 3 处椭圆形灰黄色彩斑。最大腹径 12、底径 9.6、残高 17.8 厘米。（图五一，4；彩版三六，2）

DG1：55，执柄残。肩部饰八棱短流，环状系纽。灰褐胎，质地较细腻，青釉，半釉，有流釉痕。最大腹径 15、底径 10.5、残高 22.5 厘米。（图五一，5；彩版三七，1）

DG1：59，八棱短流，外壁近底处见支钉块状痕。红褐胎，青釉，内壁施釉至肩部，外壁

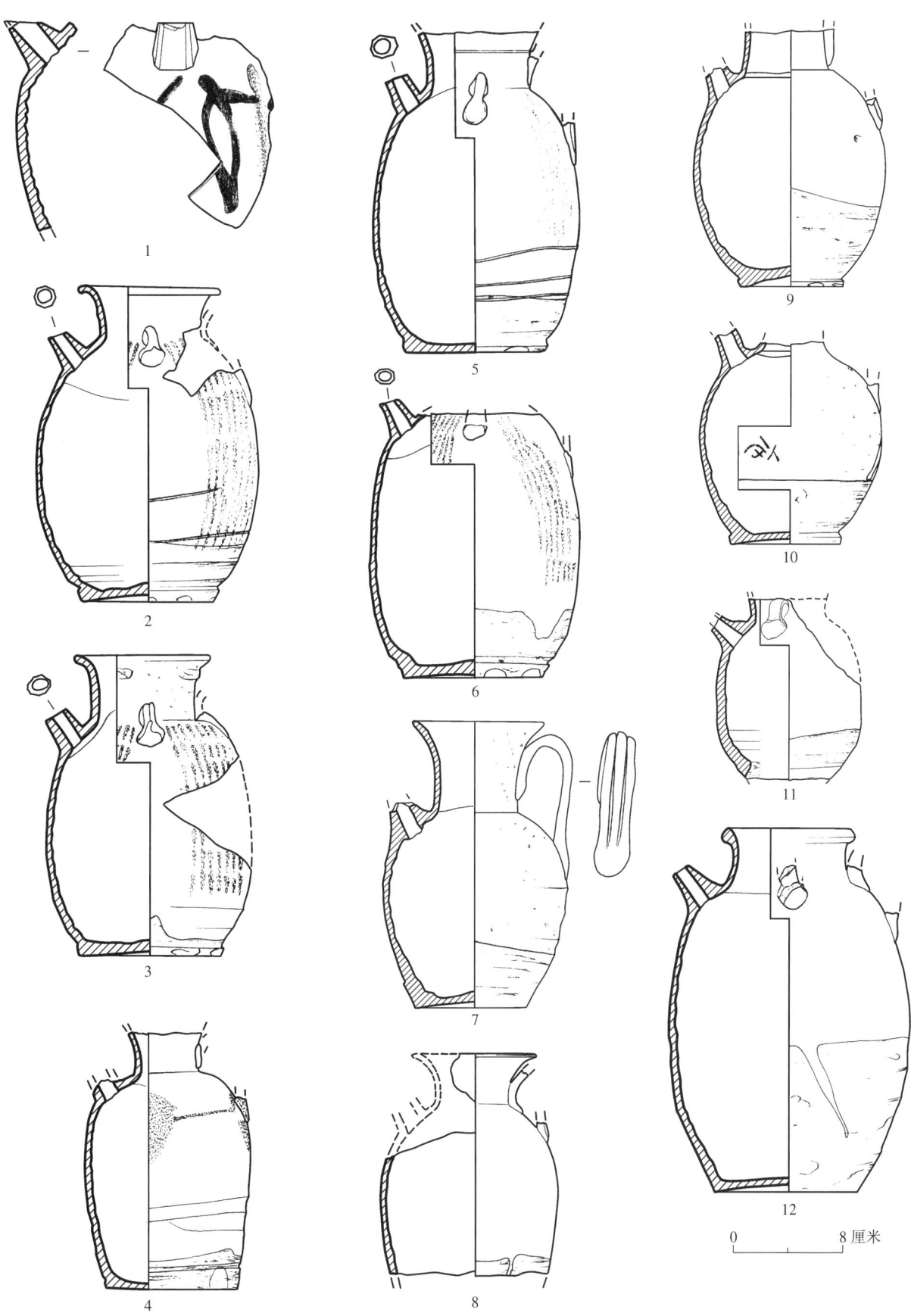

图五一 东岸发掘区出土唐代 B 型瓷执壶

1. DG3：17　2. DG6：1　3. DG3：6　4. DG1：46　5. DG1：55　6. DG1：59　7. DH9：2　8. DG1：79　9. DH2：5
10. DH2：4　11. DT1602②：1　12. D采：23（1 长沙窑，2 宜兴窑，3 寿州窑，余未定窑口）

釉不及底。肩腹部饰 3 组对称的褐彩条纹，每组 6 道。最大腹径 15.1、底径 10、残高 19.5 厘米。（图五一，6；彩版三七，2）

DH9：2，管短流残，弓状执手。灰褐胎，青釉泛绿，釉不及底。口径 9.5、最大腹径 13.3、底径 8.1、高 20.1 厘米。（图五一，7；彩版三八，1）

酱釉 5 件。

DG1：79，灰胎，酱釉。口径 9、残高 15.4 厘米。（图五一，8）

DH2：4，口残，执手残。管状短流，溜肩，弧鼓腹，平底内凹。腹下部可见一处刻划符号。紫褐胎，褐黑釉，釉不及底。最大腹径 13.2、底径 8、残高 14.8 厘米。（图五一，10）

DH2：5，口残，执手残。管状短流，束颈，溜肩，弧鼓腹，平底内凹，足底有一圈支钉块状痕。灰褐胎，酱釉，釉不及底，腹下及底露胎，内壁施釉至颈部。最大腹径 13.9、底径 7.5、残高 17.9 厘米。（图五一，9）

DT1602②：1，残。双系，短流，弧壁，底残。灰胎，施酱釉不及底。腹径 10.5、残高 12.5 厘米。（图五一，11）

D 采：23，肩部贴饰纵向二系及执手残。管状短流，喇叭口，圆唇，短束颈，溜肩，弧鼓腹，平底内凹。褐胎，酱釉，内壁施釉至口下，外壁半釉，釉面不匀，有流釉痕。口径 9.5、最大腹径 17.7、底径 10.5、高 25.5 厘米。（图五一，12；彩版三八，2）

盂

7 件。有 A 型和 B 型。

A 型　敛口。共 6 件，可辨识有越窑 2 件、长沙窑 1 件、未定窑口 3 件。

越窑 2 件。胎呈灰色，质细腻，均为青釉。

DG1：53，内底见三个支钉块状痕。灰胎，青釉，釉面有开片，内壁满釉，外壁釉不及底，有流釉痕。口径 20.1、最大腹径 24、底径 10.1、高 12 厘米。（图五二，1；彩版三九，1）

DG1：85，灰胎，青釉泛黄，内壁满釉，外壁釉不及底。口径 21.9、最大腹径 26.7、残高 12.9 厘米。（图五二，2）

长沙窑 1 件。

DG1：83，红胎，青黄釉，内壁满釉，外壁釉不及底。口径 23.1、最大腹径 28.4、底径 13.5、高 15 厘米。（图五二，3；彩板三九，2）

未定窑口 3 件。有灰胎、红胎，均施青黄釉。

DG1：17，浅灰胎，青黄釉，内壁满釉，外壁釉不及底，有流釉现象。口径 20、最大腹径 23.4、底径 9.2、高 12.1 厘米。（图五二，4；彩版三九，3）

DG1：84，内底上见三个支钉块状痕。红胎，青黄釉，内壁满釉，外壁釉不及底。口径 19.4、最大腹径 24、高 12 厘米。（图五二，5；彩板四〇，1）

DG3：16，圆唇，弧鼓腹，圜底略内凹。口下饰一周弦纹。灰褐胎，青黄釉，内壁满釉，外壁半釉，有流釉痕。口径 21.5、最大腹径 26、底径 9、高 12.1 厘米。（图五二，6）

B 型　侈口。1 件。为长沙窑产品。

DG1：82，青釉褐彩盂。宽沿，尖圆唇，弧鼓腹，平底。灰胎，青黄釉，内壁满釉，外壁

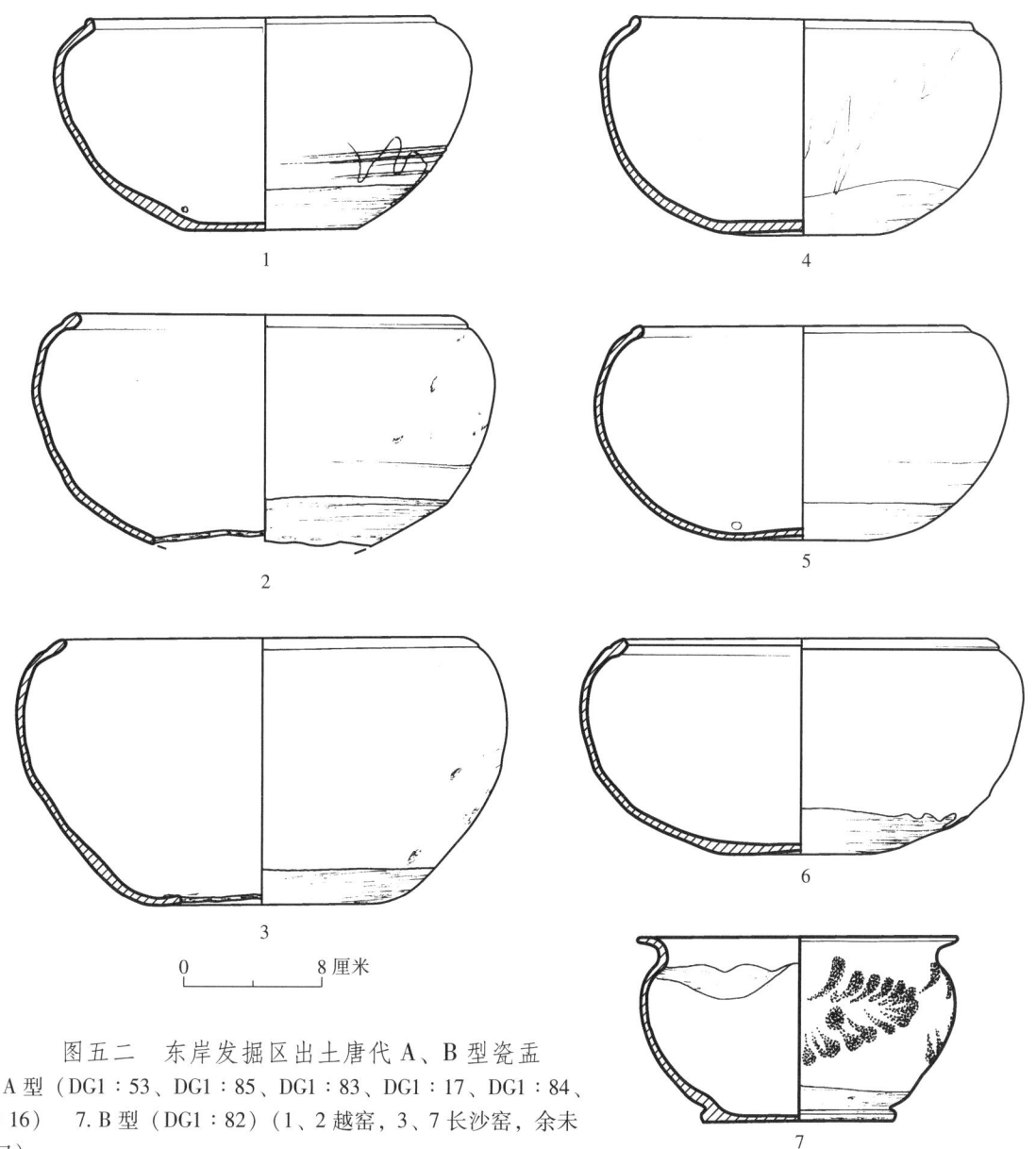

图五二　东岸发掘区出土唐代 A、B 型瓷盂

1～6. A 型（DG1：53、DG1：85、DG1：83、DG1：17、DG1：84、
DG3：16）　7. B 型（DG1：82）（1、2 越窑，3、7 长沙窑，余未
定窑口）

釉不及底。肩腹部饰斑状褐彩组成的草叶纹饰。口径 18.6、最大腹径 18.4、底径 11.5、高
10.5 厘米。（图五二，7；彩版四〇，2）

盘

共 4 件，可辨识有长沙窑 1 件、未定窑口 3 件。

长沙窑　1 件。

DG4：12，敞口略外撇。灰黄胎，青黄釉，内外壁均施半釉。口径 19.7、底径 7.6、高
5.6 厘米。（图五三，1；彩版四一，1）

未定窑口　3 件。均为灰胎，施青釉。

DG1：4，敞口，圆唇，斜直壁，玉璧底，足外沿斜削。浅灰胎，青釉泛黄，釉面光亮，
有细小开片，内、外壁半釉，有流釉现象。口径 18、底径 6、高 5.2 厘米。（图五三，2；彩版

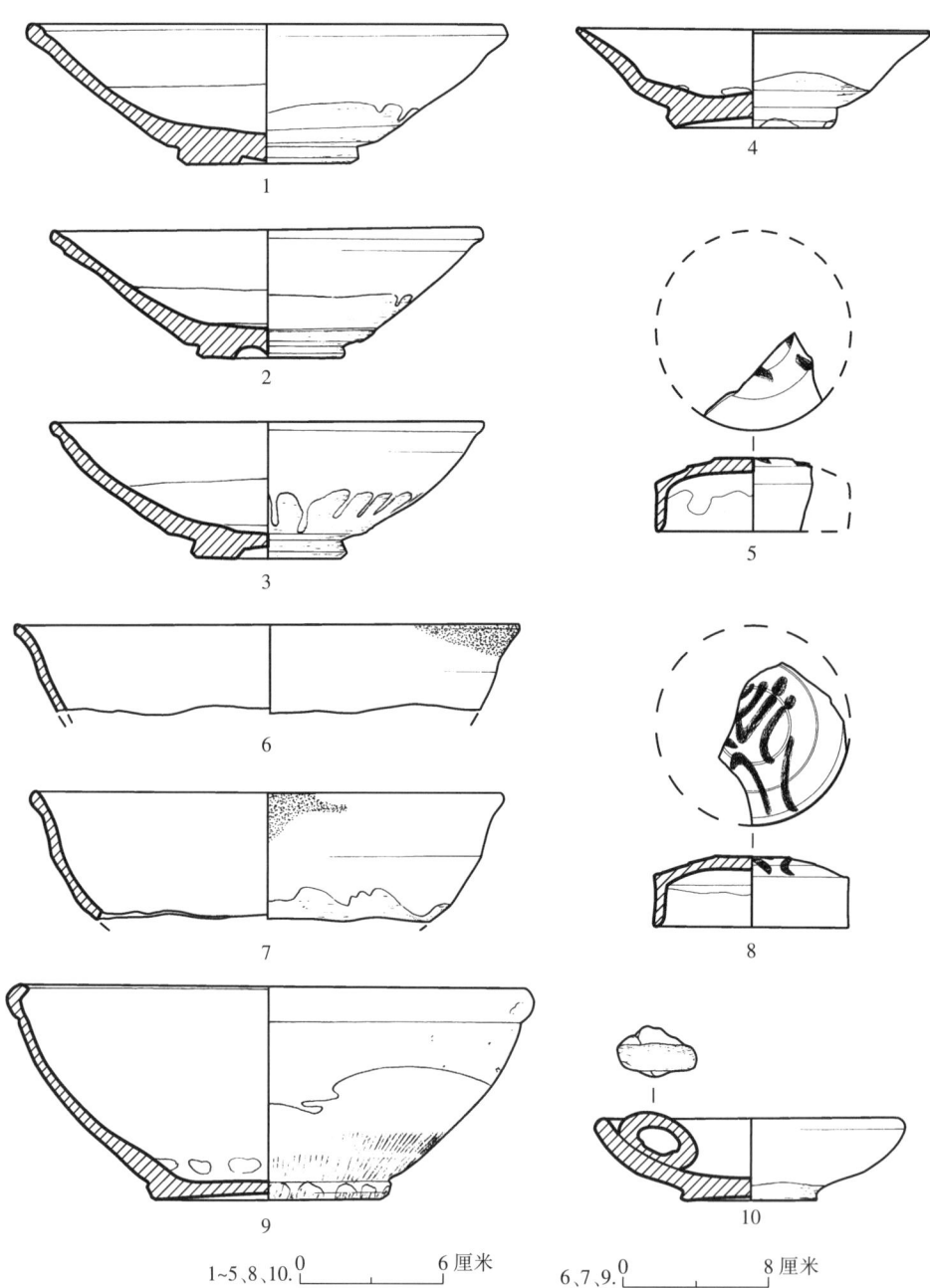

图五三　东岸发掘区出土唐代瓷盘、盒盖、灯盏

1～4. 盘（DG4：12、DG1：4、DG1：7、D采：21）　5、8. 盒盖（DG1：118、DG1：122）　6、7、9 盆（DG1：116、DG1：87、DG1：86）　10. 灯盏（DG4：19）（1、5、8 长沙窑，9 宜兴窑，余未定窑口）

四一，2）

DG1：7，浅灰胎，青釉泛黄，半釉，有细小开片。口径 18、底径 6.2、高 5.5 厘米。（图五三，3；彩版四二，1）

D 采：21，上下腹部转折明显，饼足，足底内凹。灰胎，青釉泛灰，内壁满釉，外壁半釉。口径 14.6、底径 7、高 4 厘米。（图五三，4）

盆

3 件。有 A 型和 B 型。

A 型　敛口。1 件。为宜兴窑产品。

DG1：86，弧壁，平底内凹。内、外壁近底部见一圈支钉块状痕。灰褐胎，青釉，内壁满釉，外壁半釉，有流釉痕。口径 28.2、底径 13、高 11.5 厘米。（图五三，9；彩版四二，2）

B 型　敞口。2 件。未定窑口。胎色灰褐，施青釉或青黄釉。

DG1：87，圆唇，弧壁。灰褐胎，青釉，内外壁匀施釉，外壁釉面不匀，有流釉痕。口部有一处褐色彩斑。口径 26.4、残高 6.9 厘米。（图五三，7）。

DG1：116，灰褐胎，施青黄釉，内外壁匀施釉。口部饰斑状褐彩。口径 28、残高 4.7 厘米。（图五三，6）

盒盖

2 件。均为长沙窑产品。均灰黄色胎，釉色青黄，有细小开片。

DG1：118，盖平顶微凹，上有三周凸棱，直腹。灰黄胎，外壁施青黄釉，有细小开片。顶部施褐绿色点彩。直径 8、高 3 厘米。（图五三，5；彩版四三，1）

DG1：122，盖平顶微凹，上有三周凸棱，直腹。灰黄胎，外壁施青黄釉，有细小开片。顶部施褐绿色条状彩。直径 8、高 2.8 厘米。（图五三，8；彩版四三，2）

灯盏

1 件。未定窑口。

DG4：19，敞口，圆唇，浅腹，平底略内凹，内壁贴附一环系。灰胎，酱褐釉，内壁满釉，外壁釉不及底。口径 12.7、底径 5.5、高 3.4 厘米。（图五三，10；彩版四三，3）

（二）釉陶器

盆

2 件。

DG4：2，敛口，外卷沿，弧壁，平底内凹。红胎。口径 22、底径 11.6、高 6.4 厘米。（图五四，1；彩版四三，4）

DG5：8，圆唇，弧腹，平底内凹。红褐胎。口径 19.1、底径 11、高 5.6 厘米。（图五四，2；彩版四四，1）

缸

2 件。

DG1：88，敛口，窄平沿，方唇，束颈，弧肩，肩部有两对称复系。灰胎，胎质较粗，胎壁较厚，青釉，施釉不匀。口径 14、残高 10 厘米。（图五四，3）

DG1：119，灰胎，施青釉。残高 16.6 厘米。（图五四，4）

（三）陶器

盆

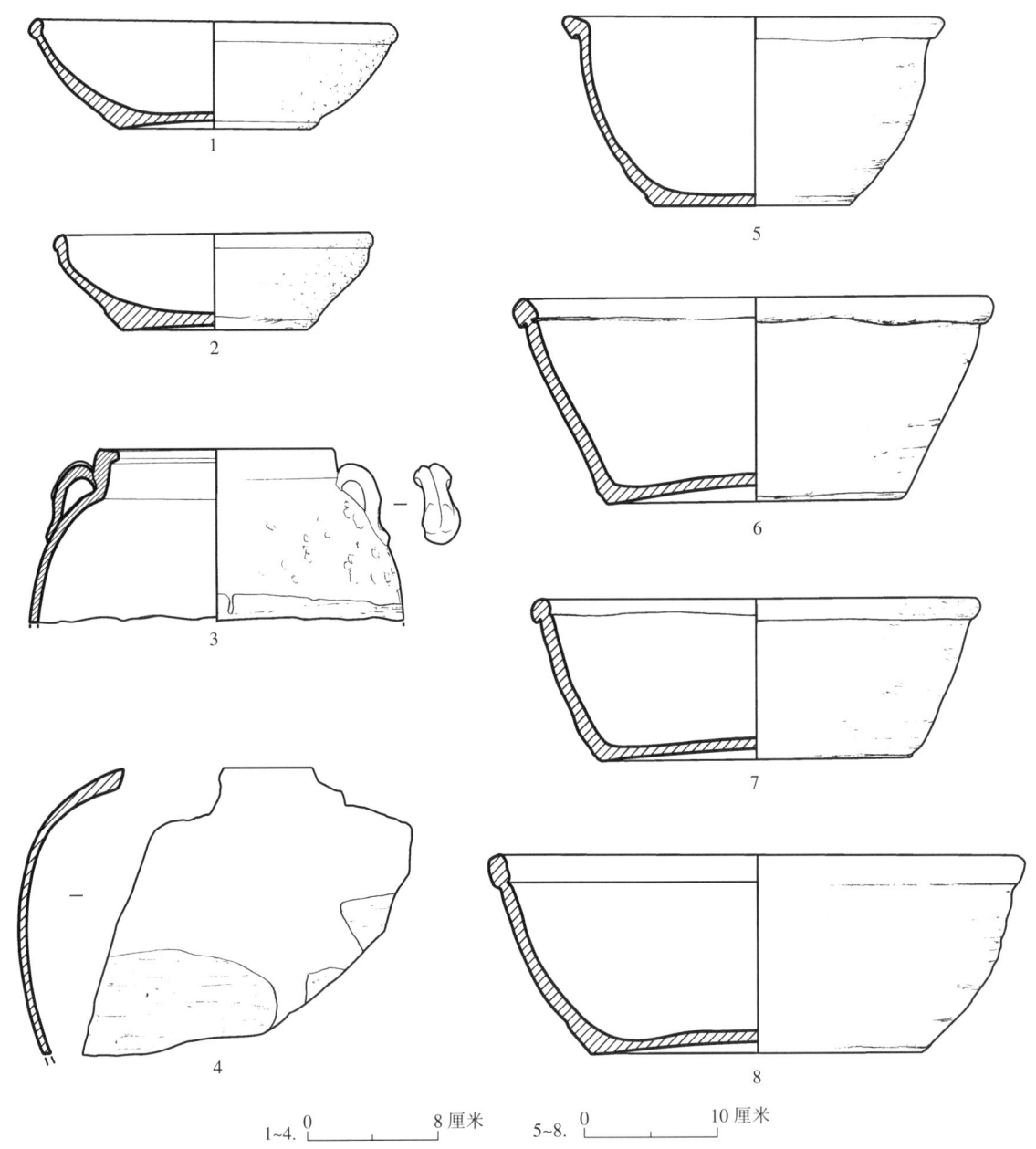

图五四 东岸发掘区出土唐代釉陶盆、缸及 A、B 型陶盆

1、2. 釉陶盆（DG4：2、DG5：8） 3、4. 釉陶缸（DG1：88、DG1：119） 5. A 型陶盆（DG1：114）
6~8. B 型陶盆（DG1：115、DG1：117、DG5：13）

修复 4 件。有 A 型和 B 型。

A 型 侈口，1 件。

DG1：114，斜平沿，方唇，弧壁，平底。素面。口径 28.2、底径 14.7、高 13.7 厘米。
（图五四，5）

B 型 敞口，3 件。

DG1：115，圆唇略外卷，弧直壁，平底内凹。素面。口径 35.6、底径 22、高 14.8 厘米。
（图五四，6）

DG1：117，圆唇略外卷，弧壁，平底内凹。素面。口径 33.3、底径 23.3、高 11.6 厘米。

（图五四，7）

DG5：13，腹上部饰弦纹。口径39.8、底径24.7、高14.5厘米。（图五四，8；彩版四四，2）

（四）建筑材料

莲花纹方砖

2件。

DH10：1，方形，中部一孔，孔侧为十一瓣莲纹凸起，外圈一周联珠纹，围以莲花纹。砖四角各有一处莲花纹饰。长17、宽16.6、厚6.3厘米。（图五五，1；彩版四四，3）

DH10：6，方形，中部一孔，孔侧为八瓣莲纹凸起，围以缠枝莲花纹。长17.7、宽17.6、厚5.7厘米。（图五五，2；彩版四四，4）

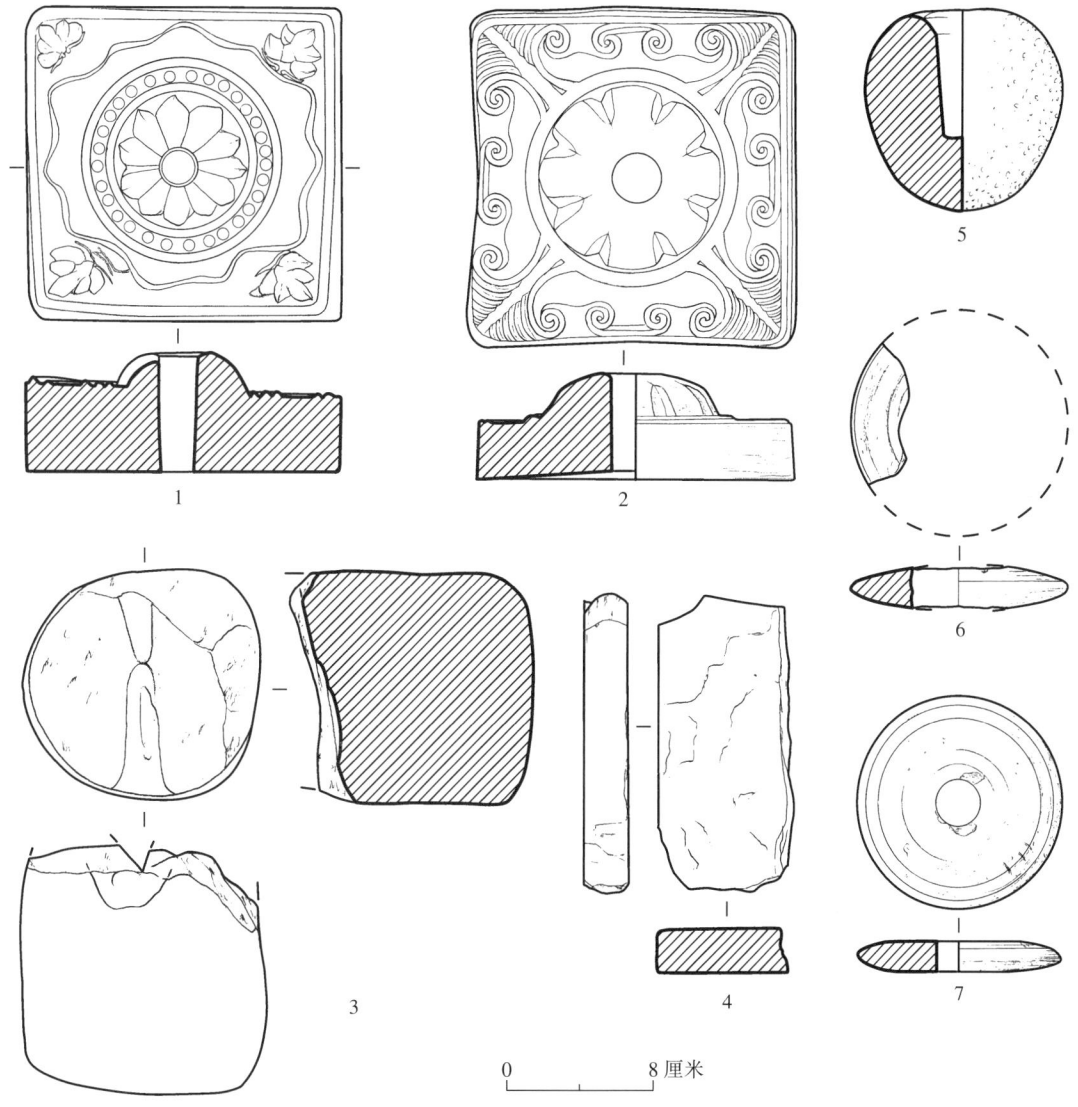

0　　　　　8厘米

图五五　东岸发掘区出土唐代莲花纹方砖及石杵、砺石、碾轮

1、2. 莲花纹方砖（DH10：1、DH10：6）　3、5. 石杵（DH9：1、DG2④：1）　4. 砺石（DH10：11）　6、7. 石碾轮（DG2④：2、DG3：12）

（五）石器

碾轮

2 件。

DG2④：2，磨制光滑，中有一孔，单面钻。残长 7.6、残宽 2.8、厚 2.2 厘米。（图五五，6）

DG3：12，圆饼状，磨制，中有一孔，单面钻。直径 11.2、厚 1.6 厘米。（图五五，7；彩版四四，5）

杵

2 件。

DH9：1，圆柱状，器身磨制，中部对钻一孔。直径 12、残高 12 厘米。（图五五，3）

DG2④：1，磨制，截面呈圆形，中有一方形卯孔。宽 10.8、高 10 厘米。（图五五，5）

砺石

1 件。

DH10：11，长 15.6、宽 7.2、厚 2.3 厘米。（图五五，4）

第三节　西岸唐代遗存

一、遗迹

共计 13 处，分为灰沟和灰坑两类，皆属土质遗迹（土坑、土沟）。

（一）灰沟

共清理 5 条，为 XG4、XG7、XG8、XG10、XG11。平面皆为条状。

XG4

位于 XT1106 北部（参见图八）。开口于 3 层下，被 XG5 打破，打破 XG10 及 8、9 层。坑口平面呈长条状，斜壁，底近平（图五六）。揭露部分长 3.6、宽 1.7 米，沟深 0.32 米。沟内填灰褐色土，土质疏松。出土少量青瓷片和灰陶片，可辨器形有青瓷钵、碗和陶盆等。

XG7

位于 XT1104、XT1105 内，东西延伸至探方外（参见图八）。开口于 9 层

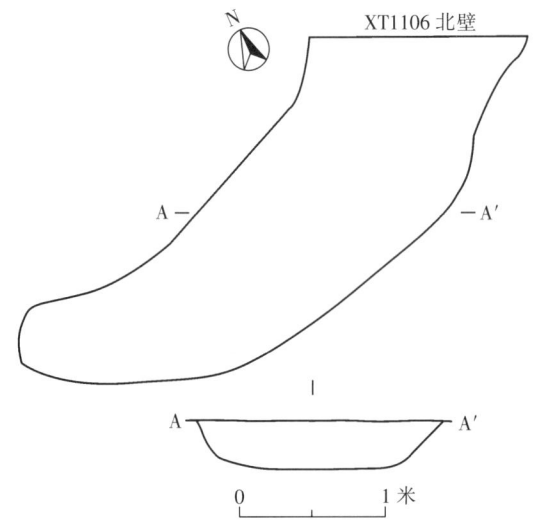

图五六　西岸发掘区唐代遗迹 XG4 平、剖面图

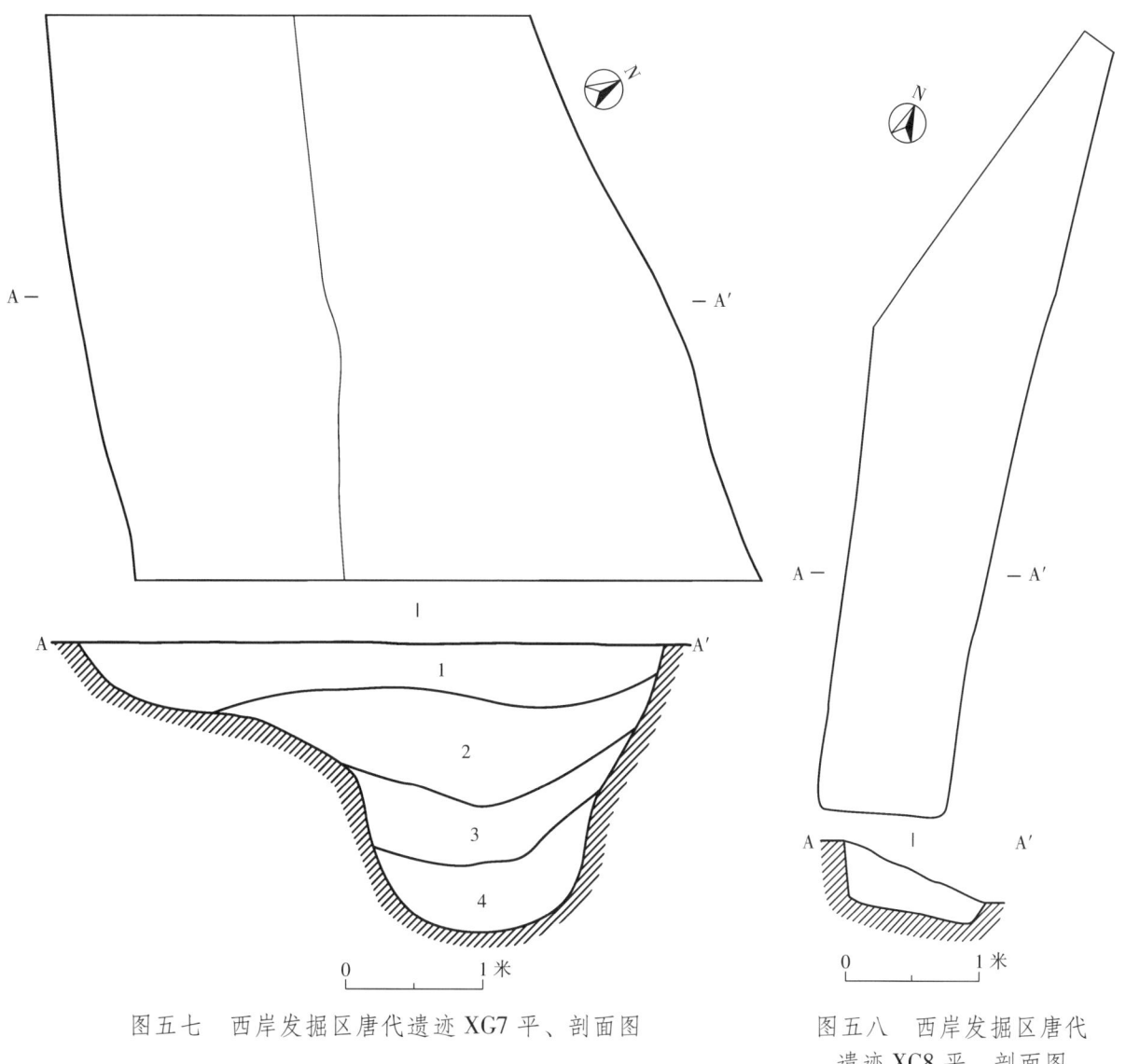

图五七　西岸发掘区唐代遗迹 XG7 平、剖面图　　　　图五八　西岸发掘区唐代
遗迹 XG8 平、剖面图

下，被 XH9 打破，打破 XH14、XH5 至生土。坑口条形，斜壁，弧底（图五七）。揭露部分长
4、宽 4.4 米，沟深 2.05 米。沟内堆积分 4 层：第 1 层，黑灰土，土质湿软，出土较多动物骨
骼。第 2 层，浅灰土，湿软，夹杂小锈斑块。第 3 层，青灰土。第 4 层，灰褐土，出土青瓷
片、灰陶片及少量兽骨，可辨器形有青瓷钵、碗和灰陶盆等。

XG8

位于 XT1208、XT1209 探方内，北部进入隔梁（参见图八）。开口于 6 层下，打破生土。
沟口平面呈长条状，斜直壁，底近平（图五八）。开口距地表 2 米，残长 5.6、宽 1.2 米，沟
深 0.4 米。沟内填青黑色土，土质较疏松，夹杂黄泥块。出土有瓷片、泥质灰陶片和较多兽
骨等，可辨器形有瓷罐、陶盆等物。

XG10

位于 XT1105、XT1106 内，东西延伸至探方外（参见图八）。开口于 7 层下，被 XG4 打
破，向下打破 8、9 层及生土。沟口平面呈不规则方形，斜壁，底近平（图五九）。揭露部分长

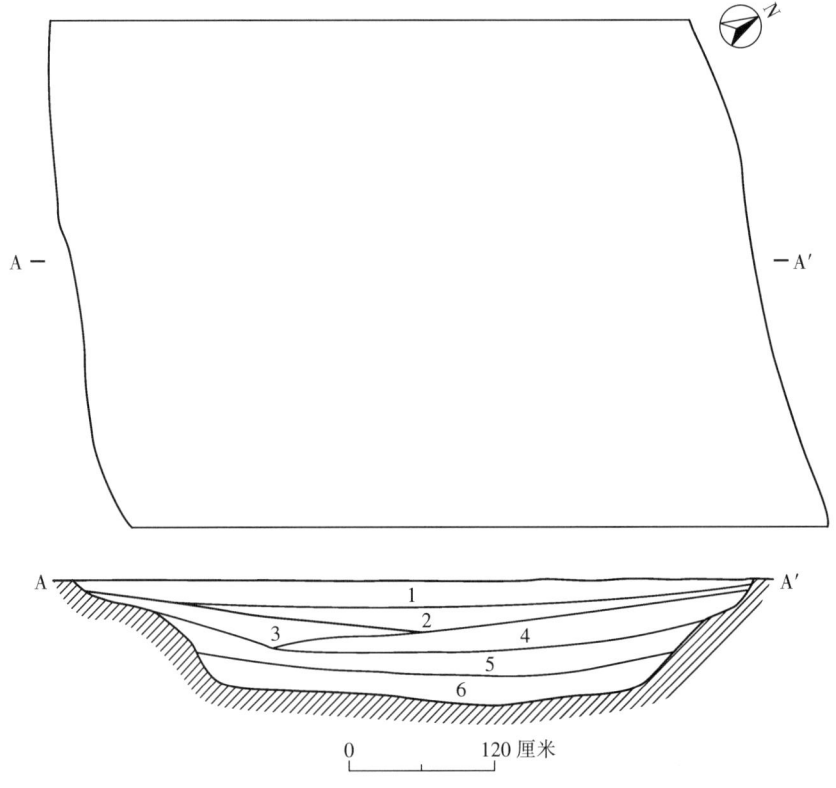

图五九　西岸发掘区唐代遗迹 XG10 平、剖面图

4、宽 5.6 米，沟深 0.95 米。沟内堆积分 4 层：第 1
层，黑灰色土，夹杂红烧土颗粒、草木灰，土质较
松，出土较多瓷片、陶片及兽骨等，可辨器形有瓷
碗、钵、壶、陶盆等。第 2 层，灰褐色土，土质较
硬，夹杂有草木灰，出土瓷片较多，出土较多动物
骨骼。第 3 层，黑色土，夹杂有草木灰、红烧土颗
粒，土质较硬，出土大量瓷片、陶片、砖块及动物
骨骼。第 4 层，黑灰色土，夹杂有红烧土颗粒，土
质较松。第 5 层，青灰色土，土质较松，出土较多
动物骨骼。第 6 层，浅青灰色土，包含物较少。

XG11

位于 XT1103 北部，东西延伸至探方外（参见
图八）。开口于 6 层下，打破 XH13 及 7、8 层。沟
口平面呈不规则状，斜壁，底近平（图六〇）。沟
口长 4、宽 2.7 米，沟深 0.37 米。沟内填灰褐土，
夹杂黄泥块等物。出土青瓷片和泥质灰陶片，可辨
器形有青瓷钵、碗和灰陶罐。

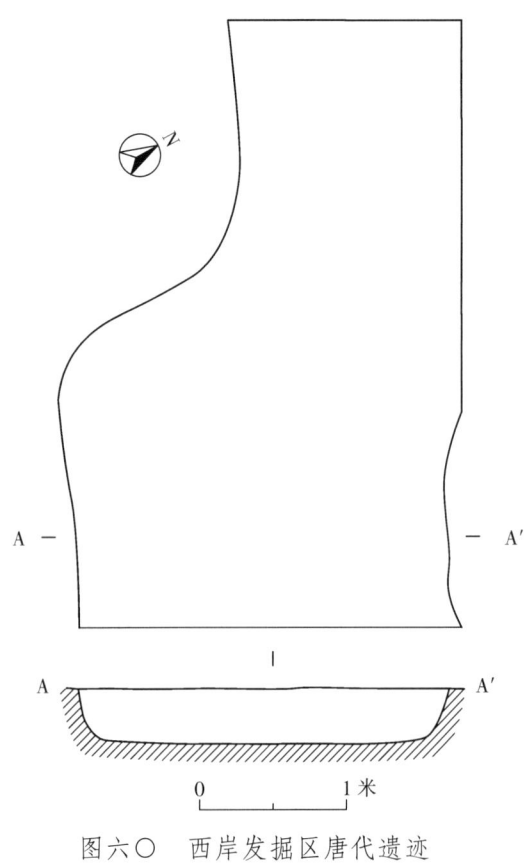

图六〇　西岸发掘区唐代遗迹
XG11 平、剖面图

（二）灰坑

8 个。依口部形状分为方形坑和圆形浅坑。

1. 方形坑

3 个，为 XH13、XH14、XH15。

XH13

位于 XT1103 中部（参见图八）。开口于 7 层下，被 XG11 打破，打破 8 层。斜直壁，底近平（图六一）。开口距地表深 1.3 米，长 0.9、宽 0.9 米，坑深 0.2 米。灰黑土，土质较紧密，夹杂红烧土及草木灰。出土少量青瓷片和泥质陶片。

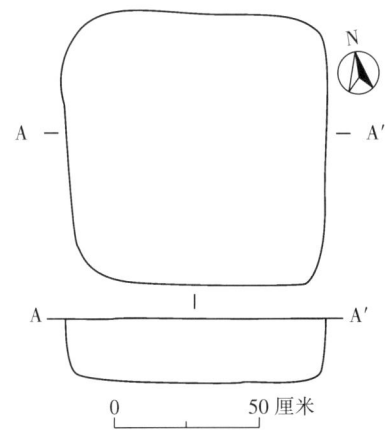

图六一　西岸发掘区唐代遗迹
XH13 平、剖面图

XH14

位于 XT1104 西北部（参见图八）。开口于 12 层下，被 XH9、XG7 打破，打破 XH15 至生土。坑口平面呈不规则长方形，斜壁，底近平（图六二）。开口距地表深 1.8 米，揭露部分长 2.16、宽 1.94 米，坑深 0.4 米。坑内填青灰色土，土质较紧密，夹杂草木灰。

XH15

位于 XT1104 中部（参见图八）。开口于 12 层下，打破生土，被 XH8 和 XH14 打破。坑口平面呈不规则长方形，斜壁，底近平（图六三）。开口距地表深 1.9 米，长 2.4、宽 2.1 米，

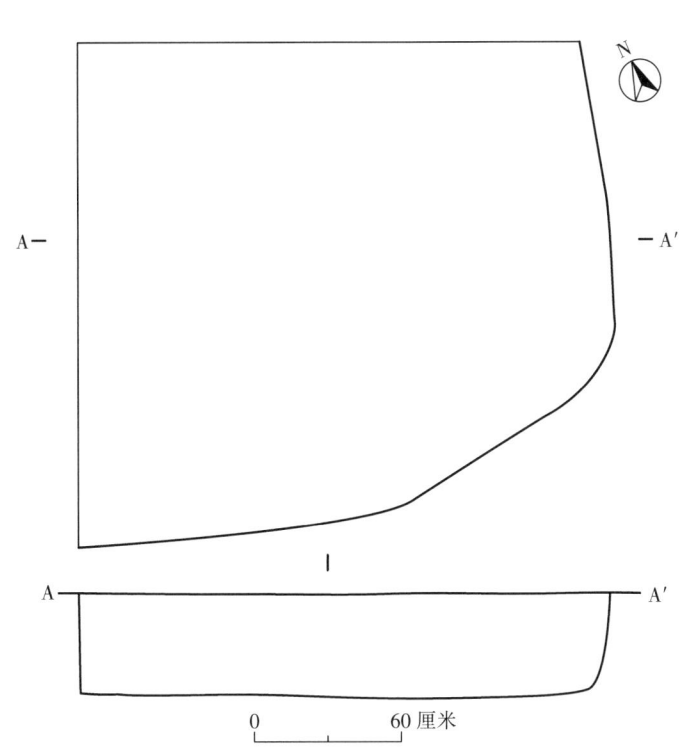

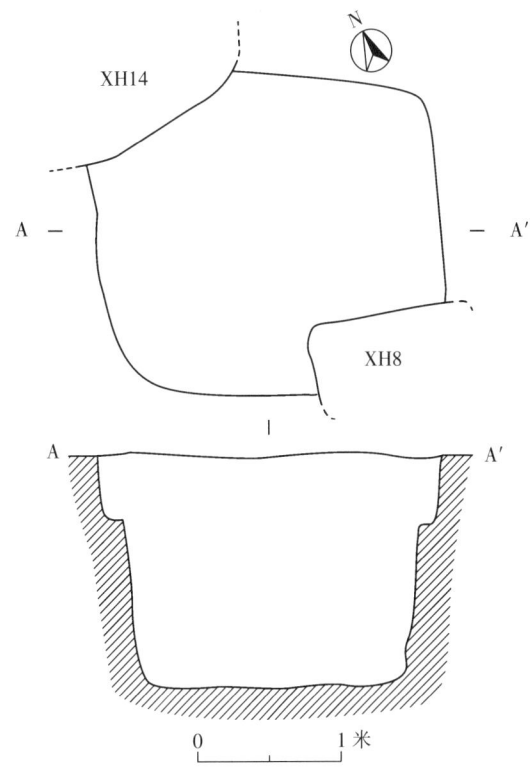

图六二　西岸发掘区唐代遗迹 XH14 平、剖面图　　　　图六三　西岸发掘区唐代遗迹 XH15 平、剖面图

坑深 1.5 米。沟内填土呈青灰色，土质较紧密，夹杂草木灰。

2. 圆形浅坑

6 个，为 XH1、XH2、XH3、XH4、XH11、XH12。

XH1

位于 XT1206 西北部（参见图八）。开口于 4 层下，打破 5 层和 6 层。坑口平面呈椭圆形，斜直壁，底近平（图六四）。开口距地表深 0.6 米，坑口长 1.5、宽 1.2 米，坑深 0.6 米。坑内填土呈灰黑色，土质疏松。出土较多瓷片、泥质灰陶片，可辨器形有瓷罐、钵和陶盆。

XH2

位于 XT1206 西南侧，向南延伸出探方外（参见图八）。开口于 3 层下，打破 XH3 及 4 层。不规则圆形，斜直壁，底近平（图六五）。开口距地表 0.8 米，揭露部分长 3.2、宽 1.16 米，坑深 0.22 米。坑内填灰褐色土，土质疏松。出土少量青瓷片和动物骨骼，可辨器形有瓷碗。

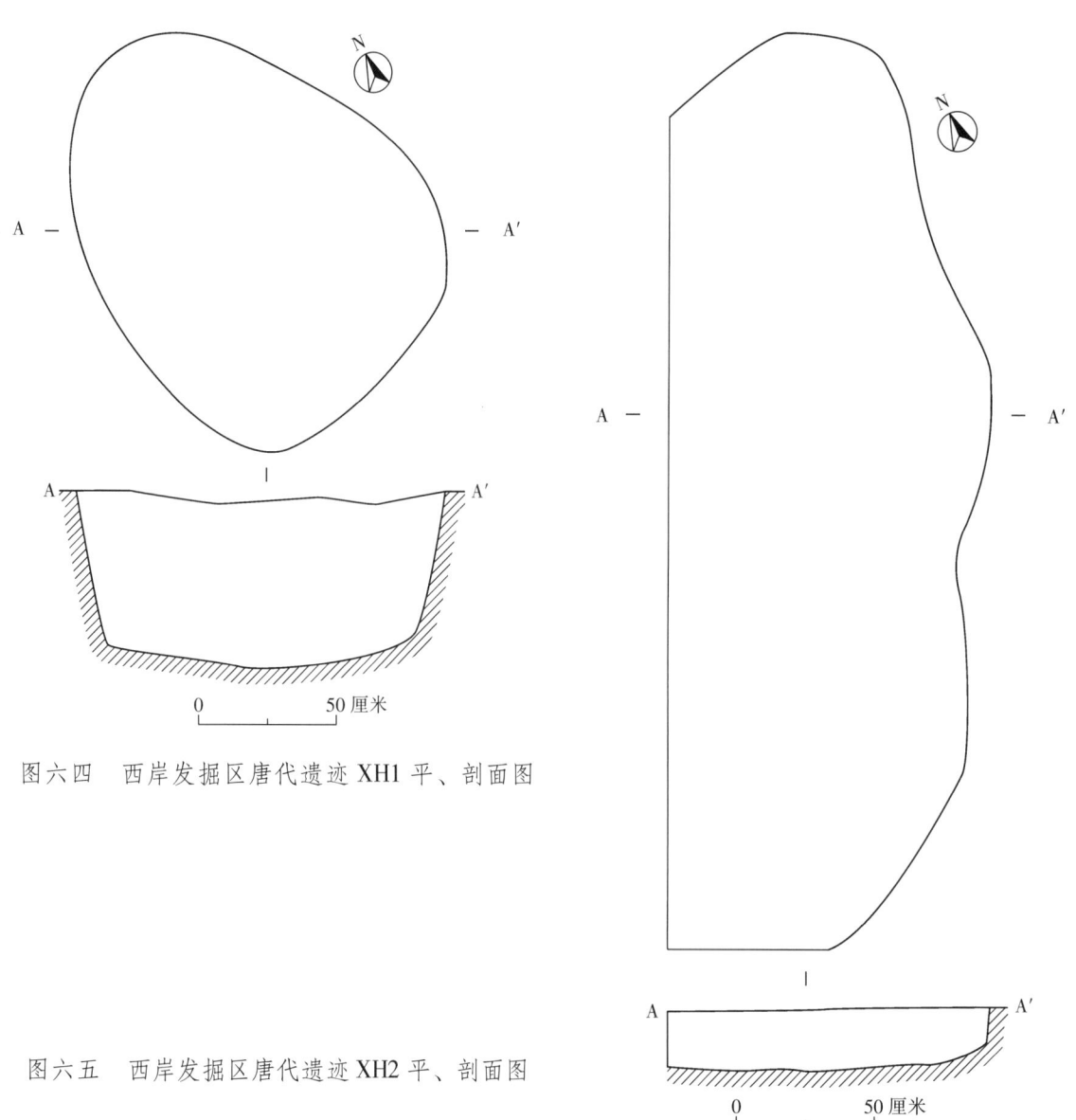

图六四　西岸发掘区唐代遗迹 XH1 平、剖面图

图六五　西岸发掘区唐代遗迹 XH2 平、剖面图

XH3

位于 XT1206 西南部，向西南伸出探方外（参见图八）。开口于 9 层下，被 XH2 打破，打破生土。揭露部分呈不规则状，坑壁斜收，底不平（图六六）。坑口长 3.8、宽 1.3 米，坑深 0.4 米。坑内填青灰色土，土质湿软。出土兽骨、灰陶及瓷片等，可辨器形有陶盆、瓷碗、瓷钵。

XH4

位于 XT1206 内西北部（参见图八）。开口于 9 层下，打破生土。坑口平面呈椭圆形，西高东低，坑壁向下内收，底近平（图六七）。开口距地表深 1.6 米，长 1.9、宽 1.4 米，坑深 0.35 米。坑内填青灰色土，土质湿软，含有草木灰、砖、瓦残片、瓷钵残片及兽骨等。

XH11

位于 XT1101 西南部（参见图八）。开口于 4 层下，北侧被 XH10 打破。坑口平面不甚规则，斜弧壁，底近平（图六八）。开口距地表深 0.7 米，揭露部分长 2.1、宽 1.56 米，坑深 1.1 米。填灰褐色土，土质较紧密。出土瓷碗、瓷钵等物。

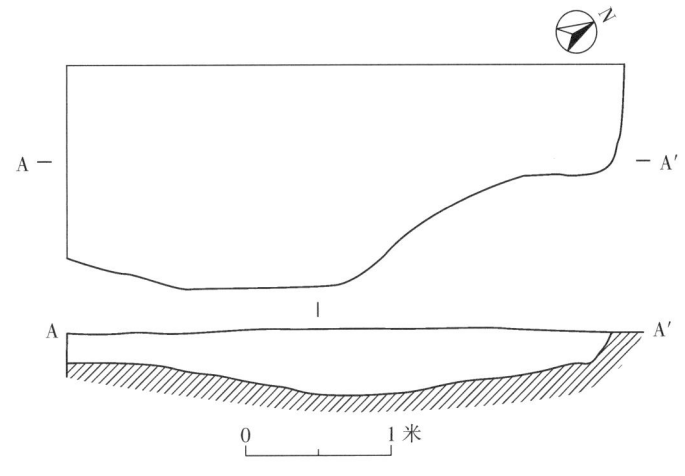

图六六　西岸发掘区唐代遗迹 XH3 平、剖面图

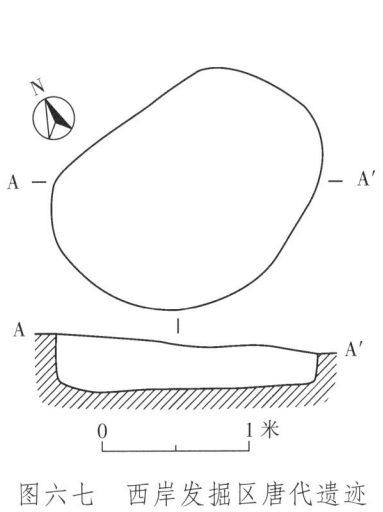

图六七　西岸发掘区唐代遗迹
XH4 平、剖面图

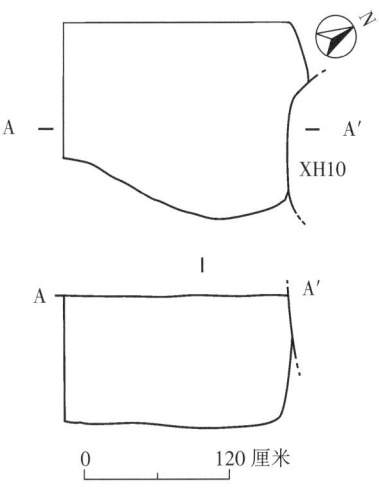

图六八　西岸发掘区唐代遗迹
XH11 平、剖面图

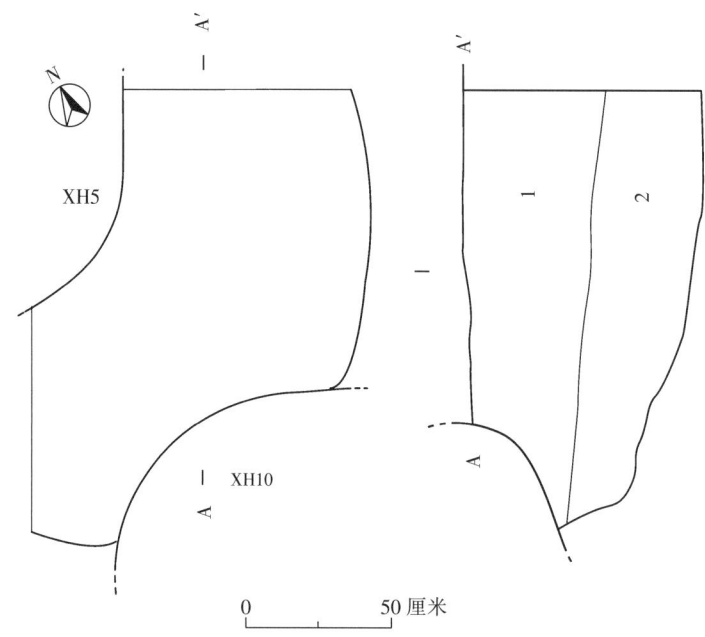

图六九　西岸发掘区唐代遗迹 XH12 平、剖面图

XH12

位于 XT1101 西北部（参见图八）。开口于 4 层下，被 XH10 和 XH5 打破。发掘部分呈扇形，斜弧壁，圜底（图六九）。开口距地表深 0.7 米，长 1.5、宽 1.2 米，坑深 0.8 米。坑内堆积分 2 层：第 1 层，青灰土，土质较紧密，出土少量瓷片和泥质灰陶片，可辨器形有瓷碗、陶盆等。第 2 层，灰褐色土，土质较软，夹杂锈色土块，包含少量瓷片和泥质灰陶片。

二、遗物

（一）瓷器

碗

181 件。有 A 型和 B 型。

A 型　敞口，斜直壁，平底略内凹。共 138 件，可辨识有越窑 100 件、宜兴窑 38 件。

越窑　100 件。胎体以灰色为主，少数红胎，外壁均半釉，釉色以青釉为主，多数泛黄或泛绿，有少数青黄釉。

青釉　96 件。

XG4②：2，足底处旋削一周，器底处见一周支钉块状痕。红胎，青釉，内壁满釉，外壁半釉，有流釉痕。口径 18.2、底径 11.7、高 5.2 厘米。（图七〇，1）

XG7①：1，灰胎，青釉，内壁满釉，外壁半釉，有流釉痕。口径 19.6、底径 12、高 5 厘米。（图七〇，2）

XG7②：1，红胎，青釉，内壁满釉，外壁半釉，腹下及底露胎。高 5.6 厘米。（图七〇，3）

XG7③：1，灰胎，青釉泛黄，内壁满釉，外壁半釉。口径 19.6、底径 12.2、高 5.4 厘米。（图七〇，4）

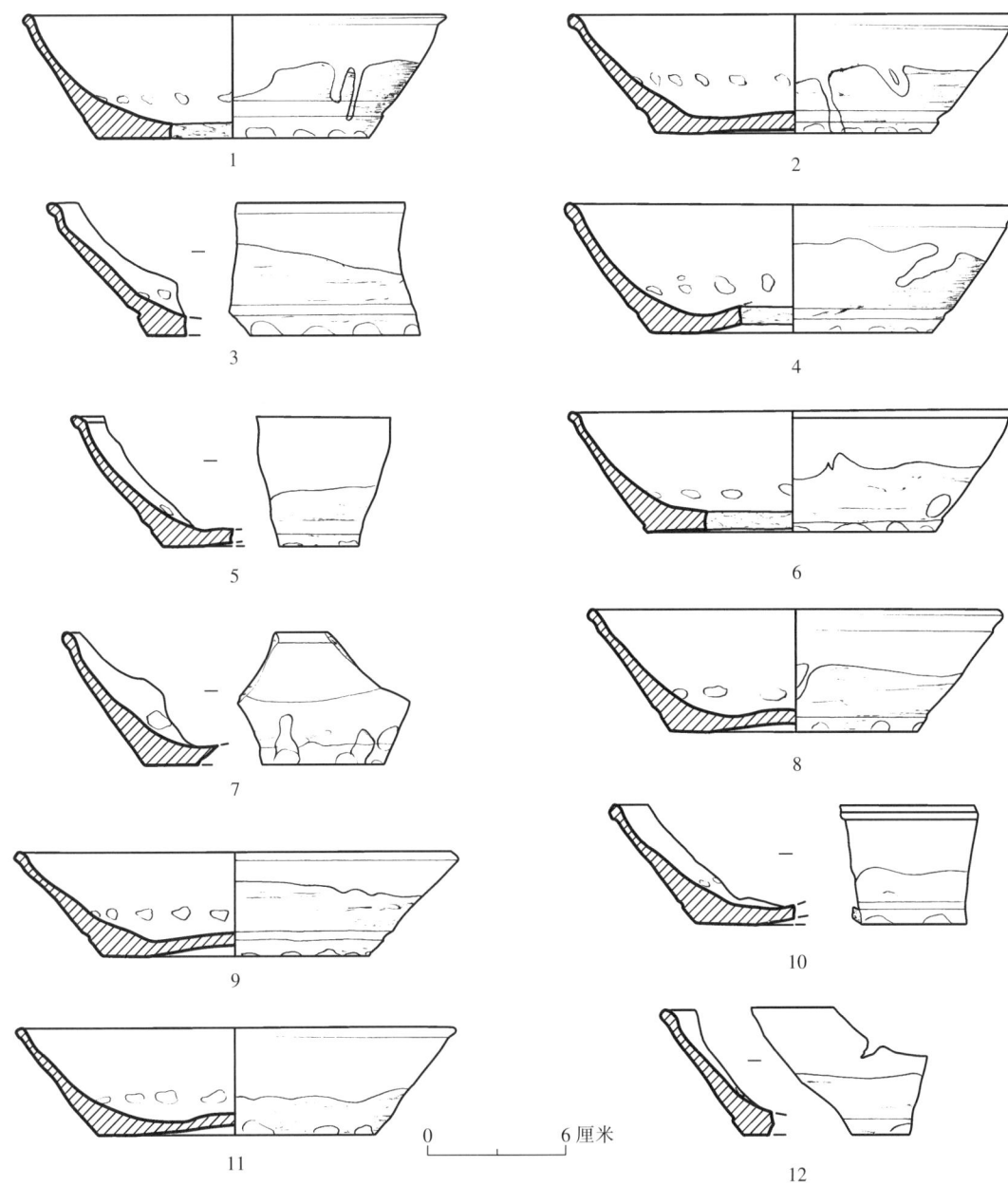

图七○ 西岸发掘区出土唐代 A 型瓷碗

1. XG4②：2 2. XG7①：1 3. XG7②：1 4. XG7③：1 5. XG7③：2 6. XG10①：1 7. XG10①：2
8. XG10①：4 9. XG10①：5 10. XG10①：6 11. XG10②：9 12. XG10②：11（越窑）

XG7③：2，器底处见一周支钉块状痕。灰褐色胎，青釉泛黄，内壁满釉，外壁半釉。高5.4 厘米。（图七○，5）

XG10①：1，灰胎，青釉泛黄，内壁满釉，外壁半釉。口径19.6、底径12.6、高5 厘米。（图七○，6）

XG10①：2，灰褐胎，青釉，内壁满釉，外壁半釉。高5.6 厘米。（图七○，7）

XG10①：4，灰胎，青釉泛黄，内壁满釉，外壁半釉。口径18、底径10.8、高5.2 厘米。（图七○，8）

XG10①：5，灰褐胎，青釉，内壁满釉，外壁半釉。口径19.2、底径11.6、高4.4 厘米。

（图七〇，9）

　　XG10①：6，灰胎，青釉，内壁满釉，外壁半釉。高5厘米。（图七〇，10）

　　XG10②：9，灰褐胎，青釉泛黄，内壁满釉，外壁半釉，有流釉痕。口径19、底径12、高4.5厘米。（图七〇，11）

　　XG10②：11，灰褐胎，青釉，内壁满釉，外壁半釉。高5.2厘米。（图七〇，12）

　　XG10②：12，灰胎，青釉，釉已蚀，内壁满釉，外壁釉不及底，有流釉痕。口径19.2、底径11.8、高4.9厘米。（图七一，1）

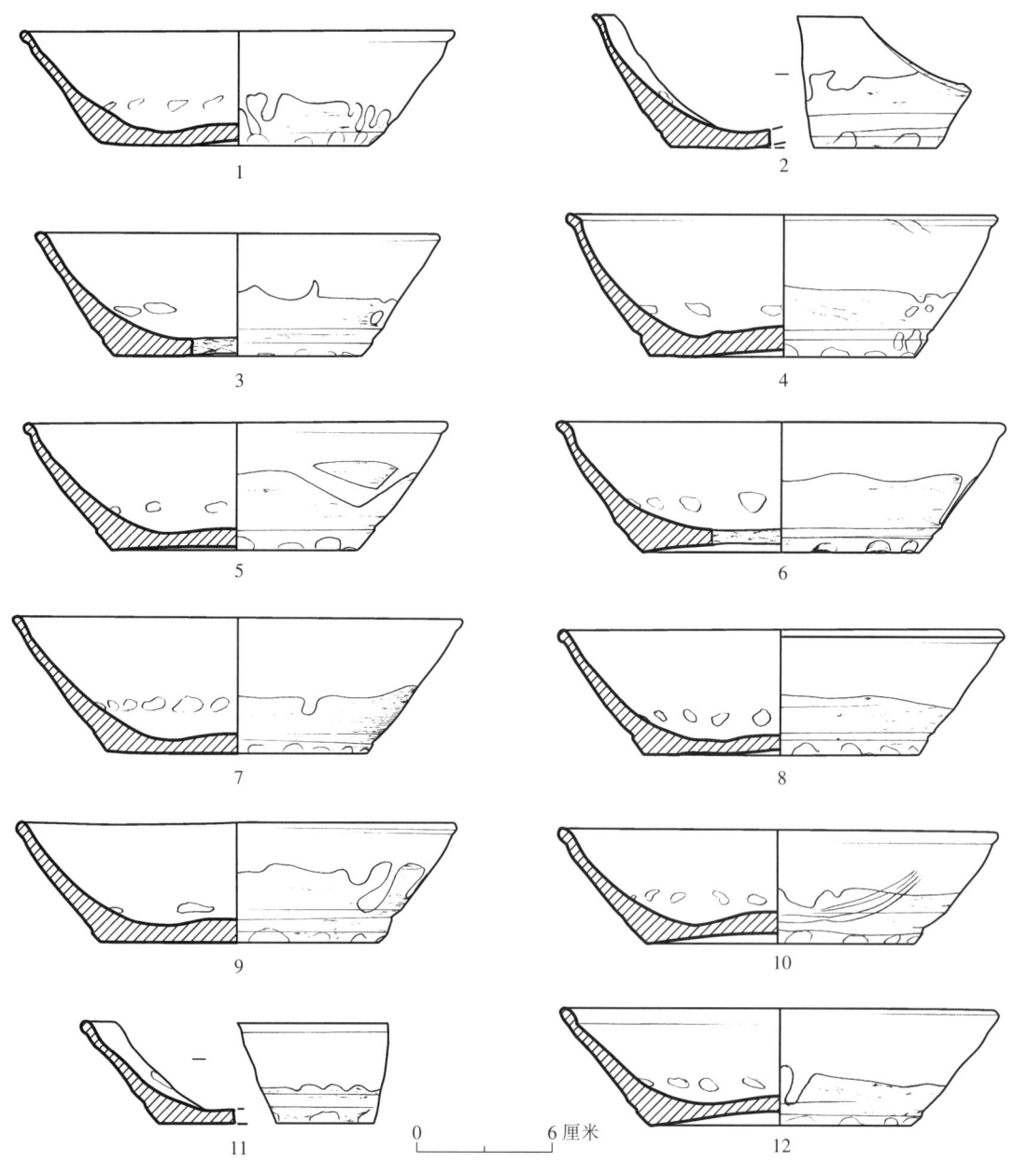

0　　　　　6厘米

图七一　西岸发掘区出土唐代 A 型瓷碗

1. XG10②：12　2. XG10④：3　3. XG10④：5　4. XG10④：7　5. XG10④：8　6. XG10⑤：3　7. XG11：1
8. XH3：1　9. XH3：2　10. XH3：3　11. XT1101⑧：2　12. XT1102⑤：1（越窑）

XG10④：3，灰褐色胎，青釉，内壁满釉，外壁半釉。高5.6厘米。（图七一，2）

XG10④：5，红胎，青釉泛黄，内壁满釉，外壁半釉。口径18、底径11、高5.3厘米。（图七一，3）

XG10④：7，灰褐胎，青釉泛黄，光泽感不强，内壁满釉，外壁半釉。口径19、底径11.6、高6.1厘米。（图七一，4）

XG10④：8，灰褐胎，青釉，内壁满釉，外壁施釉至腹上部，有流釉痕。口径18.8、底径11、高5.4厘米。（图七一，5）

XG10⑤：3，灰褐胎，青釉，内壁满釉，外壁半釉。口径19.8、底径12、高5.6厘米。（图七一，6）

XG11：1，灰胎，青釉泛黄，内壁满釉，外壁半釉。口径19.9、底径11.6、高5.9厘米。（图七一，7）

XH3：1，灰胎，青釉，内壁满釉，外壁半釉。口径19.6、底径12、高5.4厘米。（图七一，8）

XH3：2，灰胎，青釉，内壁满釉，外壁半釉，有流釉痕。口径19.6、底径12.4、高5.2厘米。（图七一，9；彩版四五，1）

XH3：3，灰褐胎，青釉泛黄，内壁满釉，外壁半釉，有流釉痕。口径19.4、底径11.6、高4.9厘米。（图七一，10）

XT1101⑧：2，灰胎，青釉泛黄，内壁满釉，外壁半釉。高4.3厘米。（图七一，11）

XT1102⑤：1，灰胎，青釉泛黄，内壁满釉，外壁半釉，有流釉痕，腹下部及底露胎。口径19.4、底径11.4、高5厘米。（图七一，12）

XT1104⑧：1，灰褐胎，青釉泛黄，内壁满釉，外壁釉不及底。口径19.4、底径12.2、高5.6厘米。（图七二，1）

XT1106⑤：1，灰褐胎，青釉泛黄，内壁满釉，外壁半釉。口径18、底径10.8、高4.6厘米。（图七二，2）

XT1106⑤：3，灰褐胎，釉已蚀，内壁满釉，外壁半釉。口径15.8、底径9.2、高4.5厘米。（图七二，3）

XT1109⑤：1，灰胎，青釉泛黄，内壁满釉，外壁半釉。口径19.6、底径12.4、高5.2厘米。（图七二，4）

XT1119⑦：4，灰白胎，青釉泛黄，内壁满釉，外壁半釉。高3.5厘米。（图七二，5）

XT1119⑧：3，灰褐胎，青釉泛黄，内壁满釉，外壁半釉。高5厘米。（图七二，6）

XT1119⑧：5，灰褐胎，青釉泛黄褐色，内壁满釉，外壁釉不及底，有流釉痕。口径17.8、底径10.8、高5.1厘米。（图七二，7）

XT1119⑧：6，灰胎，青釉已蚀，内壁满釉，外壁釉不及底。口径20、底径12.4、高5.4厘米。（图七二，8）

XT1119⑨：1，灰胎，青釉泛黄，内壁满釉，外壁施釉至腹上部。口径19.4、底径12、高4.5厘米。（图七二，9）

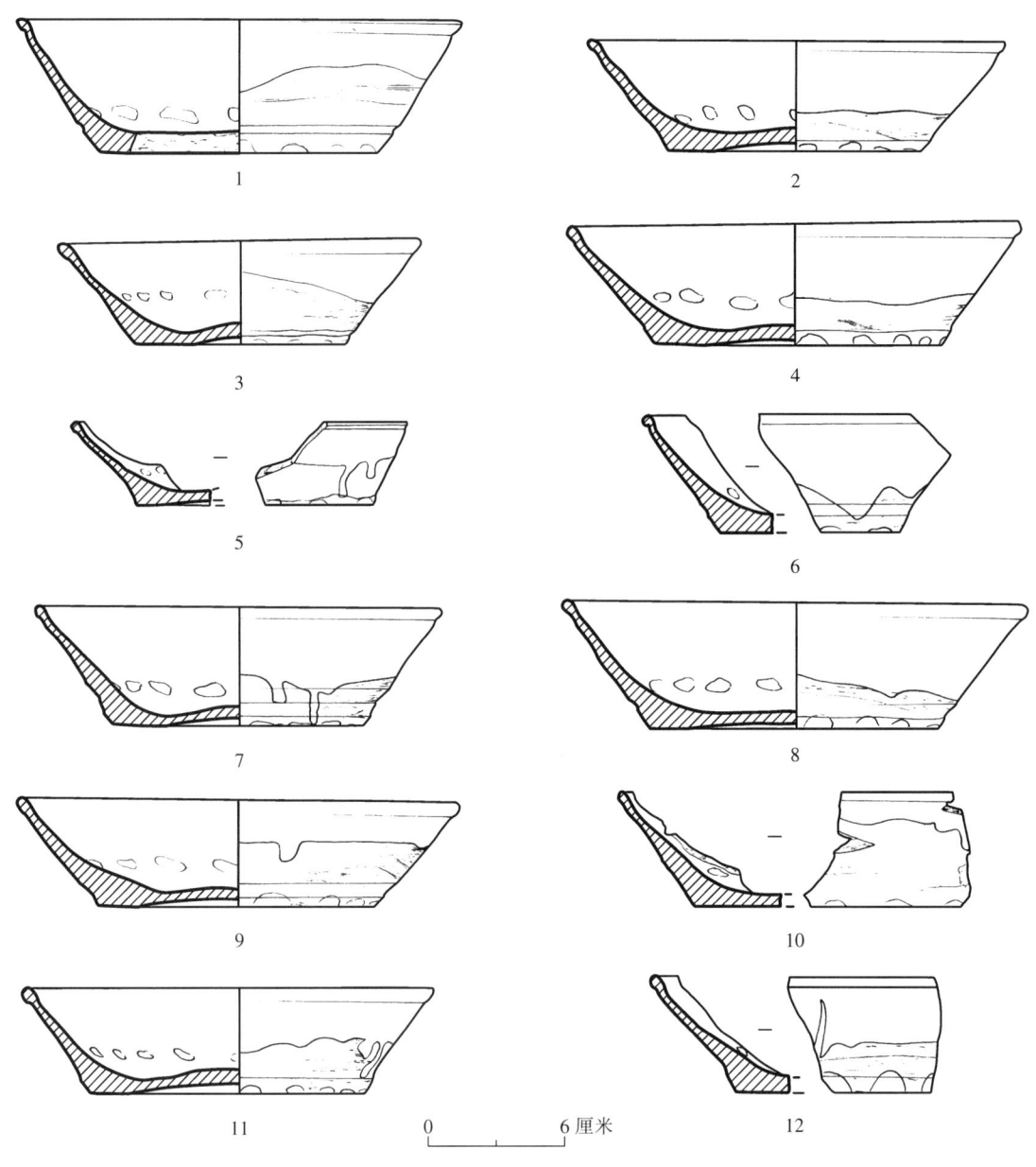

图七二 西岸发掘区出土唐代 A 型瓷碗

1. XT1104⑧：1　2. XT1106⑤：1　3. XT1106⑤：3　4. XT1109⑤：1　5. XT1119⑦：4　6. XT1119⑧：3　7. XT1119⑧：5　8. XT1119⑧：6　9. XT1119⑨：1　10. XT1119⑨：2　11. XT1120⑤：1　12. XT1120⑥：1（越窑）

XT1119⑨：2，红胎，青釉泛黄，内壁满釉，外壁施釉至腹上部。高4.8厘米。（图七二，10）

XT1120⑤：1，灰胎，青釉泛黄，内壁满釉，外壁施釉至腹上部。口径18、底径12、高4.5厘米。（图七二，11）

XT1120⑥：1，灰褐胎，青釉泛黄，内壁满釉，外壁半釉。高4.9厘米。（图七二，12）

XT1128①：2，红胎，青釉泛黄，内壁满釉，外壁半釉。口径19.6、底径12.2、高5厘米。（图七三，1）

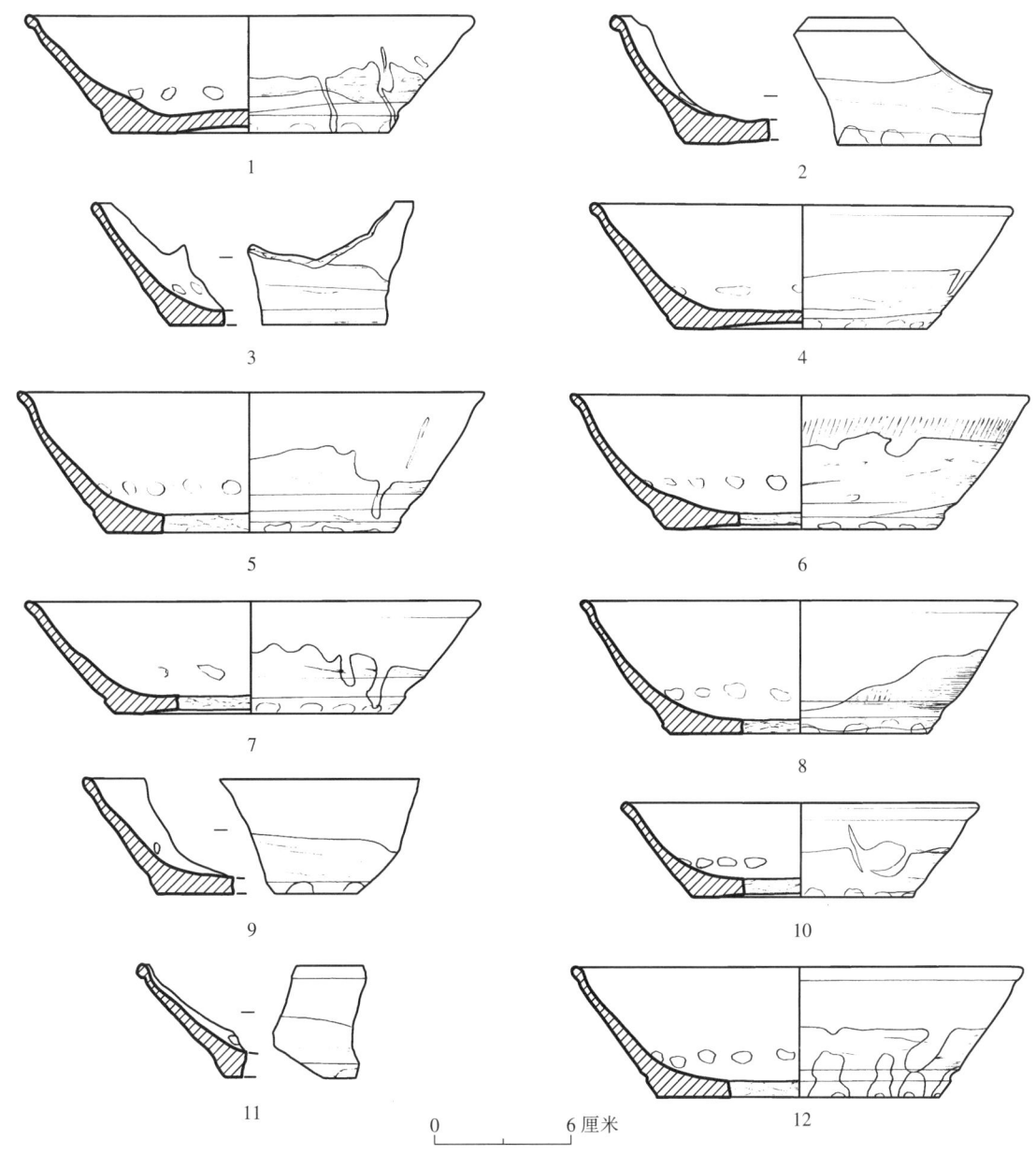

图七三　西岸发掘区出土唐代 A 型瓷碗

1. XT1128①：2　2. XT1128①：8　3. XT1129①：1　4. XT1129①：3　5. XT1129①：6　6. XT1129①：7
7. XT1129①：8　8. XT1130①：1　9. XT1130①：2　10. XT1203①：2　11. XT1204①：2　12. XT1206
⑤：1（越窑）

XT1128①：8，灰褐胎，青釉泛灰绿，内壁满釉，外壁施釉至腹上部。高5.4厘米。（图
七三，2）

XT1129①：1，灰胎，青釉已蚀，内壁满釉，外壁半釉。高5.2厘米。（图七三，3）

XT1129①：3，红胎，青釉泛黄，内壁满釉，外壁半釉。口径18.6、底径11.1、高5.4厘
米。（图七三，4；彩版四五，2）

XT1129①：6，灰褐胎，青釉泛黄，内壁满釉，外壁半釉。口径20.4、底径12.6、高6厘
米。（图七三，5）

XT1129①：7，灰褐胎，青釉泛黄，内壁满釉，外壁半釉，口径20.2、底径12.1、高5.7厘米。（图七三，6）

XT1129①：8，灰胎，青釉泛灰绿，内壁满釉，外壁半釉。口径19.9、底径12.1、高4.8厘米。（图七三，7）

XT1130①：1，灰胎，青釉泛黄，内壁满釉，外壁半釉。口径19.2、底径11.2、高5.7厘米。（图七三，8）

XT1130①：2，灰胎，青釉已蚀，内壁满釉，外壁半釉。高4.9厘米。（图七三，9）

XT1203①：2，灰褐胎，青釉泛黄，有开片，内壁满釉，外壁半釉。口径15.8、底径9.8、高4.1厘米。（图七三，10）

XT1204①：2，灰胎，青釉泛黄，内壁满釉，外壁半釉。高4.8厘米。（图七三，11）

XT1206⑤：1，灰褐胎，青釉泛黄，内壁满釉，外壁半釉。口径20、底径12.4、高5.6厘米。（图七三，12）

XT1206⑤：3，褐胎，青釉泛黄。内壁满釉，外壁半釉。口径20、底径12.8、高4.8厘米。（图七四，1）

XT1206⑤：5，灰褐胎，青釉泛黄，外壁半釉，内壁满釉，外壁釉不及底。口径19.8、底径12.6、高5.8厘米。（图七四，2）

XT1206⑤：7，器底处见一周支钉块状痕。灰褐胎，青釉泛灰绿，内壁满釉，外壁半釉。高5.7厘米。（图七四，3）

XT1206⑥：8，灰褐胎，青釉泛黄，内壁满釉，外壁釉不及底。口径20.6、底径12.8、高5.3厘米。（图七四，4）

XT1206⑥：9，灰褐胎，青釉泛黄，内壁满釉，外壁釉不及底。口径19.6、底径12、高4.7厘米。（图七四，5）

XT1206⑥：11，灰褐胎，青釉泛黄，内壁满釉，外壁釉不及底。口径19、底径11、高5.7厘米。（图七四，6）

XT1206⑥：12，灰胎，青釉泛黄，内壁满釉，外壁釉不及底。口径19.4、底径12.5、高5.2厘米。（图七四，7）

XT1206⑥：13，灰胎，青釉，内壁满釉，外壁釉不及底。口径19、底径11.8、高5.3厘米。（图七四，8）

XT1206⑥：14，灰胎，青釉泛黄，内壁满釉，外壁釉不及底。口径20.4、底径13、高5厘米。（图七四，9）

XT1206⑥：15，灰胎，青釉泛黄，内壁满釉，外壁釉不及底。口径20、底径13.2、高5.2厘米。（图七四，10）

XT1206⑥：16，灰褐胎，青釉泛黄，内壁满釉，外壁釉不及底。高5.4厘米。（图七四，11）

XT1206⑥：17，灰褐胎，青釉泛黄，内壁满釉，外壁釉不及底。高5.8厘米。（图七四，12）

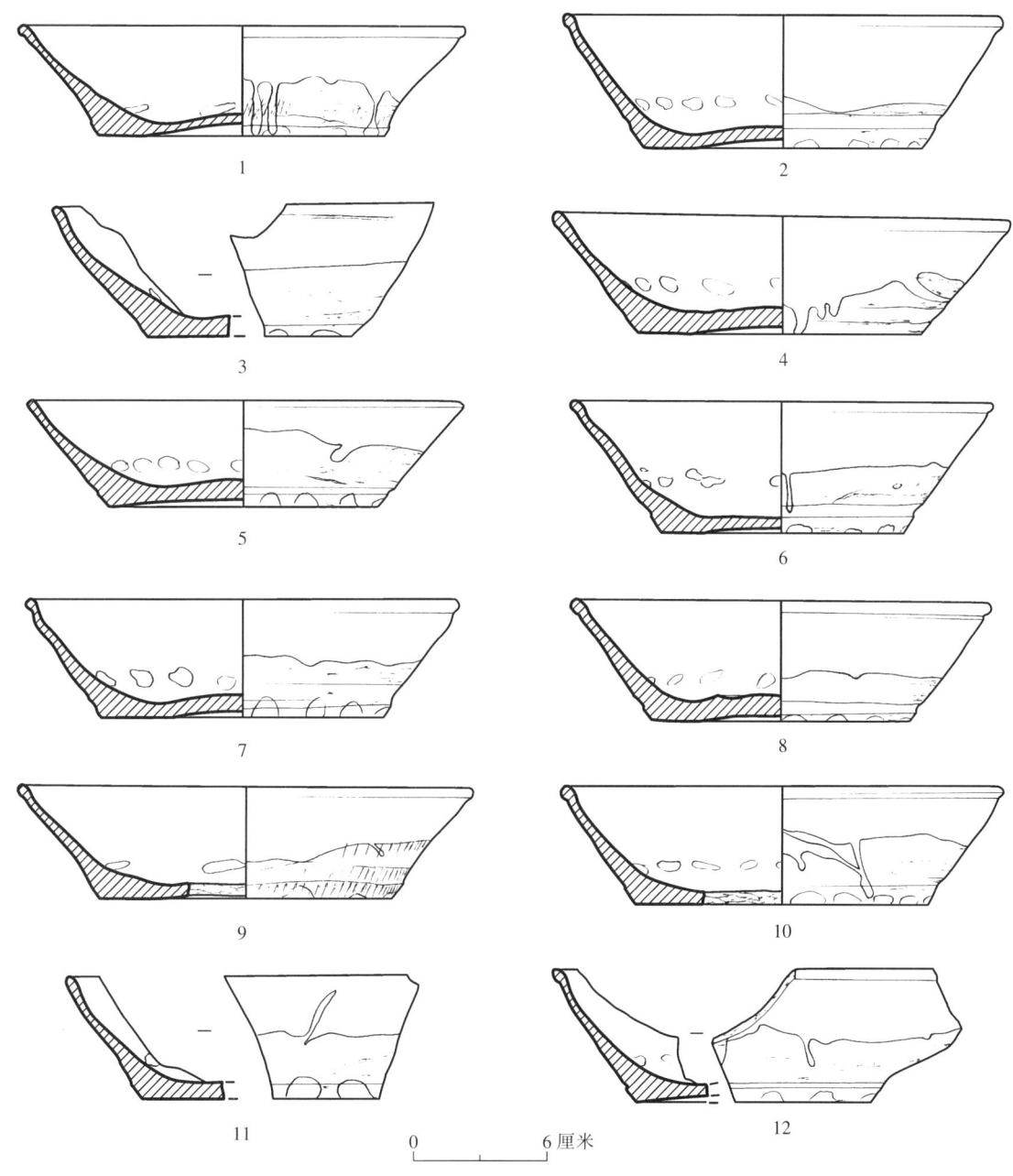

图七四　西岸发掘区出土唐代 A 型瓷碗

1. XT1206⑤：3　2. XT1206⑤：5　3. XT1206⑤：7　4. XT1206⑥：8　5. XT1206⑥：9　6. XT1206⑥：11
7. XT1206⑥：12　8. XT1206⑥：13　9. XT1206⑥：14　10. XT1206⑥：15　11. XT1206⑥：16
12. XT1206⑥：17（越窑）

　　XT1206⑥：19，灰褐胎，青釉，内壁满釉，外壁釉不及底。有流釉痕。口径 20、底径
12.2、高 4.8 厘米。（图七五，1）

　　XT1206⑥：23，灰胎，青釉，内壁满釉，外壁釉不及底。有流釉痕。口径 18.4、底径
11.8、高 5 厘米。（图七五，2）

　　XT1206⑥：26，灰胎，青釉泛灰绿，内壁满釉，外壁釉不及底。有流釉痕。口径 19.3、
底径 12、高 4.5 厘米。（图七五，3）

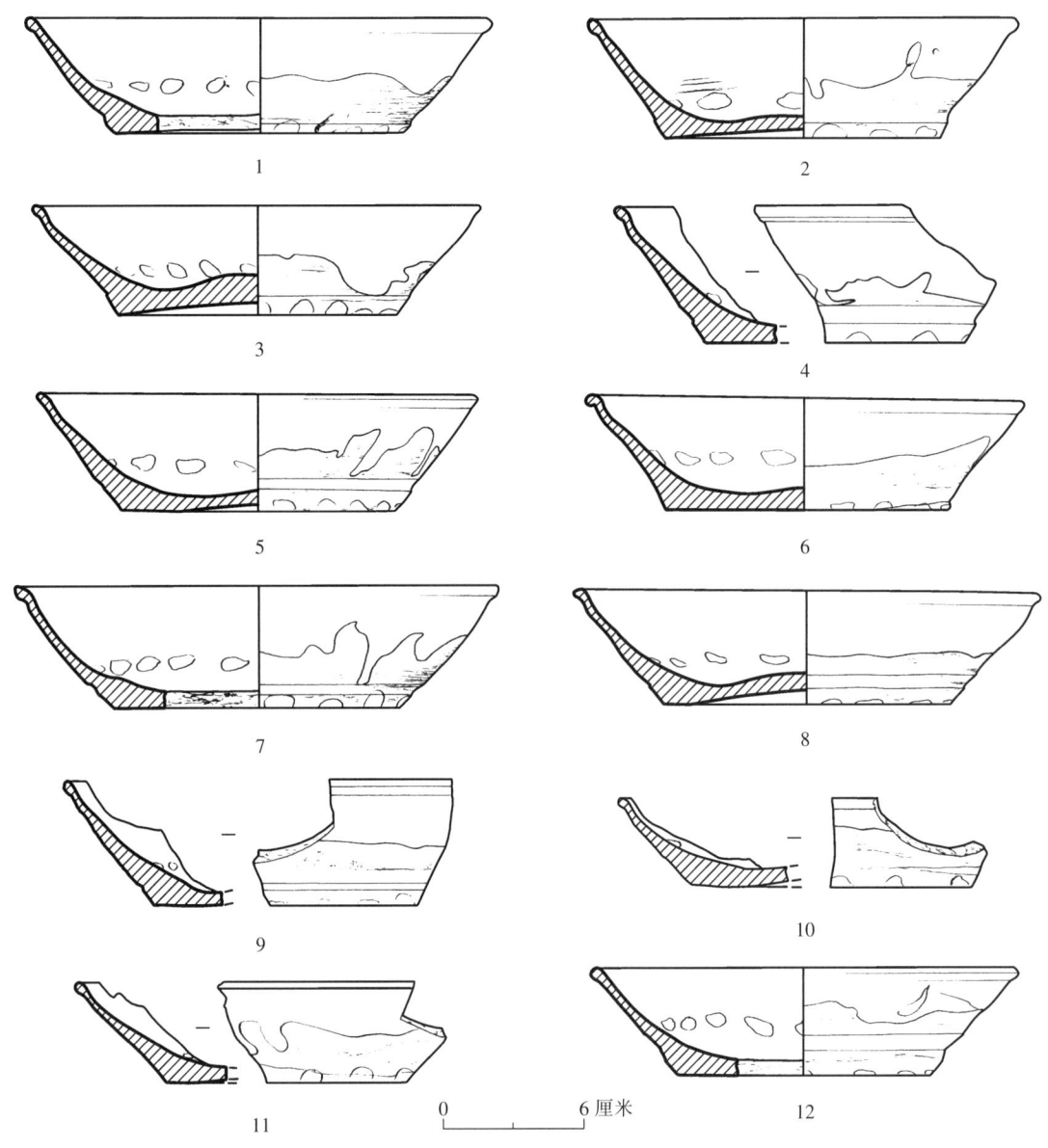

图七五 西岸发掘区出土唐代 A 型瓷碗

1. XT1206⑥：19 2. XT1206⑥：23 3. XT1206⑥：26 4. XT1206⑥：31 5. XT1206⑥：36 6. XT1206
⑥：37 7. XT1206⑥：38 8. XT1206⑥：40 9. XT1206⑥：44 10. XT1206⑥：48 11. XT1206⑥：49
12. XT1206⑦：2（越窑）

XT1206⑥：31，灰胎，青釉泛绿，内壁满釉，外壁半釉，有流釉痕。高5.7厘米。（图七五，4）

XT1206⑥：36，灰褐色胎，青釉泛褐，内壁满釉，外壁半釉，有流釉痕。口径19、底径11.6、高4.9厘米。（图七五，5）

XT1206⑥：37，灰胎，青釉已蚀，釉色泛绿，内壁满釉，外壁半釉，有流釉痕。口径18.6、底径12.1、高4.8厘米。（图七五，6）

XT1206⑥：38，灰胎，青釉，内壁满釉，外壁半釉，有流釉痕。口径20.8、底径12.2、高5.1厘米。（图七五，7）

XT1206⑥：40，灰胎，青釉泛褐，内壁满釉，外壁半釉。口径19.8、底径12.2、高4.4厘米。（图七五，8；彩版四六，1）

XT1206⑥：44，灰胎，青釉，内壁满釉，外壁半釉。高5.2厘米。（图七五，9）

XT1206⑥：48，灰胎，青釉泛绿，内壁满釉，外壁施釉至腹上部。高3.6厘米。（图七五，10）

XT1206⑥：49，灰胎，青釉，内壁满釉，外壁半釉。高4.2厘米。（图七五，11）

XT1206⑦：2，灰胎，青釉，釉色光亮，内壁满釉，外壁半釉，腹下及底露胎，有流釉痕。口径18.2、底径10.8、高4.5厘米。（图七五，12）

XT1206⑦：4，灰胎，青釉泛绿，内壁满釉，外壁半釉，有流釉痕。口径19.4、底径12.1、高5.2厘米。（图七六，1；彩版四六，2）

XT1206⑦：5，灰胎，青釉，内壁满釉，外壁半釉。口径19.6、底径11.9、高5厘米。（图七六，2）

XT1206⑦：13，灰胎，青釉，内壁满釉，外壁半釉，有流釉痕。口径19.2、底径12、高5.5厘米。（图七六，3；彩版四七，1）

XT1206⑦：14，灰褐胎，青釉泛黄，内壁满釉，外壁半釉，有流釉痕。口径19.4、底径12.4、高5.2厘米。（图七六，4）

XT1206⑦：16，灰褐胎，青釉，内壁满釉，外壁半釉，有流釉痕。口径19.2、底径12、高5.2厘米。（图七六，5）

XT1211①：6，灰褐胎，青釉泛黄，内壁满釉，外壁半釉，有流釉痕。残宽6.8、高5.1厘米。（图七六，6）

XT1212①：1，灰胎，青釉，内壁满釉，外壁半釉，有流釉痕。残宽7.5、高4.7厘米。（图七六，7）

XT1212①：2，灰胎，青釉，内壁满釉，外壁釉不及底，有流釉痕。口径20.2、底径12.8、高4.7厘米。（图七六，8）

XT1212①：3，灰胎，青釉泛黄，内壁满釉，外壁釉不及底，有流釉痕。口径19、底径12、高4.7厘米。（图七六，9）

XT1213①：1，灰褐胎，青釉泛黄，内壁满釉，外壁半釉。口径19、底径12.2、高5.0厘米。（图七六，10）

XT1214①：1，灰胎，青釉，内壁满釉，外壁半釉，有流釉痕。口径19.4、底径11.9、高4.8厘米。（图七六，11）

XT1215①：2，灰胎，青釉，内壁满釉，外壁半釉。残宽8.7、高5厘米。（图七六，12）

XT1219①：5，褐胎，青釉泛黄，内壁满釉，外壁半釉，有流釉痕。高4.2厘米。（图七七，1）

XT1228①：2，红胎，青釉，内壁满釉，外壁半釉，有流釉痕。高4.9厘米。（图七七，2）

XT1228①：3，灰胎，青釉泛绿，内壁满釉，外壁半釉。口径19、底径12、高4.9厘米。

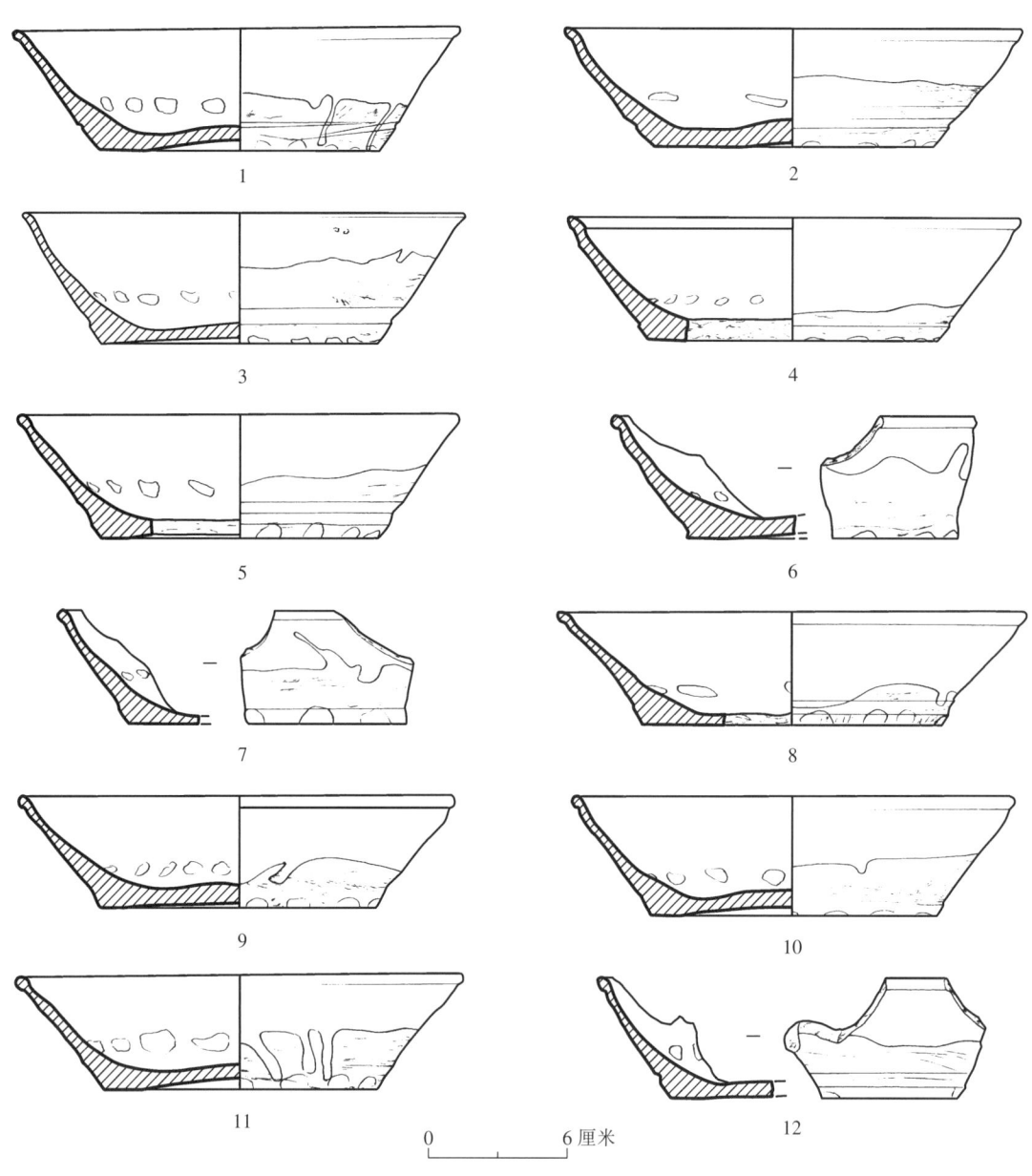

图七六　西岸发掘区出土唐代 A 型瓷碗

1. XT1206⑦：4　2. XT1206⑦：5　3. XT1206⑦：13　4. XT1206⑦：14　5. XT1206⑦：16
6. XT1211①：6　7. XT1212①：1　8. XT1212①：2　9. XT1212①：3　10. XT1213①：1
11. XT1214①：1　12. XT1215①：2（越窑）

（图七七，3）

　　XT1228①：4，灰胎，青釉泛绿，内壁满釉，外壁半釉。残高 4 厘米。（图七七，4）

　　XT1231①：1，灰胎，青釉。口径 19.2、底径 11.2、高 4.8 厘米。（图七七，5）

　　XT1231①：2，灰胎，青釉。高 5.6 厘米。（图七七，6）

　　XT1231①：6，灰褐胎，青釉泛黄，内壁满釉，外壁半釉，有流釉痕。口径 18.8、底径 11、高 4.8 厘米。（图七七，7）

　　XT1232①：2，灰褐胎，青釉，内壁满釉，外壁半釉，有流釉痕。口径 20.6、底径 13.2、

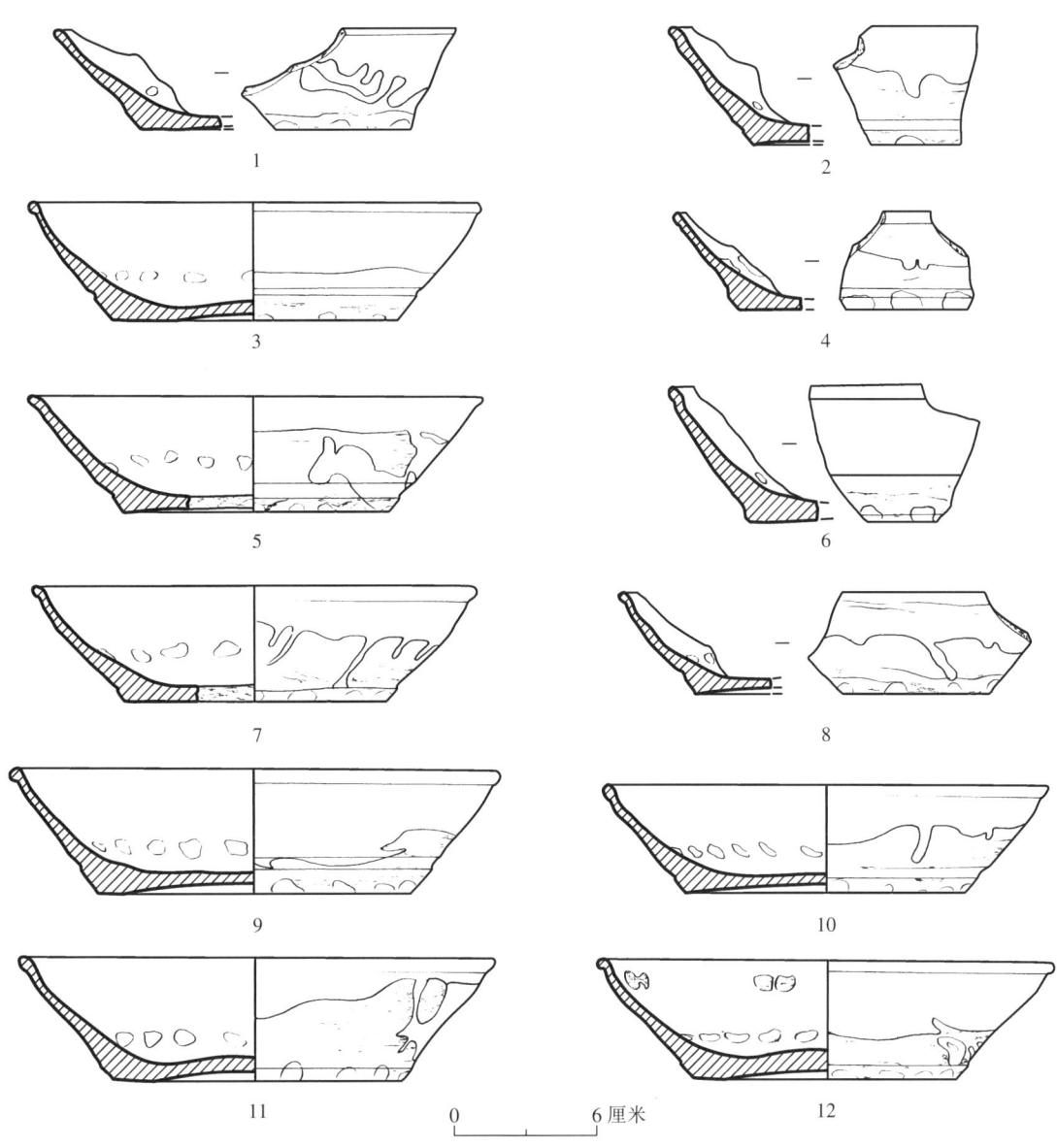

图七七　西岸发掘区出土唐代 A 型瓷碗

1. XT1219①：5　2. XT1228①：2　3. XT1228①：3　4. XT1228①：4　5. XT1231①：1　6. XT1231①：2
7. XT1231①：6　8. XT1233①：1　9. XT1232①：2　10. XT1234①：2　11. XT1234①：3　12. XT1435
⑥：1（越窑）

高5.1厘米。（图七七，9）

XT1233①：1，灰褐胎，釉已蚀，内壁满釉，外壁半釉，有流釉痕。高4.1厘米。（图七七，8）

XT1234①：2，灰褐胎，青釉泛褐，内壁满釉，外壁半釉，有流釉痕。口径19、底径12、高4.5厘米。（图七七，10）

XT1234①：3，灰褐胎，青釉泛黄，内壁满釉，外壁半釉，有流釉痕。口径20、底径12、高5.1厘米。（图七七，11）

XT1435⑥：1，灰胎，青釉泛黄。口径19.6、底径11.2、高5厘米。（图七七，12）

青黄釉　2件。

XG4②：1，红褐胎，青黄釉，内壁满釉，外壁半釉，有流釉痕。器底处见一周支钉块状痕。口径18.3、底径11.2、高4.9厘米。（图七八，1）

XT1211①：3，灰褐胎，青黄釉，内壁满釉，外壁半釉，有流釉痕。高5厘米。（图七八，2）

褐釉　2件。

XT1016⑤：2，灰褐胎，青褐釉，内壁满釉，外壁釉不及底。口径20、底径12.2、高4.8厘米。（图七八，3）

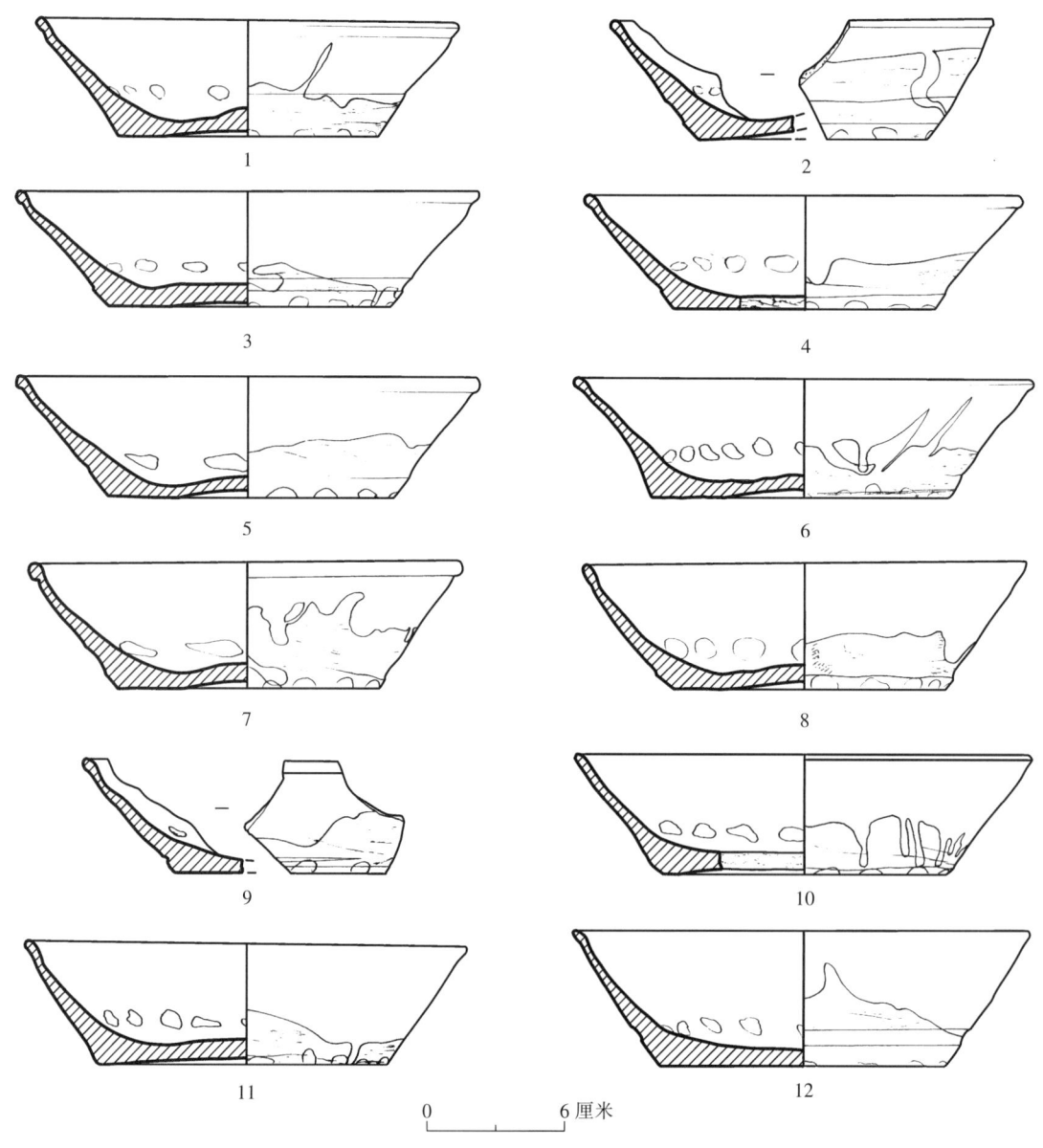

图七八　西岸发掘区出土唐代 A 型瓷碗

1. XG4②：1　2. XT1211①：3　3. XT1016⑤：2　4. XT1105⑤：4　5. XG10①：3　6. XG10①：8
7. XG10①：10　8. XG10①：11　9. XG10①：14　10. XG10③：1　11. XG10④：1　12. XG10④：2（1～
4 越窑，余宜兴窑）

XT1105⑤：4，灰褐胎，青褐釉，内壁满釉，外壁釉不及底。口径18.8、底径11.2、高4.8厘米。（图七八，4）

宜兴窑　38件。胎色以灰褐为主，有少数红胎，外壁施釉不及底，以青釉为主，多泛黄，另有青褐釉及酱釉。

青釉　32件。

XG10①：3，灰褐胎，青釉泛黄，光泽感不强。内壁满釉，外壁半釉。口径20.2、底径12.3、高5.1厘米。（图七八，5）

XG10①：8，灰褐胎，胎质较粗，青釉泛黄，内壁满釉，外壁半釉，有流釉痕。口径19.4、足径12.6、高5.1厘米。（图七八，6）

XG10①：10，灰褐胎，青釉，内壁满釉，外壁半釉，有流釉痕。口径18.8、底径11.3、高5.3厘米。（图七八，7；彩版四七，2）

XG10①：11，灰褐胎，青釉，内壁满釉，外壁半釉，有流釉痕。口径19、底径11.7、高5.3厘米。（图七八，8；彩版四八，1）

XG10①：14，灰褐胎，青釉，剥落。高4.6厘米。（图七八，9）

XG10③：1，灰褐胎，青釉泛黄，内壁满釉，外壁半釉，有流釉痕。口径19.4、底径12.1、高5厘米。（图七八，10）

XG10④：1，红褐胎，青釉，内壁满釉，外壁釉不及底。口径19.2、底径12.6、高5.2厘米。（图七八，11）

XG10④：2，灰褐胎，青褐釉，内壁满釉，外壁釉不及底。口径19.4、底径12.1、高5.7厘米。（图七八，12）

XG10⑤：2，灰褐胎，青釉，内壁满釉，外壁半釉。口径18.9、底径11.3、高5.3厘米。（图七九，1）

XT1101⑦：4，灰褐胎，青釉，有积釉现象，内壁满釉，外壁半釉。口径20.4、底径11.2、高5.1厘米。（图七九，2）

XT1104⑥：1，灰褐胎，青釉泛黄，内壁满釉，外壁釉不及底。口径20.2、底径12、高5.1厘米。（图七九，3）

XT1104⑨：1，灰褐胎，青釉泛黄，内壁满釉，外壁釉不及底。高5.4厘米。（图七九，4）

XT1119⑧：1，灰褐胎，青釉泛黄，内壁满釉，外壁半釉。口径20、底径12.1、高4.6厘米。（图七九，5）

XT1119⑧：2，灰褐胎，青釉泛黄，内壁满釉，外壁半釉。口径16.1、底径10、高4.4厘米。（图七九，6）

XT1119⑧：4，灰胎，青釉泛黄，内壁满釉，外壁半釉。口径19.6、底径11.8、高5.2厘米。（图七九，7）

XT1129①：4，灰褐胎，青釉泛黄，内壁满釉，外壁半釉。口径20.4、底径13.1、高5.1厘米。（图七九，8）

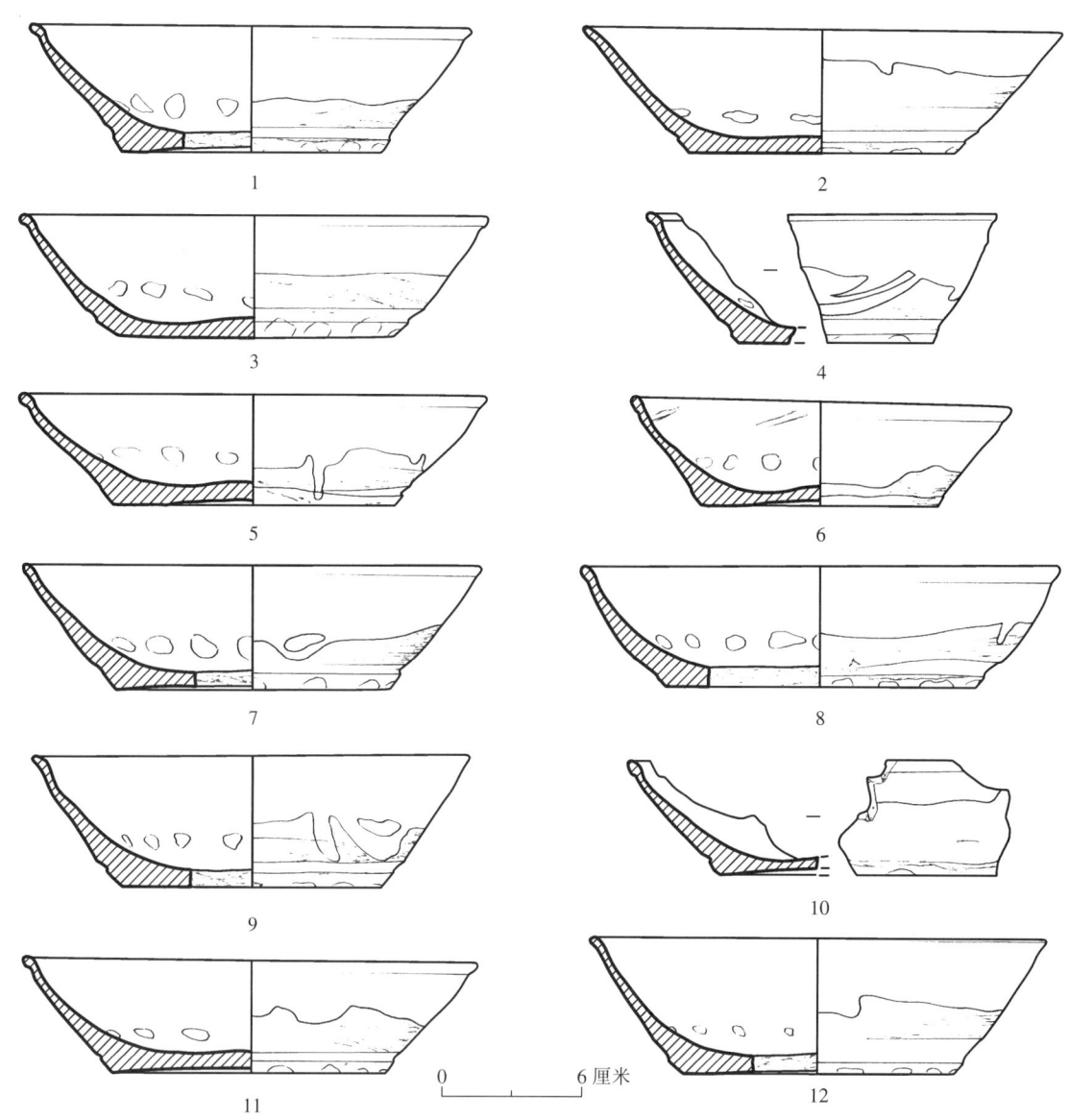

图七九　西岸发掘区出土唐代 A 型瓷碗

1. XG10⑤：2　2. XT1101⑦：4　3. XT1104⑥：1　4. XT1104⑨：1　5. XT1119⑧：1　6. XT1119⑧：2　7. XT1119⑧：4　8. XT1129①：4　9. XT1129①：5　10. XT1129①：11　11. XT1206⑤：2　12. XT1206 ⑤：8（宜兴窑）

　　XT1129①：5，灰褐胎，青釉泛黄，内壁满釉，外壁半釉。口径 18.8、底径 11.2、高 5.5 厘米。（图七九，9）

　　XT1129①：11，灰褐胎，青釉，内壁满釉，外壁半釉。高 4.7 厘米。（图七九，10）

　　XT1206⑤：2，红褐胎，青釉泛黄，内壁满釉，外壁半釉。口径 19.6、底径 11.8、高 4.7 厘米。（图七九，11）

　　XT1206⑤：8，灰褐胎，青釉已蚀，内壁满釉，外壁半釉。口径 19.4、底径 11.4、高 5.6 厘米。（图七九，12）

　　XT1206⑥：10，灰胎，青釉泛黄，内壁满釉，外壁釉不及底，有流釉痕。高 6 厘米。（图 八〇，1）

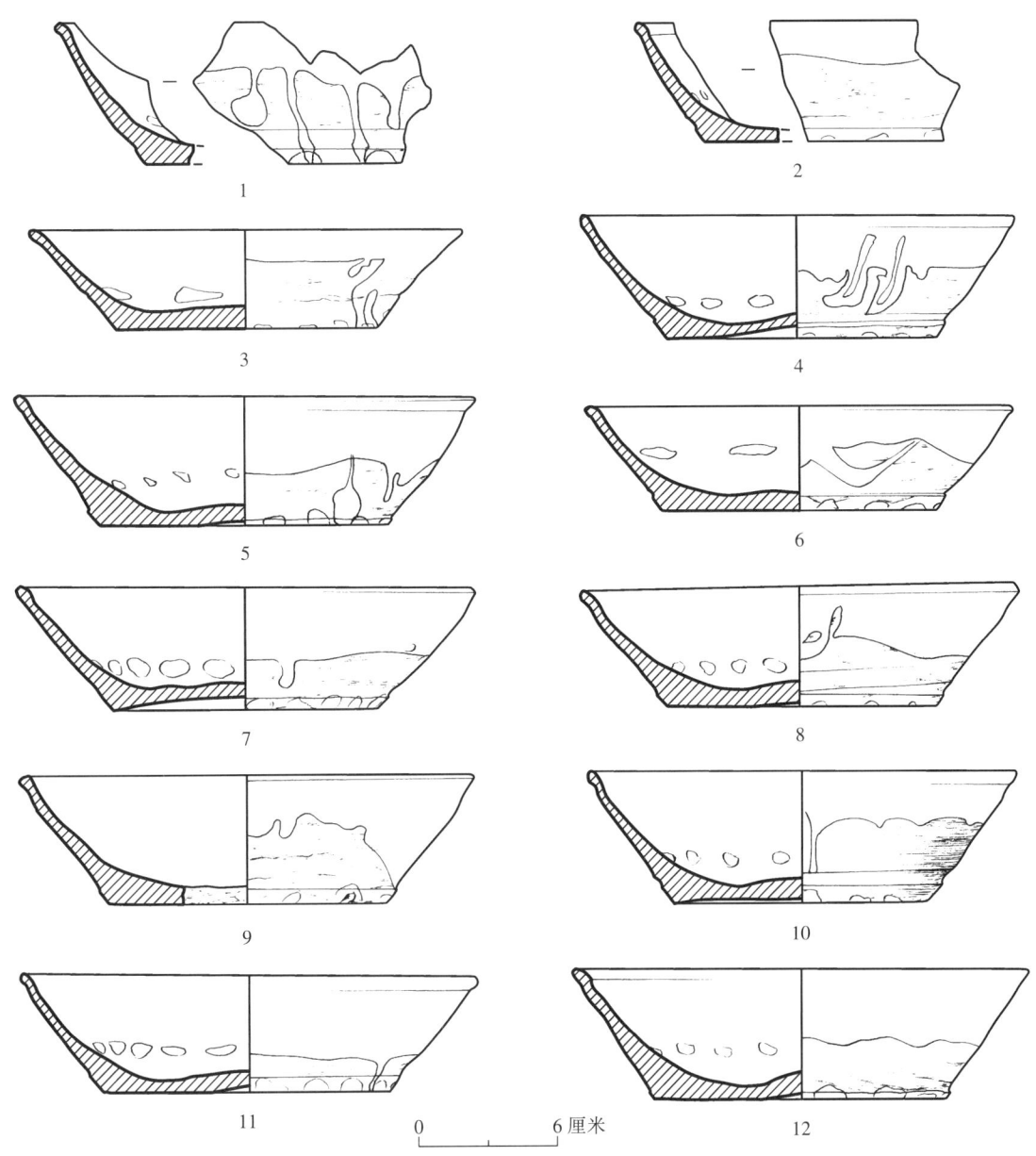

图八〇 西岸发掘区出土唐代 A 型瓷碗

1. XT1206⑥：10　2. XT1206⑥：18　3. XT1206⑥：22　4. XT1206⑥：28　5. XT1206⑥：29　6. XT1206
⑥：43　7. XT1206⑦：3　8. XT1206⑦：6　9. XT1206⑦：15　10. XT1206⑦：17　11. XT1214①：3
12. XT1234①：1（宜兴窑）

XT1206⑥：18，灰褐胎，青釉，内壁满釉，外壁釉不及底。高5.1厘米。（图八〇，2）

XT1206⑥：22，灰褐胎，青釉，内壁满釉，外壁釉不及底。有流釉痕。器底处见一周支钉块状痕。口径18.8、底径11.4、高4.2厘米。（图八〇，3）

XT1206⑥：28，红胎，青釉泛褐，内壁满釉，外壁半釉，有流釉痕。口径19、底径11.8、高5.3厘米。（图八〇，4；彩版四八，2）

XT1206⑥：29，灰褐胎，青釉，釉色灰绿，内壁满釉，外壁半釉，腹下及底露胎，有流釉痕。口径20、底径12.6、高5.6厘米。（图八〇，5）

XT1206⑥：43，灰褐胎，青釉，内壁满釉，外壁半釉，有流釉痕。口径 18.8、底径 12、高 4.5 厘米。（图八〇，6）

XT1206⑦：3，灰胎，青釉，内壁满釉，外壁半釉，有流釉痕。口径 19.9、底径 11.5、高 5.2 厘米。（图八〇，7；彩版四九，1）

XT1206⑦：6，灰胎，青釉泛绿，内壁满釉，外壁半釉，有流釉痕。口径 19.2、底径 11.8、高 5.3 厘米。（图八〇，8；彩版四九，2）

XT1206⑦：15，灰褐胎，青釉。口径 19.6、底径 12、高 5.4 厘米。（图八〇，9）

XT1206⑦：17，灰褐胎，青釉，内壁满釉，外壁半釉，有流釉痕。口径 18.8、底径 11、高 5.6 厘米。（图八〇，10）

XT1214①：3，灰褐胎，青釉，内壁满釉，外壁半釉，有流釉痕。口径 19.8、底径 12.4、高 5.1 厘米。（图八〇，11；彩版五〇，1）

XT1234①：1，灰褐胎，青釉泛褐，内壁满釉，外壁半釉，釉色不匀。口径 20、底径 12.8、高 5.6 厘米。（图八〇，12）

酱釉　6 件。

XG10⑤：1，灰褐胎，酱釉，内壁满釉，外壁半釉。口径 20、底径 11.6、高 5.7 厘米。（图八一，1）

XT1103⑤：1，灰胎，酱釉，内壁满釉，外壁半釉。口径 19.2、底径 11.1、高 5.4 厘米。（图八一，2；彩版五〇，2）

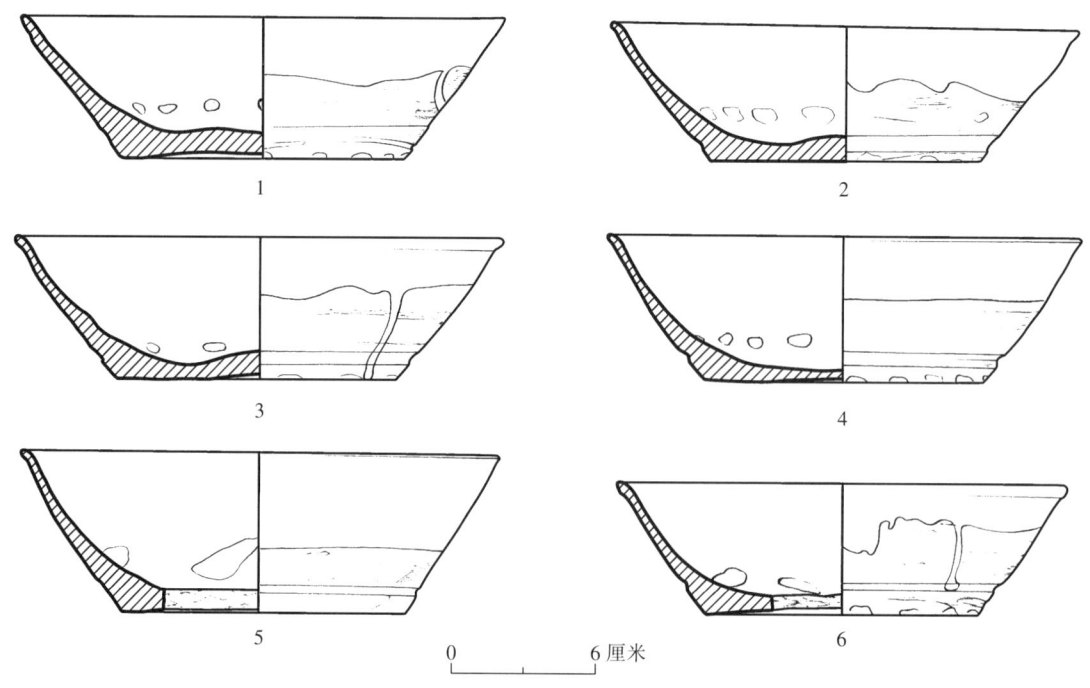

1　　　　　　　　　　　2

3　　　　　　　　　　　4

5　　　　　　　　　　　6

0　　　　6 厘米

图八一　西岸发掘区出土唐代 A 型瓷碗

1. XG10⑤：1　2. XT1103⑤：1　3. XT1206⑥：30　4. XT1206⑥：46　5. XT1206⑥：47　6. XT1234①：4（宜兴窑）

XT1206⑥：30，灰褐色胎，酱釉，内壁满釉，外壁半釉，有流釉痕。口径20.2、底径12、高5.7厘米。（图八一，3）

XT1206⑥：46，灰胎，酱釉已蚀，内壁满釉，外壁半釉。口径19.5、底径11.4、高5.8厘米。（图八一，4）

XT1206⑥：47，灰胎，酱釉，内壁满釉，外壁半釉。口径19.8、底径11.6、高6.4厘米。（图八一，5）

XT1234①：4，灰褐胎，酱釉，内壁满釉，外壁半釉，有流釉痕。口径18.4、底径11.2、高5.2厘米。（图八一，6）

B 型　共43件。

Ba 型　敞口，弧壁，深腹，玉璧底，足外沿斜削。共19件，可辨识有越窑13件、寿州窑5件、长沙窑1件。

越窑　13件。多为灰胎或灰黄胎，分青釉与青黄釉。

青釉　8件。

XG7①：2，灰胎，青釉泛黄，内壁满釉，外壁半釉，有流釉痕，釉色光亮，有细小开片。口径17、底径5.7、高6.3厘米。（图八二，1；彩版五一，1）

XG10②：13，挖足较深，足外沿斜削。灰黄胎，近底处胎厚，青釉泛黄，釉色光亮，有细小开片，内壁满釉，外壁釉不及底。口径19.1、底径6.4、高8厘米。（图八二，2）

XT1105⑤：1，挖足较深。灰胎，青釉泛黄，内壁满釉，外壁釉不及底。口径19.6、底径6.8、高7.8厘米。（图八二，3；彩版五一，2）

XT1105⑤：6，灰胎，青釉泛黄，内壁满釉，外壁釉不及底。口径17.4、底径6.2、高6.4厘米。（图八二，4）

XT1206⑥：20，灰胎，青釉泛绿，有细小开片，内壁满釉，外壁半釉，有流釉痕。口径17.2、底径5.8、高6.1厘米。（图八二，5）

XT1206⑥：25，灰色胎，青釉泛黄，釉色光亮，有细小开片，内壁满釉，外壁釉不及底，有流釉痕。口径17.3、底径6、高6.7厘米。（图八二，6）

XT1206⑥：35，灰白胎，青釉泛黄，釉色光亮，有细小开片，内壁满釉，外壁半釉，有流釉痕。口径17.9、底径6.6、高6.4厘米。（图八二，7）

XT1215①：3，灰胎，青釉，内壁满釉，外壁半釉，有细小开片。口径17.2、足径6、高5.9厘米。（图八二，8）

青黄釉　5件。

XG10②：1，灰黄胎，青黄釉，釉色光亮，有细小开片，内壁满釉，外壁釉不及底。口径17.2、底径6.1、高6.4厘米。（图八二，9；彩版五二，1）

XG10②：3，挖足较深，足外沿斜削。灰黄胎，青黄釉，釉色光亮，有细小开片和流釉现象，内壁满釉，外壁釉不及底。口径17.2、底径6.2、高6.9厘米。（图八二，10；彩版五二，2）

XT1206⑥：7，灰胎，青黄釉泛灰绿，内壁满釉，外壁半釉，釉色有开片。口径16.5、底

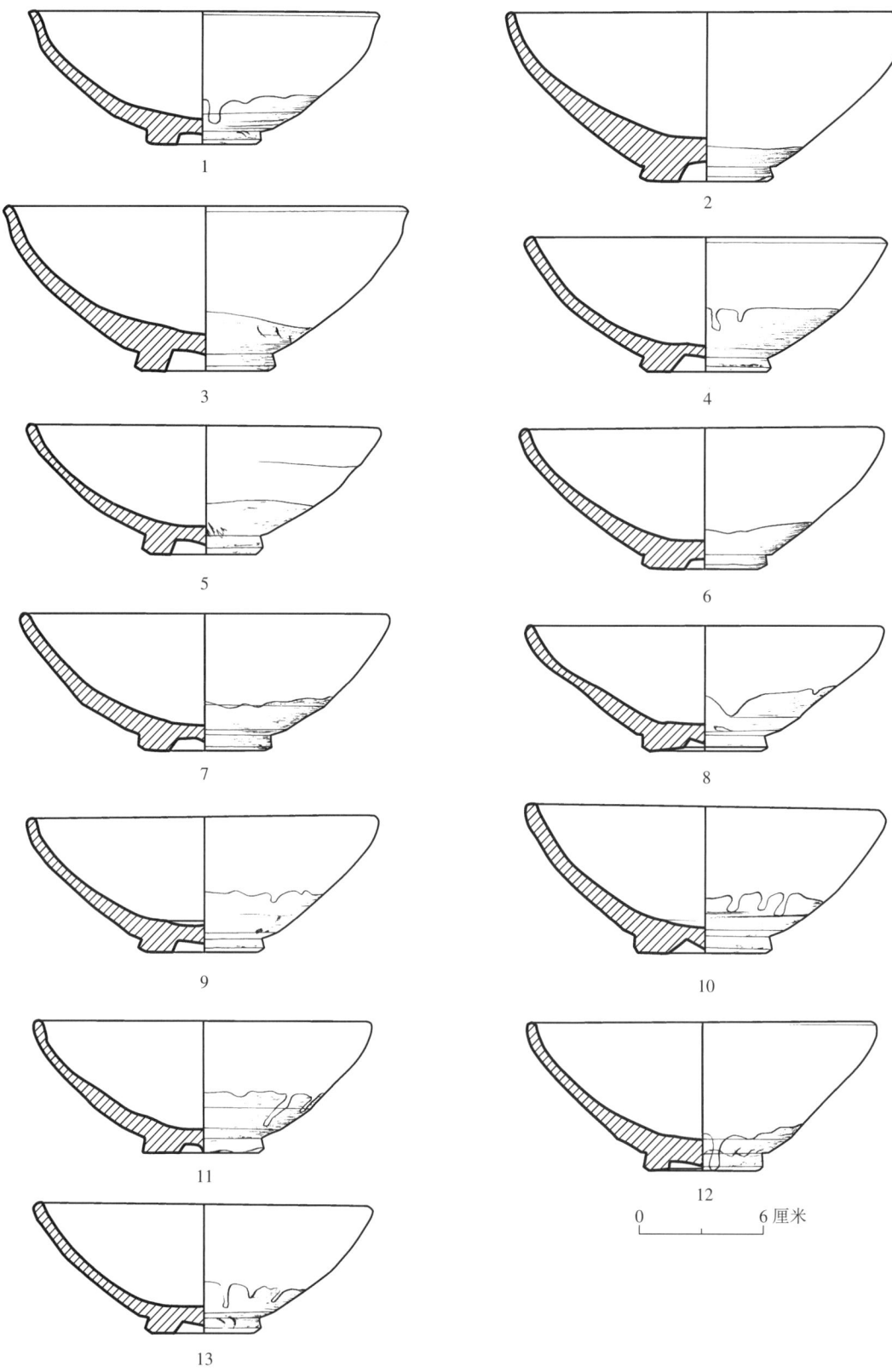

图八二　西岸发掘区出土唐代 Ba 型瓷碗

1. XG7①：2　2. XG10②：13　3. XT1105⑤：1　4. T1105⑤：6　5. XT1206⑥：20　6. XT1206⑥：25　7. XT1206⑥：35　8. XT1215①：3　9. XG10②：1　10. XG10②：3　11. XT1206⑥：7　12. XT1206⑥：39　13. XT1206⑥：42（越窑）

径5.9、高6.2厘米。（图八二，11；彩版五三，1）

XT1206⑥：39，灰胎，青黄釉，釉色光亮，有细小开片，内壁满釉，外壁半釉，有流釉痕。口径16.8、底径5.8、高7厘米。（图八二，12）

XT1206⑥：42，灰胎，青黄釉，内壁满釉，外壁半釉，有流釉痕。口径16.6、底径5.6、高6.2厘米。（图八二，13；彩版五三，2）

寿州窑　5件。以红胎为主，均为青黄釉。

XG7②：2，挖足较深。红胎，青黄釉，内壁满釉，外壁半釉，有流釉痕。口径17.8、底径5.6、高6.7厘米。（图八三，1；彩版五四，1）

XG10②：2，挖足较深。灰红胎，青黄釉，内壁满釉，外壁半釉。口径18、底径6、高7.6厘米。（图八三，2；彩版五四，2）

XG10②：4，灰黄胎，青黄釉，釉色光亮，有细小开片和流釉现象，内壁满釉，外壁釉不及底。口径17.6、底径6.6、高7厘米。（图八三，3；彩版五五，1）

XT1106⑤：2，红胎，青黄釉，内壁满釉，外壁釉不及底，有流釉痕。口径16.8、底径6.3、高6.6厘米。（图八三，4；彩版五五，2）

XT1206⑥：34，红胎，青黄釉，釉色光亮，内壁满釉，外壁半釉，有流釉痕。口径16.8、底径5.9、高6.4厘米。（图八三，5）

长沙窑　1件。

XT1214①：2，灰胎，青黄釉，内壁满釉，外壁半釉。口径17.2、底径6.3、高6.2厘米。

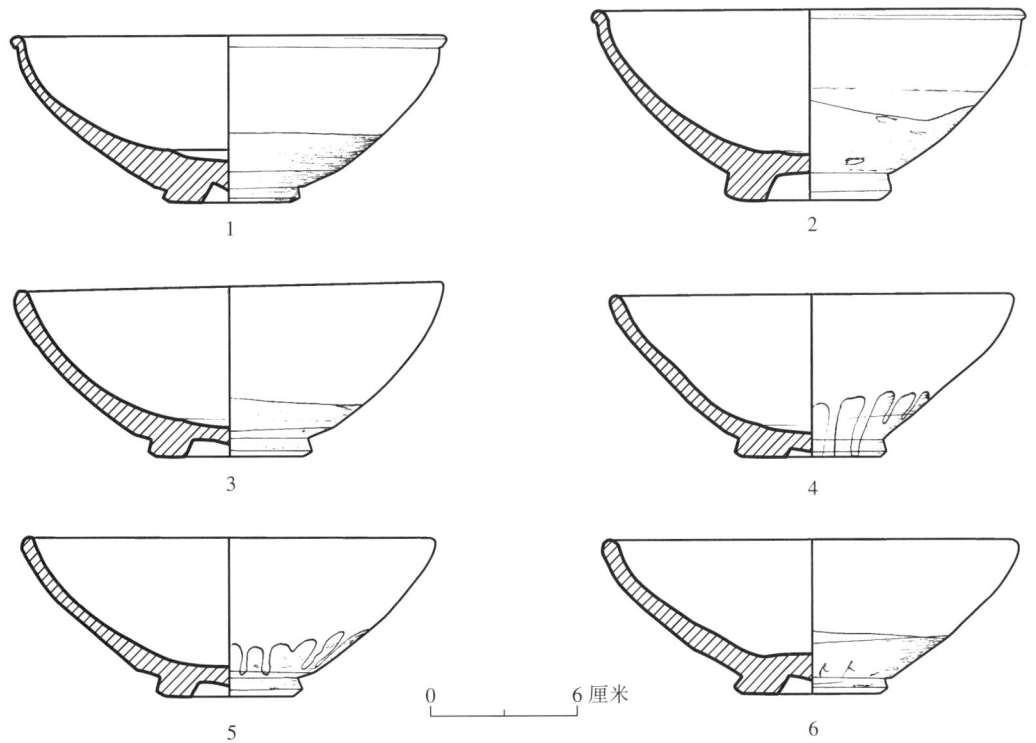

图八三　西岸发掘区出土唐代 Ba 型瓷碗

1. XG7②：2　2. XG10②：2　3. XG10②：4　4. XT1106⑤：2　5. XT1206⑥：34　6. XT1214①：2
（1～5 寿州窑，6 长沙窑）

（图八三，6）

Bb 型　敞口，圆唇，弧壁，腹较浅，玉璧底。共 24 件，可辨识有越窑 20 件、长沙窑 2 件、寿州窑 2 件。

越窑　20 件。以灰胎为主，少量黄褐胎，外壁施釉不及底，釉色分青釉和青黄釉。

青釉　16 件。

XG10②：5，挖足较浅，足外沿斜削。灰胎，青釉泛黄，釉色光亮，有细小开片，内壁满釉，外壁釉不及底。口径 13.4、底径 5.2、高 4 厘米。（图八四，1；彩版五六，1）

XG10②：10，挖足较浅，足外沿斜削。灰胎，青釉，内壁满釉，外壁半釉。口径 12.2、底径 4.6、高 4.4 厘米。（图八四，2）

XTG1⑤：3，黄褐胎，青釉，内壁满釉，外壁半釉，有流釉痕。口径 13.5、底径 4.8、高 4.7 厘米。（图八四，3）

XT1103⑥：1，灰白胎，青釉泛黄，釉色光亮，有细小开片，内壁满釉，外壁半釉。口径 12.7、底径 4.7、高 5 厘米。（图八四，4）

XT1105⑤：2，挖足较浅。灰白胎，青釉泛黄，内壁满釉，外壁釉不及底。口径 12.7、底径 4.2、高 3.9 厘米。（图八四，5）

XT1119⑦：1，灰胎，青釉泛黄，光泽感不强，内壁满釉，外壁半釉。口径 16.4、底径 6.2、高 5.3 厘米。（图八四，6）

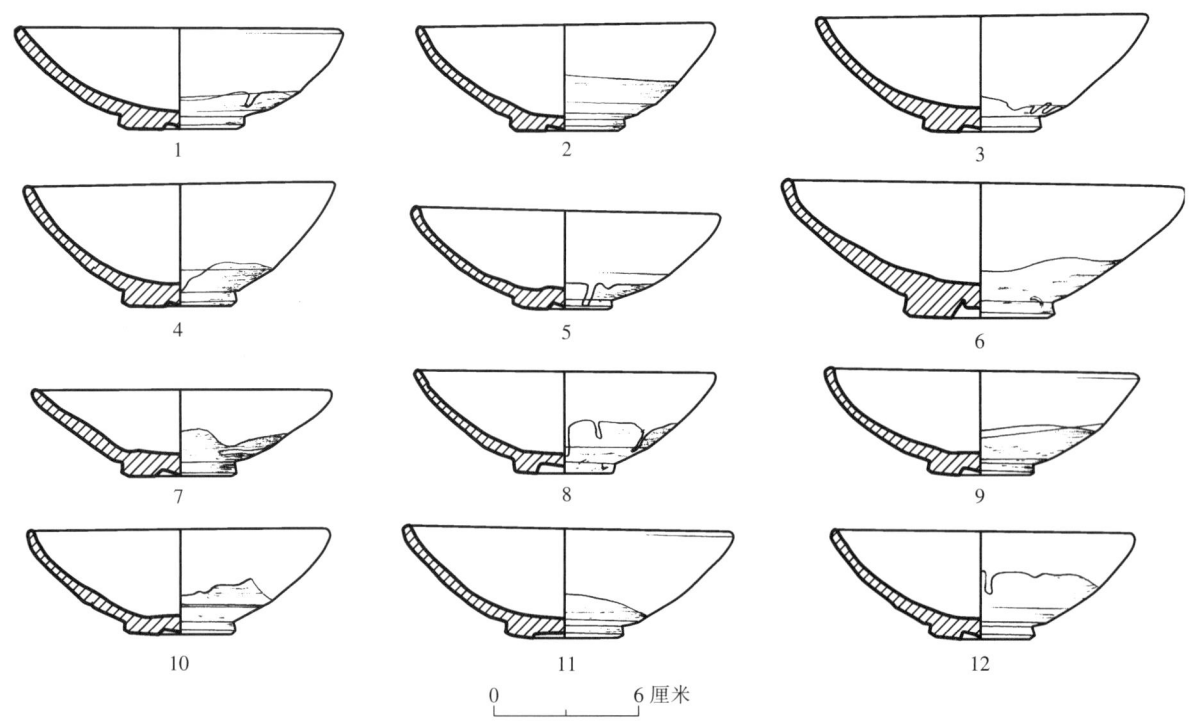

图八四　西岸发掘区出土唐代 Bb 型瓷碗

1. XG10②：5　2. XG10②：10　3. XTG1⑤：3　4. XT1103⑥：1　5. XT1105⑤：2　6. XT1119⑦：1　7. XT1119 ⑦：3　8. XT1120⑤：2　9. XT1206⑤：4　10. XT1206⑤：6　11. XT1206⑥：4　12. XT1206⑥：32（越窑）

XT1119⑦：3，灰白胎，青釉泛黄，内壁满釉，外壁半釉。口径12.2、底径4.8、高3.4厘米。（图八四，7）

XT1120⑤：2，灰胎，青釉泛黄，釉色光亮，有细小开片，内壁满釉，外壁半釉，有流釉痕。口径12.4、底径4.2、高4厘米。（图八四，8）

XT1206⑤：4，灰胎，青釉泛灰，内壁满釉，外壁半釉，釉色有细小开片。口径12.8、底径4.4、高4.1厘米。（图八四，9）

XT1206⑤：6，挖足较浅。黄褐胎，青釉，外壁半釉，内壁满釉。口径12.4、底径4.6、高4.2厘米。（图八四，10；彩版五六，2）

XT1206⑥：4，灰胎，青釉，外壁半釉，内壁满釉。口径13.6、底径4.8、高4.3厘米。（图八四，11）

XT1206⑥：32，黄褐胎，青釉，内壁满釉，外壁半釉，有流釉痕。口径12.4、底径4.2、高4.2厘米。（图八四，12；彩版五七，1）

XT1206⑦：18，黄褐胎，青釉泛黄，釉色光亮，有细小开片，内壁满釉，外壁半釉，有流釉痕。口径12、底径4.6、高4厘米。（图八五，1）

XT1206⑦：19，黄褐胎，青釉泛黄，釉色光亮，有细小开片，内壁满釉，外壁半釉，有流釉痕。口径13.3、底径5、高4.6厘米。（图八五，2）

XT1206⑦：20，灰胎，青釉泛黄，釉色光亮，有细小开片，内壁满釉，外壁半釉，有流

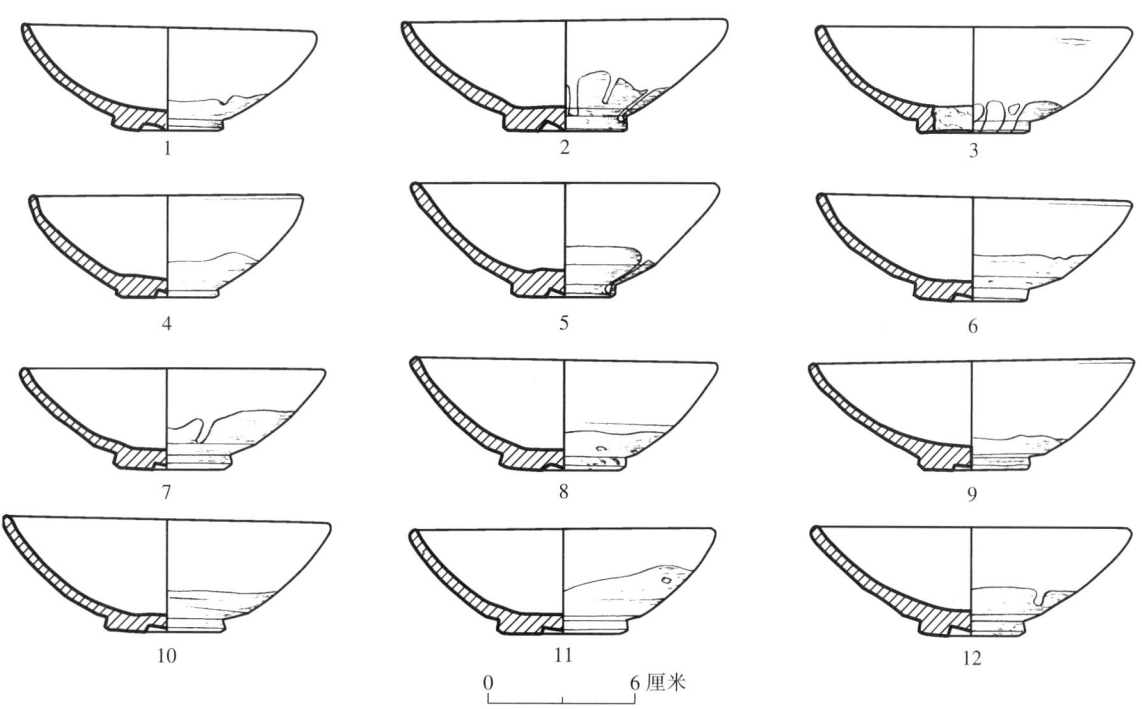

图八五　西岸发掘区出土唐代 Bb 型瓷碗

1. XT1206⑦：18　2. T1206⑦：19　3. XT1206⑦：20　4. XT1225①：1　5. XT1206⑤：9　6. XT1206⑥：5
7. XT1206⑥：6　8. XT1206⑥：41　9. XTG1⑤：2　10. XT1227①：1　11. XG10④：4　12. XT1206⑦：12
（1～8 越窑，9、10 长沙窑，11、12 寿州窑）

釉痕。口径 13、底径 4.6、高 4.2 厘米。（图八五，3）

XT1225①：1，褐胎，青釉泛黄，内壁满釉，外壁半釉，有流釉痕。口径 11.2、底径 4.2、高 4.2 厘米。（图八五，4）

青黄釉　4 件。

XT1206⑤：9，黄褐胎，青黄釉，内壁满釉，外壁釉不及底。口径 12.6、底径 4.2、高 4.5 厘米。（图八五，5）

XT1206⑥：5，灰胎，青黄釉泛灰绿，内壁满釉，外壁半釉，釉色有开片。口径 13、底径 4.8、高 4.1 厘米。（图八五，6）

XT1206⑥：6，灰胎，青黄釉泛灰绿，内壁满釉，外壁半釉，釉色有开片。口径 12.4、底径 4.8、高 4 厘米。（图八五，7；彩版五七，2）

XT1206⑥：41，灰胎，青黄釉，内壁满釉，外壁半釉，有细小开片，有流釉痕。口径 12.6、底径 4.6、高 4.4 厘米。（图八五，8；彩版五八，1）

长沙窑　2 件。胎色呈黄褐，施青黄釉。

XTG1⑤：2，黄褐胎，青黄釉，内壁满釉，外壁半釉，有流釉痕。口径 13.4、底径 4.6、高 4.4 厘米。（图八五，9；彩版五八，2）

XT1227①：1，黄褐胎，青黄釉，内壁满釉，外壁半釉。口径 13.4、底径 4.9、高 4.4 厘米。（图八五，10）

寿州窑　2 件。胎色不纯，施青黄釉。

XG10④：4，挖足较浅，足外沿斜削。黄褐胎，青黄釉，内壁满釉，外壁半釉。口径 12.4、底径 5.1、高 4.3 厘米。（图八五，11）

XT1206⑦：12，红褐胎，青黄釉，内壁满釉，外壁半釉，有流釉痕。口径 13.2、底径 4.4、高 4.3 厘米。（图八五，12）

盏

共 6 件。均为越窑产品，胎以灰色为主，分青釉和青黄釉。

青釉　4 件。

XG10①：9，灰黄胎，青釉泛灰绿，满釉，光泽感较强，足根处露胎。口径 14.1、底径 5.5、高 4.7 厘米。（图八六，1；彩版五九，1）

XG10①：13，灰胎，青釉，光泽感不强。口径 15.6、底径 5.8、高 4.8 厘米。（图八六，2）

XG10④：6，敞口，圆唇，斜弧壁，玉璧底，挖足较浅，足外沿斜削。灰胎，青釉泛灰绿，釉色光亮，有开片，满釉，足根露胎。口径 14.2、底径 5.5、高 5 厘米。（图八六，3；彩版五九，2）

XT1105⑤：3，敞口，圆唇，弧壁，玉璧底，近底处旋削。灰白胎，青釉泛黄，有细小开片，满釉，足根露胎。口径 12、底径 4.2、高 4 厘米。（图八六，4）

青黄釉　2 件。

XG10①：7，敞口微敛，圆唇，斜弧壁，玉璧底近平，挖足较浅，足外沿斜削。灰黄胎，

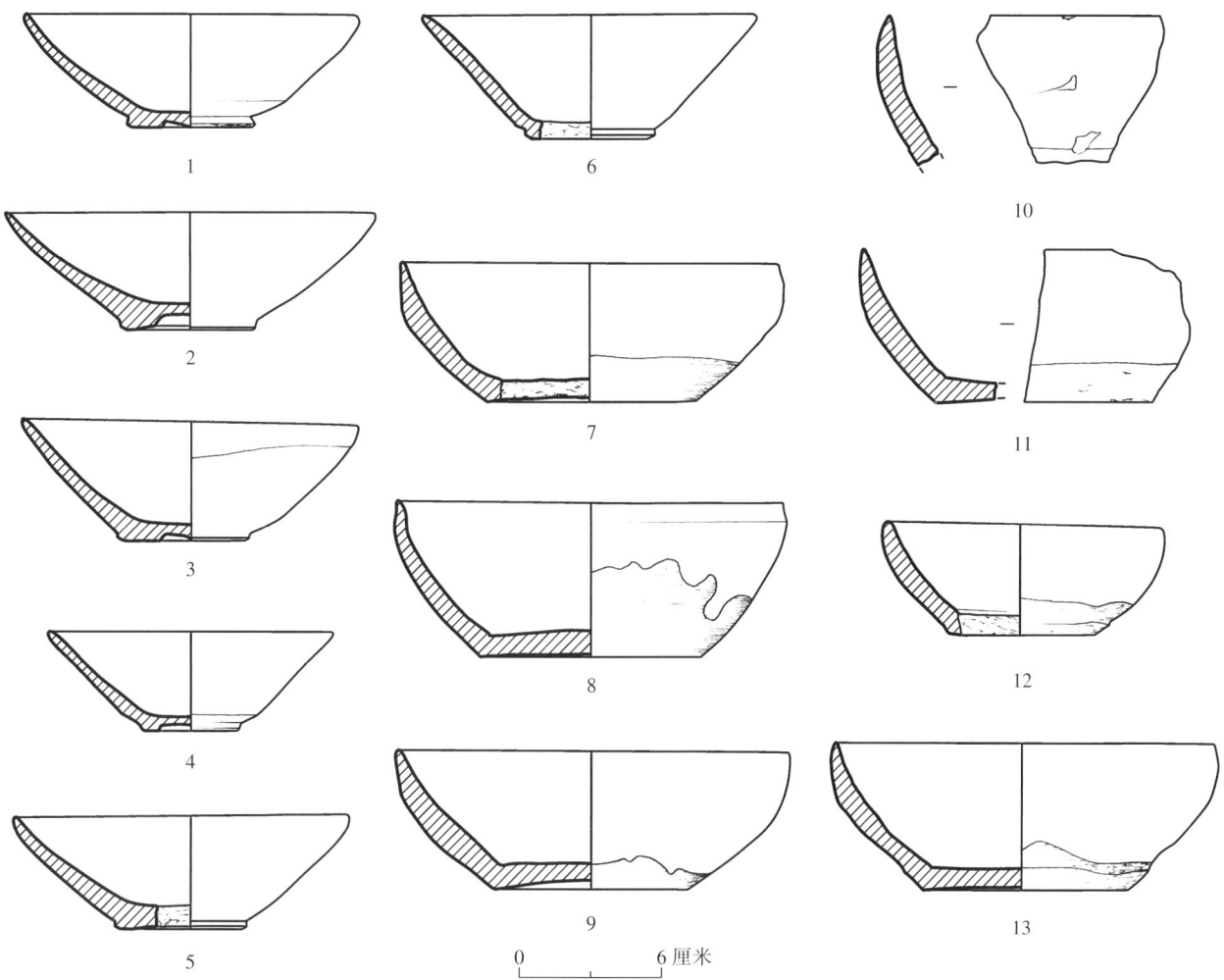

图八六　西岸发掘区出土唐代瓷盏、A 型钵

1~6. 盏（XG10①：9、XG10①：13、XG10④：6、XT1105⑤：3、XG10①：7、XT1206⑥：45）　7~13. A 型钵
（XT1101⑦：5、XT1101⑦：6、XT1101⑧：1、XG10①：15、XH11：2、XT1101⑦：1、XT1203①：1）（1~9 越窑，余
未定窑口）

青黄釉，满釉，足根处露胎。口径 14.2、底径 5.6、高 4.7 厘米。（图八六，5）

XT1206⑥：45，敞口，尖圆唇，弧直壁，底残。灰胎，青黄釉，满釉，足底露胎，有细
小开片。口径 14、底径 5.4、高 4.9 厘米。（图八六，6）

钵

共 17 件。有 A 型和 B 型。

A 型　敛口，尖圆唇，弧壁。共 7 件，可辨识有越窑 3 件、未定窑口 4 件。

越窑　3 件。胎色灰褐，均施青釉。

XT1101⑦：5，灰褐胎，青釉泛黄，内壁满釉，外壁釉不及底。口径 15.9、底径 8.8、高
5.6 厘米。（图八六，7）

XT1101⑦：6，弧直壁，平底。灰胎，青釉泛灰，内外壁匀施半釉。口径 16、最大腹径
16.2、底径 9.2、高 6.3 厘米。（图八六，8；彩版六〇，1）

XT1101⑧：1，灰褐胎，青釉泛黄，内壁满釉，外壁釉不及底。口径 16.6、底径 8、高

5.6 厘米。（图八六，9）

　　未定窑口　4 件。胎色有红褐、灰褐等，均施青釉。

　　XG10①：15，腹壁较厚，底残。红褐胎，青釉。残高 6 厘米。（图八六，10）

　　XH11：2，红褐胎，青釉。残宽 7、残高 6.2 厘米。（图八六，11）

　　XT1101⑦：1，内底与腹结合处下凹一周。灰胎，青釉，内壁满釉，外壁釉不及底。口径 12、残高 4.5 厘米。（图八六，12）

　　XT1203①：1，灰褐胎，青釉泛灰。口径 16、最大腹径 16.2、底径 8.8、高 6 厘米。（图八六，13；彩版六〇，2）

　　B 型　直口微敛，圆唇，弧折腹，平底。共 10 件，可辨识有越窑 5 件、宜兴窑 1 件、未定窑口 4 件。

　　越窑　5 件。以灰胎为主，均施青釉。

　　XT1101⑦：2，腹最大径偏上，下腹斜直急收，平底略内凹，器底内外均留支钉块状痕。灰胎，青釉泛黄，腹上部施釉。口径 18.8、最大腹径 19.6、底径 11.2、高 5.1 厘米。（图八七，1）

　　XT1101⑦：3，灰胎，青釉，腹上部施釉。口径 19、底径 11、高 5.3 厘米。（图八七，2）

　　XT1126①：1，灰胎，青绿釉泛黄，半釉。口径 17.4、最大腹径 18、底径 9、高 5.9 厘米。（图八七，3；彩版六一，1）

　　XT1128①：6，灰褐胎，青釉泛黄，半釉。口径 14.8、最大腹径 15.5、底径 7.9、高 4.2 厘米。（图八七，4）

　　XT1203①：3，灰胎，青釉泛灰，半釉。残宽 7、高 4.9 厘米。（图八七，5）

　　宜兴窑　1 件。

　　XH11：1，灰胎，酱釉，半釉。口径 16.6、底径 7.6、高 5.9 厘米。（图八七，6；彩版六一，2）

　　未定窑口　4 件。胎呈灰色，分青釉与酱釉。

　　青釉　2 件。

　　XT1101⑦：7，灰胎较厚，青褐釉，积釉处色深泛黑，口部内外施釉，以下均露胎。口径 16.4、底径 8.8、高 5.6 厘米。（图八七，7）

　　XT1210①：2，灰胎，青釉，口部施釉。口径 16.6、最大腹径 17.2、底径 8、高 6.1 厘米。（图八七，8）

　　酱釉　2 件。

　　XT1203①：4，灰胎，酱黑釉。口径 12.2、最大腹径 12.4、高 5 厘米。（图八七，9）

　　XT1206⑦：21，灰褐胎，酱釉，半釉。高 5.4 厘米。（图八七，10）

　　罐

　　9 件。有 A 型、B 型和 C 型。

　　A 型　敛口，溜肩，弧鼓腹。共 4 件，可辨识有长沙窑 1 件、未定窑口 3 件。

　　长沙窑　1 件。

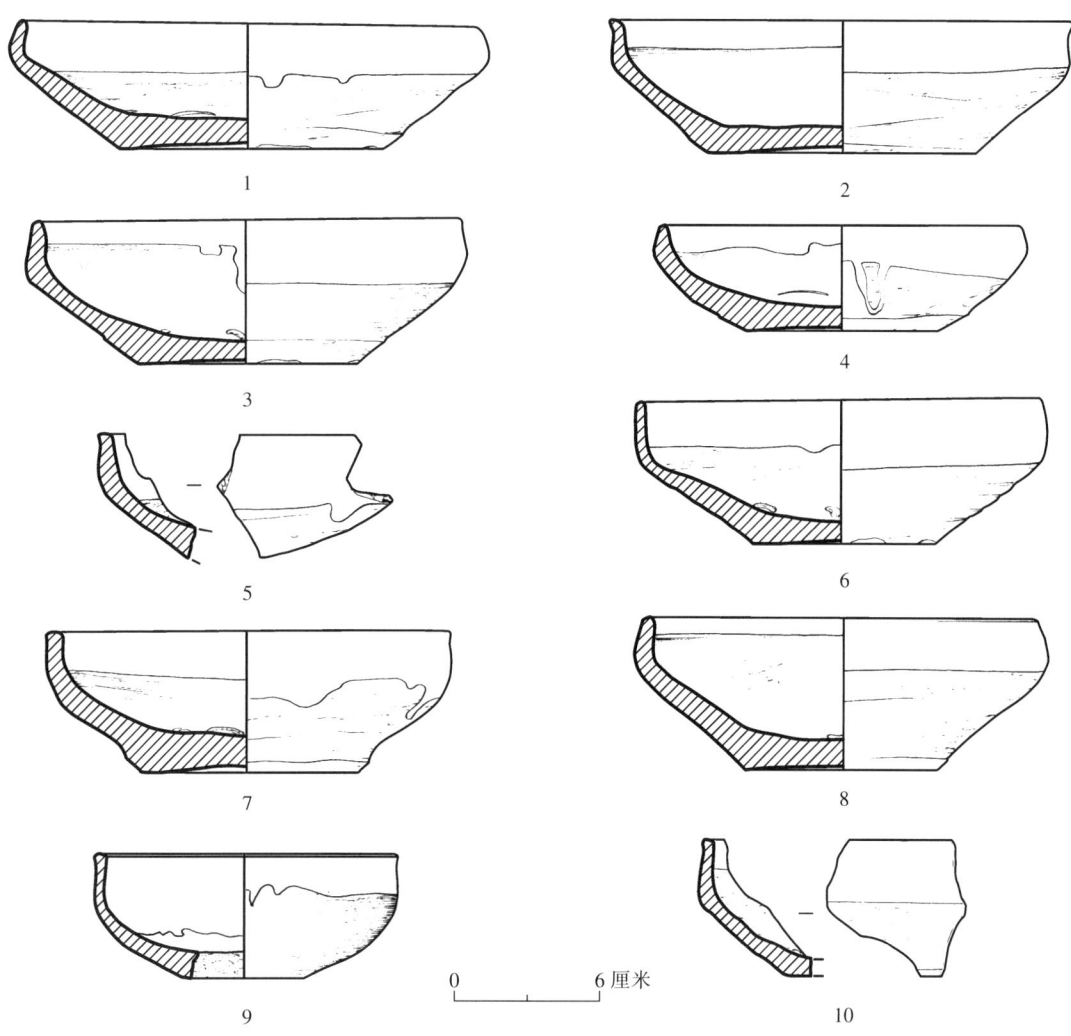

图八七 西岸发掘区出土唐代 B 型瓷钵

1. XT1101⑦：2 2. XT1101⑦：3 3. XT1126①：1 4. XT1128①：6 5. XT1203①：3 6. XH11：1
7. XT1101⑦：7 8. XT1210①：2 9. XT1203①：4 10. XT1206⑦：21（1~5 越窑，6 宜兴窑，余未定窑口）

XT1206⑥：1，敛口，溜肩，弧鼓腹，下残。灰胎，青釉泛黄。口肩部饰条状褐彩。口径4、腹径8.4、残高4.4厘米。（图八八，1）

未定窑口 3 件。以灰胎为主，均施青釉。

XT1206⑥：2，直口微侈，溜肩，弧腹，下残。灰胎，青釉。口径22、最大腹径47、残高18.5厘米。（图八八，2）

XT1206⑥：24，肩部附四个对称桥形系。褐胎，青釉不及底。口径20、最大腹径50、残高36.6厘米。（图八八，3）

XT1206⑦：1，直口微侈，溜肩，弧鼓腹，下残。灰胎，青釉。口径40、最大腹径58.5、残高31.5厘米。（图八八，4）

B 型 侈口，方唇，短束颈，溜肩，弧鼓腹，平底。共 4 件，可辨识有宜兴窑 2 件、长沙窑 1 件、未定窑口 1 件。

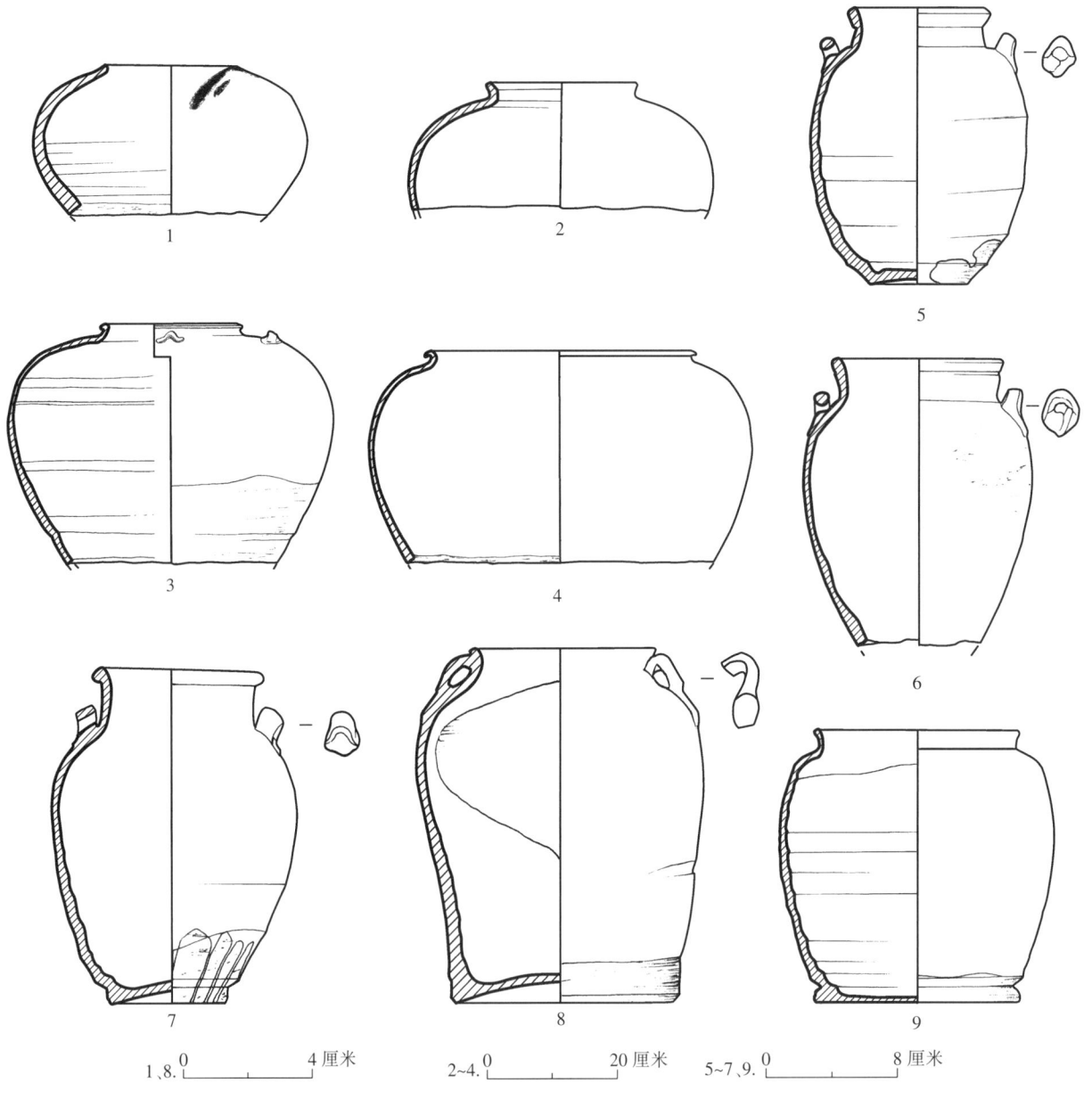

图八八　西岸发掘区出土唐代 A、B、C 型瓷罐

1~4. A 型（XT1206⑥：1、XT1206⑥：2、XT1206⑥：24、XT1206⑦：1）　5~7、9. B 型（XT1119⑦：2、XT1120
③：28、XT1128①：10、XT1206⑥：50）　8. C 型（XT1105⑤：5）（1、8、9 长沙窑，5、6 宜兴窑，余未定窑口）

宜兴窑　2 件。胎色呈紫色或红色，均施酱釉。

XT1119⑦：2，肩附对称双环系。紫褐胎，酱黑釉，底部露胎。口径 8.5、最大腹径
13.2、底径 6.3、高 16.5 厘米。（图八八，5；彩版六二，1）

XT1120③：28，直口，圆唇，短束颈，溜肩，鼓腹，底残，肩附对称二环系。红胎，褐
釉，满釉。口径 10.5、最大腹径 13.8、残高 17 厘米。（图八八，6）

长沙窑　1 件。

XT1206⑥：50，灰胎，青黄釉，外壁施釉至下腹部，内壁施釉至颈下。口径 12.6、最大
腹径 16.5、底径 12.6、高 16.3 厘米。（图八八，9；彩版六二，2）

未定窑口 1件。

XT1128①：10，直口微侈，短束颈，溜肩，弧壁，下腹弧收，平底内凹，肩部残存一横向桥耳。灰胎，青釉已蚀，腹下部有流釉痕，足底露胎。口径10.6、最大腹径15、底径7.5、高20厘米。（图八八，7；彩版六二，3）

C型 1件。为长沙窑产品。

XT1105⑤：5，直口微侈，圆唇，短颈，溜肩，腹壁斜弧收，平底内凹，肩部附二竖系。灰黄胎，青黄釉，近底处露胎。口径5.7、最大腹径8.8、底径7、高10.6厘米。（图八八，8；彩版六三）

执壶

6件。有A型和B型。

A型 喇叭口，圆唇，束颈，弧肩，弧鼓腹，平底略内凹。3件。均为长沙窑产品。胎呈灰黄色，均施青黄釉。

XG10②：7，执柄已残。八角短流，两侧各有一系，流下贴饰双鱼纹。灰黄胎，青黄釉，足部无釉。口径6.9、最大腹径13.5、底径11.2、高19.3厘米。（图八九，1；彩版六四）

XT1206⑦：9，八棱短流，后置弓形执柄，两侧饰对称环系，腹底结合处旋削一周。灰胎，青黄釉，釉色光亮，有细小开片，足底无釉，内壁施釉至颈下。口径6.6、最大腹径13.2、底径11.6、高20.9厘米。（图八九，2；彩版六五）

XT1206⑦：10，八棱短流，流下贴塑双鱼纹，后置弓形执柄，腹底结合处旋削一周。灰白胎，青黄釉，釉色光亮，有细小开片，足底无釉，内壁施釉至颈下。最大腹径11.7、底径8.8、残高17.8厘米。（图八九，3；彩版六六）

B型 喇叭口，圆唇，短束颈，溜肩，鼓腹，平底略内凹。共3件，可辨识有寿州窑2件、宜兴窑1件。

寿州窑 2件。胎色黄褐，均施青釉。

XT1206⑥：3，八棱短流，后有弓形执手，两侧贴塑一对环耳，内底与腹结合处下凹一周。黄褐胎，青釉泛黄，内壁施釉至肩部，外壁釉不及底。腹部饰4组对称的褐彩条纹，每组6道。口径9.9、最大腹径15、底径10.5、高23.2厘米。（图八九，4；彩版六七）

XT1206⑥：21，八棱短流，后有弓形执手，两侧贴塑一对环耳，内底与腹结合处下凹一周。黄褐胎，青釉泛黄，内壁施釉至肩部，外壁釉不及底。腹部饰4组对称的褐彩条纹，每组6道。口径10.5、最大腹径15、底径10.6、上半部残高11.4、下半部残高13.2厘米。（图八九，5）

宜兴窑 1件。

XT1206⑦：8，执柄残。肩部饰二对称环系，管状短流，近底处旋削一周。灰褐胎，酱釉，釉色光亮，外壁半釉，内壁施釉至颈下。口径9、最大腹径15.6、底径9.6、高21.3厘米。（图八九，6；彩版六八，1）

盂

1件。A型，为越窑产品。敛口，圆唇，溜肩，弧鼓腹。

图八九 西岸发掘区出土唐代 A、B 型瓷执壶

1~3. A 型（XG10②：7、XT1206⑦：9、XT1206⑦：10） 4~6. B 型（XT1206⑥：3、
XT1206⑥：21、XT1206⑦：8）（1~3 长沙窑，4、5 寿州窑，6 宜兴窑）

XG10③：4，灰胎，青釉泛黄，釉色光亮，内外壁均匀施釉。口部及腹部饰有弦纹。口径
22.2、最大腹径 25.5、残高 11.4 厘米。（图九〇，1）

盆

C 型 小侈口，沿外卷，弧直壁，平底内凹。2 件，可辨识为越窑 1 件、未定窑口 1 件。

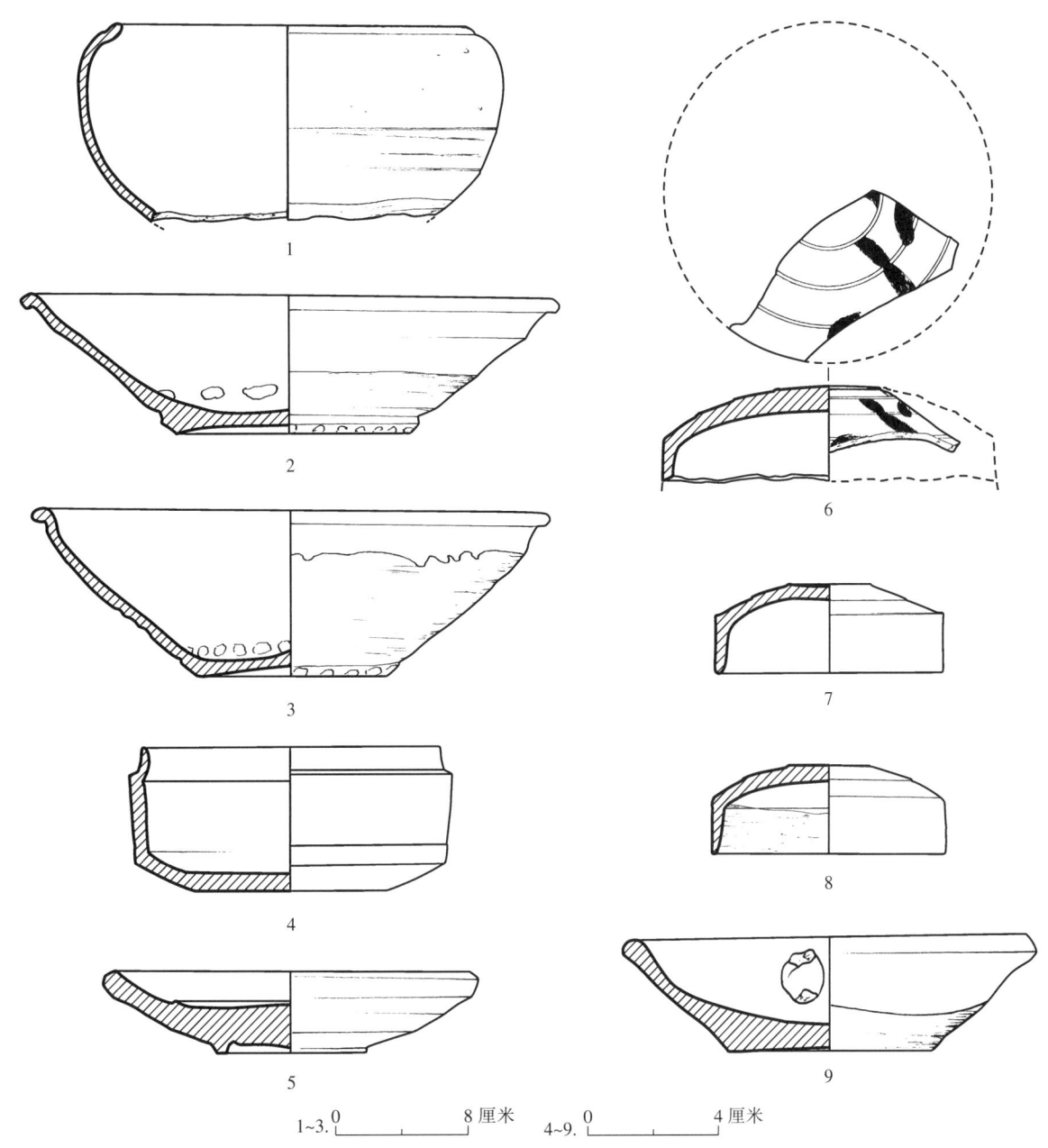

图九〇 西岸发掘区出土唐代瓷盂、盒、盒盖、灯盏

1. A 型盂（XG10③：4） 2、3. C 型盆（XT1206⑦：11、XG10⑥：1） 4、5. 盒（XG10②：6、XT1206⑦：7）
6~8. 盒盖（XG10①：12、XG10③：2、XG10⑥：4） 9. 灯盏（XT1128①：9）（1、2 越窑，3、8 未定窑口，
4、6、7 长沙窑，5 寿州窑，9 宜兴窑）

越窑 1 件。

XT1206⑦：11，近底处旋削一周，器底处见一周支钉块状痕。褐胎，青釉泛黄，内壁满釉，外壁半釉。口径 32.4、底径 14、高 8.1 厘米。（图九〇，2；彩版六八，2）

未定窑口 1 件。

XG10⑥：1，器底处见一周支钉块状痕。灰褐胎，青釉泛黄，内壁满釉，外壁施釉至口沿下部，有流釉痕。口径 31.2、底径 11.7、高 9.9 厘米。（图九〇，3；彩版六九，1）

盒

2件，可辨识为长沙窑1件、寿州窑1件。

长沙窑 1件。

XG10②：6，子母口，尖唇，直腹折收，平底。灰黄胎，青釉。口径9、底径5.8、高4.2厘米。（图九〇，4；彩版六九，2）

寿州窑 1件。

XT1206⑦：7，敞口，圆唇，弧直壁，浅腹，矮圈足。褐胎，青黄釉，有细小开片，满釉。口径11.4、底径4.6、高2.4厘米。（图九〇，5）

盒盖

3件，可辨识为长沙窑2件、未定窑口1件。

长沙窑 2件。均为灰黄胎，青黄釉。

XG10①：12，盖面微鼓，其上三周凸棱。灰黄胎，青黄釉，有细小开片。直径10、残高2.8厘米。（图九〇，6；彩版六九，3）

XG10③：2，盖平顶微凹，上有三周凸棱，直腹。灰黄胎，青黄釉。直径7、高2.6厘米。（图九〇，7）

未定窑口 1件。

XG10⑥：4，盖平顶微凹，上有三周凸棱，直腹。灰黄胎，外壁青黄釉，有细小开片。直径7、高2.6厘米。（图九〇，8）

灯盏

1件。为宜兴窑产品。

XT1128①：9，敞口，圆唇，浅腹，平底略内凹。内壁附一环系，已残。灰褐胎，青釉泛褐，内壁满釉，外壁半釉。口径12.6、底径6.2、高3.4厘米。（图九〇，9）

（二）釉陶器

盖

2件。

XT1021⑤：1，敞口，圆唇，弧壁，平底内凹。口径11.4、底径4、高3厘米。（图九一，1）

XTG1⑤：1，敞口，圆唇，斜壁微弧，平底残。高3.5厘米。（图九一，2）

（三）陶器

盆

A型 共2件。

XG10①：17，泥质灰陶，侈口，内卷沿，圆唇，弧壁，平底略内凹。口径33、底径25.5、高13厘米。（图九一，3）

XT1206⑥：27，泥质灰陶，侈口，折沿，方唇，弧直腹，平底内凹。轮制。口径56、底径36、高25.4厘米。（图九一，4）

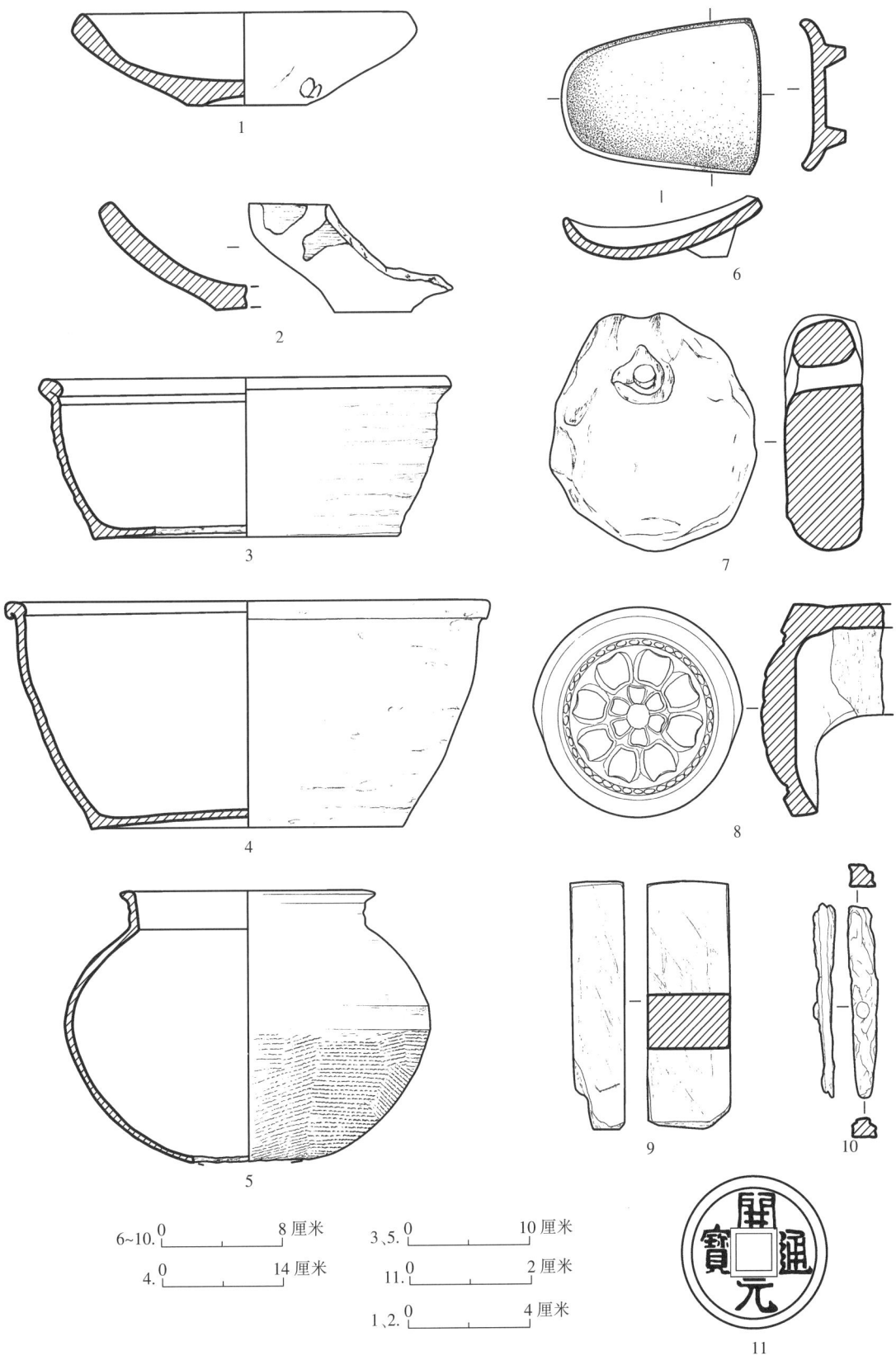

图九一　西岸发掘出土唐代釉陶器、陶器、瓦当、砺石、铁器及铜钱

1、2. 釉陶盏（XT1021⑤：1、XTG1⑤：1）　3、4. 陶盆（XG10①：17、XT1206⑥：27）　5. 陶罐
（XG10③：3）　6. 陶抄手砚（XT1206⑥：33）　7. 陶网坠（XT1016⑤：1）　8. 瓦当（XG10②：8）
9. 砺石（XG10⑥：2）　10. 铁器（XG10⑥：3）　11. 铜钱（XT1120⑥：2）

罐

1 件。

XG10③：3，泥质灰陶。侈口，短沿，弧肩，鼓腹，下残。腹下部是细绳纹。口径 21、腹径 30、残高 21.6 厘米。（图九一，5）

抄手砚

1 件。

XT1206⑥：33，簸箕状，梯形足，砚堂平展，墨池处下陷，两侧边弧收，器形规整。长 13.4、宽 10、高 3.6 厘米。晚唐器物。（图九一，6；彩版六九，4）

网坠

1 件。

XT1016⑤：1，青砖改制，器身上部有一孔，系对钻而成。长 16、宽 13.5、厚 4.5 厘米。（图九一，7；彩版七〇，1）

（四） 建筑材料

莲花纹瓦当

1 件。

XG10②：8，当面有八瓣圆形莲瓣凸起，中心为莲子花心，外圈一周为联珠纹。当面直径 13.4、变宽 2 厘米。（图九一，8；彩版七〇，2）

（五） 石器

砺石

1 件。

XG10⑥：2，长方形，磨制光滑，使用痕迹明显。长 16、宽 6.4、厚 2.4 厘米。（图九一，9；彩版七〇，3）

（六） 铁器

铁器

1 件。

XG10⑥：3，长条状，锈蚀严重。长 12.3、宽 1.5、厚 1 厘米。（图九一，10；彩版七〇，4）

（七） 铜钱

开元通宝

仅 1 枚。

XT1120⑥：2，圆形，方孔。可辨为"开元通宝"。直径 2.4、方孔径 0.5、厚 0.1 厘米。（图九一，11；彩版七〇，5）

第六章　宋代遗存

第一节　遗存概述

遗址东岸发掘区第 3 层，西岸发掘区第 3～4 层为宋代地层。两岸发掘区共揭露遗迹现象 12 处，其中东岸发掘区有 1 个灰坑，西岸发掘区有 3 条灰沟、5 个灰坑、2 口水井和 1 座墓葬（图九二）。

一、遗迹概述

（一）　灰沟

灰沟 3 条，皆位于西岸发掘区，也分南北向和东西向两类。

南北向灰沟　2 条，为 XG2、XG3。

东西向灰沟　1 条，为 XG5。

（二）　灰坑

灰坑 6 个，其中东岸发掘区 1 个，西岸发掘区 5 个。按口部形制，分圆形、方形与不规则形三类。

圆形坑　3 个，为 XH5、XH7、XH10。

方形坑　2 个，为 XH8、XH9。

不规则形坑　1 个，为 DH1。

（三）　水井

水井 2 口，均位于西岸发掘区，有砖井和土坑井两类。

砖井　1 口，为 XJ1。

土坑井　1 口，为 XJ2。

（四）　墓葬

竖穴土坑墓　1 座，处于西岸发掘区，编号 XM1。木棺葬具已朽，人骨保存较差。

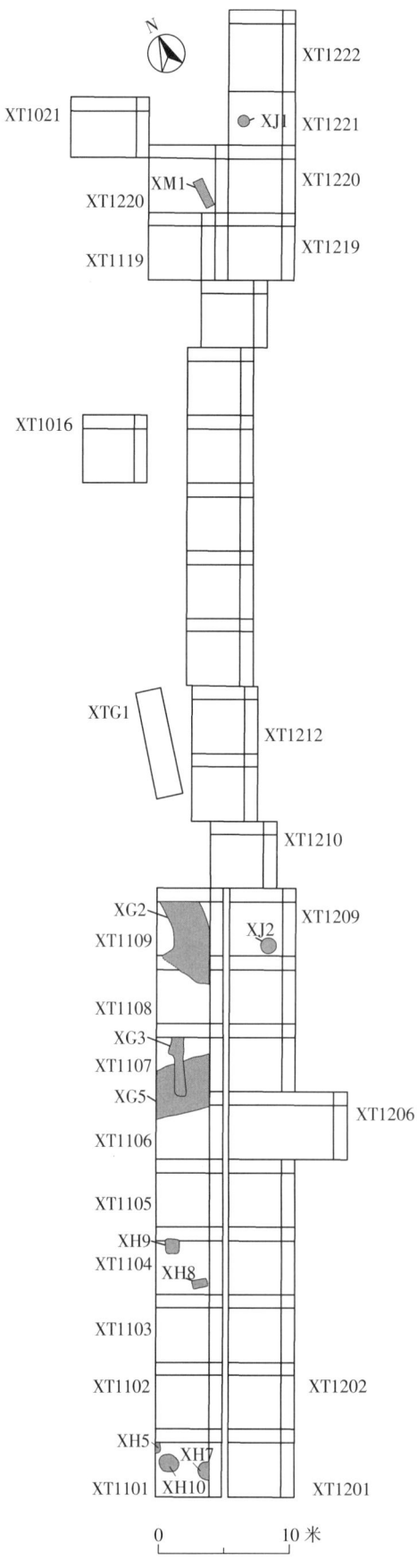

图九二　西岸发掘区宋代遗迹分布图

二、遗物概述

（一）瓷器

遗址共出土宋代瓷器 3000 余件/片，其中东岸 653 件/片，西岸 2300 余件/片，可辨有繁昌窑、龙泉窑、景德镇窑、定窑、吉州窑和建窑等窑口产品。釉色以青釉为主，青白釉其次，另有少量酱釉、黑釉。碗类最多，占出土瓷器总数的 71%，其他器类有盏、盘、罐、枕、杯式炉、执壶、盏托和俑等。

碗　共 216 件。数量较多，类型丰富，具有较多一致性特征。相对而言，西岸发掘区出土瓷碗装饰技法更繁缛，在碗壁内外可辨有刻花、剔花、印花和划花等多种工艺手法，见花草纹、莲瓣纹、菊花纹、折扇纹、缠枝花卉纹等多种纹样内容。根据足部和剖视特征分 6 型，东岸发掘区 A 型、B 型、C 型、D 型、E 型，西岸发掘区出土有见 A 型、B 型、C 型、D 型和 F 型。

A 型　假圈足，唇口，弧腹。共 30 件。标本 DH1∶11（参见图九四，3）、XT1016④∶3（参见图一二五，2）。

B 型　矮圈足，圆弧腹。共 54 件。根据口部特征分 3 亚型：

Ba 型　敞口。49 件。标本 DH1∶43（参见图九七，7）、XTG1④∶27（参见图一二五，6）。

Bb 型　花口。3 件。标本 XTG1④∶25，内壁五出筋，内底釉下款书"河滨遗范"（参见图一三〇，1；彩版一〇八，2）。

Bc 型　芒口。2 件。标本 XTG1④∶23，敞口，口沿无釉，内底压印兰草纹，胎轻薄（参见图一三〇，5；彩版一一〇，1）。

C 型　圈足较矮，弧直壁，浅腹。共 12 件。标本 DH1∶16（参见图九四，6）、XG2⑤∶3（参见图一三一，5）。

D 型　圈足较高，弧腹。共 34 件。根据外壁纹样有无分 2 亚型：

Da 型　外壁饰刻划纹样。23 件。标本 DH1∶18（参见图一〇〇，4）、XT1016④∶1（参见图一三二，3），内壁饰一周细弦纹，外壁刻划折扇纹。

Db 型　外壁素面。11 件。标本 DH1∶2（参见图一〇一，2；彩版八二，1）、XT1016③∶3，外壁圆弧，圈足较高。

E 型　高圈足。共 39 件。仅见于东岸发掘区。根据口部特征分 3 亚型：

Ea 型　口沿内凹。15 件。标本 DH1∶55（参见图一〇二，7；彩版八六，2）。

Eb 型　口部微侈。19 件。标本 DT2503③∶1。

Ec 型　口沿外折。5 件。标本 DH1∶66（参见图一〇五，1）。

F 型　仅有西岸发掘区出土，东岸发掘区不见。小圈足，大敞口。共 45 件。根据腹部和口部特征分 3 亚型：

Fa 型　深腹。32 件。标本 XT1105③∶2，口径较大，底径较小，器身较高，外壁刮划扇骨纹（参见图一三三，10；彩版一一二，2）。

Fb 型　浅腹。7 件。标本 XTG1④：7，器身较矮，内底饰菊瓣纹（参见图一三八，1）。

Fc 型　花口。6 件。标本 XT1120④：14（参见图一四〇，2；彩版一一九，1）。

盏　共 36 件。根据口部和足部特征分 3 型：

A 型　敞口，13 件。根据足部特征分 2 亚型：

Aa 型　矮圈足。10 件。标本 DH1：38（参见图一〇六，3；彩版九四，2）、XTG1④：28（参见图一四二，2；彩版一二〇）。

Ab 型　高圈足，斗笠盏。3 件。标本 DH1：157（参见图一〇六，6；彩版九五，2）、XTG1④：37（参见图一四二，7）。

B 型　唇口，假圈足。12 件。标本 DH1：94（参见图一〇六，7）、XTG1④：30（参见图一四三，8）。

C 型　侈口。11 件。标本 XT1206③：1（参见图一四四，6）。

盘　共 18 件。根据足部和口部特征分 3 型：

A 型　矮圈足，敞口。9 件。标本 DH1：39（参见图一〇七，6；彩版九六，2）、XT1120④：2（参见图一四五，3；彩版一二四，1）。

B 型　芒口。8 件。标本 XT1016④：5（参见图一四六，2；彩版一二四，2）、XT1120③：12（参见图一四六，7；彩版一二五，1）。

C 型　平底。1 件。XG2②：6（参见图一四五，4；彩版一二六，1）。

罐　共 14 件。根据耳系有无分为 2 型：

A 型　带耳罐。6 件。又可根据耳部特征分作双系罐，如 DH1：123（参见图一〇八，2）、XTG1③：3（参见图一四七，1），四系罐，如 DH1：131（参见图一〇八，5），穿耳罐，如 DH1：81（参见图一〇八，7；彩版九七，1）。

B 型　无耳罐。8 件。可根据口部特征分作侈口罐如 DH1：93（参见图一〇八，8），敛口罐如 XT1121③：2（参见图一四七，2）。

盒　共 2 件。XT1106③：5（参见图一四七，4）、XT1119④：13（参见图一四七，5）。

盒盖　共 3 件。标本 XT1120③：17（参见图一四八，2；彩版一二七，3）。

器盖　共 2 件。标本 XTG1④：17（参见图一四八，5）。

执壶　共 2 件。DH1：90（参见图一〇九，4）、XT1119④：14（参见图一四九，1；彩版一二八）。

杯式炉　共 3 件。标本 DH1：79（参见图一〇九，6）、XT1120③：9（参见图一四九，3；彩版一二九，1）。

盏托　共 2 件。XTG1④：4（参见图一四九，5；彩版一二九，2）、XT1119③：3（参见图一四九，4）。

枕　共 3 件。DH1：72（参见图一〇九，1；彩版九七，3）、DH1：89（参见图一〇九，2；彩版九七，4）、DH1：91（参见图一〇九，3；彩版九八，1）。

烛台　1 件。DG2③：5（参见图一〇九，5）。

俑　1 件。XT1105③：3（参见图一四九，6；彩版一二九，3）。

（二）　釉陶器

主要器类有盏、盆、韩瓶、碾钵、器盖及罐等。

盏　7 件。标本 XT1119④：4（参见图一五〇，1）。

盆　共 13 件。根据口部特征分 3 型：

A 型　侈口。6 件。标本 DH1：120（参见图一一〇，4）、XT1120④：4（参见图一五一，1；彩版一三〇，1）。

B 型　敛口。6 件。标本 DH1：126（参见图一一〇，10）、XT1120④：20（参见图一五一，5；彩版一三一，1）。

C 型　敞口。1 件。XTG1④：12（参见图一五一，6）。

韩瓶　共 4 件。标本 DH1：87（参见图一一〇，9）、XH5：1（图一五二，2；彩版一三一，2）。

碾钵　共 2 件。标本 XTG1④：18（参见图一五二，3）。

器盖　2 件。标本 DH1：80（参见图一一〇，5；彩版九九，1）。

罐　2 件。标本 XM1：1（参见图一五二，6；彩版一三二，3）。

（三）　陶器

盆　共 19 件。根据口部特征分 4 型：

A 型　侈口。9 件。标本 DH1：124（参见图一一一，6）、XT1016④：8（参见图一五三，2）。

B 型　直口。1 件。XTG1④：20（参见图一五三，3）。

C 型　敞口。6 件。标本 DH1：92（参见图一一二，7）。

D 型　敛口。3 件。标本 DH1：127（参见图一一二，1）。

罐　2 件。标本 XT1120③：30（参见图一五三，5）。

烛台　1 件。XT1120③：27（参见图一五三，6）。

抄手砚　1 件。DH1：70（参见图一一三，3）。

（四）　建筑材料

砖　5 件。标本 DH1：88（图一一三，2；彩版一〇〇，2）、XT1120④：9（图一五四，3；彩版一三四，1）。

瓦　1 件。DH1：104（图一一三，1；彩版一〇〇，1）。

（五）　石器及其他

石碾轮　1 件。DT1801②：1（图一一三，6；彩版一〇〇，3）。

石砚　1 件。DG2②：1（参见图一一三，5）。

铜簪　3 件。标本 XTG1④：29（参见图一五五，2）。

铜镜　1 件。XT1234①：6（参见图一五五，4）。

铜钱　6 枚。标本 DG2③：1（参见图一一三，4；彩版一〇〇，4）、XM1：2（参见图一五五，5）。

三、时代概述

东岸发掘区宋代遗迹仅有 DH1，与周边遗迹不存在打破关系；西岸发掘区宋代遗迹有 XG2、XG3、XG5、XH5、XH7、XH8、XH9、XH10、XM1、XJ1、XJ2 等，其中 XG3 打破 XG5（附表四）。东岸发掘区遗物主要出土于 DH1 内，DG2 内发现少量宋代遗物，西岸发掘区遗物主要出土于探方地层和 XG2 内（附表五、六）。两岸出土遗物以瓷碗、罐、壶、盆、盏等生产生活用品为主，少量器物类型有所不同，例如 E 型瓷碗只发现于东岸发掘区，F 型碗只在西岸发掘区出土，芒口器物也只有西岸发掘区出土。

整体来看，东岸发掘区揭露遗迹较少，出土遗物时代以北宋时期为主；西岸发掘区揭露的遗迹较为丰富，出土遗物时代从北宋延续至南宋时期。

第二节 东岸宋代遗存

一、遗迹

灰坑 1 处。

DH1

分布于 DT1401、DT1402、DT1301、DT1302 等探方内（参见图六）。开口于 1 层下，打破生土。坑口平面呈不规则状，斜壁，底近平（图九三）。坑口距地表深 0.1 米，东西长 9.5、南北宽 5.6 米，坑深 0.85 米。坑内填黑灰土，土质疏松，夹杂较多红烧土块。出土大量瓷器/片和陶片等，可辨器形青瓷碗、罐、盘和陶盆等。

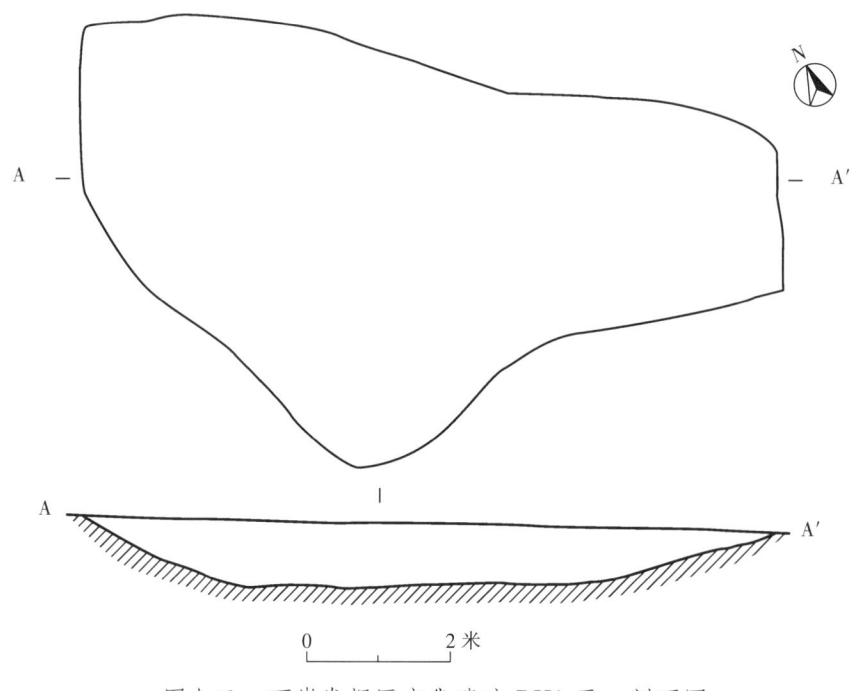

图九三 西岸发掘区宋代遗迹 DH1 平、剖面图

二、遗物

（一）瓷器

碗

116 件。有 A 型、Ba 型、C 型、D 型和 E 型。

A 型　唇口，弧壁，矮圈足。多为灰胎，施青釉。共 28 件，可辨识有繁昌窑 23 件、未定窑口 5 件。

繁昌窑　23 件。胎色以灰、灰黄为主，多施青釉，仅 1 件青白釉。

青釉　22 件。

DH1 : 5，灰胎，青釉泛灰，釉面光亮。口径 16、足径 6.4、高 6.2 厘米。（图九四，1）

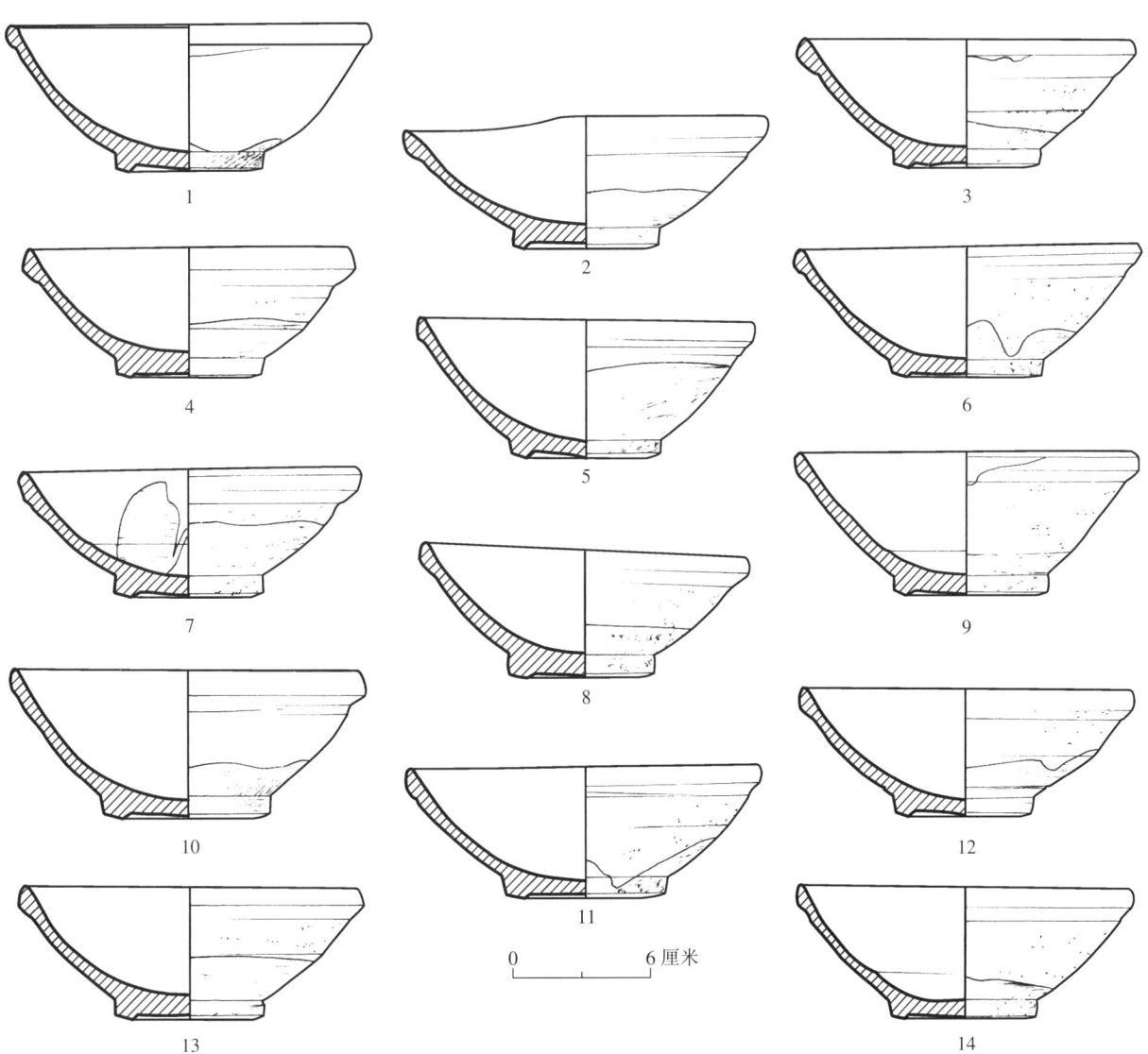

图九四　东岸发掘区出土宋代 A 型瓷碗

1. DH1 : 5　2. DH1 : 10　3. DH1 : 11　4. DH1 : 14　5. DH1 : 15　6. DH1 : 16　7. DH1 : 17　8. DH1 : 29　9. DH1 : 33
10. DH1 : 34　11. DH1 : 47　12. DH1 : 64　13. DH1 : 133　14. DH1 : 134（繁昌窑）

DH1：10，灰胎，青釉泛灰，内壁满釉，外壁半釉。口径 16、足径 6.4、高 5.6 厘米。（图九四，2）

DH1：11，灰胎，青釉泛灰，内壁满釉，外壁半釉。口径 15、足径 6.5、高 5.4 厘米。（图九四，3）

DH1：14，灰胎，青釉泛灰，釉面光亮，内壁满釉，外壁半釉。口径 14.6、足径 6.4、高 5.5 厘米。（图九四，4）

DH1：15，灰黄胎，青釉，内壁满釉，外壁施釉至腹上部。口径 14.8、足径 6.5、高 6 厘米。（图九四，5）

DH1：16，灰胎，青釉泛灰，釉面光亮，内壁满釉，外壁釉不及底。口径 15.4、足径 6.7、高 5.6 厘米。（图九四，6）

DH1：17，灰胎，青釉泛灰，外壁半釉，内壁满釉，外壁半釉。口径 15、足径 6.6、高 5.6 厘米。（图九四，7；彩版七一，1）

DH1：29，灰胎，青釉泛灰，内壁满釉，外壁半釉。口径 14.5、足径 6.5、高 5.7 厘米。（图九四，8）

DH1：33，黄褐胎，青釉泛褐，内壁满釉，外壁釉不及底。口径 15.3、足径 6.6、高 6.2 厘米。（图九四，9）

DH1：34，灰黄胎，青釉泛灰，内壁满釉，外壁釉不及底。口径 15.6、足径 7.3、高 6.2 厘米。（图九四，10；彩版七一，2）

DH1：47，灰胎，青釉泛灰，釉面光亮，内壁满釉，外壁釉不及底。口径 15.6、足径 6.9、高 5.6 厘米。（图九四，11）

DH1：64，灰胎，青釉泛灰，釉面光亮，有开片，内壁满釉，外壁釉不及底。口径 14.9、足径 6.2、高 5.4 厘米。（图九四，12；彩版七二，1）

DH1：133，灰胎，青釉泛灰，内壁满釉，外壁半釉。口径 15.2、足径 6.6、高 5.6 厘米。（图九四，13）

DH1：134，灰胎，青釉泛灰，内壁满釉，外壁釉不及底，有细小开片。口径 15、足径 6.5、高 5.7 厘米。（图九四，14）

DH1：135，灰胎，青釉泛灰，内壁满釉，外壁半釉，有细小开片。口径 15、足径 6.4、高 5.3 厘米。（图九五，1）

DH1：136，灰胎，青釉泛灰，釉面满布破裂气孔，内壁满釉，外壁釉不及底。口径 15.2、足径 6.5、高 6.1 厘米。（图九五，2）

DH1：137，灰黄胎，青釉泛灰，内壁满釉，外壁釉不及底，有细小开片和流釉痕。口径 15.4、足径 6.6、高 5.4 厘米。（图九五，3）

DH1：138，灰黄胎，青釉，内壁满釉，外壁釉不及底。口径 15.3、足径 6.5、高 6.4 厘米。（图九五，4；彩版七二，2）

DH1：139，灰胎，青釉泛灰，内壁满釉，外壁半釉，有积釉现象。口径 15.2、足径 6.6、高 5.4 厘米。（图九五，5）

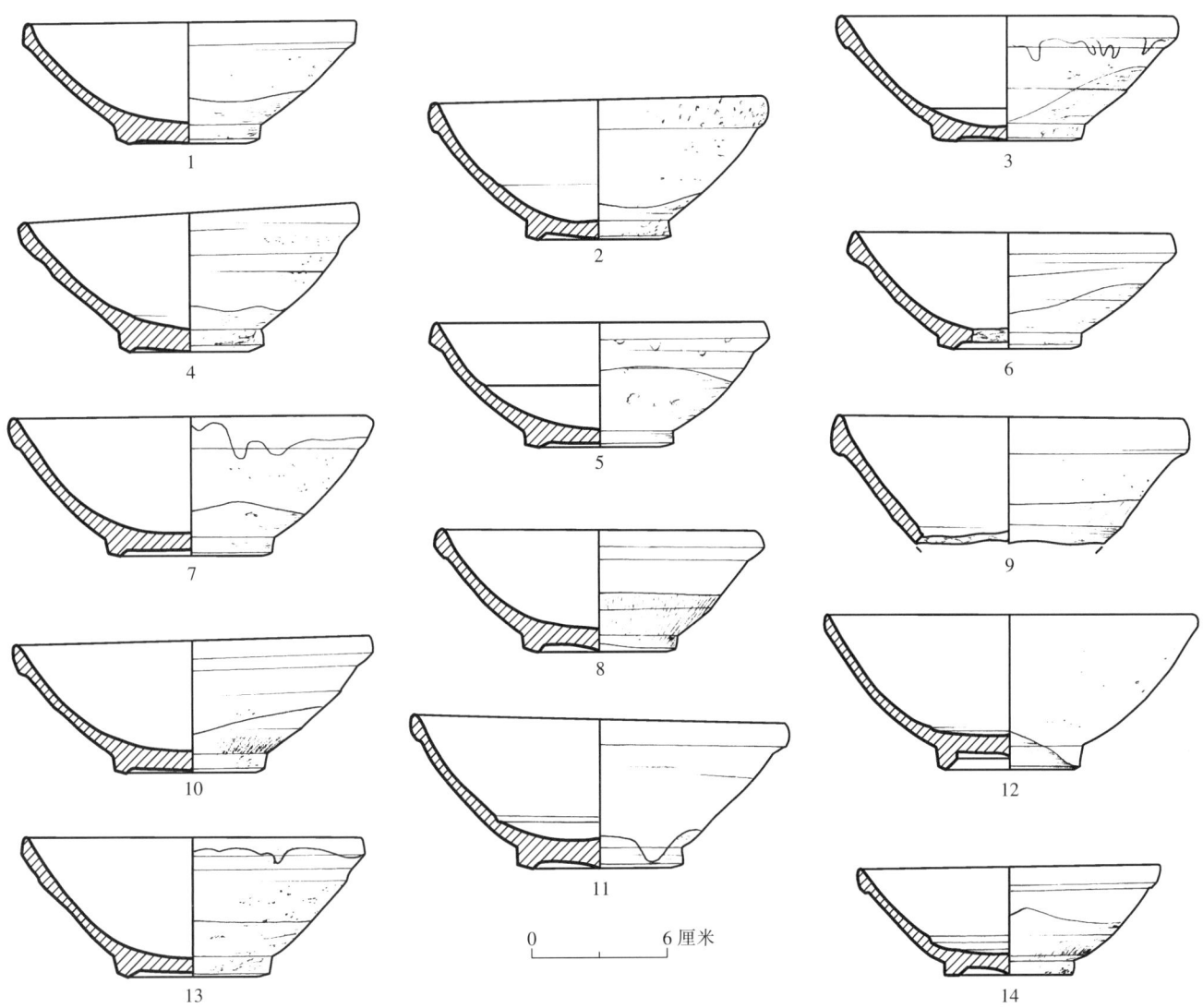

图九五　东岸发掘区出土宋代 A 型瓷碗

1. DH1：135　2. DH1：136　3. DH1：137　4. DH1：138　5. DH1：139　6. DH1：140　7. DH1：145　8. DT1401②：1　9. DG2③：7　10. DH1：58　11. DH1：60　12. DH1：62　13. DH1：67　14. DH1：147（1～9 繁昌窑，余未定窑口）

　　DH1：140，灰胎，青釉泛灰，釉面光亮，内壁满釉，外壁半釉。口径 14.8、足径 6.5、高 5 厘米。（图九五，6）

　　DH1：145，浅灰胎，青釉泛灰，内壁满釉，外壁施釉不及底，釉面不匀，有流釉痕。口径 16.4、足径 7.4、高 6 厘米。（图九五，7）

　　DT1401②：1，灰胎，青釉，内壁满釉，外壁半釉。口径 14.7、足径 6.8、高 5.3 厘米。（图九五，8；彩版七三，1）

　　青白釉　1 件。

　　DG2③：7，灰胎，青白釉，釉面光亮，内壁满釉，外壁半釉，有开片。口径 16、残高 5.5 厘米。（图九五，9）

　　未定窑口　5 件。胎色多呈灰色，施青釉或青黄釉。

　　青釉　4 件。

DH1∶58，灰胎，青釉泛灰，内壁满釉，釉面满布破裂的气孔，外壁半釉。口径 16.2、足径 6.8、高 5.9 厘米。（图九五，10）

DH1∶60，灰胎，青釉泛灰，釉面光亮。口径 17、足径 7.4、高 6.6 厘米。（图九五，11；彩版七三，2）

DH1∶62，灰胎，青釉泛灰，釉面光亮。口径 16.8、足径 6.3、高 6.8 厘米。（图九五，12）

DH1∶67，黄褐胎，青釉泛灰褐，有流釉痕，内壁满釉，外壁半釉。口径 15.4、足径 6.8、高 6 厘米。（图九五，13）

青黄釉　1 件。

DH1∶147，灰胎，青黄釉，内壁满釉，外壁半釉。口径 13.8、足径 5.8、高 4.7 厘米。（图九五，14）

Ba 型　敞口，圆唇，弧壁，圈足。共 23 件，可辨识有繁昌窑 19 件、龙泉窑 1 件、景德镇窑 1 件、未定窑口 2 件。

繁昌窑　19 件。以灰胎为主，施青釉或青白釉。

青釉　15 件。

DH1∶24，灰胎，青釉泛灰，釉面光亮。口径 16、足径 6.6、高 6.8 厘米。（图九六，1；彩版七四，1）

DH1∶37，灰胎，青釉泛灰，外壁釉不及底，釉面光亮，有开片，内壁底部有刮釉痕。口径 15.4、足径 7、高 6.1 厘米。（图九六，2）

DH1∶41，灰胎，青釉泛灰，釉面光亮，外壁釉不及底，内壁底部有刮釉痕。口径 15.2、足径 6.8、高 6.6 厘米。（图九六，3）

DH1∶42，内底与腹结合处下凹一周。灰胎，青釉泛灰，釉面光亮。口径 15.1、足径 6.4、高 6 厘米。（图九六，4）

DH1∶46，灰胎，青釉泛灰。口径 15、足径 6、高 6 厘米。（图九六，5）

DH1∶57，灰黄胎，胎质较粗，青釉泛灰，釉面光亮。口径 15.2、足径 6.5、高 7 厘米。（图九六，6）

DH1∶59，灰胎，青釉泛灰，内壁满釉，外壁釉不及底。口径 15.4、足径 6.4、高 6.6 厘米。（图九六，7；彩版七四，2）

DH1∶65，灰胎，青釉泛灰，釉面光亮。口径 15.1、足径 6、高 6.7 厘米。（图九六，8；彩版七五，1）

DH1∶68，灰胎，青釉泛灰，内壁满釉，外壁半釉。口径 15.4、足径 6.2、高 7.1 厘米。（图九六，9）

DH1∶149，灰胎，青釉泛灰。口径 15.2、足径 6、高 6.3 厘米。（图九六，10；彩版七五，2）

DH1∶150，灰胎，青釉泛灰。口径 15.5、足径 6.2、高 6.7 厘米。（图九六，11）

DH1∶151，灰黄胎，青釉泛灰。口径 15.4、足径 6.3、高 6.6 厘米。（图九六，12）

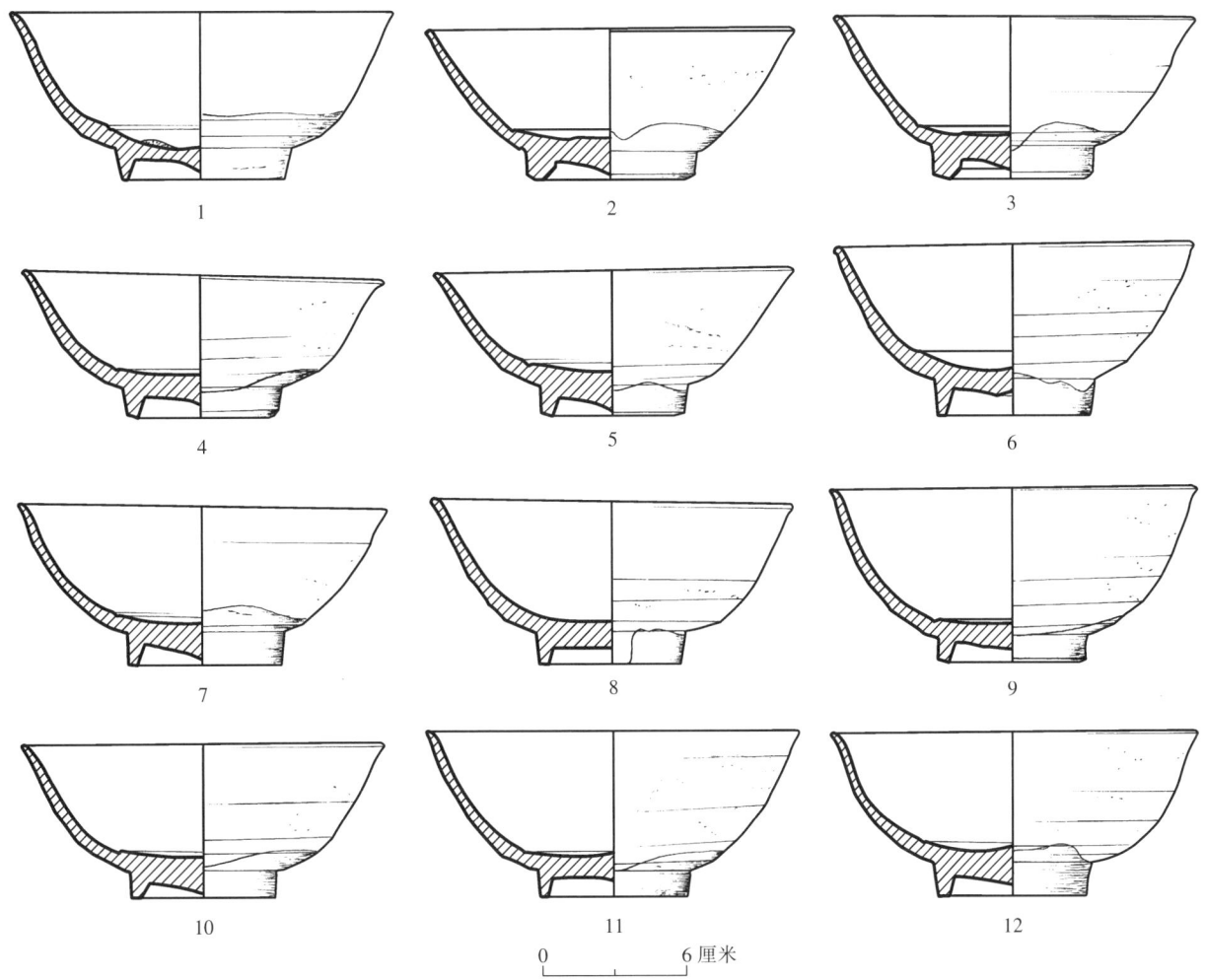

图九六　东岸发掘区出土宋代 Ba 型瓷碗

1. DH1：24　2. DH1：37　3. DH1：41　4. DH1：42　5. DH1：46　6. DH1：57　7. DH1：59　8. DH1：65　9. DH1：68
10. DH1：149　11. DH1：150　12. DH1：151（繁昌窑）

DH1：152，灰胎，青釉泛灰，釉面光亮，内壁底部有刮釉痕。口径 14.8、足径 6.4、高 6.6 厘米。（图九七，1）

DH1：153，灰胎，青釉泛灰。口径 15.2、足径 6.3、高 6.1 厘米。（图九七，2）

DH1：154，灰胎，青釉泛灰，内壁满釉，外壁釉不及底，釉面光亮。口径 14.8、足径 5.6、高 6.2 厘米。（图九七，3）

青白釉　4 件。

DH1：22，足外沿斜削。灰胎，青白釉，釉面光亮，内壁底部有刮釉痕。口径 14.9、足径 6.6、高 6.6 厘米。（图九七，4；彩版七六，1）

DH1：23，灰胎，青白釉，釉面光亮。口径 14.7、足径 6、高 6.6 厘米。（图九七，5；彩版七六，2）

DH1：36，灰胎，胎壁较薄，青白釉，釉面光亮。口径 15.8、足径 6.8、高 6.3 厘米。（图九七，6）

DH1：43，灰胎，青白釉，釉面光亮。口径 14.8、足径 6.2、高 6.6 厘米。（图九七，7）

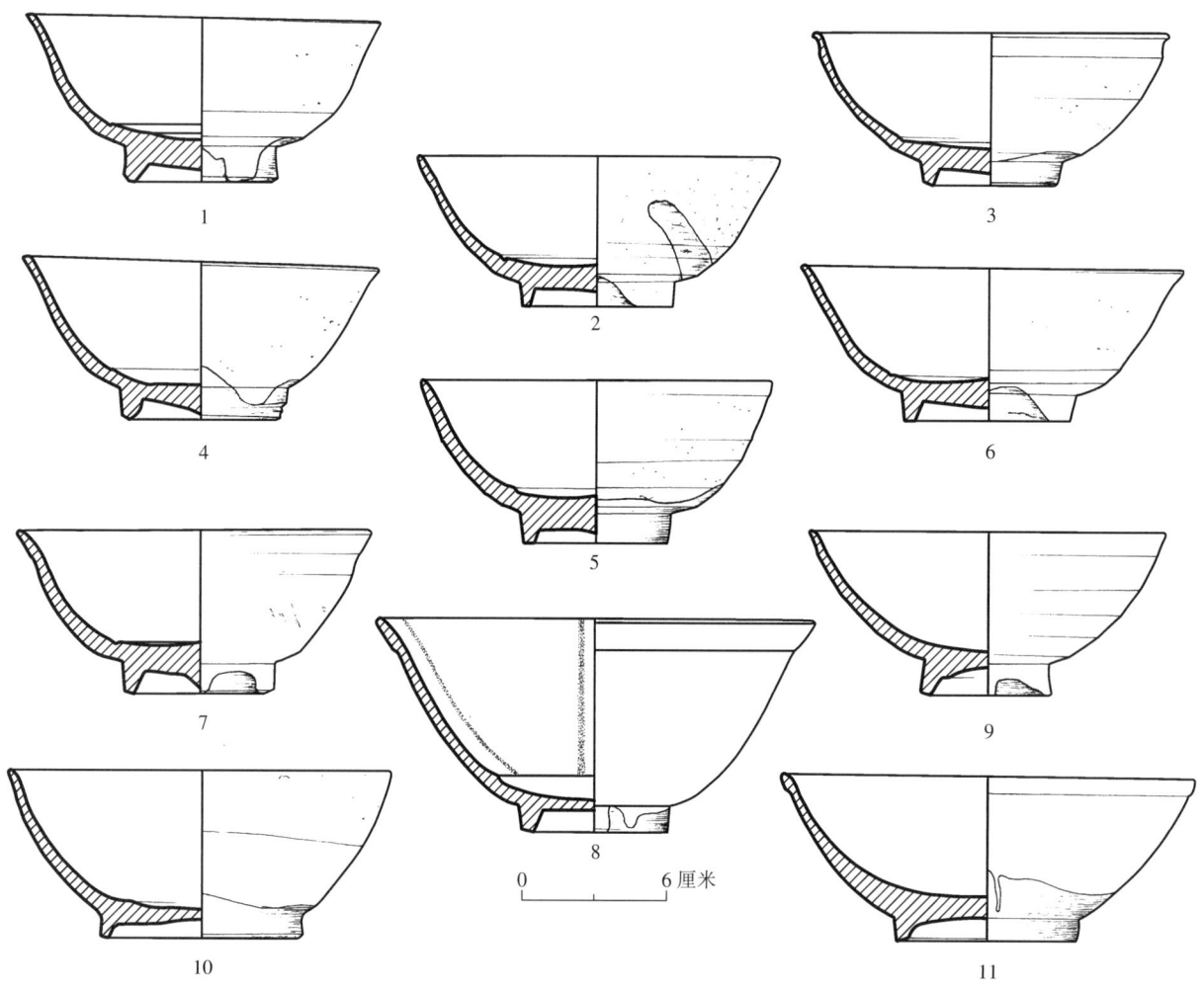

图九七　东岸发掘区出土宋代 Ba 型瓷碗

1. DH1：152　2. DH1：153　3. DH1：154　4. DH1：22　5. DH1：23　6. DH1：36　7. DH1：43　8. DH1：7
9. DH1：114　10. DG2③：6　11. DT2604③：1 (1~7 繁昌窑，8 龙泉窑，9 景德镇窑，10、11 未定窑口)

龙泉窑　1 件。

DH1：7，垂腹，内壁六出筋。灰胎，青釉泛绿，釉面光亮。口径 18.4、足径 6、高 8.6 厘米。(图九七，8；彩版七七，1)

景德镇窑　1 件。

DH1：114，灰胎，青白釉，釉面光亮。口径 14.8、足径 5.5、高 6.6 厘米。(图九七，9)

未定窑口　2 件。胎色不一，青黄釉或青釉。

DG2③：6，褐胎，青黄釉，内壁满釉，外壁半釉。口径 16、足径 8.4、高 6.8 厘米。(图九七，10)

DT2604③：1，灰胎，青釉，内壁满釉，外壁半釉，有流釉痕。口径 17.2、足径 7.4、高 6.6 厘米。(图九七，11)

C 型　敞口，尖圆唇，弧壁，圈足。共 2 件，可辨识有繁昌窑 1 件、未定窑口 1 件。

繁昌窑　1 件。

DH1：156，内壁口下部有一周细弦纹。灰黄胎，青釉泛灰，内壁满釉，外壁釉不及底。

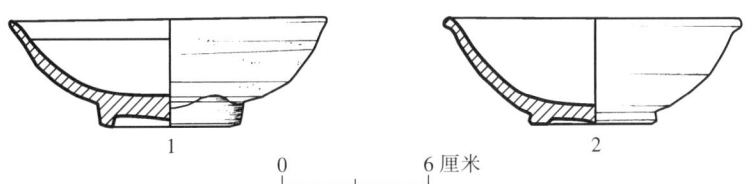

图九八　东岸发掘区出土宋代 C 型瓷碗
1. DH1：156　2. DH1：162（1 繁昌窑，2 未定窑口）

釉面光亮。口径 12.9、足径 5.8、高 4.3 厘米。（图九八，1；彩版七七，2）

　　未定窑口　1 件。

　　DH1：162，黄褐胎，青釉，满釉。口径 12.4、足径 5.2、高 4.2 厘米。（图九八，2）

　　D 型　24 件。有 Da 型和 Db 型。

　　Da 型　敞口，尖圆唇，弧壁，高圈足。17 件，可辨识有景德镇窑 6 件、未定窑口 11 件。

　　景德镇窑　6 件。胎呈灰色，施青釉或青白釉。

　　青釉　3 件。

　　DH1：63，外壁刻划折扇纹。灰胎，青釉泛灰，釉面光亮，有开片。口径 11.9、足径
4.9、高 5.9 厘米。（图九九，1；彩版八〇，1）

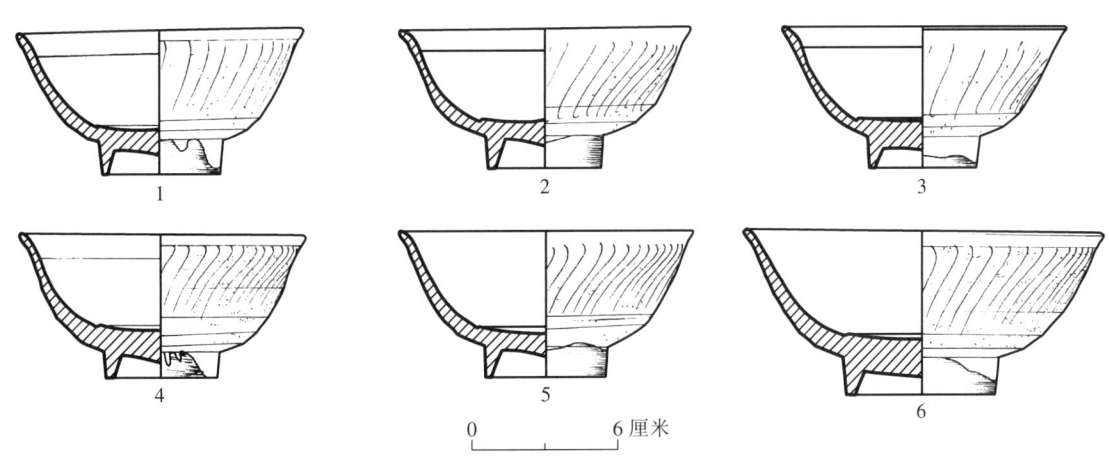

图九九　东岸发掘区出土宋代 Da 型瓷碗
1. DH1：63　2. DH1：107　3. DH1：112　4. DH1：18　5. DH1：106　6. DH1：40（景德镇窑）

　　DH1：107，外壁刻划折扇纹。灰胎，青釉泛灰。口径 12.1、足径 4.7、高 5.8 厘米。（图
九九，2）

　　DH1：112，外壁刻划折扇纹。灰胎，青釉泛灰。口径 12、足径 4.6、高 6 厘米。（图九
九，3）

　　青白釉　3 件。

　　DH1：18，内壁饰一周细弦纹，外壁刻划折扇纹。灰胎，青白釉。口径 12、足径 4.6、高
5.7 厘米。（图九九，4）

DH1：40，外壁刻划折扇纹。灰胎，青白釉，釉面光亮，有较多破裂的细小气孔。口径15.2、足径6.3、高6.6厘米。（图九九，6；彩版八〇，2）

DH1：106，外壁刻划折扇纹。灰胎，青白釉。口径12.2、足径5、高5.9厘米。（图九九，5；彩版八一，1）

未定窑口　11件。均为灰胎，施青釉

DH1：25，内壁口下部饰一周细弦纹，外壁刻划折扇纹。灰胎，青釉泛灰，釉面光亮。口径12、足径4.4、高4.8厘米。（图一〇〇，1；彩版七八，1）

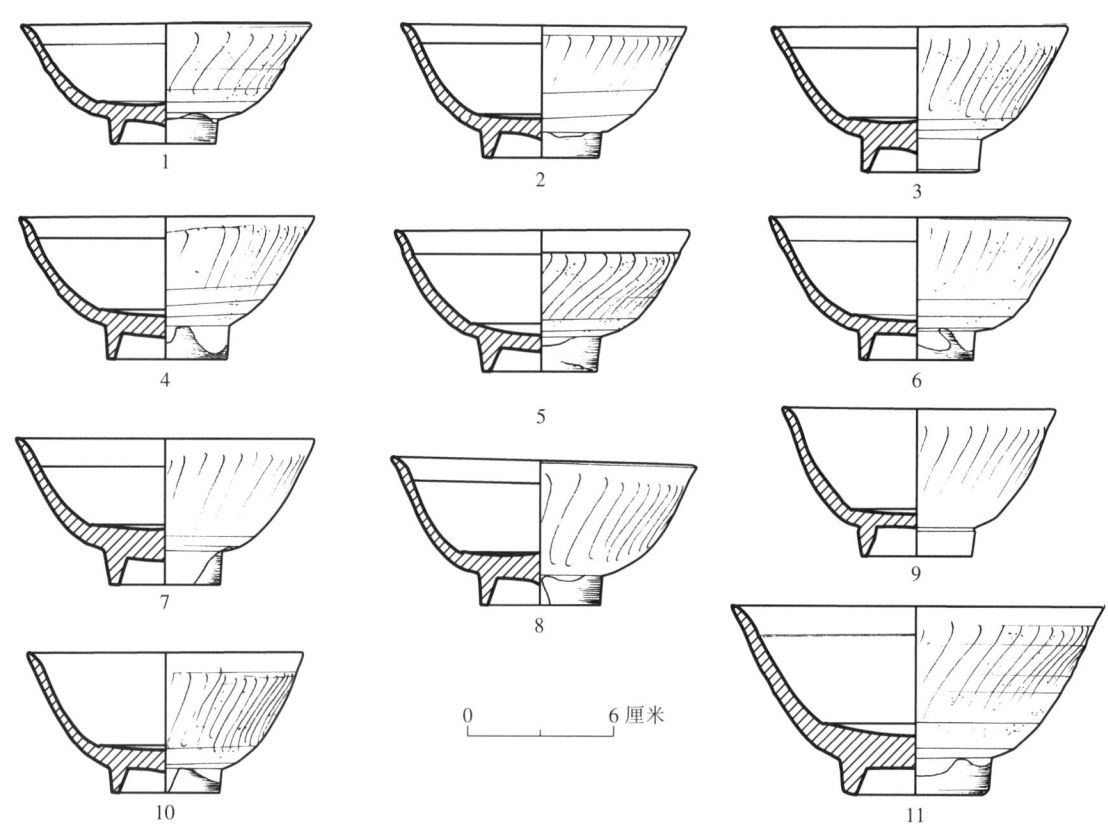

图一〇〇　东岸发掘区出土宋代 Da 型瓷碗
1. DH1：25　2. DH1：30　3. DH1：50　4. DH1：53　5. DH1：54　6. DH1：61　7. DH1：108　8. DH1：109
9. DH1：110　10. DH1：111　11. DH1：113（未定窑口）

DH1：30，内壁口下饰一周细弦纹，外壁刻划折扇纹。灰胎，青白釉，釉面光亮。口径11.9、足径4.4、高5.4厘米。（图一〇〇，2）

DH1：50，弧直壁，圈足较高。内壁口下饰一周细弦纹，外壁刻划折扇纹。灰胎，青釉泛灰，釉面光亮。口径12.2、足径4.9、高6厘米。（图一〇〇，3；彩版七八，2）

DH1：53，内壁口下部饰一周凹弦纹，外壁刻划折扇纹。灰胎，青釉泛灰，釉面光亮。口径12.2、足径4.9、高5.8厘米。（图一〇〇，4；彩版七九，1）

DH1：54，外壁刻划折扇纹。灰胎，青釉泛灰，釉面光亮。口径12.3、足径4.8、高5.8厘米。（图一〇〇，5；彩版七九，2）

DH1：61，外壁刻划折扇纹。灰胎，青釉泛灰，釉面光亮，有开片。口径 12.4、足径 4.7、高 5.8 厘米。（图一〇〇，6）

DH1：108，内壁口下部饰一周细弦纹，外壁刻划折扇纹。灰胎，青釉泛灰。口径 12.4、足径 4.6、高 5.9 厘米。（图一〇〇，7）

DH1：109，外壁刻划折扇纹。灰胎，青釉泛灰。口径 12.7、足径 5、高 6 厘米。（图一〇〇，8）

DH1：110，内壁口下部饰一周细弦纹，外壁刻划折扇纹。灰胎，青釉泛灰，有开片。口径 11.4、足径 4.6、高 5.9 厘米。（图一〇〇，9）

DH1：111，内壁口下部饰一周细弦纹，外壁刻划折扇纹。灰胎，青釉泛灰。口径 11.4、足径 4.6、高 5.8 厘米。（图一〇〇，10）

DH1：113，外壁刻划折扇纹。灰胎，青釉泛灰。口径 15.4、足径 6、高 7.6 厘米。（图一〇〇，11）

Db 型　敞口，尖圆唇，弧壁略垂，高圈足。共 7 件，可辨识有景德镇窑 4 件、繁昌窑 2 件、未定窑口 1 件。

景德镇窑　4 件。胎呈灰色，施釉均匀，釉面光泽度高，釉色青白。

DH1：2，灰胎，青白釉，釉面光亮。口径 14.7、足径 5.6、高 7.8 厘米。（图一〇一，1；彩版八一，2）

DH1：27，灰胎，青白釉，釉面光亮。口径 14.8、足径 5.5、高 7.6 厘米。（图一〇一，2；彩版八二，1）

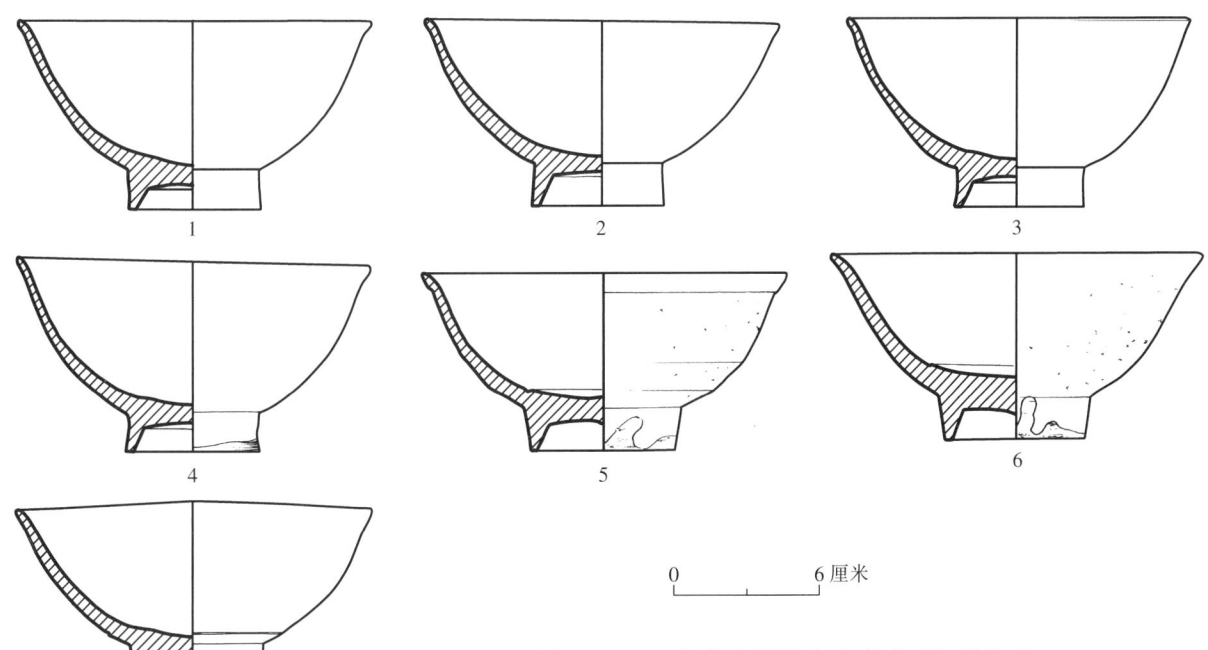

0 ———— 6 厘米

图一〇一　东岸发掘区出土宋代 Db 型瓷碗
1. DH1：2　2. DH1：27　3. DH1：115　4. DH1：116　5. DG2③：2　6. DG2③：4
7. DH1：69（1~4 景德镇窑，5、6 繁昌窑，7 为未定窑口）

DH1：115，灰胎，青白釉，釉面光亮。口径14.4、足径5.4、高7.6厘米。（图一〇一，3；彩版八二，2）

DH1：116，灰胎，青白釉，釉面光亮。口径14.7、足径5.6、高7.8厘米。（图一〇一，4；彩版八三，1）

繁昌窑　2件。

DG2③：2，灰胎，青白釉，满釉。口径15.2、足径6、高7.2厘米。（图一〇一，5）

DG2③：4，灰胎，青白釉，满釉。口径15.6、足径6、高7.5厘米。（图一〇一，6；彩版八三，2）

未定窑口　1件。为化妆土白瓷。

DH1：69，灰胎，上施化妆土，白釉，釉色浅灰，釉面光亮均净。口径14.8、足径5、高7.5厘米。（图一〇一，7；彩版八四，1）

E 型　39件。有 Ea 型、Eb 型和 Ec 型。

Ea 型　侈口，斜沿，弧壁，高圈足。共15件，可辨识有景德镇窑11件、繁昌窑4件。

景德镇窑　11件。胎体均呈灰色，青釉或青白釉。

青釉　4件。

DH1：142，灰胎，青釉泛灰，内壁满釉，外壁釉不及底。口径15.4、足径5、高8厘米。（图一〇二，1）

DH1：143，灰胎，青釉泛灰，内壁满釉，外壁釉不及底。口径14.6、足径4.8、高7.4厘米。（图一〇二，2；彩版八四，2）

DH1：144，灰胎，青釉泛灰，内壁满釉，外壁釉不及底。口径15.4、足径5.3、高7.9厘米。（图一〇二，3；彩版八五，1）

DH1：148，灰胎，青釉泛灰，内壁满釉，外壁半釉。口径14.4、足径5.1、高7.5厘米。（图一〇二，4）

青白釉　7件。

DH1：31，灰胎，青白釉，釉面均净。口径17.3、足径6.8、高8厘米。（图一〇二，5；彩版八五，2）

DH1：35，灰胎，青白釉，釉面光亮。口径12.4、足径4.7、高6.2厘米。（图一〇二，6；彩版八六，1）

DH1：55，灰胎，胎壁较薄，青白釉，釉面光亮。口径15.5、足径5.6、高8.4厘米。（图一〇二，7；彩版八六，2）

DH1：117，灰白胎，青白釉，釉面光亮。口径12.4、足径5、高6.4厘米。（图一〇二，8）

DH1：141，灰胎，青白釉，内壁满釉，外壁釉不及底。口径15.8、足径5、高8.1厘米。（图一〇二，9）

DH1：146，灰胎，青白釉，釉面光洁。口径17.8、足径7.1、高7.8厘米。（图一〇二，10；彩版八七，1）

DH1：169，灰胎，青白釉，釉面光亮，满釉。口径12.4、残高4.7厘米。（图一〇二，11）

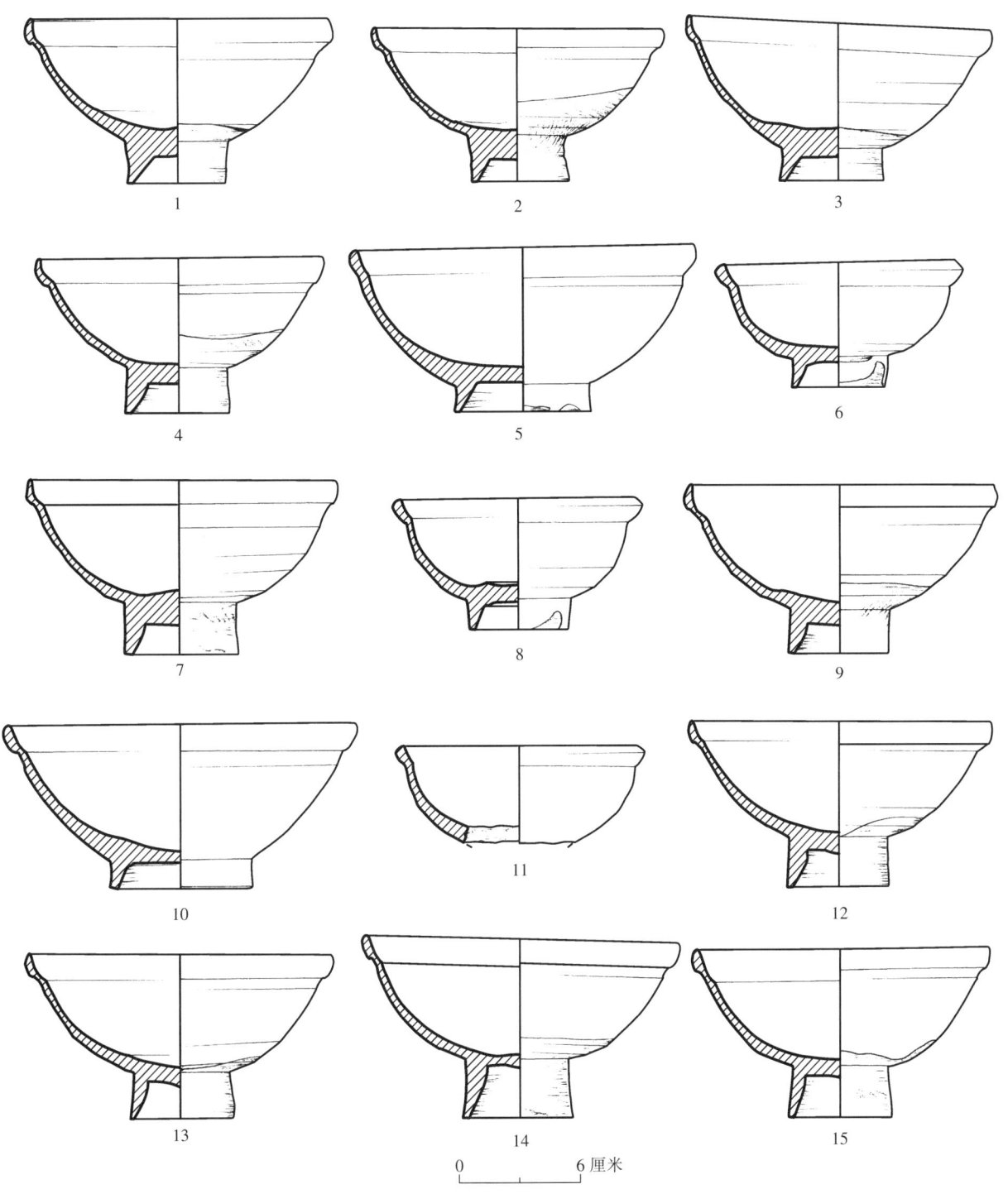

图一〇二　东岸发掘区出土宋代 Ea 型瓷碗

1. DH1：142　2. DH1：143　3. DH1：144　4. DH1：148　5. DH1：31　6. DH1：35　7. DH1：55　8. DH1：117
9. DH1：141　10. DH1：146　11. DH1：169　12. DH1：6　13. DH1：1　14. DH1：26　15. DH1：73（1～11 景德镇
窑，余繁昌窑）

　　繁昌窑　4 件。胎色灰黄，施青釉或青白、青黄釉。

　　青釉　2 件。

　　DH1：6，灰黄胎，青釉泛灰。口径 15.3、足径 5.2、高 8 厘米。（图一〇二，12；彩版八

七，2）

青白釉　1件。

DH1：1，灰黄胎，青白釉泛灰。口径15.4、足径5.2、高8厘米。（图一〇二，13）

青黄釉　1件。

DH1：26，灰胎，青黄釉，内壁满釉，外壁釉不及底，足底露胎。口径15.8、足径5.7、高8.8厘米。（图一〇二，14；彩版八八，1）

DH1：73，灰胎，青黄釉。口径15、足径5.2、高8.2厘米。（图一〇二，15）

Eb型　敞口，尖圆唇，弧壁，圈足。共19件，可辨识有景德镇窑7件、繁昌窑5件、未定窑口7件。

景德镇窑　7件。胎体呈灰色，均施青白釉。

DH1：3，灰胎，胎壁较薄，青白釉，釉面光亮。口径15.9、足径6.4、高7.7厘米。（图一〇三，1；彩版八八，2）

DH1：12，灰胎，青白釉，釉面光亮。口径15.2、足径5.8、高7.6厘米。（图一〇三，2；彩版八九，1）

DH1：19，敞口外撇，尖圆唇，弧壁，浅腹，圈足。灰胎较薄，青白釉，釉面光亮。口径14.5、足径4.5、高4.4厘米。（图一〇三，3）

DH1：52，灰胎，胎壁较薄，青白釉，釉面光亮。口径14.6、足径5.8、高7.6厘米。（图一〇三，4；彩版八九，2）

DH1：165，灰胎，胎壁较薄，青白釉，内壁满釉，外壁釉不及底，釉面光亮。口径15.2、

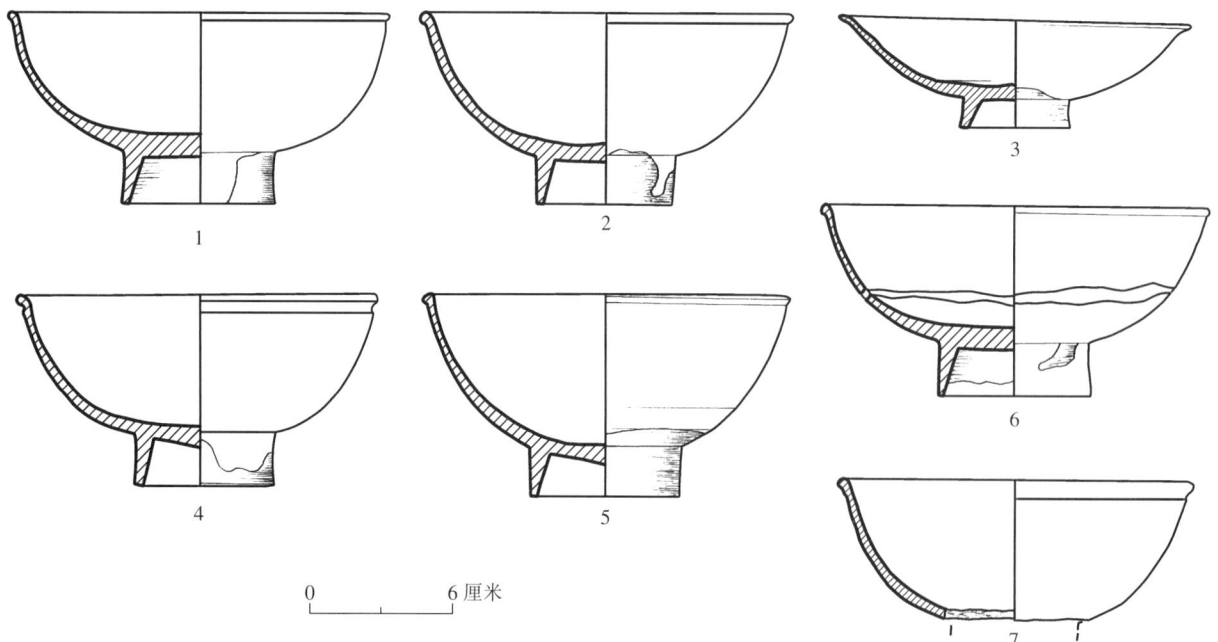

图一〇三　东岸发掘区出土宋代 Eb 型瓷碗

1. DH1：3　2. DH1：12　3. DH1：19　4. DH1：52　5. DH1：165　6. DH1：167　7. DH1：171（景德镇窑）

足径6、高8.1厘米。（图一〇三，5）

DH1：167，灰胎，胎壁较薄，青白釉，釉面光亮。口径16、足径6.2厘米。（图一〇三，6）

DH1：171，灰胎，青白釉，釉面光亮，内外壁均施釉。口径14.6、残高5.6厘米。（图一〇三，7）

繁昌窑 5件。胎体呈灰色，均施青釉。

DH1：4，灰胎，青釉泛灰。口径15.3、足径5.8、高5.7厘米。（图一〇四，1；彩版九〇，1）

DH1：32，灰胎，青釉泛灰。口径15.1、足径5.8、高5.7厘米。（图一〇四，2；彩版九〇，2）

DH1：48，灰胎，胎壁较薄，青釉泛灰，釉面光亮。口径15.8、足径6.4、高7.4厘米。（图一〇四，3）

DH1：163，灰胎，胎壁较薄，青釉泛灰。口径15、足径6、高7.1厘米。（图一〇四，4）

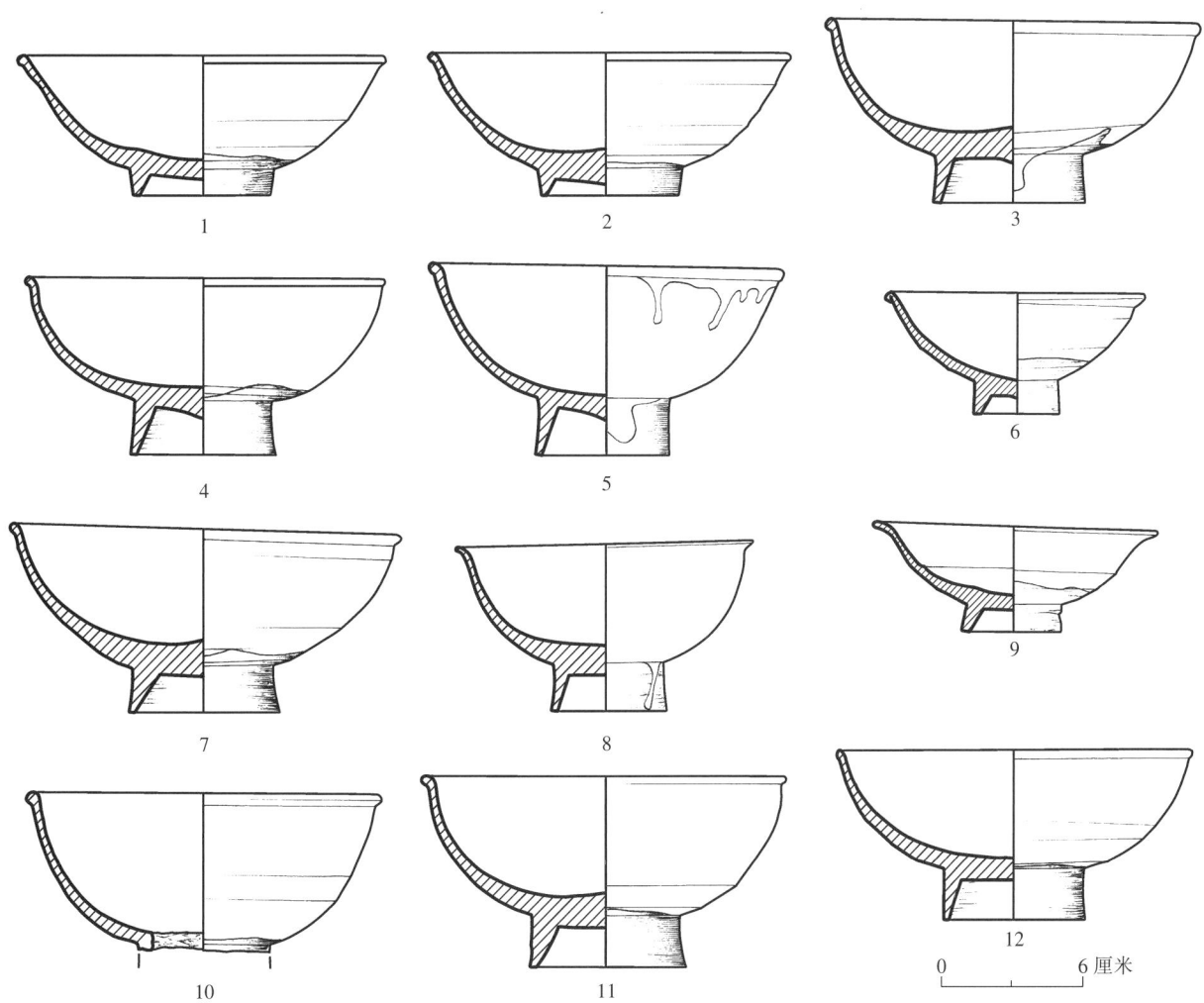

图一〇四　东岸发掘区出土宋代 Eb 型瓷碗

1. DH1：4　2. DH1：32　3. DH1：48　4. DH1：163　5. DH1：164　6. DH1：13　7. DH1：44　8. DH1：45　9. DH1：51　10. DH1：170　11. DT2503③：1　12. DH1：20（1～5 繁昌窑，余未定窑口）

DH1：164，灰胎，青釉泛灰，有流釉痕。口径 14.8、足径 5.5、高 7.8 厘米。（图一〇四，5）

未定窑口　7 件。胎色多呈灰色，少数红胎、黄褐胎，釉色分青釉与青白釉。

青釉　6 件。

DH1：13，敞口，圆唇外卷，弧壁，高圈足。灰胎，胎壁较薄，青釉泛灰，内壁满釉，外壁釉不及底。口径 10.9、足径 3.6、高 5 厘米。（图一〇四，6；彩版九一，1）

DH1：44，红胎，青釉。口径 16.3、足径 6.3、高 7.6 厘米。（图一〇四，7；彩版九一，2）

DH1：45，黄褐胎，胎壁较薄，青釉泛褐。口径 12.3、足径 4.8、高 6.9 厘米。（图一〇四，8；彩版九二，1）

DH1：51，敞口，斜沿，圆唇，弧壁，浅腹，圈足。灰胎，胎壁较薄，青釉泛灰，釉面光亮，内壁满釉，外壁釉不及底。口径 12、足径 4.2、高 4.4 厘米。（图一〇四，9；彩版九二，2）

DH1：170，灰胎，青釉泛灰黄，釉面光亮。口径 14.8、残高 6.3 厘米。（图一〇四，10）

DT2503③：1，红胎，胎壁较薄，青釉。口径 15.2、足径 6.5、高 7.7 厘米。（图一〇四，11）

青白釉　1 件。

DH1：20，灰黄胎，青白釉。口径 15、足径 6、高 6.8 厘米。（图一〇四，12）

Ec 型　侈口，折沿，尖唇，弧壁，浅腹。5 件，可辨识有景德镇窑 4 件、定窑 1 件。

景德镇窑　4 件。均为灰胎，施青釉。

DH1：66，灰胎，青釉泛灰，釉面光亮。口径 15.1、足径 5.5、高 5.4 厘米。（图一〇五，1）

DH1：166，窄平沿。灰胎，青釉泛灰，釉面光亮。口径 15.7、足径 5.5、高 5.4 厘米。（图一〇五，2；彩版九三，1）

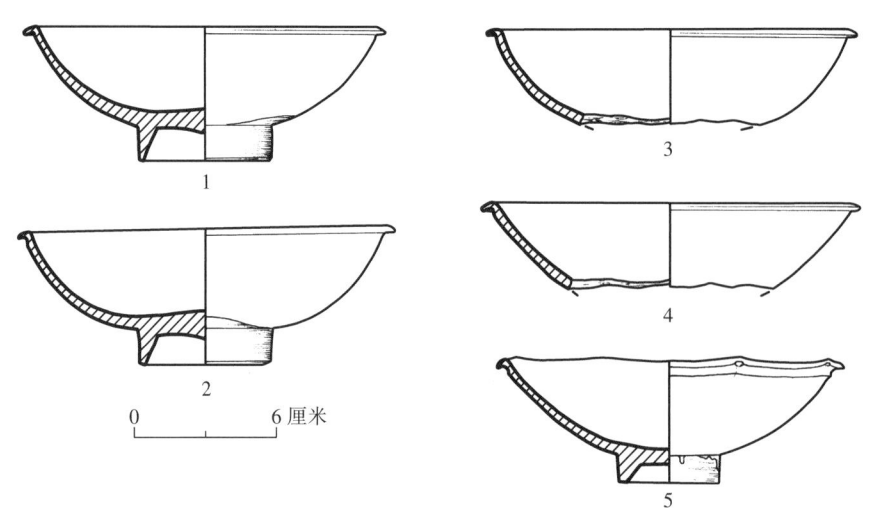

图一〇五　东岸发掘区出土宋代 Ec 型瓷碗
1. DH1：66　2. DH1：166　3. DH1：172　4. DH1：173　5. DH1：56（1～4 景德镇窑，5 定窑）

DH1：172，灰胎，青釉泛灰，釉面光亮。口径15.2、残高3.8厘米。（图一〇五，3）

DH1：173，灰胎，青釉泛灰，釉面光亮。口径15.6、残高3.4厘米。（图一〇五，4）

　　定窑　1件。

DH1：56，花口，窄斜沿，尖唇，弧壁，圈足。灰胎，黑釉。外壁压印呈瓜棱状。口径14.2、足径4.2、高5厘米。（图一〇五，5；彩版九三，2）

盏

共9件。有A型和B型。

A型　斗笠盏。6件。有Aa型和Ab型。

Aa型　矮圈足。敞口，尖圆唇，浅腹。4件，可辨识有定窑2件、景德镇窑1件、未定窑口1件。

　　定窑　2件。胎体呈灰色，均施黑釉。

DH1：49，灰胎，黑釉，釉面光亮。口径9.6、足径3.7、高3.9厘米。（图一〇六，1；彩版九四，1）

DH1：85，灰胎，较薄，细腻坚实，黑釉。口径19.2、残高5.2厘米。（图一〇六，2）

　　景德镇窑　1件。

DH1：38，灰胎，胎壁较薄，青白釉，釉面光亮。口径14、足径3.8、高4.2厘米。（图一〇六，3；彩版九四，2）

　　未定窑口　1件。

DH1：21，灰胎，黑釉。口径10.5、足径3.5、高4.4厘米。（图一〇六，4；彩版九五，1）

Ab型　高圈足。敞口外撇，尖圆唇，弧壁，深腹，圈足。2件，均为景德镇窑产品。

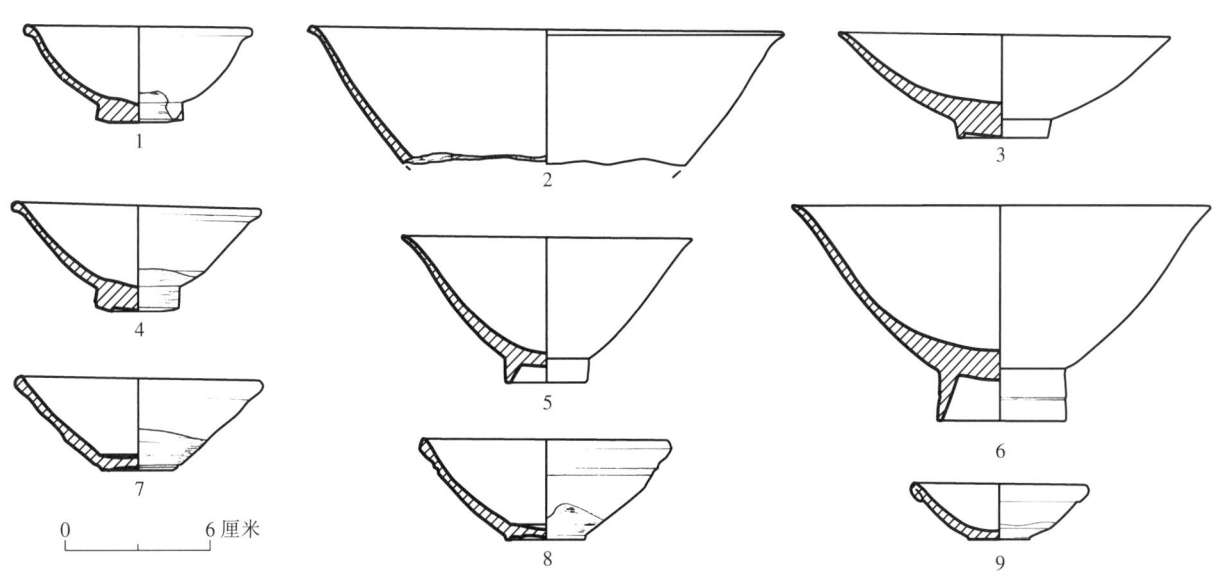

图一〇六　东岸发掘区出土宋代瓷盏

1~4. Aa型盏（DH1：49、DH1：85、DH1：38、DH1：21）　5、6. Ab型盏（DH1：155、DH1：157）　7~9. B型盏（DH1：94、DH1：95、DH1：96）（1、2定窑，3、5、6景德镇窑，余未定窑口）

DH1：155，灰胎，胎壁较薄，青白釉，釉面光亮，有开片。口径12.1、足径3.5厘米，高5.8厘米（图一〇六，5）。

DH1：157，灰胎，胎壁较薄，青白釉，釉面光亮，内壁底部有刮釉痕。口径17.4、足径5.4、高8.6厘米。（图一〇六，6；彩版九五，2）

B型　唇口盏。唇口，弧壁，假圈足。3件，未定窑口。

DH1：94，灰胎，青釉，釉面有开片，内壁满釉，外壁釉不及底。口径10.4、足径2.9、高3.7厘米。（图一〇六，7）

DH1：95，灰胎，青釉泛灰，内壁满釉，外壁釉不及底。口径10.6、足径3.3、高4厘米。（图一〇六，8）

DH1：96，唇口外卷，弧直壁，浅腹，平底。灰胎，青釉泛灰，内壁满釉，外壁半釉。口径7.5、足径2.2、高2.2厘米。（图一〇六，9）

盘

A型　敞口，弧壁，浅腹，矮圈足。共6件，可辨识有景德镇窑3件、龙泉窑2件、未定窑口1件。

景德镇窑　3件。胎体均呈灰色，施青釉或青黄釉。

青釉　2件。

DH1：9，灰胎，胎质细腻，青釉。口径13.6、足径5.2、高4.6厘米。（图一〇七，1）

DH1：158，灰胎，青釉泛灰，满釉。口径14.8、残高3.8厘米。（图一〇七，2）

青黄釉　1件。

DH1：8，内壁模印一周水涡纹，其下压印缠枝牡丹纹。灰胎，青黄釉，釉面光亮。口径10.1、足径3.3、高2.8厘米。（图一〇七，3；彩版九六，1）

龙泉窑　2件。均灰胎，釉色青绿或青黄。

青釉　1件。

DH1：75，矮圈足。外壁刻划弦纹，内底刻划莲瓣纹。灰胎，质地细腻，青绿色透明釉，较厚，内外壁满釉，足跟露胎，有气泡和细小开片。足径5.1、残高2.4厘米。（图一〇七，4）

青黄釉　1件。

DH1：39，内壁刻划卷草纹，填饰篦划纹。灰胎，青黄釉泛灰，釉面光亮。口径13、足径5、高3.8厘米。（图一〇七，6；彩版九六，2）

未定窑口　1件。

DH1：28，内壁轻划莲花纹。灰胎，青釉泛灰，内壁满釉，外壁釉不及底。口径14、足径5.6、高4厘米。（图一〇七，5）

罐

共11件，有A型和B型。

A型　带耳罐。5件，其中双系罐2件、四系罐2件、穿耳罐1件。

双系罐　2件。未定窑口，施青釉或酱釉。

DH1：84，直口，弧鼓腹，底残，肩部附二纵向环系。红胎，酱釉，外壁及口内施釉，

图一〇七　东岸发掘区出土宋代 A 型瓷盘

1. DH1：9　2. DH1：158　3. DH1：8　4. DH1：75　5. DH1：28　6. DH1：39（1～3 景德镇窑，4、6 龙泉窑，5 未定窑口）

釉不及底。口径 11.5、最大腹径 15、残高 16.2 厘米。（图一〇八，1）

DH1：123，直口，圆唇，束颈，斜肩，弧鼓腹，下残。颈肩处残存一纵向环耳。灰胎，青釉，内壁施釉至口下部。口径 4.8、最大腹径 11.7、残高 7.4 厘米。（图一〇八，2）

四系罐　2 件。未定窑口，施青釉或酱釉。

DH1：78，子母口，溜肩，弧鼓腹，下残。肩部残存两系。灰褐胎，青釉。口径 15、残高 15 厘米。（图一〇八，5）

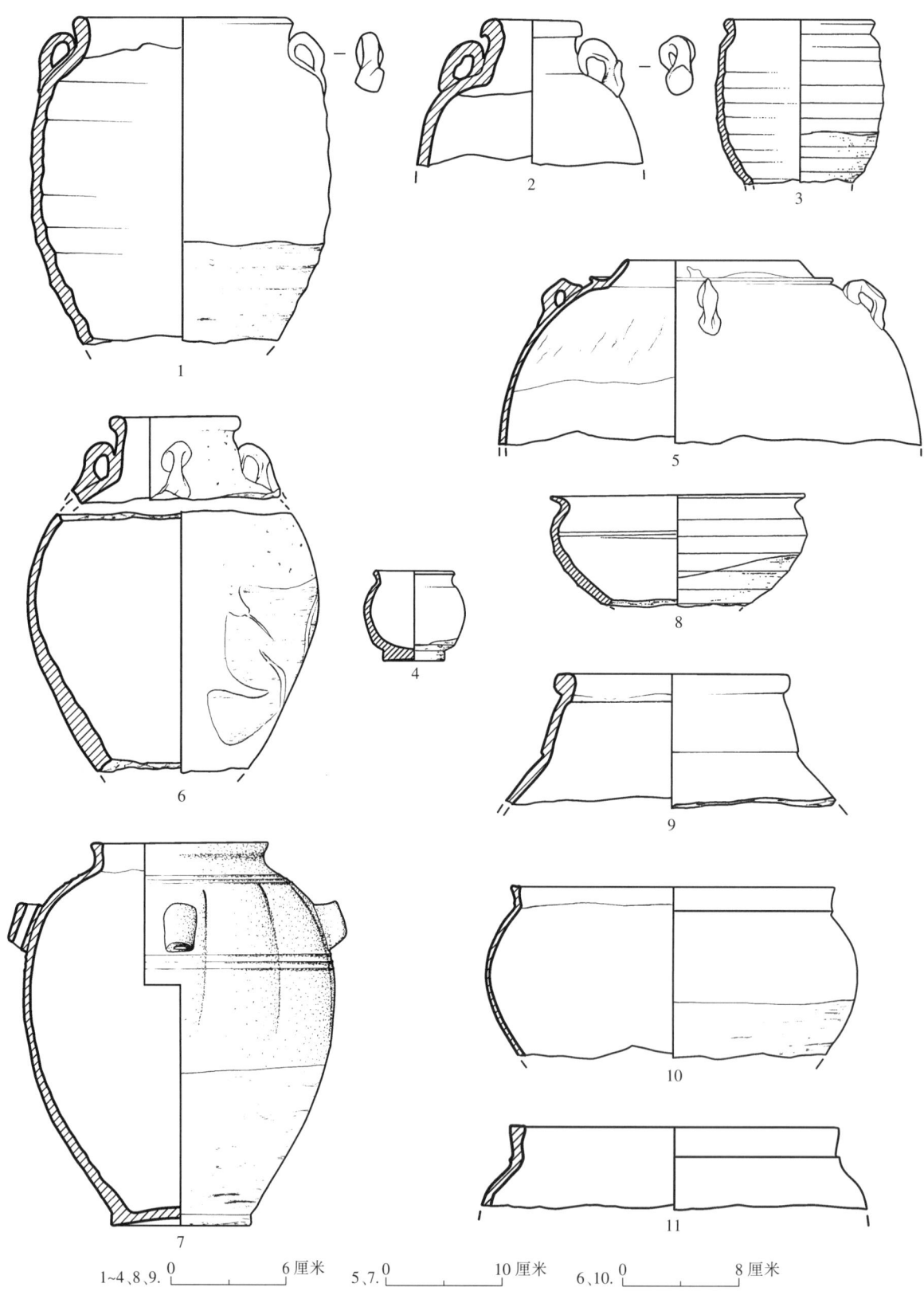

1~4、8、9. 0 ____ 6厘米   5、7. 0 ____ 10厘米   6、10. 0 ____ 8厘米

图一〇八　东岸发掘区出土宋代瓷罐

1、2、5~7. A 型罐（DH1：84、DH1：123、DH1：78、DH1：131、DH1：81）　3、4、8~11. B 型罐（DH1：82、DH1：71、H1：93、DH1：118、DH1：119、DH1：122）（3定窑，余未定窑口）

DH1：131，直口，圆唇，短束颈，溜肩，弧鼓腹，下残。颈肩处附四个对称纵向环耳。褐胎，酱釉，内壁施釉至口下部，外壁满釉，多处露胎。口径9厘米。口径部残高5.7、腹部残高17、最大腹径20.1厘米。（图一〇八，6）

穿耳罐　1件。未定窑口。

DH1：81，直口，方唇，圆肩，弧鼓腹，平底内凹。肩部及腹上部各饰三道凹弦纹，其间贴饰四个对称贯耳，腹部压印呈瓜棱状。红胎，酱釉。口径15.3、最大腹径27、足径12、高32.2厘米。（图一〇八，7；彩版九七，1）

B型　无耳罐。6件。侈口罐　6件，可辨识有定窑1件、未定窑口5件。

定窑　1件。

DH1：82，直口，圆唇，弧直壁，底残。灰胎，酱黑釉。口径7.7、最大腹径8.6、残高8.2厘米。（图一〇八，3）

未定窑口　5件。胎体呈红色或灰色，釉色以青釉为主，另见酱釉。

青釉　4件。

DH1：93，侈口，斜沿，尖圆唇，束颈，弧鼓腹，下残。灰胎，青釉泛灰，内壁满釉，外壁釉不及底。口沿饰褐彩。口径13、最大腹径13、残高5.5厘米。（图一〇八，8）

DH1：118，敛口，圆唇，斜直颈，下残。红胎，青釉，内壁施釉至口部。口径12、残高6.6厘米。（图一〇八，9）

DH1：119，直口，方唇，弧鼓腹，下残。红胎，青釉，半釉。口径22.1、残高11.3厘米。（图一〇八，10）

DH1：122，方唇，弧壁，下残。红胎，青釉，内外壁均施釉。口径16.8、残高4.2厘米。（图一〇八，11）

酱釉　1件。

DH1：71，侈口，圆唇，短束颈，弧鼓腹，饼足内凹。灰胎，酱黑釉泛褐。口径4.2、最大腹径5.3、足径3.2、高4.5厘米。（图一〇八，4；彩版九七，2）

枕

3件。未定窑口，施青釉或酱釉。

青釉　1件。

DH1：72，枕面残，现存中部卧狮部分，狮头扭向一侧，咧嘴呲齿，双层卷鬃毛，体肥硕，灰黑胎，青褐釉，座底无釉。残长11、宽7.4、高6.8厘米。（图一〇九，1；彩版九七，3）

酱釉　2件。

DH1：89，椭圆形，枕面不见，残存侧墙内凹，平底。内壁与底结合处有一条加固泥条。外壁有波浪形篦线纹，内壁有削修痕迹。酱釉，釉色较浅。足径16.2、残高9厘米。（图一〇九，2；彩版九七，4）

DH1：91，残存一侧兽面枕壁，圆目龇牙，两爪有尾，兽腹内凹，平底，内壁与底结合处有一条加固泥条。酱釉。残长16.8、残高10厘米。（图一〇九，3；彩版九八，1）

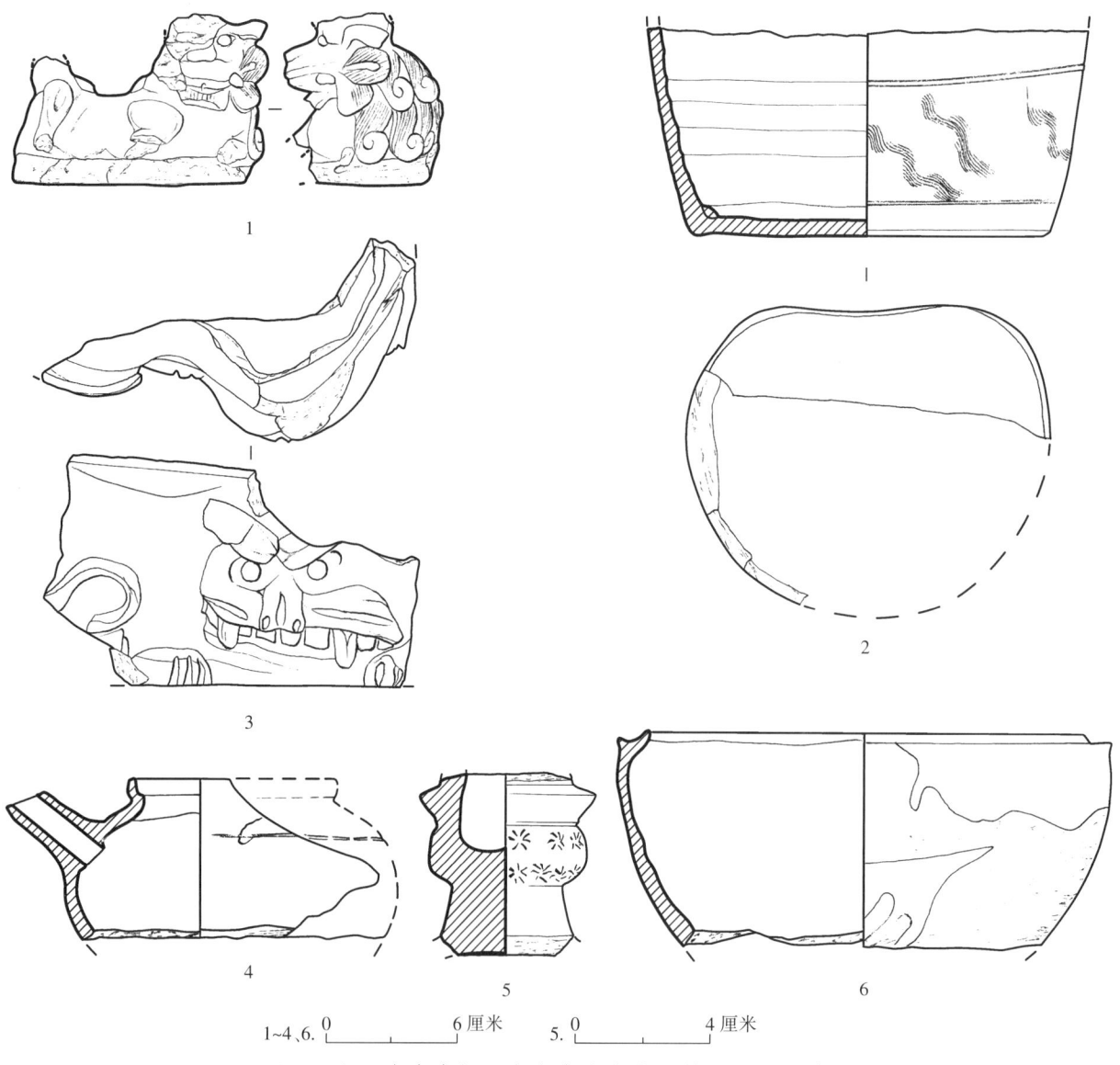

图一○九　东岸发掘区出土宋代瓷枕、炉、执壶、烛台

1～3. 枕（DH1：72、DH1：89、DH1：91）　4. 执壶（DH1：90）　5. 烛台（DG2③：5）　6. 杯式炉（DH1：79）
（5、6 景德镇窑，余未定窑口）

杯式炉

1 件。景德镇窑产品。

DH1：79，子母口，弧壁，底残。红胎，青釉，内外壁均施釉。口径 19.5、残高 9.2 厘米。（图一○九，6）

执壶

1 件。未定窑口。

DH1：90，束口，溜肩，鼓腹，下残，肩部残存一管状流。灰褐胎，青釉泛灰，口至鼓腹处施釉。口径 9.6、残高 6.8 厘米。（图一○九，4）

烛台

1 件。景德镇窑产品。

DG2③：5，残存柄部。外壁压印莲瓣纹。灰胎，青白釉。残高5.2厘米。（图一〇九，5）

（二）　釉陶器

盆

6件。有 A 型和 B 型。

A 型　2件。侈口，斜沿，弧腹。

DH1：74，窄平沿，弧壁，深腹，圈足。内、外壁近底部见一圈支钉块状痕。灰胎，酱釉泛黄。口径18.4、足径9.3、高8.4厘米。（图一一〇，1）

DH1：120，红褐胎，青釉泛褐，外壁施釉至鼓腹处，内壁施有胎釉。口径30.3、残高8。（图一一〇，4）

B 型　4件。敛口，深腹，平底。

DH1：76，方唇，弧壁。口径26、足径13.8、高9.5厘米。（图一一〇，8）

DH1：77，窄沿。内、外壁近底部均见一圈支钉块状痕。褐胎，酱釉，内壁满釉，外壁半釉，施釉不匀，有流釉痕。口径23.4、最大腹径25.5、足径8.3、高16.6厘米。（图一一〇，6；彩版九八，3）

DH1：126，圆唇，斜直壁，平底。口径25.8、足径14.5、高7.6厘米。（图一一〇，10）

DG2③：3，外卷沿，斜直壁，下残。红胎，青釉。口径14、残高4.8厘米。（图一一〇，3）

韩瓶

2件。敛口，弧壁。

DH1：86，腹上部残存一环耳。灰褐胎，青釉，外壁上腹部及口部施釉，釉面不匀，有流釉痕。口径8.7、最大腹径13.5、残高13.8厘米。（图一一〇，7）

DH1：87，腹上部贴饰四环系。灰褐胎，青釉，内外壁均施釉。口径9.6、残高11.7厘米。（图一一〇，9）

碾钵

1件。

DH1：83，外折沿，弧壁，平底内凹。口径28.4、足径10、高12.6厘米。（图一一〇，2；彩版九八，2）

器盖

1件。

DH1：80，子口，弧顶，顶部贴饰桥形纽。红褐胎，酱釉，盖面满釉，盖内无釉。盖径13.9、高3厘米。（图一一〇，5；彩版九九，1）

缸

1件。

DH1：121，敛口，内折沿，弧壁，下残。红褐胎，青釉。口径30、残高9.5厘米。（图一一〇，11）

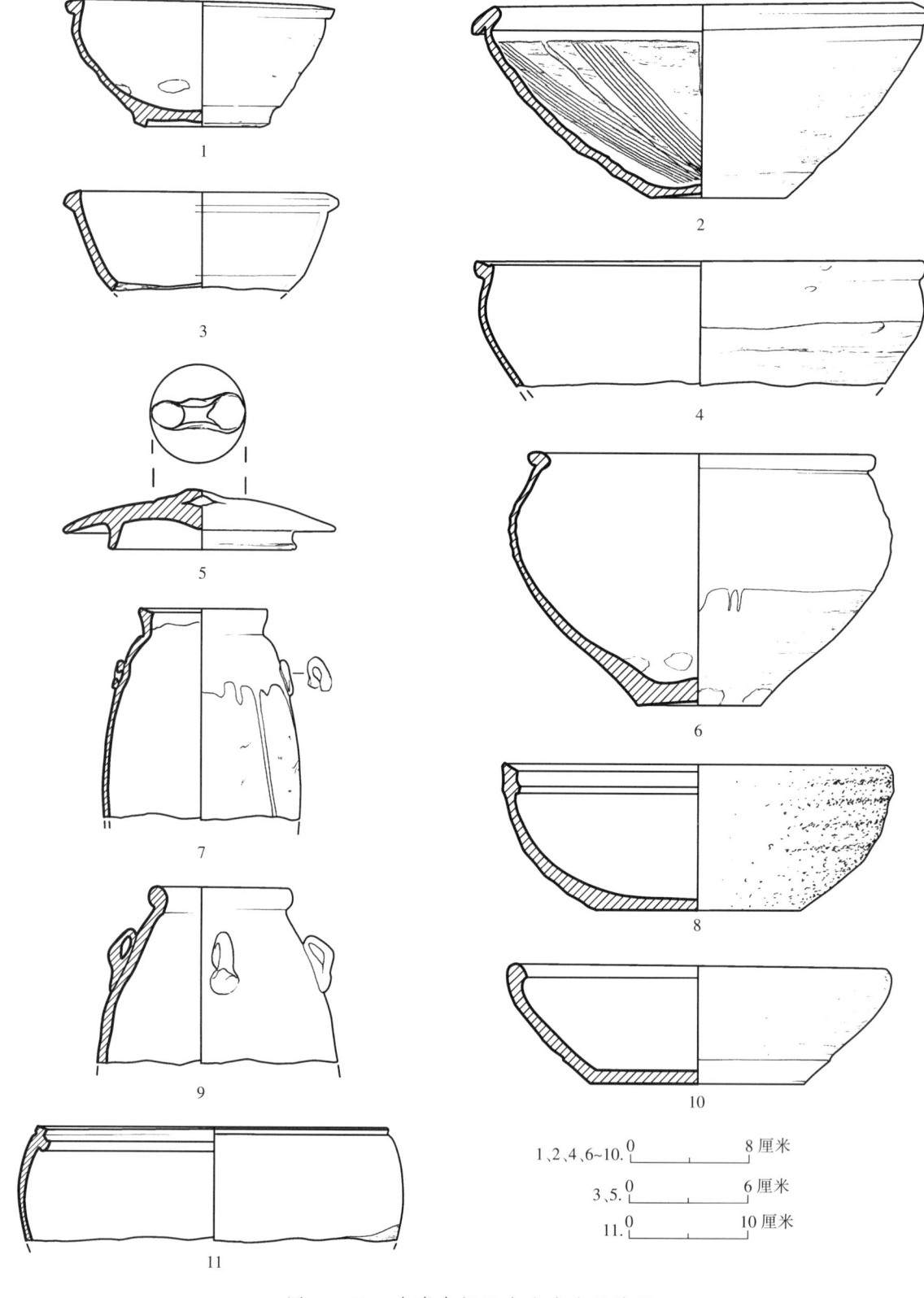

图一一〇　东岸发掘区出土宋代釉陶器

1、4. A 型盆（DH1∶74、DH1∶120）　2. 碾钵（DH1∶83）　3、6、8、10. B 型盆（DG2③∶3、DH1∶77、DH1∶76、DH1∶126）　5. 器盖（DH1∶80）　7、9. 韩瓶（DH1∶86、DH1∶87）　11. 缸（DH1∶121）

（三）陶器

盆

16 件，有 A 型、C 型和 D 型。

A 型　7 件。侈口，卷沿，弧壁，深腹，平底内凹。

DH1：97，泥质灰陶。口径 40、足径 24、高 15.1 厘米。（图一一一，1）

DH1：99，泥质灰陶。尖圆唇，弧壁，下残。口径 31、残高 13.5 厘米。（图一一一，2）

DH1：100，斜沿，弧壁，平底残。口径 57、底径 35、高 23.1 厘米。（图一一一，3）

DH1：102，口径 30.6、底径 18.1、高 12.2 厘米。（图一一一，4）

DH1：105，窄沿，弧壁，平底略内凹。口径 42、底径 29.4、高 20.3 厘米。（图一一一，5）

DH1：124，口径 38、底径 24、高 15.6 厘米。（图一一一，6）

D 采：32，口径 30、底径 18.6、高 9.6 厘米。（图一一一，7）

C 型　6 件。敞口，折沿，弧壁，深腹，平底略内凹。

DH1：92，泥质灰陶。口径 48、底径 32、高 16.1 厘米。（图一一二，1）

DH1：98，泥质灰陶。口径 32.8、底径 20.4、高 11.1 厘米。（图一一二，8）

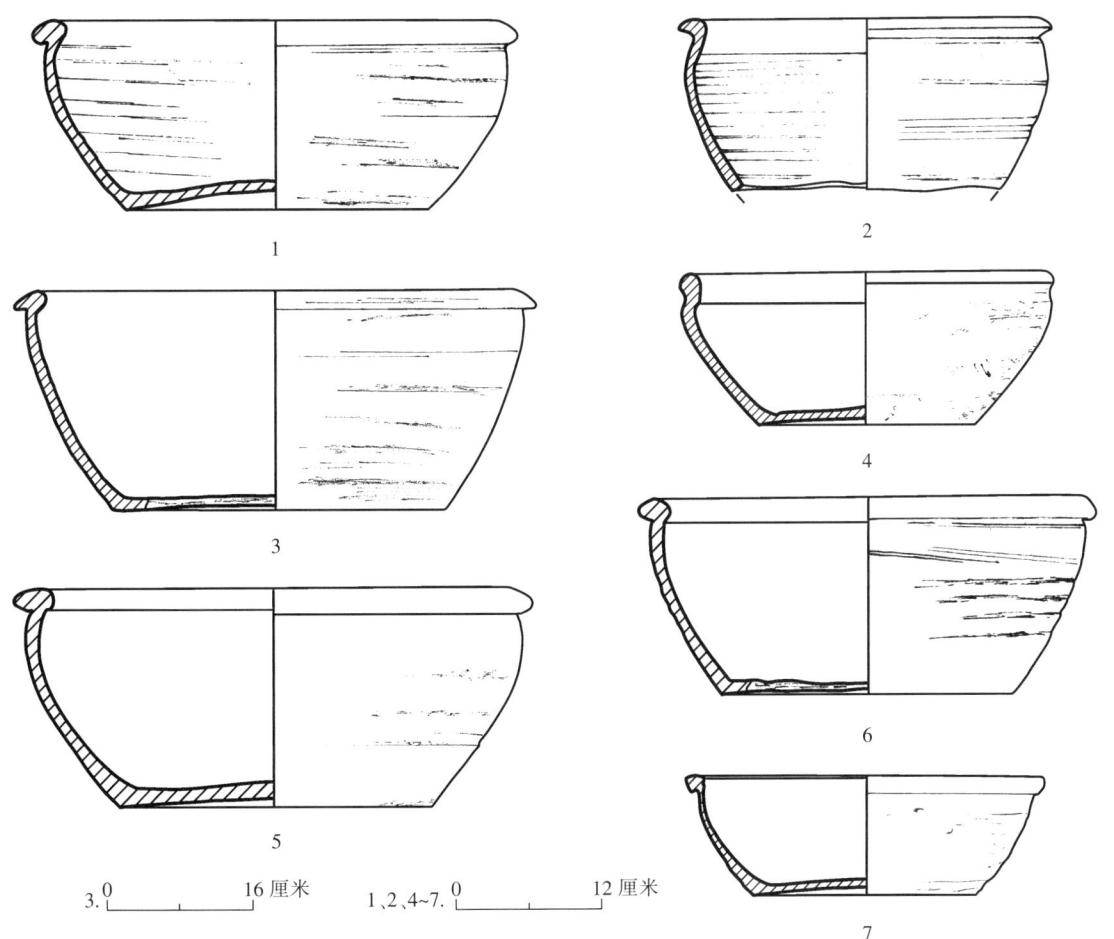

图一一一　东岸发掘区出土宋代 A 型陶盆

1. DH1：97　2. DH1：99　3. DH1：100　4. DH1：102　5. DH1：105　6. DH1：124　7. D 采：32

DH1：101，泥质灰陶，口径46、底径28.5、高18厘米。（图一一二，2）

DH1：129，泥质灰陶，斜沿，弧折腹，平底残。口径42、底径25.5、高12.5厘米。（图一一二，7）

DH1：130，泥质灰陶，口径40、底径26、高12.5厘米。（图一一二，6）

DH1：132，泥质灰陶，口径31、底径21、高11.4厘米。（图一一二，9；彩版九九，2）

D型　3件。敛口，圆唇，弧壁，平底内凹。

DH1：103，泥质灰陶。上腹微鼓，下腹斜直收。口径31、底径19、高11.5厘米。（图一一二，4）

DH1：127，泥质灰陶。口下部饰一周凹弦纹，弧壁。口径30、底径18.5、高11.6厘米。（图一一二，5）

DH1：128，泥质灰陶，口下部饰一周凹弦纹，上腹部微鼓，下腹斜弧收。口径32、底径

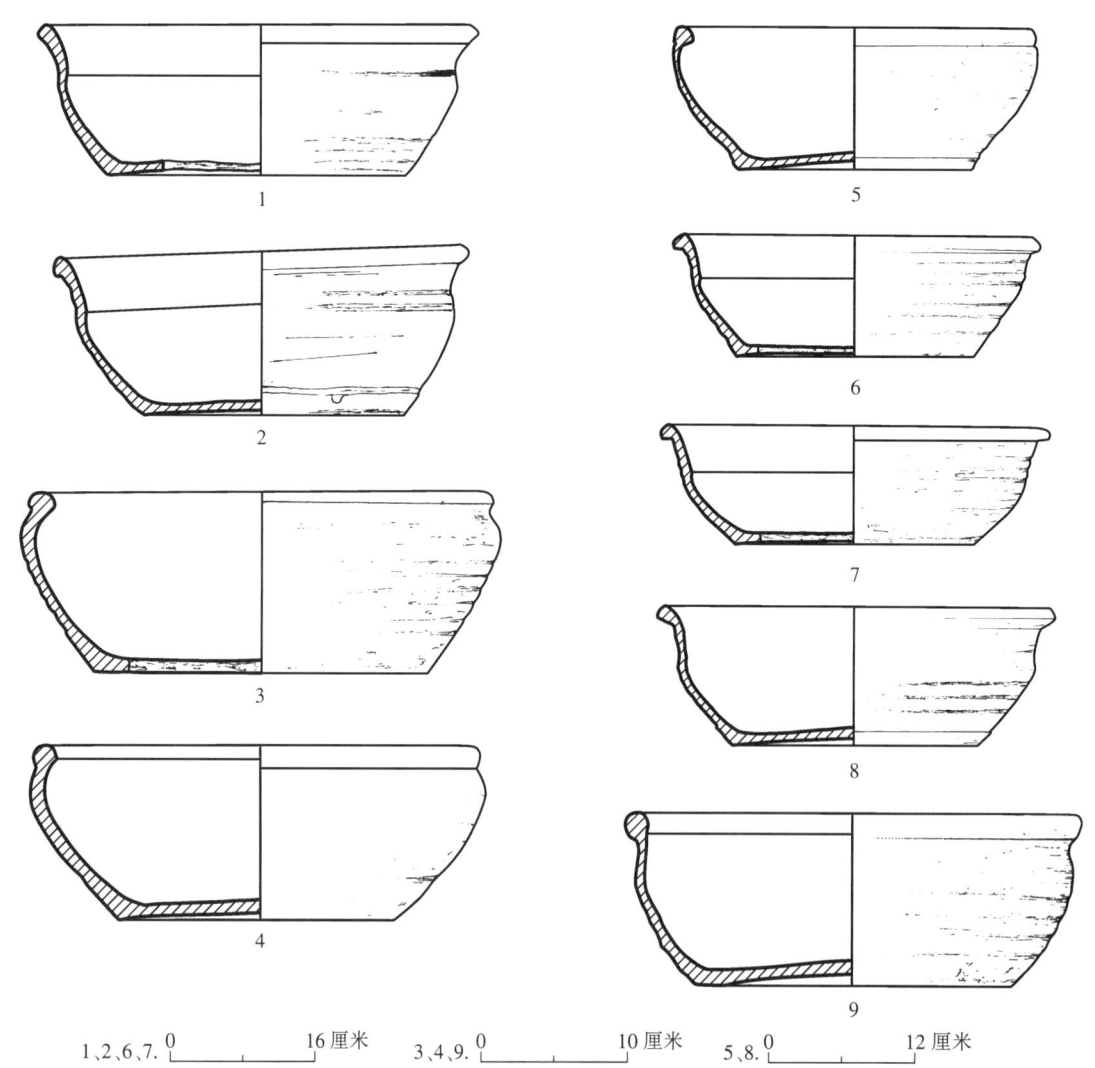

1、2、6、7. ├─────┤ 16厘米　　3、4、9. ├─────┤ 10厘米　　5、8. ├─────┤ 12厘米

图一一二　东岸发掘区出土宋代C、D型陶盆

1、2、6~9. C型盆（DH1：92、DH1：101、DH1：130、DH1：129、DH1：98、DH1：132）　　3~5. D型盆（DH1：128、DH1：103、DH1：127）

23、高 12 厘米。（图一一二，3）

抄手砚

1 件。

DH1：70，簸箕状，梯形足。素面。残长 7、宽 8.8、高 2.8 厘米。（图一一三，1）

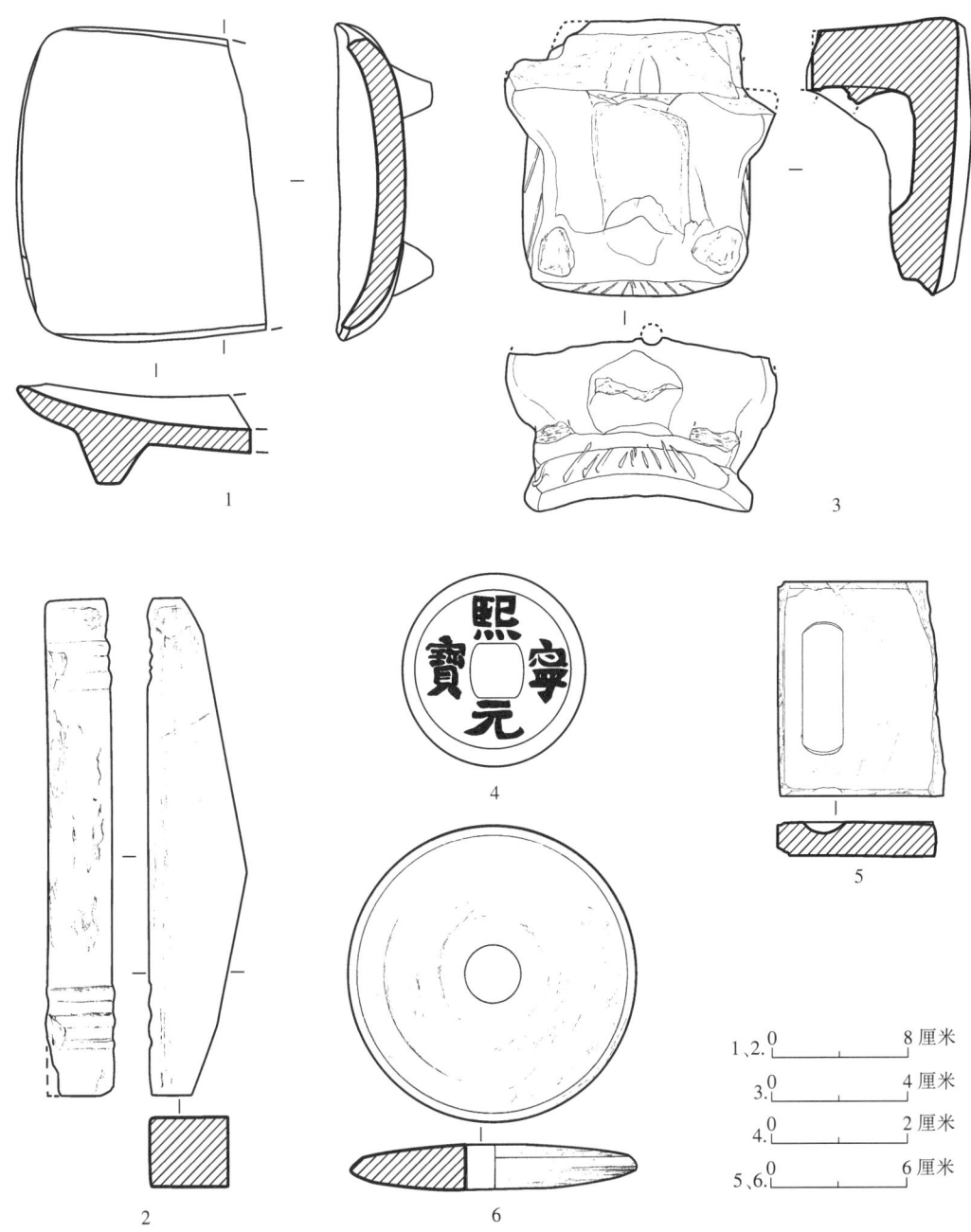

图一一三　东岸发掘区出土宋代陶器、铜钱及石器

1. 屋脊瓦（DH1：104）　　2. 斜面砖（DH1：88）　　3. 陶抄手砚（DH1：70）　　4. 铜钱（DG2③：1）
5. 石砚（DG2②：1）　　6. 石碾轮（DT1801②：1）

（四） 建筑材料

屋脊瓦

1 件。

DH1：104，残长 15.4、宽 15.6、厚 9.2 厘米。（图一一三，1；彩版一○○，1）

砖

1 件。

DH1：88，斜面砖。青砖横侧面一侧呈斜面，经磨制。长 28、残宽 5.5、厚 3.5 厘米。（图一一三，2；彩版一○○，2）

（五） 石器

砚

1 件。

DG2②：1，方形，器身上有一凹槽。长 9、残宽 7.2、厚 1.5 厘米。（图一一三，5）

碾轮

1 件。

DT1801②：1，圆饼状，磨制，中有一孔，单面钻。直径 12.4、厚 1.8 厘米。（图一一三，6；彩版一○○，3）

（六） 铜钱

熙宁元宝

1 枚。

DG2③：1，圆形，方孔。可辨"熙宁元宝"。直径 2.6、方孔径 0.6、厚 0.2 厘米。（图一一三，4；彩版一○○，4）

第三节 西岸宋代遗存

一、遗迹

（一） 灰沟

3 条，为 XG2、XG3、XG5。

XG2

位于 XT1108、XT1109 内，部分延伸至探方外。开口于 2 层下，打破第 3、5 层至生土。沟口平面呈不规则状，斜壁，弧底（图一一四）。南北长 6、东西宽 2.3～3.75 米，沟深 1.35 米。沟内堆积分 7 层：第 1 层，灰黄色土，夹杂红烧土颗粒及草木灰，土质较硬，出土较多瓷片和灰陶片。第 2 层，黑灰色土，土质疏松，夹杂有草木灰，出土瓷片较多，另有少量动物骨骼发现。第 3 层，黑色土，夹杂有较多蚌壳和红烧土颗粒，土质较松。第 4 层，浅灰

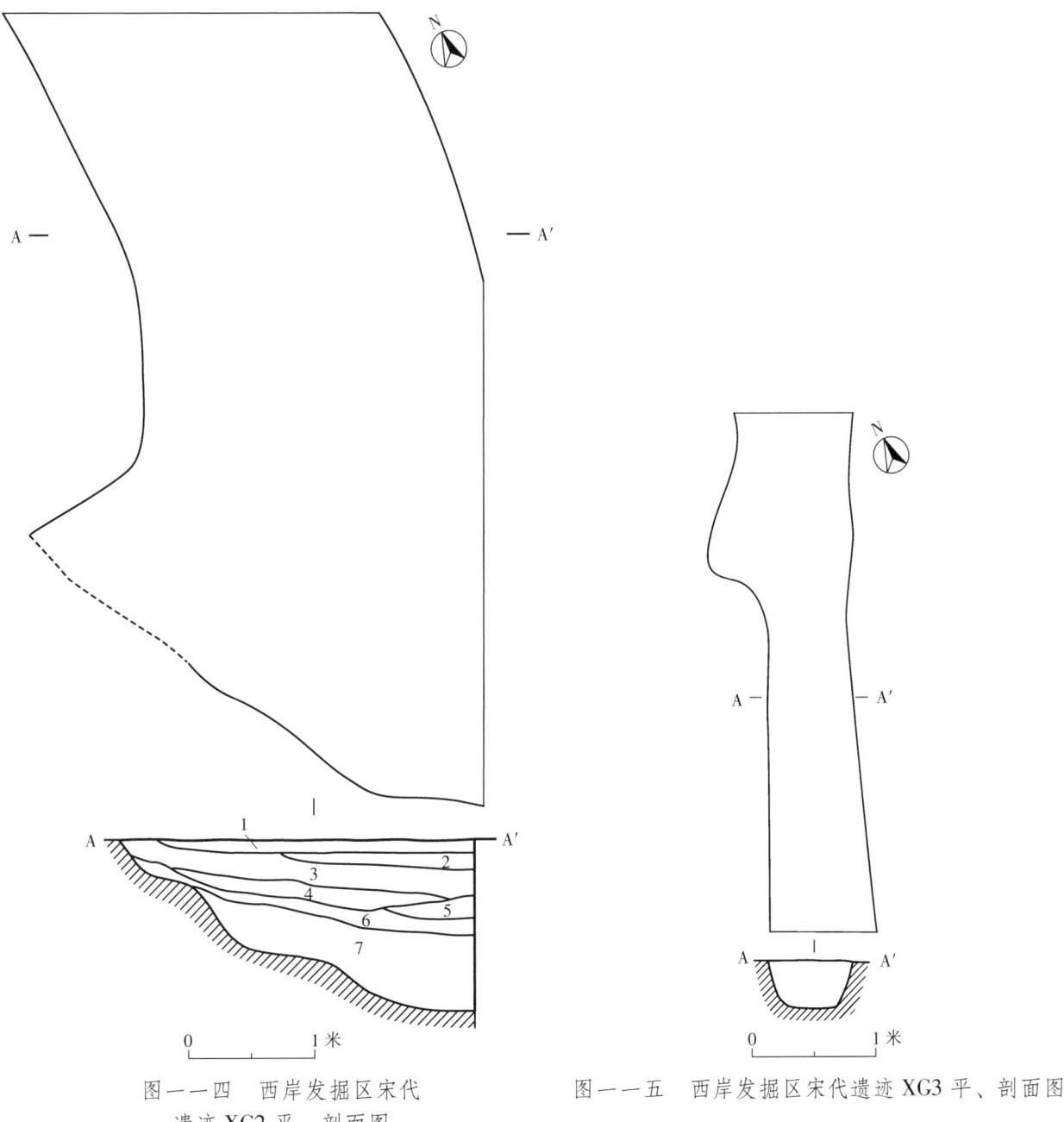

图一一四　西岸发掘区宋代
遗迹 XG2 平、剖面图

图一一五　西岸发掘区宋代遗迹 XG3 平、剖面图

色土，土质较松。第 5 层，灰红色土。第 6 层，浅灰色土。第 7 层，灰褐色土，夹杂有水锈
斑，土质较硬。

XG3

位于 XT1107 内，延伸至探方外。开口于 2 层下，打破 3、5 层。沟口平面呈长条状，斜
直壁，底近平（图一一五）。开口距地表深 0.35 米，揭露部分长 4、宽 1.15 米，沟深 0.32
米。填土呈灰褐色，土质较疏松，夹杂草木灰。出土瓷片、泥质灰陶片和砖瓦残片，可辨器
形有瓷碗、瓷罐和陶盆等。

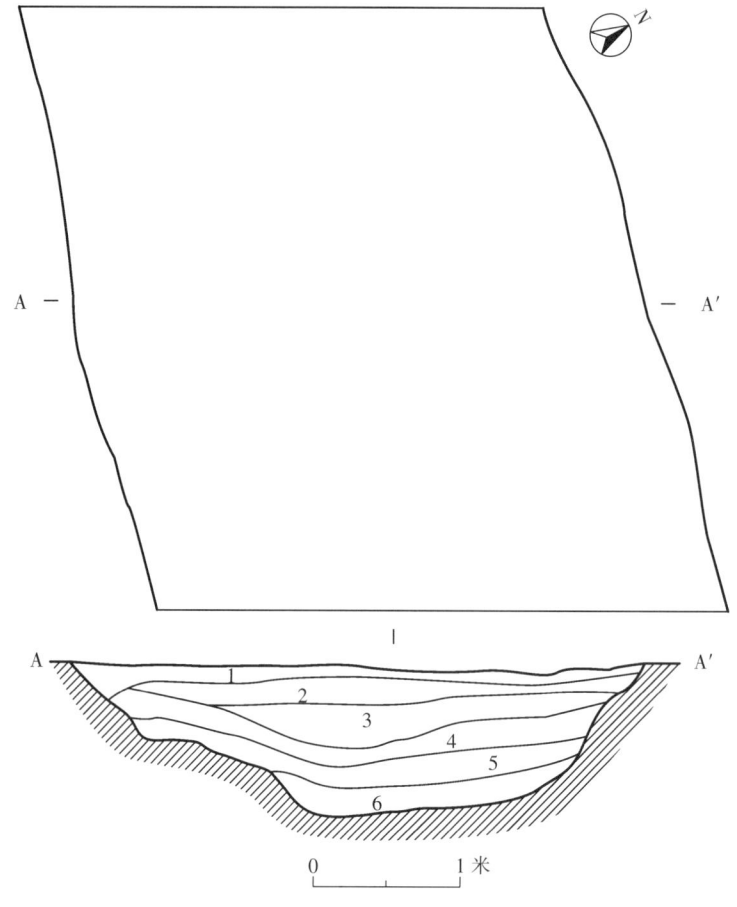

图一一六　西岸发掘区宋代遗迹 XG5 平、剖面图

XG5

位于 XT1106 北侧、XT1107 南部，延伸至探方外。开口于 3 层下，打破 4、5 层至生土。沟口平面呈长条状，斜壁，底较平（图一一六）。开口距地表深 0.4 米，长 4、宽 4.1 米，沟深 1 米。沟内堆积分 6 层：第 1 层，青灰土，土质较疏松，包含少量青瓷片和泥质灰陶片等。第 2 层，黄褐色土，土质较紧密，出土较多瓷片和灰陶片，可辨器形有瓷碗、罐、钵和陶盆等。第 3 层，黄灰色土，土质较疏松，夹杂有黄泥块、草木灰等，出有动物骨骼。第 4 层，灰褐色土，土质较松。第 5 层，灰黄色土，土质较松。第 6 层，灰黑色土，土质较紧密，夹杂红烧土颗粒。

（二）灰坑

清理灰坑 5 个，有圆形坑和方形坑两类。

1. 圆形坑

3 个，为 XH5、XH7、XH10。

XH5

位于 XT1101 东北部，延伸至探方外。开口于 3 层下，打破 H12。揭露部分平面呈半圆形，弧壁，底近平（图一一七）。

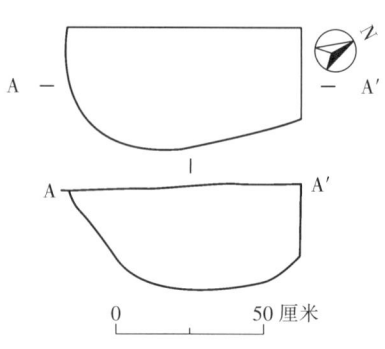

图一一七　西岸发掘区宋代遗迹
XH5 平、剖面图

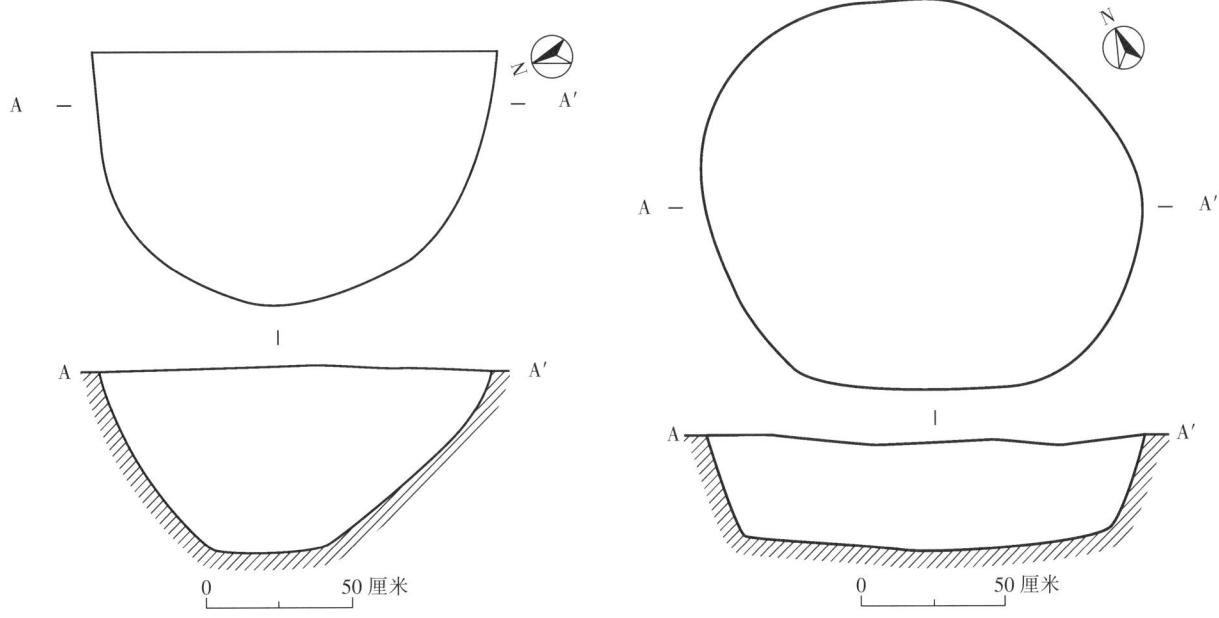

图一一八　西岸发掘区宋代遗迹 XH7 平、剖面图　　图一一九　西岸发掘区宋代遗迹 XH10 平、剖面图

开口距地表 0.6 米，长 0.8、宽 0.4 米，坑深 0.35 米。坑内为青灰土，土质疏松。出土少量青瓷碗残片。

XH7

位于 XT1101 东侧，向东延伸至探方外。开口于 3 层下，打破 3 至 7 层。揭露部分平面呈半圆形，斜壁，底近平（图一一八）。开口距地表 0.4 米，长 1.4、宽 0.8 米，坑深 0.6 米。填土为褐土，土质疏松。出土少量青瓷片，可辨器形有瓷碗等。

XH10

位于 XT1101 内。开口于 4 层下。坑口平面近圆形，斜壁，底近平（图一一九）。开口距地表 0.6 米，长 1.5、宽 1.3 米，坑深 0.4 米。坑内填灰土，土质较疏松。出土少量碎瓷片和泥质陶片，可辨器形有瓷碗等。

2. 方形坑

2 个，为 XH8、XH9。

XH8

位于 XT1104 东侧。开口于 4 层下，打破 7 层及 10 层。东坑口平面近方形，斜直壁，平底（图一二〇）。开口距地表深 0.9 米，长 1.22、宽 0.65 米，坑深 0.29 米。填土为灰褐色，土质疏松。出土少量青瓷片，可辨器形有瓷罐、瓷钵等。

XH9

位于 XT1104 西北部，向北伸入北隔梁。开口于 4 层下，打破 8 层。揭露部分平面近方形，坑壁斜直，底近平（图一二一）。开口距地表 0.95 米，长 1.05、宽 1 米，坑深 0.25 米。坑内填灰黄色土，土质较软。出土少量白瓷、青瓷残片和灰陶片。

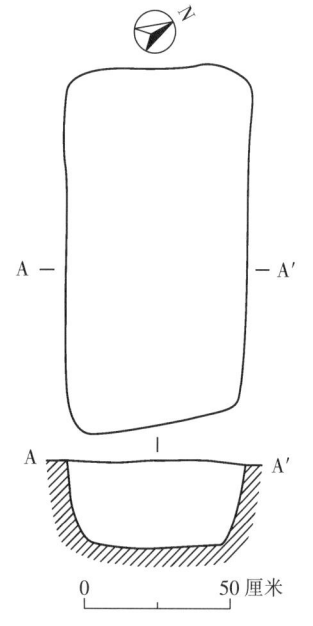

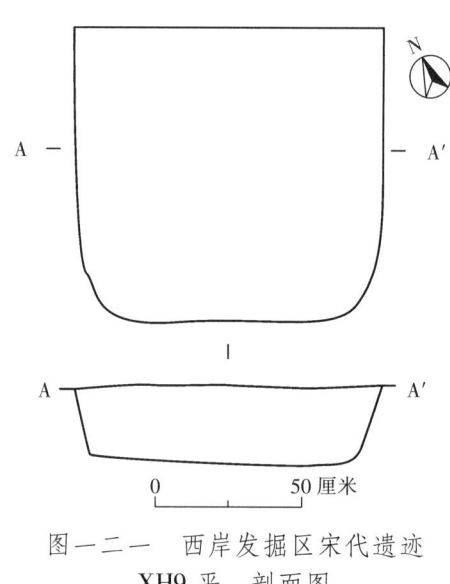

图一二〇　西岸发掘区宋代遗迹　　　　图一二一　西岸发掘区宋代遗迹
　　　　　XH8 平、剖面图　　　　　　　　　　　XH9 平、剖面图

（三）水井

2 口，分砖井和土坑井。

1. 砖井

1 处。

XJ1

位于 XT1221 西南部。开口于 4 层下，打破 5、6 层至生土。井口平面呈圆形，直筒状，底近平（图一二二；彩版一〇一）。井口直径 1 米，井底直径 1 米，井深 2.68 米。井的建造是首先挖圆形竖井穴，放置一层厚约 0.28 米的木板于井底，预留宽 0.06、高 0.12 米蓄水口，再以弧状榫卯青砖自下而上围砌，单排侧立围砌两层后，又置一层厚约 0.3 米的木板，然后再行围砌。弧状榫卯青砖残存 20 层，每层用砖 12 块，围砌井圈径 0.9 米，榫卯砖规格为 24.5 × 12 – 3.5 厘米。井内堆积分 2 层：第 1 层，灰黄土，土质湿黏，夹杂较多砖块、蚌壳等。第 2 层，青膏泥层，土质湿黏，出土少量瓷片，可辨有青瓷壶执手、灰陶罐残片等物。

2. 土坑井

1 处。

XJ2

位于 XT1209 东南部。开口于 3 层下，打破生土。井口平面呈圆形，向下截面为口小底大的袋状，井底呈圆形（图一二三）。距地面深 2.35 米，井口直径 1.2 米，井底直径 1 米，井深 1.8 米。井内为青灰色填土，较湿软。出土少量灰陶盆残片。

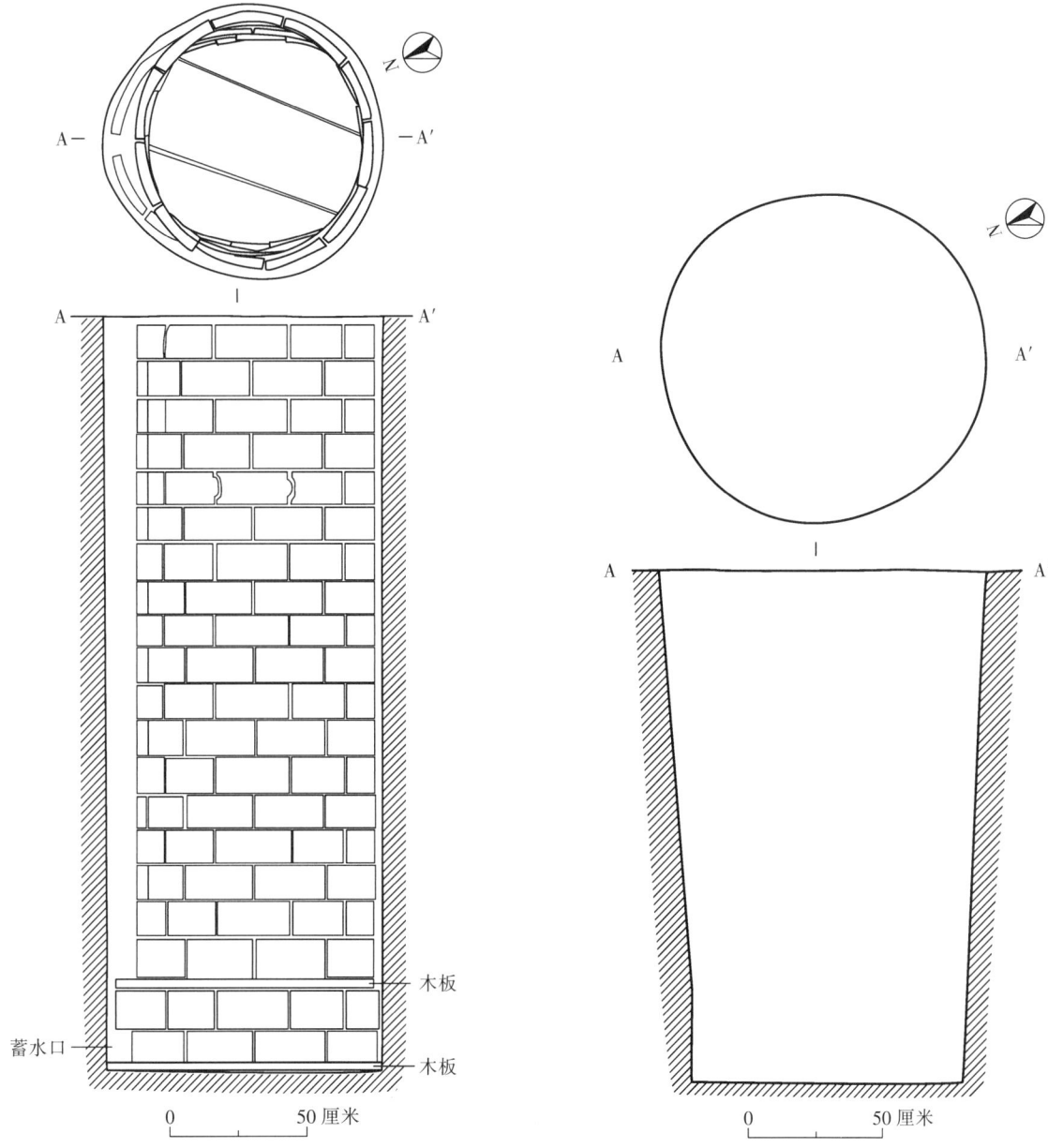

图一二二　西岸发掘区宋代遗迹 XJ1 平、剖面图　　图一二三　西岸发掘区宋代遗迹 XJ2 平、剖面图

（四）墓葬

1 座。

XM1

位于 XT1120 东南部。开口于 3 层下，打破 4 层。长方形竖穴土坑墓（图一二四，彩版一○二）。距地表深 0.55 米，墓圹长 2.26、宽 0.6 ~ 0.72 米，墓底长 2.2、宽 0.56 ~ 0.66 米，深 0.4 米。墓内填灰褐色花土，土质疏松。棺木已朽，可辨朽痕，木棺长 2、宽 0.47 ~ 0.6 米。骨架保存较差，仰身直肢葬，头向 353°，经鉴定为男性。随葬品较少，在骨架头端有 1 件酱釉罐，另见有 2 枚铜钱分散于骨架颈腹部及腿骨处，可辨为"太平通宝"。

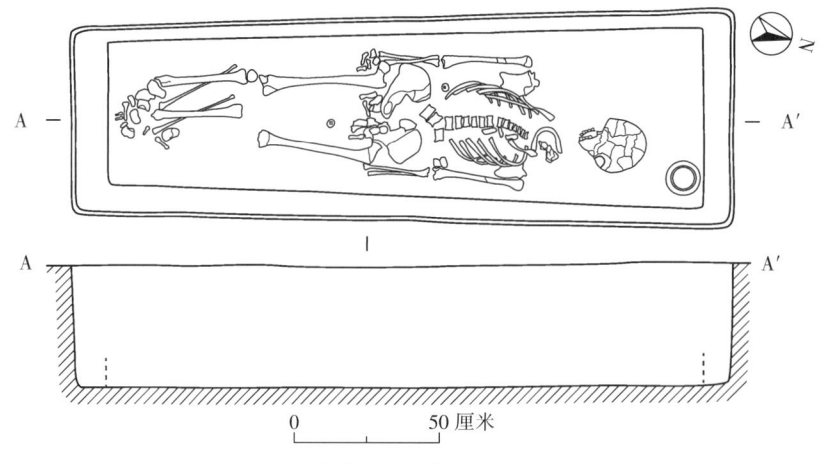

图一二四　西岸发掘区宋代遗迹 XM1 平、剖面图

二、遗物

（一）瓷器

碗

共 100 件。有 A 型、B 型、C 型、D 型和 F 型。

A 型　唇口，弧壁，矮圈足。共 2 件，可辨识有繁昌窑 1 件、未定窑口 1 件。

繁昌窑　1 件。

XT1119④：12，灰胎，青釉泛黄，内壁满釉，外壁半釉。口径 14.2、足径 6.8、高 5.5 厘米。（图一二五，1）

未定窑口　1 件。

XT1016④：3，灰胎，青白釉，外壁釉不及底，无釉处呈砖红色。口径 16.6、足径 7、高 6.9 厘米。（图一二五，2）

B 型　31 件。有 Ba 型、Bb 型和 Bc 型。

Ba 型　敞口，圆唇，弧壁，圈足。共 26 件，可辨识有龙泉窑 21 件、磁州窑 1 件、繁昌窑 1 件、未定窑口 3 件。

龙泉窑　21 件。以灰胎为主，施青釉或青黄釉。

青釉　20 件。

XG2②：3，外壁刻划浅浮雕效果的双重仰莲纹。灰胎，青釉泛墨绿，满釉，釉色光亮。口径 13、足径 4.8、高 5.3 厘米。（图一二五，3；彩版；彩版一〇三，1）

XTG1④：16，灰胎，青釉，半釉。口径 14.8、足径 6.4、高 5.5 厘米。（图一二五，4）

XTG1④：21，内壁刻划缠枝莲花纹，内底饰单株莲纹。灰胎，青釉泛绿，满釉，釉色光亮，有细小开片。口径 16、足径 6.2、高 7.1 厘米。（图一二五，5；彩版一〇三，2）

XTG1④：27，内壁刻划缠枝莲花纹。灰胎，青釉泛灰绿，釉色光亮，满釉，足底露胎。口径 16.5、足径 6.2、高 7.4 厘米。（图一二五，6）

XT1016④：2，足外缘斜削。内壁刻划卷叶兰草纹。灰白胎，青釉泛黄，釉色光亮匀净，有细小开片，足底露胎。口径 16.4、足径 6.4、高 7.3 厘米。（图一二六，1）

图一二五　西岸发掘区出土宋代 A、Ba 型瓷碗

1、2. A 型（XT1119④：12、XT1016④：3）　3～6. Ba 型（XG2②：3、XTG1④：16、XTG1④：21、XTG1④：27）（1 繁昌窑，3～6 龙泉窑，余未定窑口）

XT1016④：6，内壁刻划两朵莲花纹，内底款篆书"东海徐铭"四字。灰胎，青釉泛绿，釉色光亮，有开片，足底露胎。口径 16、足径 6.05、高 6.7 厘米。（图一二六，2；彩版一〇四，1）

XT1021③：1，内壁刻划缠枝兰草纹。灰胎，青釉泛黄，釉色光亮，底部露胎。口径 16.2、足径 6.1、高 7.1 厘米。（图一二六，3）

XT1119③：1，外壁刻划浅浮雕效果的仰莲纹，内壁刻划简易花卉纹，间饰篦划纹。灰白胎，青釉泛黄，釉色有开片，满釉，足底露胎。口径 12.8、足径 4.4、高 5.8 厘米。（图一二六，4）

XT1119③：5，器外壁压印仰莲纹。灰黄胎，青釉，圈足无釉。口径 16、足径 5.4、高 6.4 厘米。（图一二七，1；彩版一〇四，2）

图一二六　西岸发掘区出土宋代 Ba 型瓷碗
1. XT1016④：2　2. XT1016④：6　3. XT1021③：1　4. XT1119③：1（龙泉窑）

　　XT1119④：5，器口内饰一周细弦纹。灰胎，青釉泛灰绿，满釉，足底露胎，釉色有开片。口径 15.6、足径 6、高 6 厘米。（图一二七，2）

　　XT1119④：8，外壁饰莲瓣纹。灰胎，青釉泛灰绿，釉色有开片，满釉，足底露胎。口径 16.4、足径 6、高 6.4 厘米。（图一二七，3）

　　XT1120③：6，外壁刻划浮雕效果的仰莲纹，内壁近底处有一周弦纹。灰胎，青釉泛灰绿，满釉，足底露胎，釉色光亮。口径 15.5、足径 5.5、高 6.5 厘米。（图一二七，4；彩版一〇五，1）

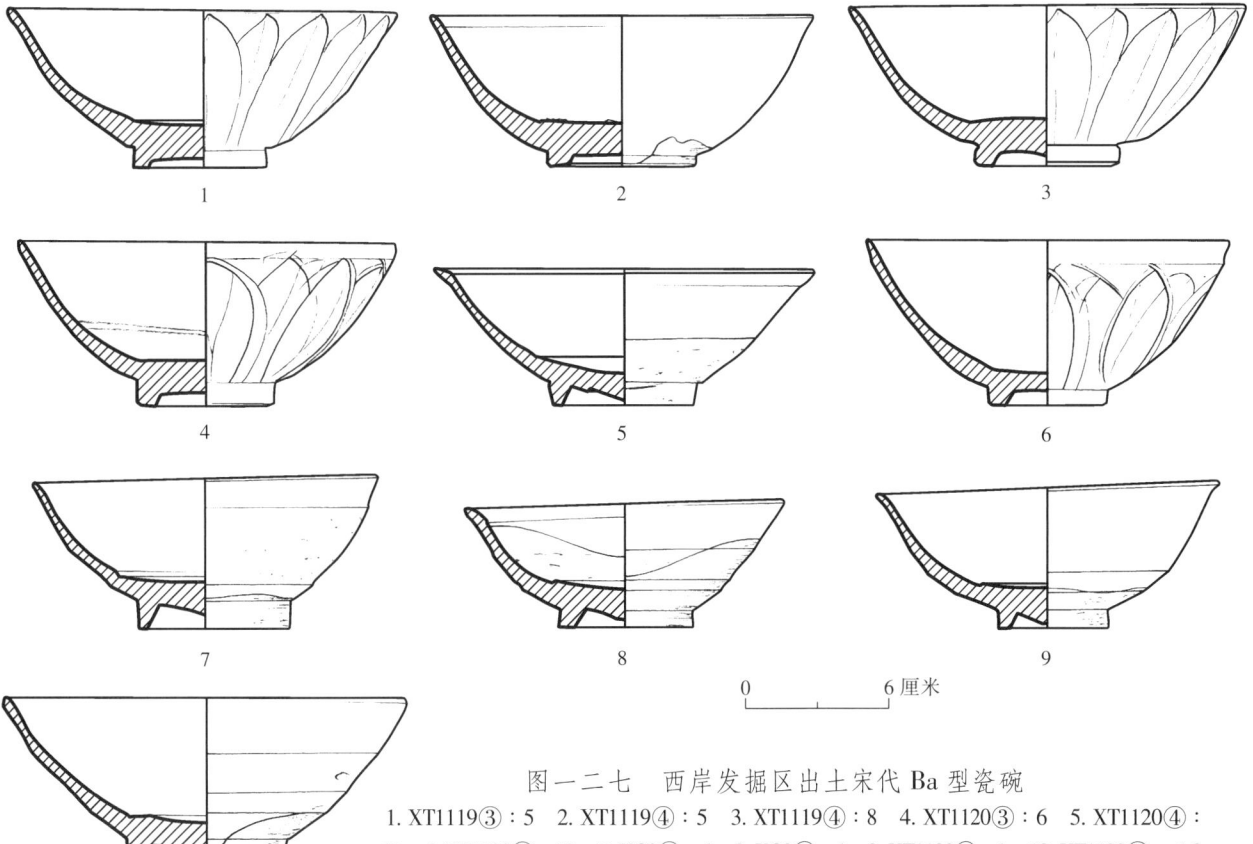

图一二七　西岸发掘区出土宋代 Ba 型瓷碗
1. XT1119③:5　2. XT1119④:5　3. XT1119④:8　4. XT1120③:6　5. XT1120④:
11　6. XT1120④:12　7. XG2②:4　8. XG2④:1　9. XT1120③:1　10. XT1120③:16
(1~6 龙泉窑，7 繁昌窑，余未定窑口)

XT1120③:13，内壁刻划缠枝莲花纹，内底划牡丹纹。灰白胎，青釉泛黄，釉色光亮，有开片，满釉，足底露胎。口径 16、足径 6、高 7.2 厘米。(图一二八，1；彩版一〇五，2)

XT1120③:14，内壁口下部有一周凹弦纹，其下刻划篦划纹。灰褐胎，青釉泛黄，釉色光亮，有细小开片，满釉，足底露胎。口径 15.6、足径 6.4、高 6.7 厘米。(图一二八，2)

XT1120③:18，外壁饰数周凹弦纹，内壁口下部有一周凹弦，其下刻划篦划纹。灰褐胎，青釉泛黄，釉色光亮，有细小开片，足底露胎。口径 15.8、足径 5.8、高 6.7 厘米。(图一二八，3；彩版一〇六，1)

XT1120④:11，器内底及足脊留见支钉块状痕。灰胎，青釉泛灰，内壁满釉，外壁半釉。口径 15.6、足径 5.8、高 5.4 厘米。(图一二七，5)

XT1120④:12，外壁刻划浮雕效果的仰莲纹。灰胎，青釉泛黄，满釉，足底露胎。口径 15、足径 4.8、高 6.6 厘米。(图一二七，6)

XT1120④:17，内壁口下是一周弦纹，其下刻划缠枝莲花纹，内底划单株莲花纹。灰胎青釉泛黄，满釉，釉色莹润。口径 16.4、足径 6.1、高 7 厘米。(图一二八，4；彩版一〇六，2)

XT1218①:1，内外壁口沿下皆饰一周弦纹，内壁刻划缠枝花草纹，内底刮划涡纹。灰胎，青釉泛绿，满釉，足底露胎，有开片。口径 16.6、足径 6.2、高 7.4 厘米。(图一二九，1)

图一二八　西岸发掘区出土宋代 Ba 型瓷碗
1. XT1120③：13　2. XT1120③：14　3. XT1120③：18　4. XT1120④：17（龙泉窑）

XT1219①：1，内壁口下部有一周凹弦纹，其下刻划缠枝莲纹，内底刻划单株莲花。灰胎，青釉泛灰绿，满釉，釉色光亮，有开片。口径15.1、足径5.9、高7.1厘米。（图一二九，2）

青黄釉　1件。

XT1120④：1，内壁刻划缠枝莲花纹，内底饰单柱莲花纹。灰胎，青黄釉，满釉，足底无釉。口径16.4、足径6、高7.6厘米。（图一二九，3；彩版一〇七，1）

图一二九　西岸发掘区出土宋代 Ba 型瓷碗
1. XT1218①：1　2. XT1219①：1　3. XT1120④：1　4. XT1016④：9（1～3 龙泉窑，4 磁州窑）

磁州窑　1 件。

XT1016④：9，白地黑花。内壁绘缠枝兰草纹。黄褐胎，施透明釉，足部露胎，积釉处有开片。口径 14.9、足径 5.5、高 5.3 厘米。（图一二九，4；彩版一○七，2）

繁昌窑　1 件。

XG2②：4，灰白胎，白釉泛灰，釉色光亮，有细小开片，满釉，足底露胎。口径 14.1、

足径6.1、高6.2厘米。（图一二七，7）

未定窑口　3件。胎体呈灰色，均施青釉。

XG2④：1，灰胎，青釉泛灰，釉色光亮，内外壁施半釉。口径13.1、足径5.5、高5.1厘米。（图一二七，8）

XT1120③：1，灰胎，青釉泛灰，内壁满釉，外壁釉不及底，釉色不匀，有开片。口径14.2、足径4.6、高5.6厘米。（图一二七，9；彩版一〇八，1）

XT1120③：16，灰白胎，青釉泛黄，釉色不匀，外壁上有细小开片，满釉，足底露胎。口径16.6、足径6.3、高6.6厘米。（图一二七，10）

Bb 型　花口，圆唇，弧壁，矮圈足。共3件，均为龙泉窑产品，胎体呈灰、灰白色，质细腻，施青釉，光泽度高。

XTG1④：25，内壁五出筋。灰胎，青釉泛绿，釉色光亮，有细小开片，满釉，足底露胎。内底釉下款书"河滨遗范"。口径14.2、足径4.6、高5.2厘米。（图一三〇，1；彩版一〇八，2）

XT1120③：4，内壁及内底压印缠枝牡丹与莲花纹饰，外壁压印凹棱。灰白胎，胎质细腻，青绿釉，釉色莹润。口径15.8、足径6.2、高7.3厘米。（图一三〇，3；彩版一〇九，1）

XT1120④：18，内壁五出筋。足底墨书"郏"字。灰胎，胎质细腻，青釉泛湖绿，釉色光亮，有开片，足底露胎。口径13.2、足径5、高5.8厘米。（图一三〇，2；彩版一〇九，2）

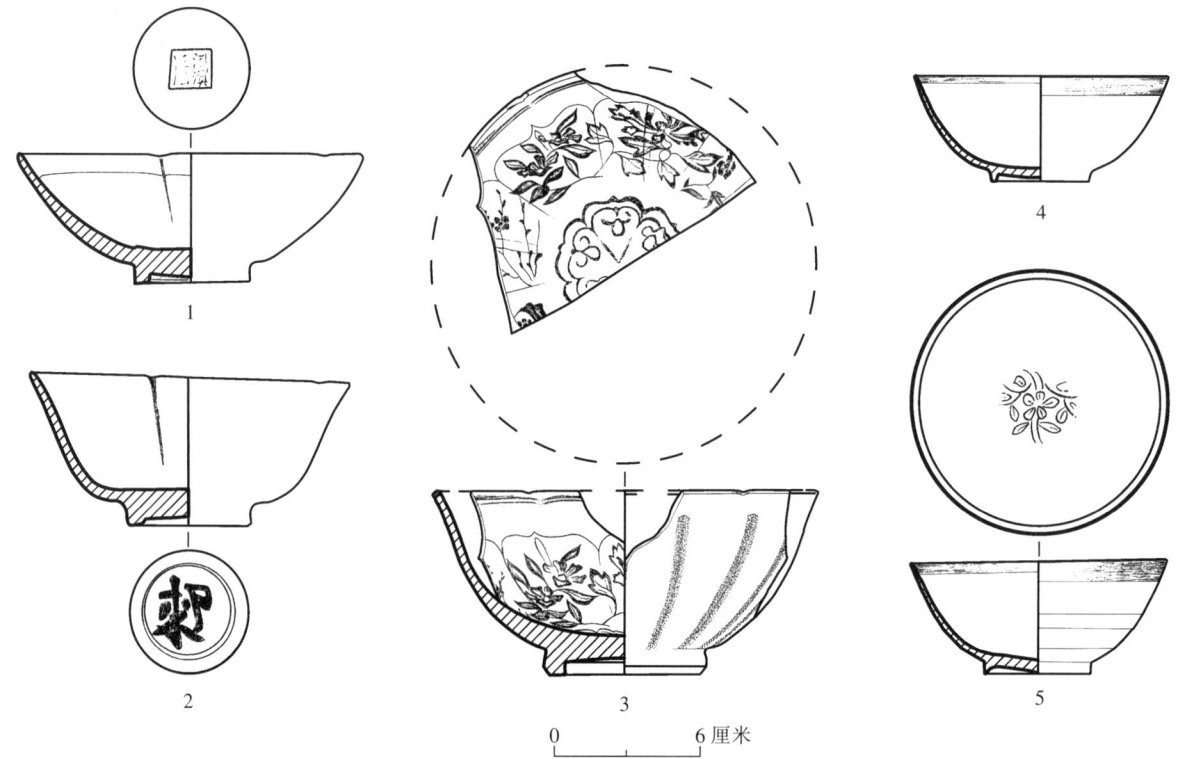

图一三〇　西岸发掘区出土宋代 Bb、Bc 型瓷碗

1～3. Bb 型（XTG1④：25、XT1120④：18、XT1120③：4）　4、5. Bc 型（XT1108③：3、XT1G1④：23）（1～3龙泉窑，4、5景德镇窑）

Bc 型　芒口，方唇，弧壁，圈足。共 2 件，均为景德镇窑产品，胎体呈灰白色，青白釉，口沿处无釉，为芒口器。

XT1108③∶3，敞口。灰白胎，胎壁薄，青白釉，釉色明亮，口沿无釉。口径 10.4、足径 4、高 4.2 厘米。（图一三〇，4）

XTG1④∶23，敞口。内底压印兰草纹。灰白胎，胎轻薄，青白釉，满釉，口沿无釉。口径 10.5、足径 4.4、高 4.6 厘米。（图一三〇，5；彩版一一〇，1）

C 型　敞口，圆唇，弧直壁，浅腹，矮圈足。共 10 件，可辨识有龙泉窑 5 件、繁昌窑 1 件、未定窑口 4 件。

龙泉窑　5 件。胎体多呈灰白色，施青釉或青白釉。

青釉　4 件。

XT1120③∶24，灰胎，青釉泛灰，满釉，足底露胎。口径 16.4、足径 7.2、通高 4.7 厘米。（图一三一，1）

XT1129①∶10，灰白胎，青釉，釉色光亮。外壁半釉，内壁满釉，外壁施釉至口下部。口径 14.7、足径 4.9、高 4.9 厘米。（图一三一，2）

XT1210①∶1，足底墨书"十"字符号。红褐胎，青釉泛灰，釉色光亮，有细小开片，内壁满釉，外壁釉不及底。口径 14.6、足径 6、高 4.5 厘米。（图一三一，3；彩版一一〇，2）

XT1229①∶1，近底处旋削一周，内底见叠烧痕。灰胎，青釉，内壁满釉，外壁半釉。口径 14.2、足径 6.1、高 4.1 厘米。（图一三一，4）

青白釉　1 件。

XG2⑤∶3，灰白胎，青白釉，内壁满釉，外壁釉不及底。口径 13.8、足径 6.4、高 4.1 厘米。（图一三一，5）

繁昌窑　1 件。

XTG1④∶36，内壁口下部饰一道凹弦纹，其下刻划篦划纹。灰胎，青白釉，釉色光亮，满釉，足底露胎。口径 13.6、足径 5.5、高 3.8 厘米。（图一三一，7）

未定窑口　4 件。胎体黄褐色或灰色，均施青釉。

XT1128①∶3，内壁饰篦划纹。黄褐色胎，青釉，釉色光亮，足底无釉。口径 12.8、足径 5.6、高 3.6 厘米。（图一三一，6）

XT1128①∶5，内壁饰篦划纹。黄褐色胎，青釉，釉色光亮，足底无釉。口径 13.2、足径 6.1、高 3.5 厘米。（图一三一，8）

XT1212①∶4，内壁口沿下饰一周弦纹，其下刻划篦划涡纹。灰白胎，青釉泛灰，釉色光亮，有细小开片，满釉，足底露胎。口径 12.6、足径 4.9、高 3.5 厘米。（图一三一，9）

XT1234①∶7，内壁刻划篦线卷草纹。灰胎，青釉泛灰，釉色光亮有开片，内壁满釉，外壁半釉，有流釉痕。口径 15.5、足径 5.7、高 5 厘米。（图一三一，10）

D 型　10 件，有 Da 型和 Db 型。

Da 型　敞口，圆唇，弧腹略垂，高圈足。共 6 件，可辨识有景德镇窑 1 件、未定窑口 5 件。

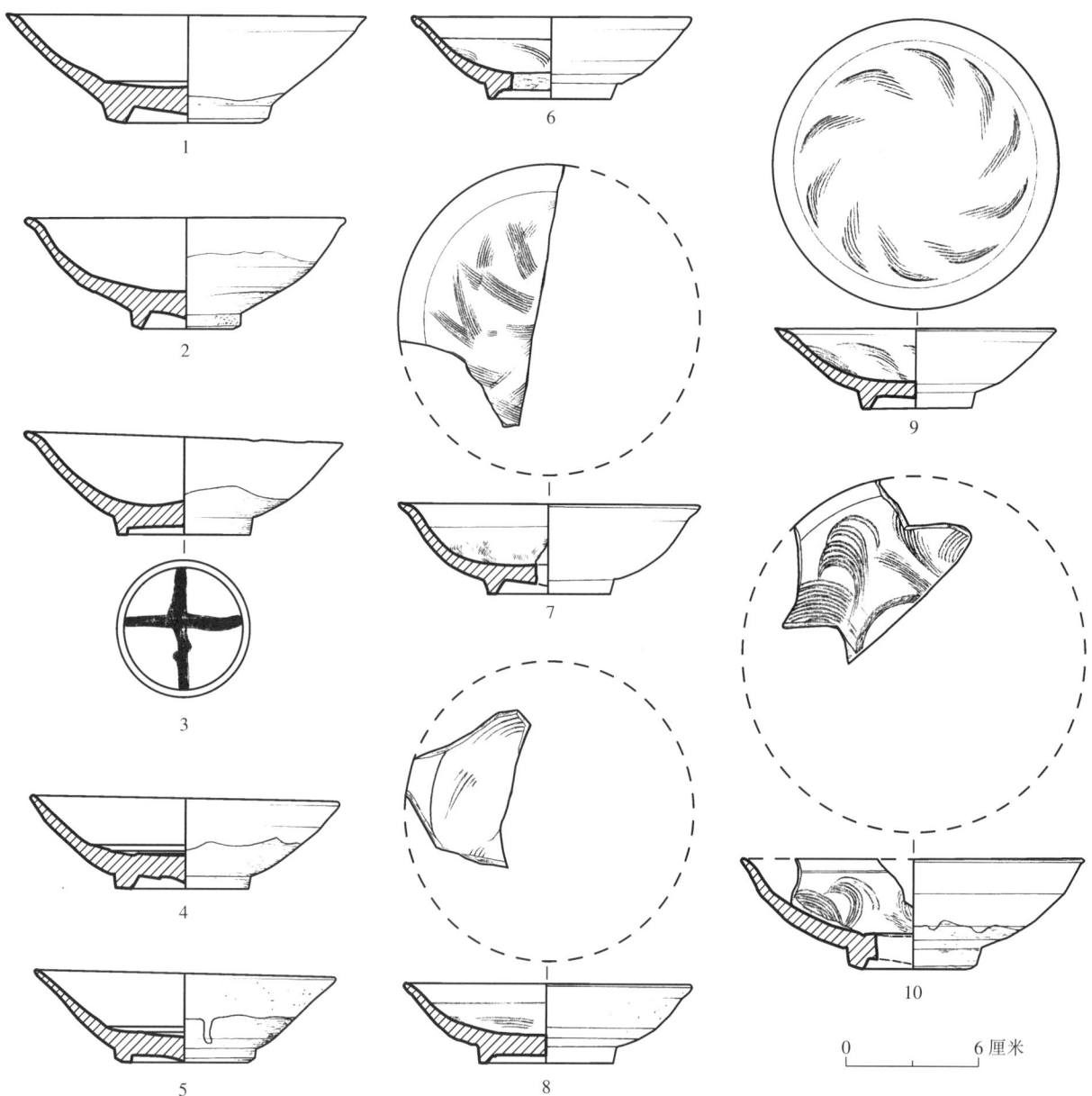

图一三一　西岸发掘区出土宋代 C 型瓷碗

1. XT1120③：24　2. XT1129①：10　3. XT1210①：1　4. XT1229①：1　5. XG2⑤：3　6. XT1128①：3　7. XTG1④：36　8. XT1128①：5　9. XT1212①：4　10. XT1234①：7（1～5龙泉窑，7繁昌窑，余未定窑口）

景德镇窑　1件。

XTG1④：32，外壁刻划折扇纹，足底有墨书痕迹。灰胎，青釉泛灰，釉色光亮。口径16、足径6、高7.2厘米。（图一三二，1）

未定窑口　5件。胎体以灰白色为主，釉色分青釉、青白釉和白釉。

青釉　2件。

XTG1④：39，外壁刻划折扇纹。灰胎，青釉泛灰。口径16.2、足径6.4、高7.8厘米。（图一三二，2）

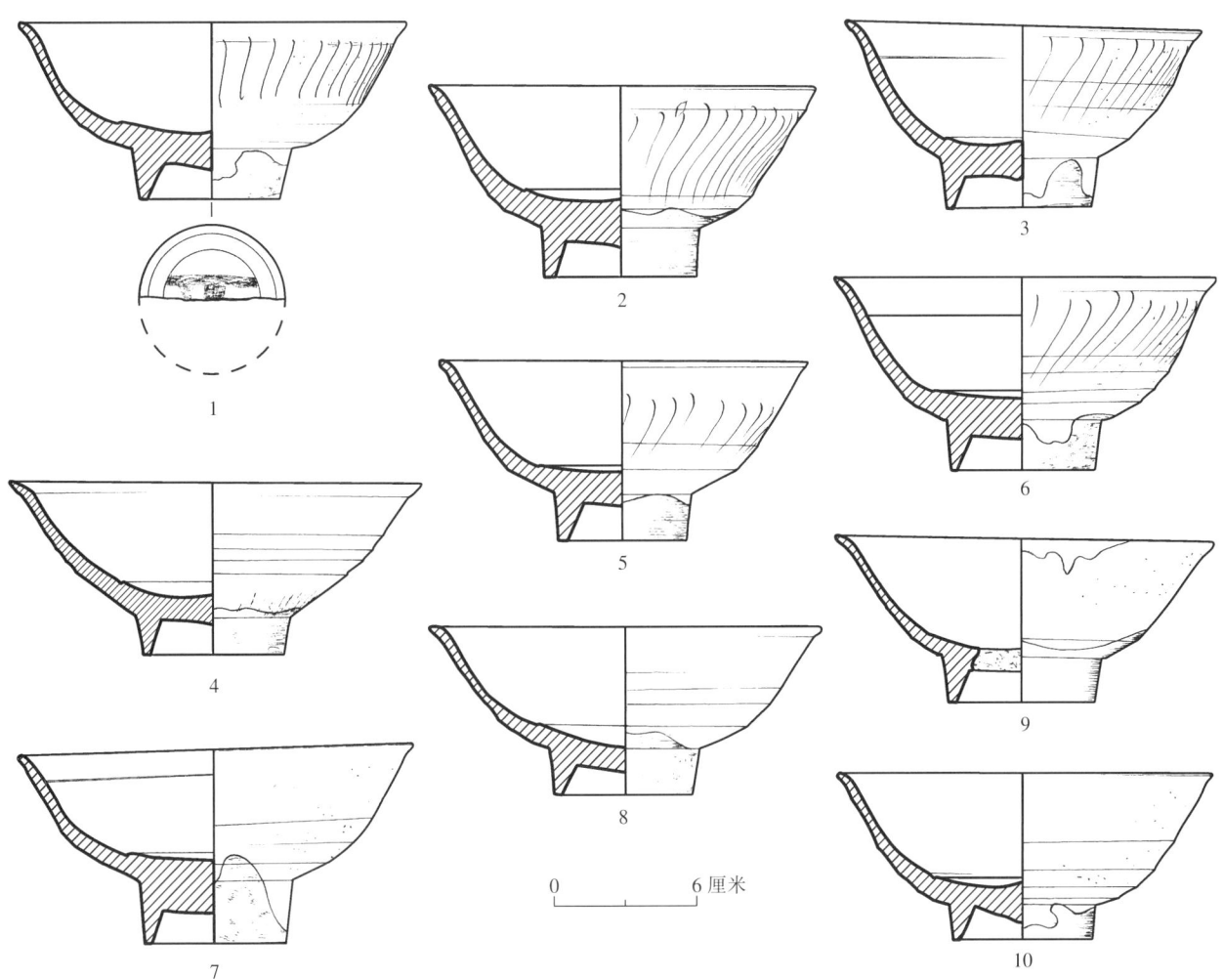

图一三二 西岸发掘区出土宋代 D 型瓷碗

1～6. Da 型（XTG1④：32、XTG1④：39、XT1016④：1、XT1106③：2、XT1231①：5、XG2②：5） 7～10. Db 型
（XH7：1、XT1106③：3、XT1206③：2、XT1218②：1）（1 景德镇窑，7、8 繁昌窑，余未定窑口）

XT1016④：1，外壁刻划折扇纹。灰白胎，青釉泛白，釉色光亮，足底露胎。口径 15.1、
足径 6.2、高 7.7 厘米。（图一三二，3）

青白釉 2 件。

XT1106③：2，内壁近底处下凹一周。灰白胎，青白釉泛灰，釉色局部有细小开片，内壁
满釉，外壁施釉不及底。口径 17.3、足径 5.9、高 7 厘米。（图一三二，4）

XT1231①：5，外壁刻划折扇纹。灰白胎，青白釉泛灰，满釉，釉色光亮，足底露胎。口
径 15.4、足径 5.3、高 7.3 厘米。（图一三二，5）

白釉 1 件。

XG2②：5，灰白胎，白釉泛灰，足底露胎。内壁口沿下饰一周凹弦纹，外壁口沿及腹下
部饰弦纹，其间刻划折扇纹。口径 16.1、足径 6.1、高 7.9 厘米。（图一三二，6；彩版一一
一，1）

Db 型 敞口微侈，圆唇，弧腹，高圈足。4 件，可辨识有繁昌窑 2 件、未定窑口 2 件。

繁昌窑　2件。胎体呈灰色，釉色有青釉和青白釉两种。

XH7：1，内壁口沿下饰一周弦纹。灰胎，青釉泛灰，足底露胎。口径16.4、足径5.9、高8厘米。（图一三二，7）

XT1106③：3，内壁近底处下凹一周。灰白胎，青白釉泛灰，内壁满釉，外壁釉不及底。口径16.5、足径5.8、高6.8厘米。（图一三二，8）

未定窑口　2件。均为灰胎，青釉。

XT1206③：2，灰胎，青釉泛灰，足底无釉。口径16、足径6、高6.7厘米。（图一三二，9）

XT1218②：1，灰胎，青釉，釉色光亮，有细小开片。口径15.9、足径5.9、高6.8厘米。（图一三二，10）

F型　大敞口，小圈足，45件。有Fa型和Fb型。

Fa型　深腹。敞口微侈，弧壁，深腹，圈足。共32件，可辨识有龙泉窑30件、未定窑口2件。

龙泉窑　30件。胎体呈灰色，胎色不纯，均施青釉，泛黄或泛绿。

XG2③：1，外壁刻划折扇纹。灰胎，青釉泛灰，釉色光亮，有开片，内壁满釉，外壁半釉。口径16、足径5.3、高7.3厘米。（图一三三，1）

XG2④：2，足底缘旋削。外壁刻划折扇纹。足底缘旋削。外壁刻划折扇纹。灰胎，青釉泛灰，釉色光亮，内壁满釉，外壁半釉。口径15.6、足径5.2、高6.5厘米。（图一三三，2）

XG2⑤：1，内壁刻划篦划纹，外壁刮划扇骨纹。灰胎，青釉泛绿，有开片。釉色不匀，内壁满釉，外壁半釉，足底露胎，有流釉痕。口径17.4、足径5.6、高7.6厘米。（图一三四，1）

XG2⑤：2，灰胎，青釉泛灰绿，釉色光亮，有开片，内壁满釉，外壁半釉。口径16.6、足径5.2、高6.5厘米。（图一三三，3）

XG2⑥：2，灰胎，青釉泛黄，内壁满釉，外壁半釉。口径16、足径5、高7.2厘米。（图一三三，4）

XTG1④：9，内壁剔划简易花草纹。腹下部墨书一"朱"字，足底墨书漫漶不清。灰黄胎，青釉泛黄，釉色光亮，有细小开片。口径16.4、足径5.2、高6.7厘米。（图一三五，1；彩版一一一，2）

XTG1④：13，内壁刻划卷草纹，填充篦线纹，外壁刻划折扇纹。青灰胎，胎质细腻，青釉泛黄，内壁满釉，外壁半釉，有流釉痕。口径16.7、足径5.5、高6.8厘米。（图一三四，2）

XTG1④：15，内壁刻划团云纹，填饰篦划纹，足底有墨书。灰白胎，青釉泛灰，釉色光亮。口径17.6、足径6、高6.2厘米。（图一三五，2）

XTG1④：22，外壁刮划扇骨纹。灰胎，青釉，半釉。口径16.1、足径6.2、高6.6厘米。（图一三三，5）

XTG1④：24，内壁口下饰两周弦纹，外壁刮划扇骨纹。灰胎，青釉泛灰，釉色光亮，有细小开片，内壁满釉，外壁釉不及底。口径16.9、足径5.8、高7.1厘米。（图一三三，6；彩版一一二，1）

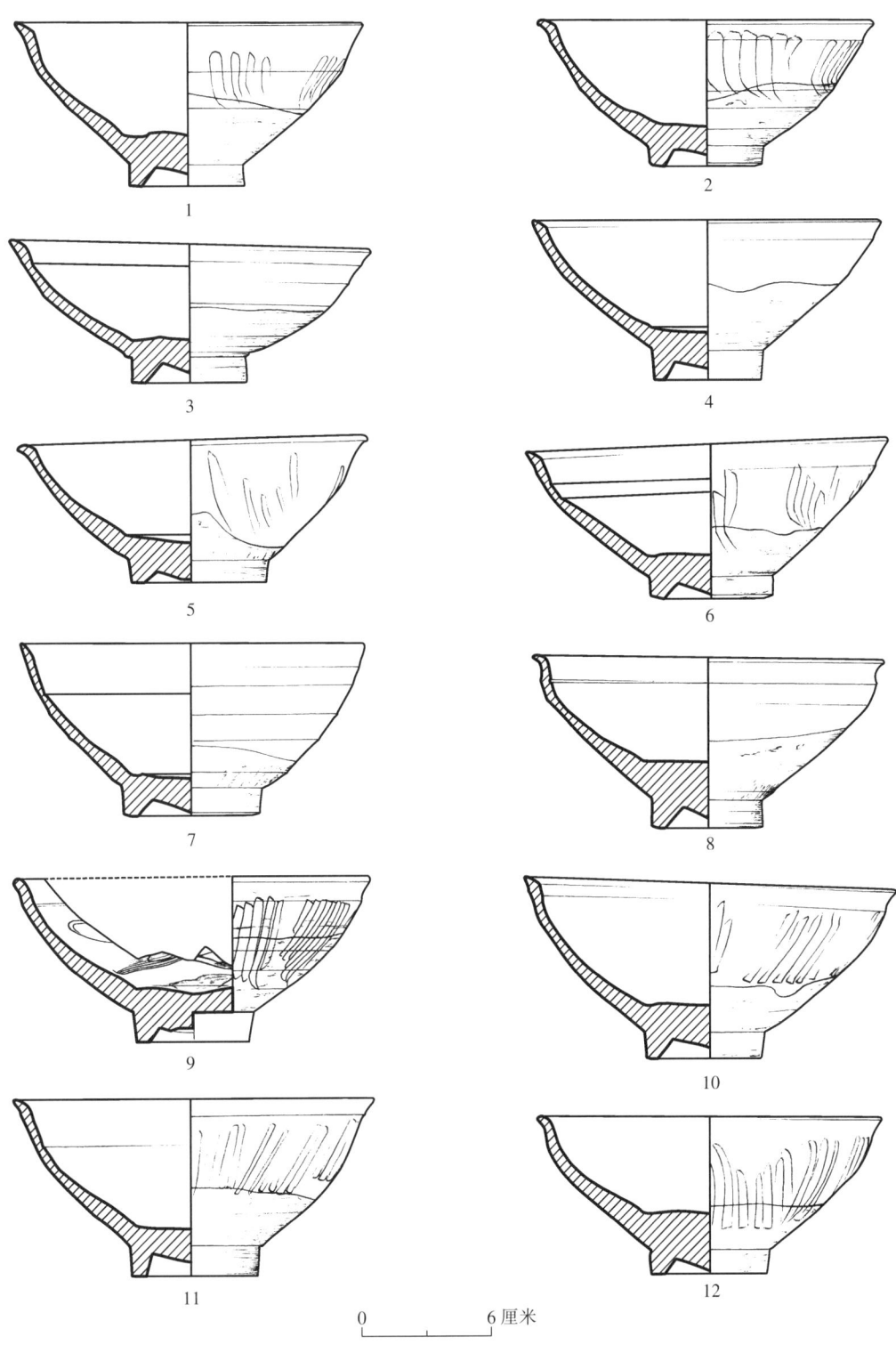

图一三三　西岸发掘区出土宋代 Fa 型瓷碗

1. XG2③：1　2. XG2④：2　3. XG2⑤：2　4. XG2⑥：2　5. XTG1④：22　6. XTG1④：24
7. XTG1④：31　8. XTG1④：41　9. XT1016④：7　10. XT1105③：2　11. XT1106③：1
12. XT1107③：1（龙泉窑）

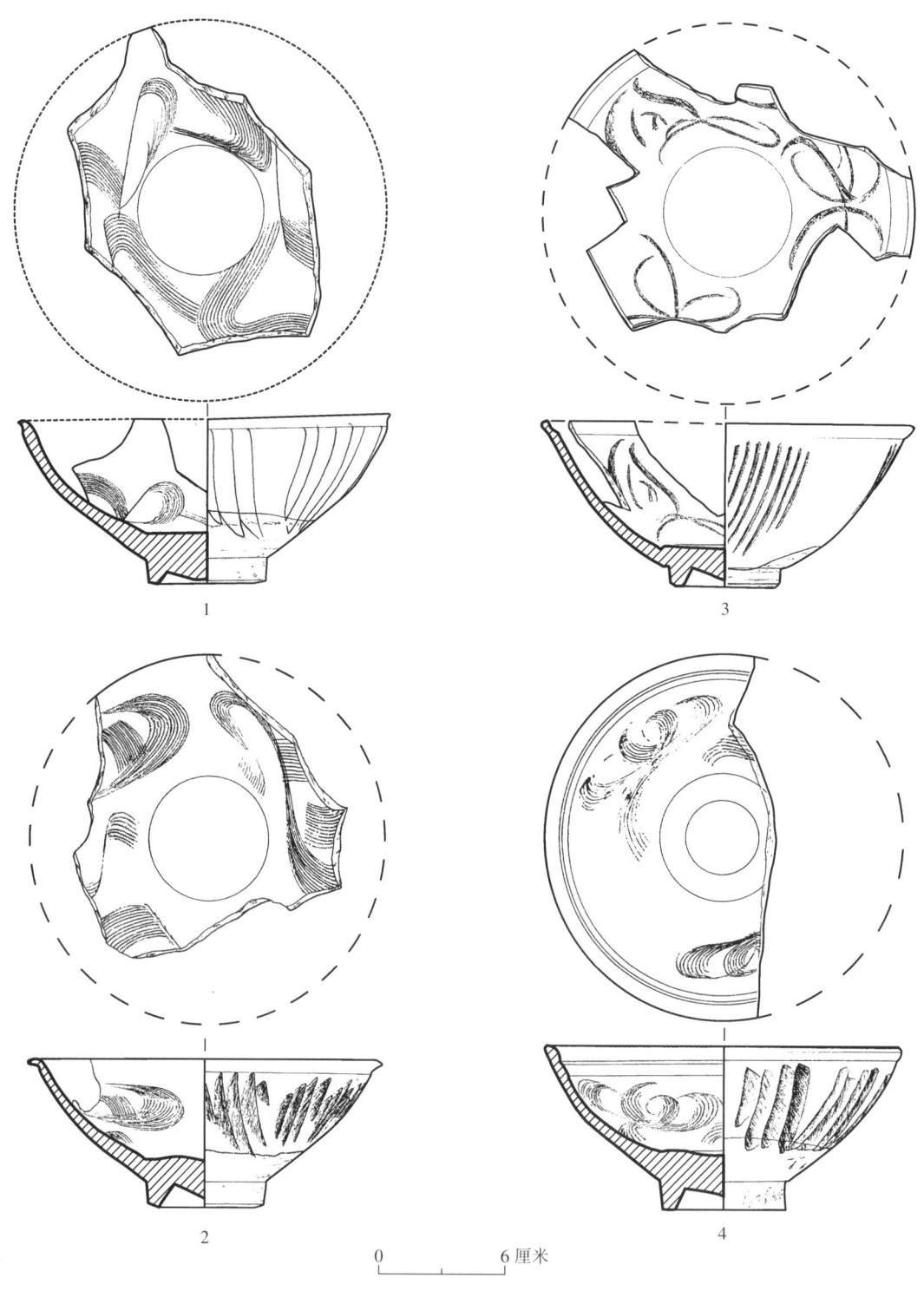

图一三四　西岸发掘区出土宋代 Fa 型瓷碗
1. XG2⑤：1　2. XTG1④：13　3. XTG1④：34　4. XT1106③：4（龙泉窑）

　　XTG1④：31，灰黄胎，青釉，内壁满釉，外壁半釉，有流釉痕。口径 15.8、足径 6.3、高 7.7 厘米。（图一三三，7）

　　XTG1④：34，内壁刻划卷草纹，外壁刮划扇骨纹。灰胎，青釉泛灰绿，釉色光亮。口径 17.4、足径 5、高 7.4 厘米。（图一三四，3）

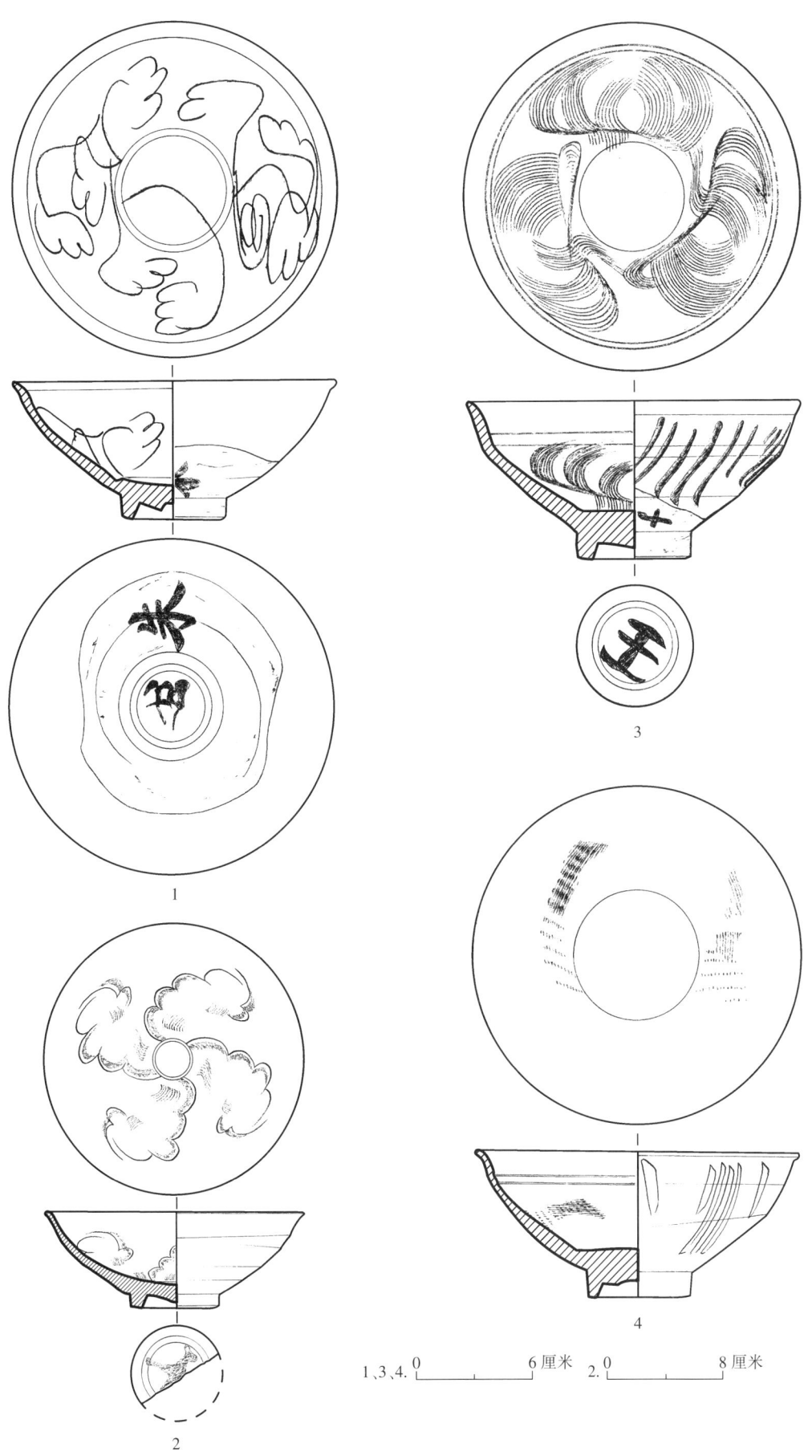

图一三五　西岸发掘区出土宋代 Fa 型瓷碗

1. XTG1④：9　2. XTG1④：15　3. XT1108④：4　4. XT1120③：8（龙泉窑）

XTG1④：41，内壁口下饰一周弦纹。灰胎，青泛绿，内壁满釉，外壁半釉。口径16.3、足径5.2、高7.5厘米。（图一三三，8）

XT1016④：7，外壁刻划扇骨纹，内壁见篦划纹。灰胎，青釉泛灰，釉色光亮，内壁满釉，外壁半釉。口径16.4、足径5.2、高7.3厘米。（图一三三，9）

XT1105③：2，外壁刮划扇骨纹。灰胎，青釉泛绿，釉色光亮，内壁满釉，外壁施釉至腹上部。口径17.3、足径5.4、高8.1厘米。（图一三三，10；彩版一一二，2）

XT1106③：1，外壁刮划一周扇骨纹。灰黄胎，青釉泛黄，釉色光亮，内壁满釉，外壁施釉至腹上部。口径16.6、足径5.7、高8.1厘米。（图一三三，11；彩版一一三，1）

XT1106③：4，灰白胎，青釉泛黄，内壁满釉，外壁釉不及底。器外壁刮划扇骨纹，内壁口部饰两道弦纹，其下刻划篦划纹。口径16.8、足径5.8、高7.5厘米。（图一三四，4；彩版一一三，2）

XT1107③：1，外壁刮划一周扇骨纹。灰胎，青釉泛绿，釉色光亮，有开片，内壁满釉，外壁施釉至腹上部。口径16、足径5.4、高7厘米。（图一三三，12）

XT1108③：1，内壁口下有一周凹弦纹。灰白胎，青釉泛黄，内壁满釉，外壁施釉至上腹部，釉色有细小开片。口径16.8、足径5、高6.9厘米。（图一三六，1）

XT1108④：1，内壁刻划简易花卉纹。灰胎，青釉泛黄，满釉，足底露胎。口径18.6、足径6、高6.7厘米。（图一三六，2）

XT1108④：2，内壁口沿下有一周凹弦纹，外壁下腹部刮划扇骨纹。灰白胎，青釉泛黄，内壁满釉，外壁施釉至上腹部，釉色有细小开片。口径15.8、足径5、高7.3厘米。（图一三六，3）

XT1108④：3，外壁下腹部刮划扇骨纹。灰胎，青釉泛绿，内壁满釉，外壁釉不及底。口径16.4、足径5.3、高7厘米。（图一三六，4）

XT1108④：4，外壁刮划扇骨纹，内壁饰篦划纹。腹下露胎处墨书"十"字，足底墨书"王"字。灰白色胎，青釉泛黄，釉色有细小开片，内壁满釉，外壁釉不及底。口径17.2、足径5.8、高7.8厘米。（图一三五，3；彩版一一四，1）

XT1120③：8，器外壁刻划扇骨纹，内壁上部饰弦纹，其下划篦划纹。灰胎，青釉泛绿，内壁满釉，外壁半釉。口径16.6、足径5.2、高7.3厘米。（图一三五，4；彩版一一四，2）

XT1120③：11，器内底上饰菊花纹。灰白胎，青釉泛黄，有开片，满釉。口径18.3、足径6.6、高6.4厘米。（图一三六，5）

XT1120③：19，内壁刻划莲花纹。灰白胎，青釉泛黄，有开片，足底露胎。口径17.6、足径6.2、高6.5厘米。（图一三六，6；彩版一一五，1）

XT1120④：3，青釉碗，敞口，弧壁，圈足残。内壁口沿下刻划两道弦纹，其下刻划篦线纹，外壁刻划折扇纹。灰胎，青釉，外壁施釉不及底。圈足处见墨书印记。口径15.9、足径约5.7、残高6.1厘米。（图一三七，1；彩版一一五，2）

XT1120④：16，灰黄胎，青釉泛黄，釉色光亮，有细小开片。口径16.5、足径5.8、高6.6厘米。（图一三七，2；彩版一一六，1）

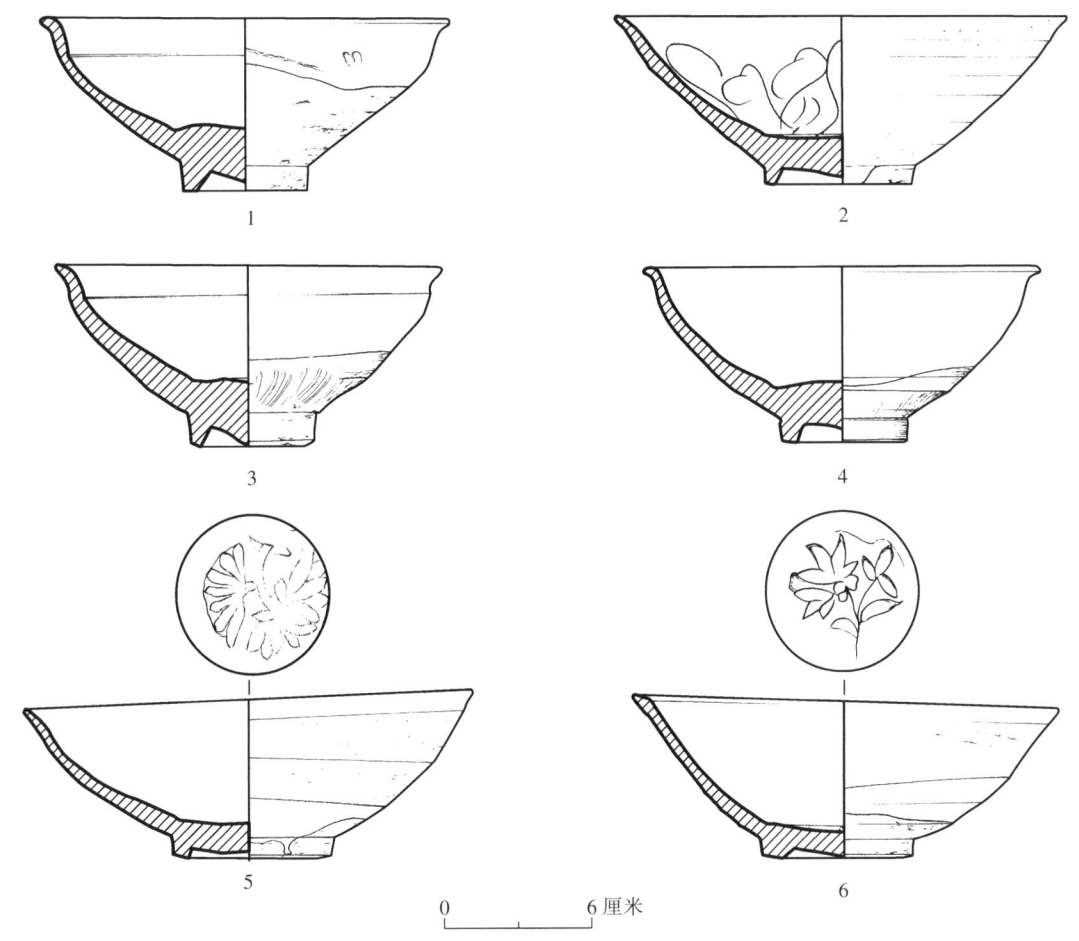

图一三六　西岸发掘区出土宋代 Fa 型瓷碗

1. XT1108③：1　2. XT1108④：1　3. XT1108④：2　4. XT1108④：3　5. XT1120③：11
6. XT1120③：19（龙泉窑）

XT1121③：1，灰胎，青绿釉，内壁满釉，外壁半釉，釉色光亮。口径 16.4、足径 5.1、高 6.7 厘米。（图一三七，3；彩版一一六，2）

XT1214①：4，内壁口沿下饰一周凹弦纹，内底留有三个支钉块状痕。灰胎，青釉泛灰绿，釉色光亮，外壁半釉，釉色不匀。口径 15.4、足径 4.9、高 7.2 厘米。（图一三七，4）

未定窑口　2 件。均为灰白胎，青釉。

XT1107②：1，灰白胎，青釉泛灰，内壁满釉，外壁半釉。口径 16.7、足径 5.5、高 7.4 厘米。（图一三七，5）

XT1119④：3，灰白胎，青釉泛黄，内壁满釉，外壁釉不及底，釉色有细小开片。口径 17.8、足径 6.2、高 6.2 厘米。（图一三七，6）

Fb 型　浅腹。敞口，尖圆唇，弧壁，浅腹，圈足。共 7 件，可辨识有龙泉窑 4 件、景德镇窑 2 件、繁昌窑 1 件。

龙泉窑　4 件。胎体多呈灰色，均青釉，釉色或偏青，或偏青白，或偏青黄。

青釉　3 件。

XTG1④：7，灰胎，青釉。内底饰菊瓣纹。口径 17.4、足径 6.2、高 6.9 厘米。（图一三八，1）

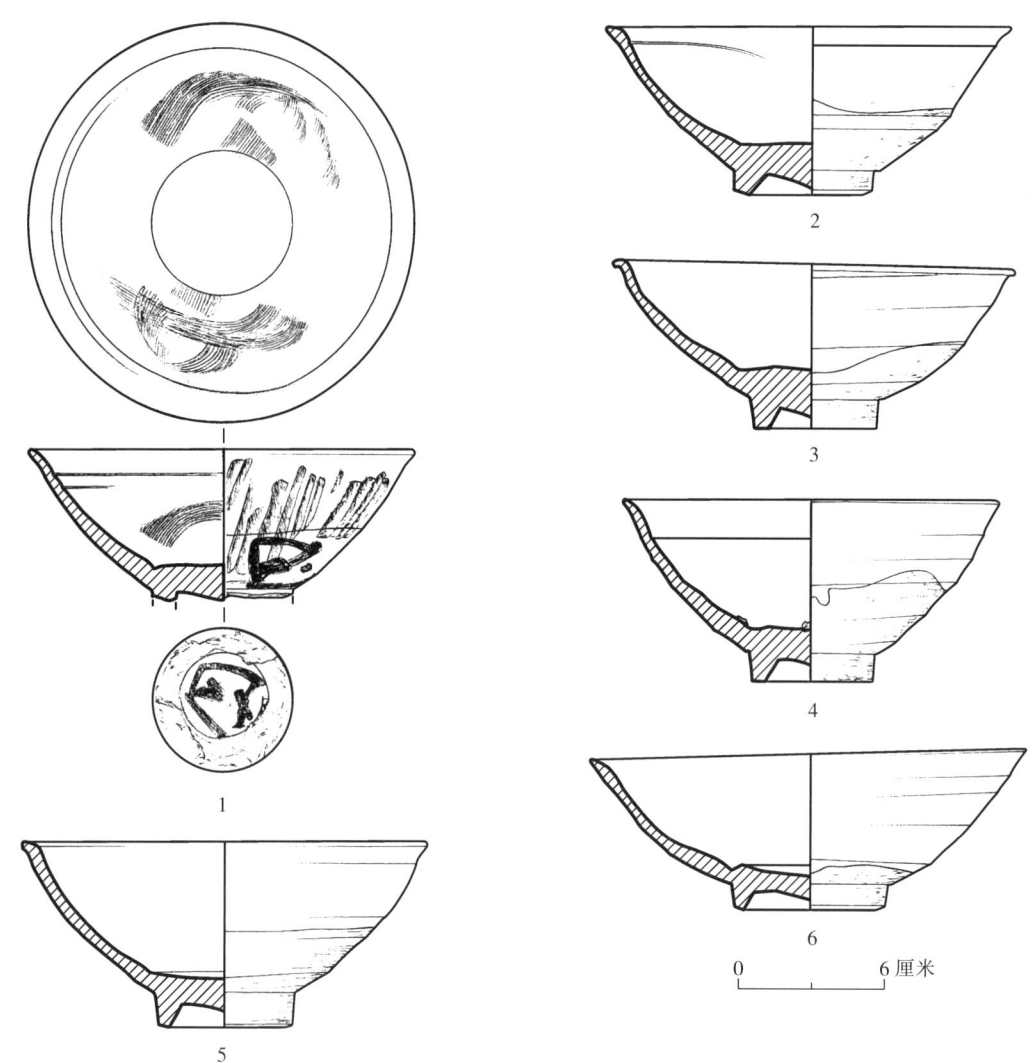

图一三七　西岸发掘区出土宋代 Fa 型瓷碗
1. XT1120④：3　2. XT1120④：16　3. XT1121③：1　4. XT1214①：4　5. XT1107②：1
6. XT1119④：3 (1~4 龙泉窑，余未定窑口)

XTG1④：14，内壁轻划简易花草纹。灰白胎，青釉泛灰，釉色光亮。口径 18.7、足径 6.5、高 6.7 厘米。(图一三八，2；彩版一一七，1)

XT1119④：1，灰白胎，青釉偏青白，足底无釉。内壁刻划篦线纹。口径 17.2、足径 5.3、高 6.6 厘米。(图一三八，3；彩版一一七，2)

青黄釉　1 件。

XT1120④：6，敞口，弧折腹，小平底。灰褐胎，青黄釉，外壁施釉不及底。内壁刻划篦线纹。口径 12、足径 4.4、高 4 厘米。(图一三八，4)

景德镇窑　2 件。胎体灰色，均施青白釉。

XTG1④：8，内壁刻划篦划卷草纹。灰白胎，青白釉，釉色光亮。口径 18.4、足径 5.8、高 5.8 厘米。(图一三九，1)

XTG1④：33，内壁刻划缠枝花草纹，填饰篦划纹。灰胎，青白釉，釉色光亮，满釉，足底

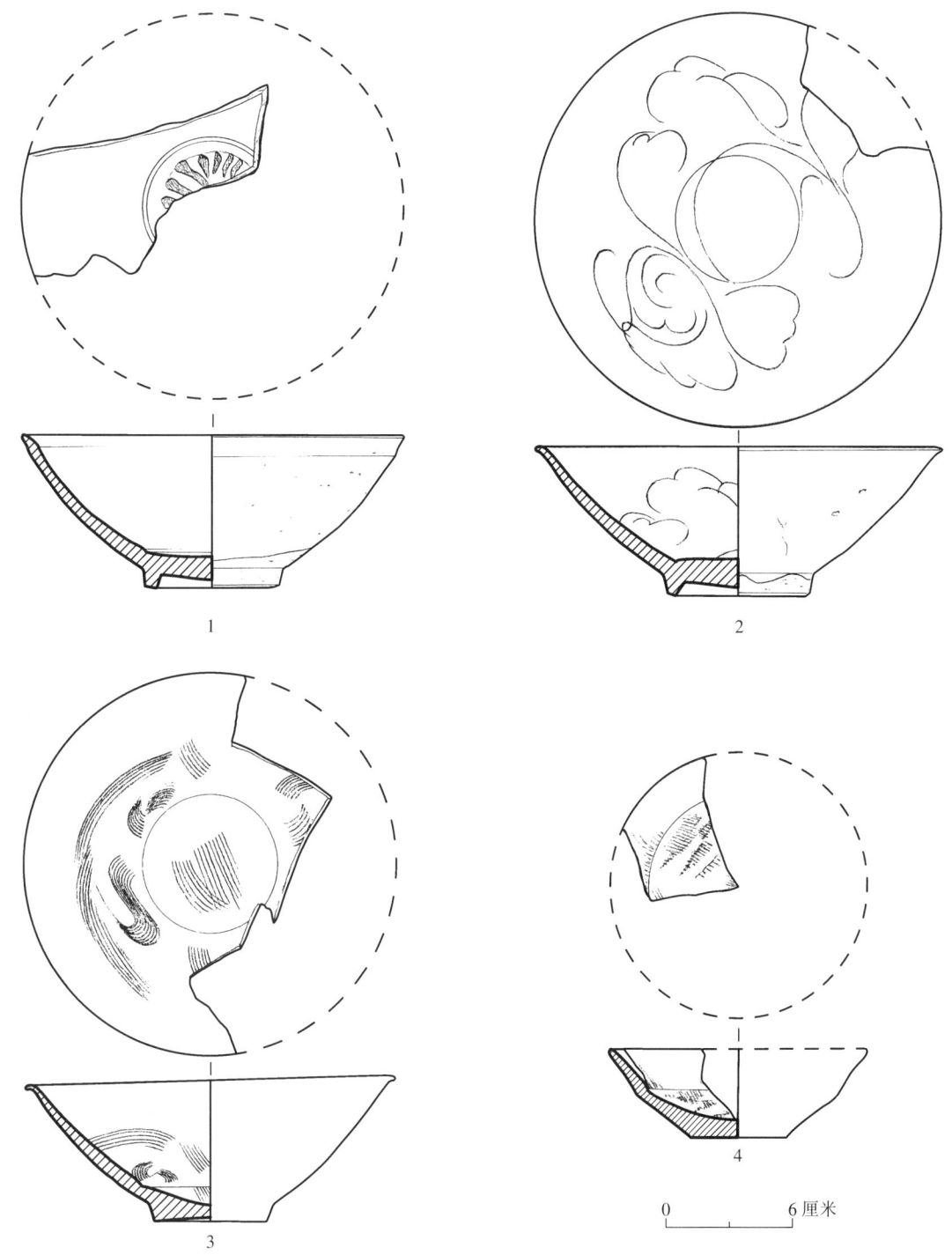

图一三八　西岸发掘区出土宋代 Fb 型瓷碗
1. XTG1④：7　2. XTG1④：14　3. XT1119④：1　4. XT1120④：6（龙泉窑）

露胎。足底墨书不清。口径17.6、足径5.6、高5.4厘米。（图一三九，2；彩版一一八，1）

　　<u>繁昌窑</u>　1件。

　　XTG1④：40，青釉碗，敞口微侈，尖圆唇，弧壁，假圈足。近底处旋削一周，内壁刻划卷草纹。灰胎，青釉泛黄，内壁满釉，外壁半釉。口径10、足径3、高3.7厘米。（图一三九，3）

　　Fc 型　花口，圆唇，弧壁，矮圈足。6件，可辨识有龙泉窑 3 件、景德镇窑 2 件、未定

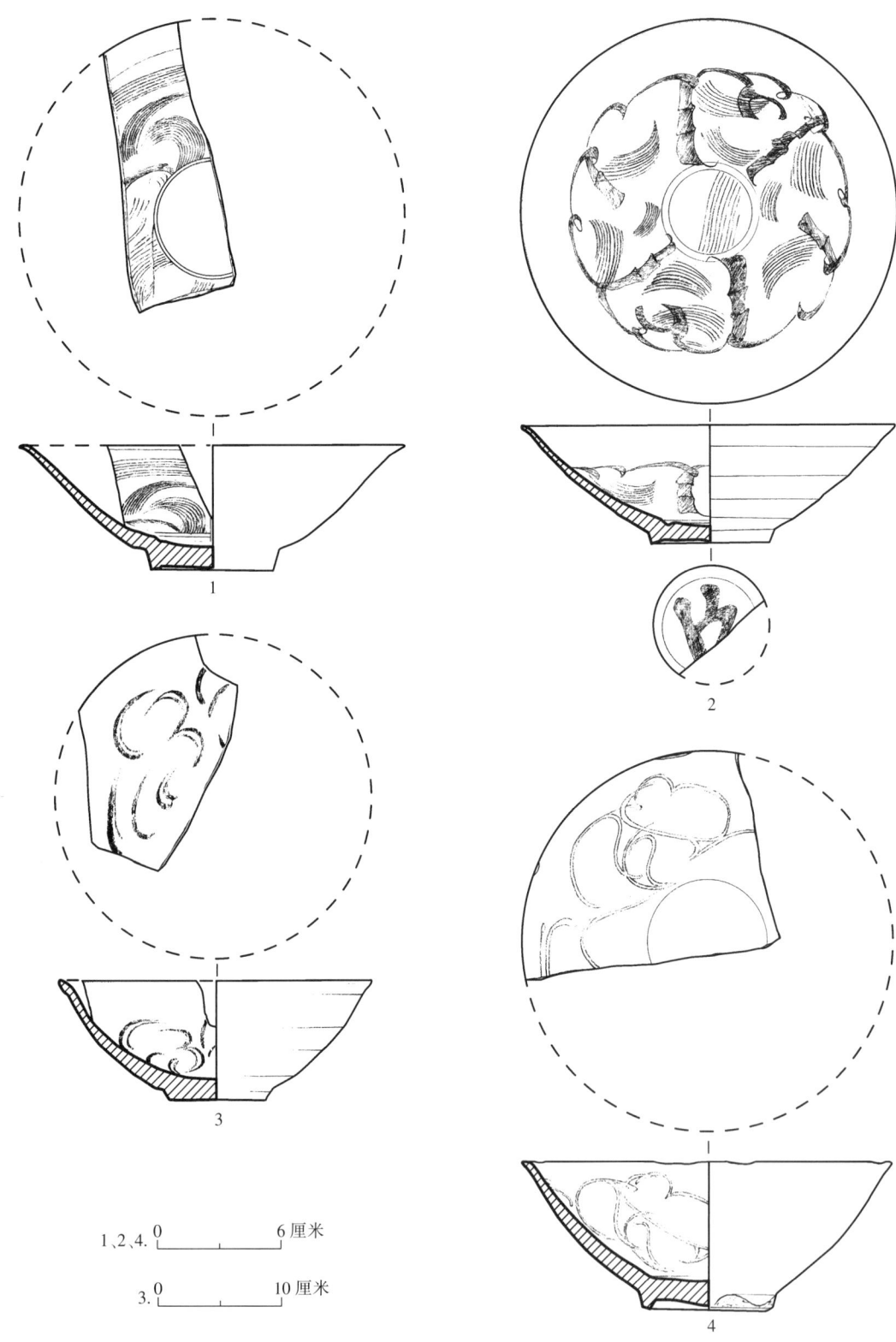

图一三九　西岸发掘区出土宋代 Fb、Fc 型瓷碗

1～3. Fb 型（XTG1④：8、XTG1④：33、XTG1④：40）　4. Fc 型（XTG1④：26）（1、2 景德镇窑，3 繁昌窑，4 龙泉窑）

窑口 1 件。

龙泉窑　3 件。胎体呈灰色，均施青釉，釉面光泽度高。

XTG1④：26，内壁刻划卷草纹。灰胎，青釉泛灰，釉色光亮，满釉，足底露胎。口径 17.4、足径 6.2、高 6.8 厘米。（图一三九，4）

XT1120③：10，外壁下腹部饰弦纹，内壁刻划四组花草纹，内底划莲花纹。灰胎，青釉泛灰绿，釉色光亮，满釉，足底露胎。口径 17.8、足径 6.2、高 6.1 厘米。（图一四〇，1；

图一四〇　西岸发掘区出土宋代 Fc 型瓷碗

1. XT1120③：10　2. XT1120④：14　3. XT1120④：19　4. XT1128①：1（1、2 龙泉窑，3、4 景德镇窑）

彩版一一八，2）

XT1120④：14，外壁饰弦纹，内壁刻划卷草纹。灰胎，青釉泛灰，釉色光亮，满釉，足底露胎。口径17、足径6、高6.2厘米。（图一四〇，2；彩版一一九，1）

景德镇窑 　2件。胎体灰白，均施青白釉。

XT1120④：19，内壁刻划卷草纹。灰胎，青白釉，釉色光亮，足底露胎。口径18.8、足径5.8、高5.6厘米。（图一四〇，3）

XT1128①：1，内壁刻划卷草纹。灰白胎，青白釉，釉色光亮，满釉，足底露胎。口径17.4、足径6.1、高5.7厘米。（图一四〇，4）

未定窑口 　1件。

XT1119④：10，敞口，内壁刻划卷草纹。灰白胎，青白釉泛灰，釉色有开片，满釉，足底露胎。口径18、足径5.8、高5.9厘米。（图一四一，1）

未分型　2件。景德镇窑1件、未定窑口1件。

景德镇窑 　1件。

XG2⑥：3，青白釉碗底。矮圈足，足底墨书"余"字。灰白胎，青白釉。足径5.6、残高1.3厘米。（图一四一，2；彩版一一九，2）

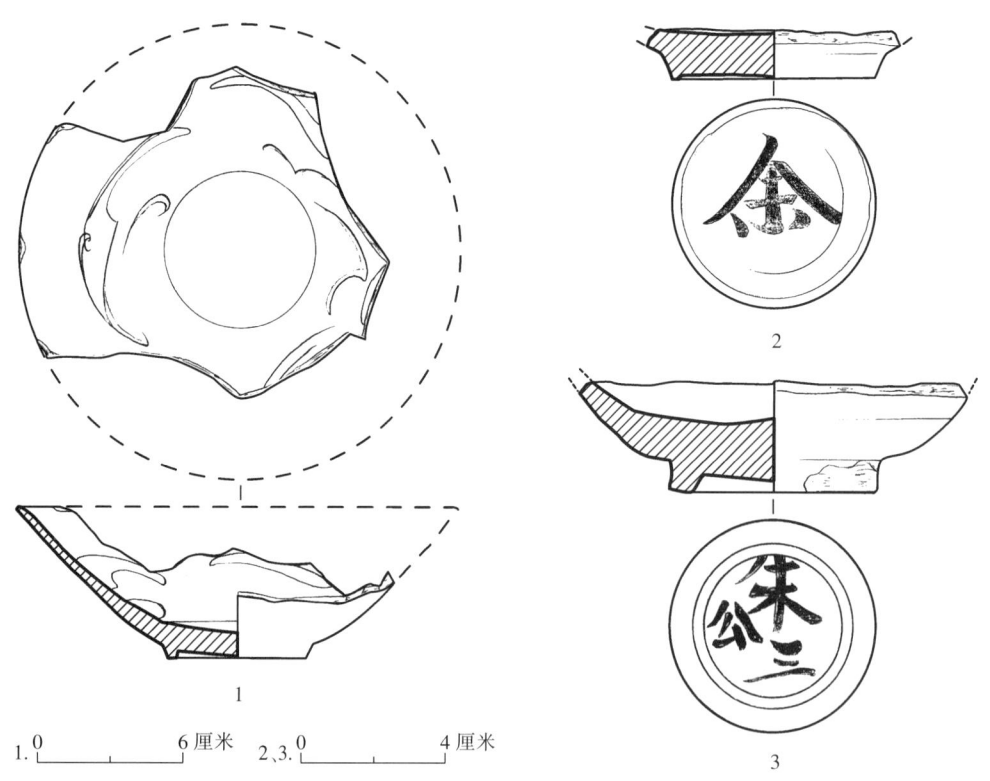

1. 0 　　6厘米　　2,3. 0 　　4厘米

图一四一　西岸发掘区出土宋代 Fc 型、未分型瓷碗

1. Fc 型（XT1119④：10）　2、3. 未分型（XG2⑥：3、XT1108③：2）（2景德镇窑，余未定窑口）

未定窑口　1 件。

XT1108③：2，圈足碗底，器底未施釉，其上见墨书"朱三公"三字，灰红胎，青釉。足径 5.6、残高 2.9 厘米。（图一四一，3；彩版一一九，3）

盏

共 27 件。有 A 型、B 型和 C 型。

A 型　斗笠盏。7 件。有 Aa 型和 Ab 型。

Aa 型　矮圈足。敞口，尖圆唇，弧直壁。共 6 件，可辨识有景德镇窑 2 件、繁昌窑 1 件、龙泉窑 1 件、未定窑口 2 件。

景德镇窑　2 件。胎体呈灰色，青白釉。

XG2⑥：4，内壁刻划卷草纹，间饰篦划纹。灰白胎，胎壁较薄，青白釉，釉色光亮，有开片，满釉，足底露胎。口径 18、足径 5、高 6 厘米。（图一四二，1）

XTG1④：28，足底墨书"讹"字。灰黄胎，青白釉，足底无釉，内壁刻划团花牡丹纹。口径 17、高 5.6 厘米。（图一四二，2；彩版一二○）

繁昌窑　1 件。

XT1120④：10，灰胎，青白釉，釉色光亮，有开片，底部露胎。口径 16.8、足径 6.6、高 4.1 厘米。（图一四二，4）

龙泉窑　1 件。

XT1120③：7，内壁刻划草叶纹，内底上饰两周弦纹。灰胎，青白釉，釉色光亮，有开片，满釉，足底露胎。口径 16.6、足径 4.7、高 5.5 厘米。（图一四二，5）

未定窑口　2 件。胎体呈灰色，分青釉与青白釉。

XT1120③：29，灰胎，青釉，足底无釉，有开片。口径 17.6、足径 6、高 6 厘米。（图一四二，6）

XT1208③：2，灰白胎，青白釉，足底无釉。内壁刻划卷草纹。口径 16.8、足径 5、高 6.2 厘米。（图一四二，3）

Ab 型　高圈足。1 件，为景德镇窑产品。敞口，尖圆唇，弧直壁，腹部较深，圈足。

XTG1④：37，白胎，胎薄质细，青白釉，釉色匀净光亮。口径 13.8、足径 4、高 5.6 厘米。（图一四二，7）

B 型　唇口盏。敞口，圆唇，弧直壁，卧足。共 9 件，可辨识有吉州窑 3 件、耀州窑 2 件、繁昌窑 1 件、未定窑口 3 件。

吉州窑　3 件。胎色灰白，均施黑釉。

XT1119③：2，灰白胎，黑釉，口部及外壁下端呈锈斑色，足底露胎。口径 11.1、足径 3.3、高 5.4 厘米。（图一四三，1；彩版一二一，1）

XT1210①：3，灰白胎，酱黑釉，有流釉痕。口径 11、足径 3.9、高 5 厘米。（图一四三，2；彩版一二一，2）

XT1227①：2，灰白胎，黑釉，口部一圈呈锈斑色。口径 11、足径 4.4、高 5.1 厘米。（图一四三，3）

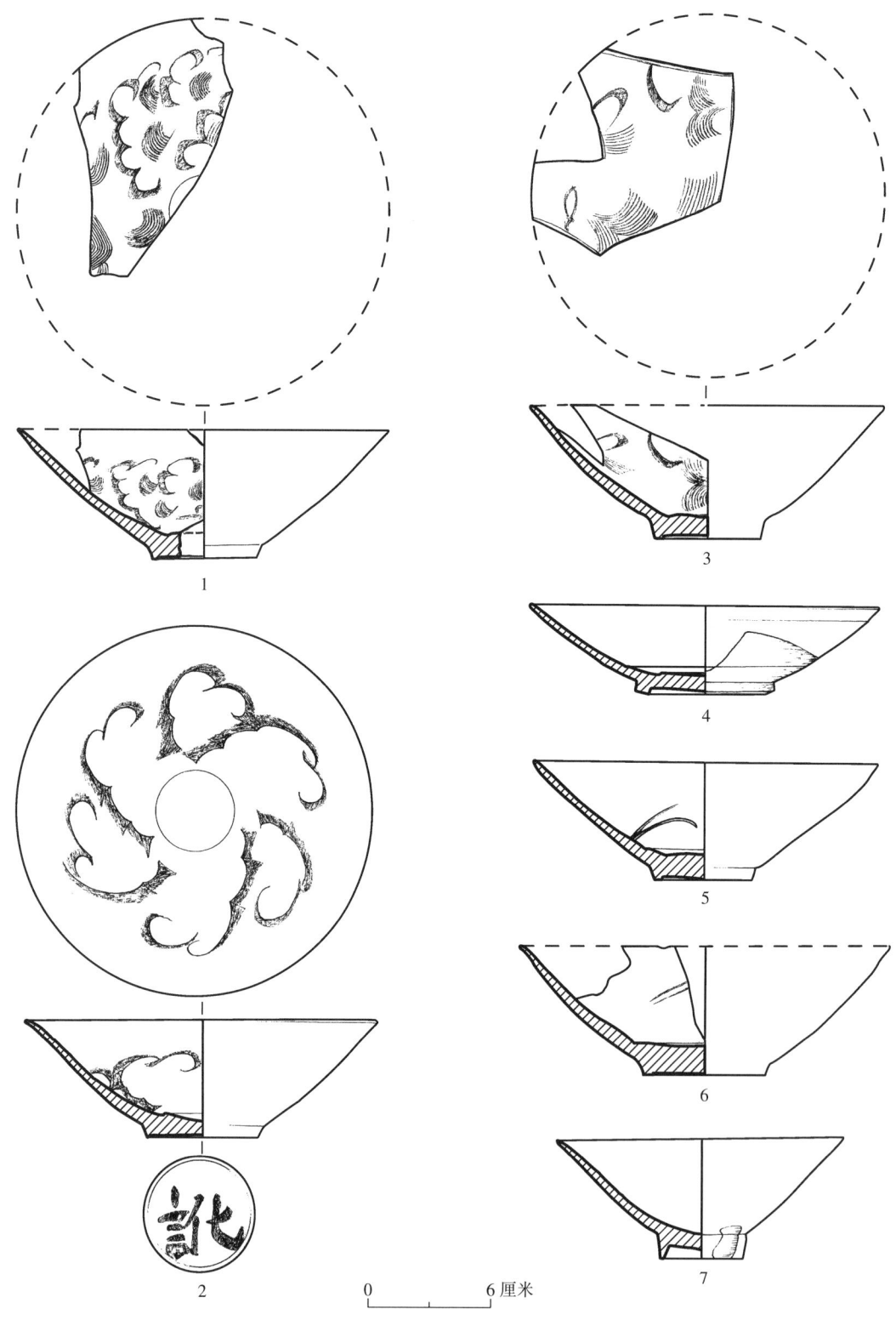

图一四二　西岸发掘区出土宋代 A 型瓷盏

1~6. Aa 型（XG2⑥：4、XTG1④：28、XT1208③：2、XT1120④：10、XT1120③：7、XT1120③：
29）　 7. Ab 型（XTG1④：37）（1、2、7 景德镇窑，4 繁昌窑，5 龙泉窑，余未定窑口）

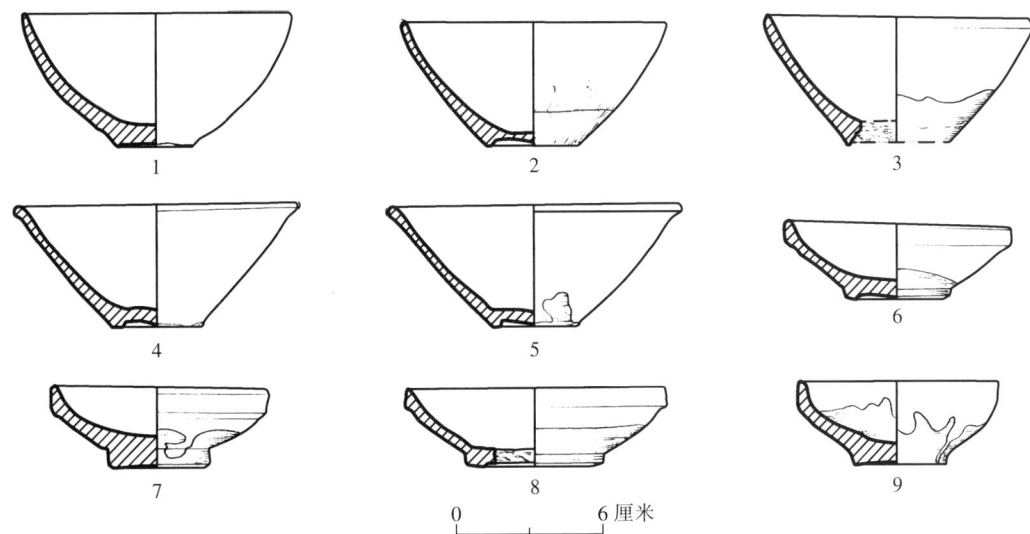

图一四三　西岸发掘区出土宋代 B 型瓷盏
1. XT1119③：2　2. XT1210①：3　3. XT1227①：2　4. XTG1④：42　5. XTG1④：43　6. XT1123①：1
7. XT1129①：2　8. XTG1④：30　9. XT1228①：1（1～3 吉州窑，4、5 耀州窑，6 繁昌窑，7～9 未定窑口）

耀州窑　2 件。胎体呈灰色，均施青釉。

XTG1④：42，青釉盏，灰胎，青釉泛灰绿，釉色光亮。口径 11.8、足径 3.8、高 4.9 厘米。（图一四三，4）

XTG1④：43，灰胎，青釉泛灰绿，釉色光亮。口径 12.2、足径 3.6、高 4.9 厘米。（图一四三，5）

繁昌窑　1 件。

XT1123①：1，灰胎，青白釉，釉色光亮，内壁满釉，外壁釉不及底。口径 9.4、足径 4.4、高 3.1 厘米。（图一四三，6）

未定窑口　3 件。以灰胎为主，釉色分青釉、青白釉和酱釉。

青釉　1 件。

XT1129①：2，灰白胎，青釉泛黄，釉色有细小开片，内壁满釉，外壁半釉。口径 9、足径 4、高 3.3 厘米。（图一四三，7）

青白釉　1 件。

XTG1④：30，灰胎，青白釉泛灰，釉色光亮，内壁满釉，外壁半釉。口径 10.8、足径 5.6、高 3.2 厘米。（图一四三，8）

酱釉　1 件。

XT1228①：1，灰胎，酱釉，半釉，有流釉痕。口径 8.4、足径 4、高 3.3 厘米。（图一四三，9）

C 型　侈口盏。圆唇，弧直腹，矮圈足。共 11 件，可辨识有建窑 6 件、吉州窑 5 件。

建窑　6 件。胎体以灰色为主，釉色分青釉、酱釉和黑釉。

青釉　1 件。

XT1120③：20，红胎，青釉。口径 11.8、足径 4、高 5.2 厘米。（图一四四，1）

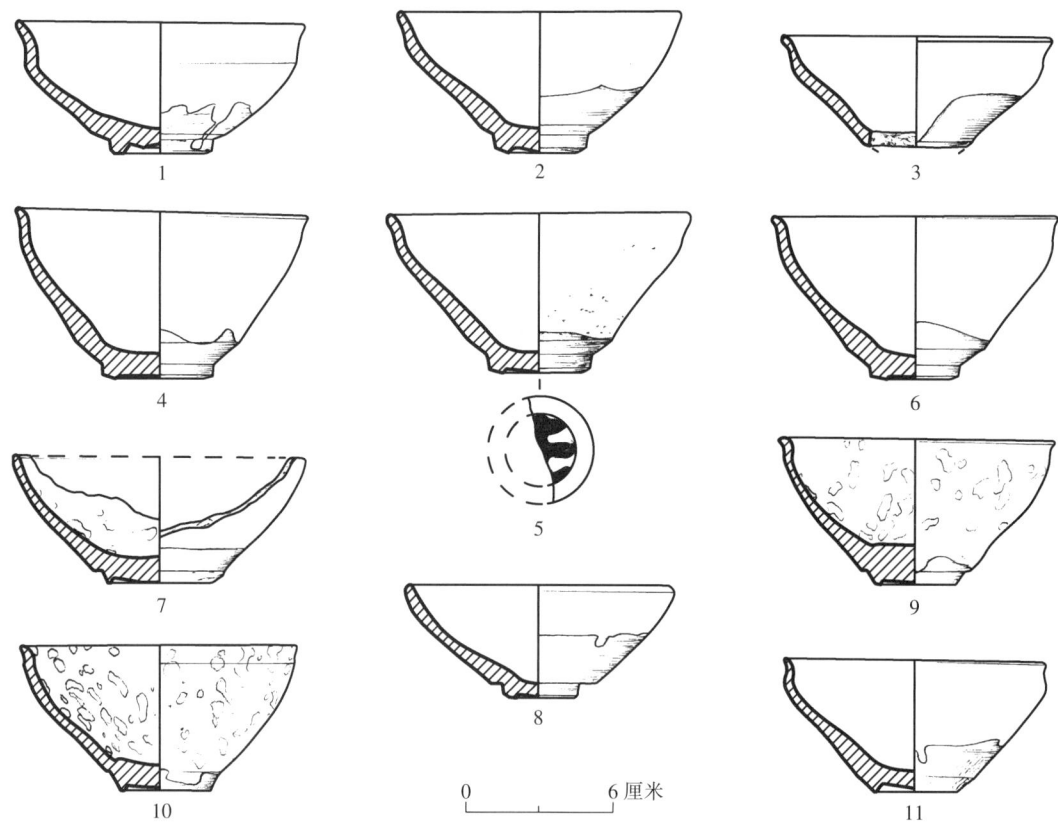

图一四四　西岸发掘区出土宋代 C 型瓷盏

1. XT1120③：20　2. XT1102④：1　3. XTG1④：38　4. XT1102④：2　5. XT1119③：4　6. XT1206
③：1　7. XT1021③：2　8. XG2②：2　9. XT1120③：22　10. XT1120③：25　11. XT1231①：4（1～
6 建窑，7～11 吉州窑）

酱釉　1 件。

XT1102④：1，深灰胎，酱釉不匀，口部呈锈斑色，内壁满釉，外壁半釉。口径 11.6、足
径 3.8、高 5.6 厘米。（图一四四，2；彩版一二二，1）

黑釉　4 件。

XTG1④：38，灰胎，黑釉，内壁满釉，外壁半釉，釉色光亮。口径 11、残高 4.4 厘米。
（图一四四，3）

XT1102④：2，深灰胎，黑釉，釉色光亮，口部一圈呈锈斑色，内壁满釉，外壁釉不及
底。口径 11.8、足径 4.5、高 6.7 厘米。（图一四四，4）

XT1119③：4，足底有墨书痕。灰白胎，黑釉，釉色光亮，口部一圈呈锈斑色，内壁满
釉，外壁釉不及底。口径 12.3、足径 4、高 6.3 厘米。（图一四四，5；彩版一二二，2）

XT1206③：1，深灰胎，黑釉，釉色光亮，口部一圈锈斑色，内壁满釉，外壁釉不及底。
口径 11.6、足径 3.6、高 6.5 厘米。（图一四四，6）

吉州窑　5 件。胎色以灰白为主，施酱釉或黑釉。

酱釉　1 件。

XT1021③：2，灰胎，褐釉，釉不及底，褐釉面洒鹧鸪斑点，呈天蓝色。口径 12、足径
4.3、高 5 厘米。（图一四四，7）

黑釉　4 件。

XG2②：2，灰黄胎，黑釉有酱褐斑，内壁满釉，外壁施釉至腹上部，有流釉、积釉现象。口径 10.8、足径 3、高 4.5 厘米。（图一四四，8；彩版一二三，1）

XT1120③：22，灰白胎，黑釉有褐斑，满釉，足底露胎。口径 11.2、足径 3.2、高 5.8 厘米。（图一四四，9）

XT1120③：25，灰白胎，黑釉有褐斑，满釉，足底露胎。口径 11.3、足径 3.6、高 5.7 厘米。（图一四四，10；彩版一二三，2）

XT1231①：4，灰白胎，酱黑釉，内壁满釉，外壁半釉。口径 10.5、足径 3.3、高 5.2 厘米。（图一四四，11）

盘

12 件。有 A 型、B 型和 C 型。

A 型　圈足盘。3 件，均为龙泉窑产品。敞口，圆唇，弧壁，浅腹，圈足。

XT1108④：5，内壁刻划篦划卷草纹。灰白胎，青釉。口径 15.4、足径 5、高 4.6 厘米。（图一四五，1）

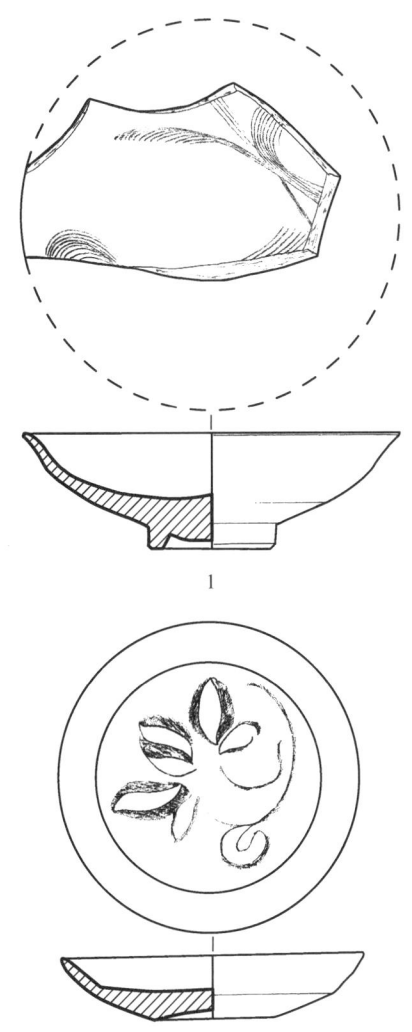

图一四五　西岸发掘区出土宋代 A、C 型瓷盘
1~3. A 型（XT1108④：5、XT1109④：1、XT1120④：2）
4. C 型（XG2②：6）（龙泉窑）

XT1109④：1，器内口下部有一周凹弦纹。灰胎，青釉泛灰，釉色有开片，内壁满釉，外壁半釉。口径16、足径5、高4.2厘米。（图一四五，2）

XT1120④：2，内壁口沿下有一圈弦纹，其下为一周刻划折枝菊花纹。灰胎，胎质细腻，青釉，内外壁及圈足外壁满釉，圈足内壁及足心无釉。口径16、足径6.4、高3.9厘米。（图一四五，3；彩版一二四，1）

B型　芒口盘。8件，均为景德镇窑青白瓷。敞口，斜壁微弧，矮圈足或平底。

XTG1④：19，内壁压印三层莲瓣纹。灰白胎较薄，青白釉，口沿无釉。釉泛湖绿，匀净晶莹。口径13、足径7.4、高2.7厘米。（图一四六，1）

XT1016④：5，灰白胎，胎壁薄，青白釉，釉色明亮，口沿无釉，为"芒口"。口径12、足径7.9、高2.8厘米。（图一四六，2；彩版一二四，2）

XT1119④：11，灰白胎，胎壁薄，青白釉，釉色明亮，口沿无釉，为"芒口"。口径12.5、

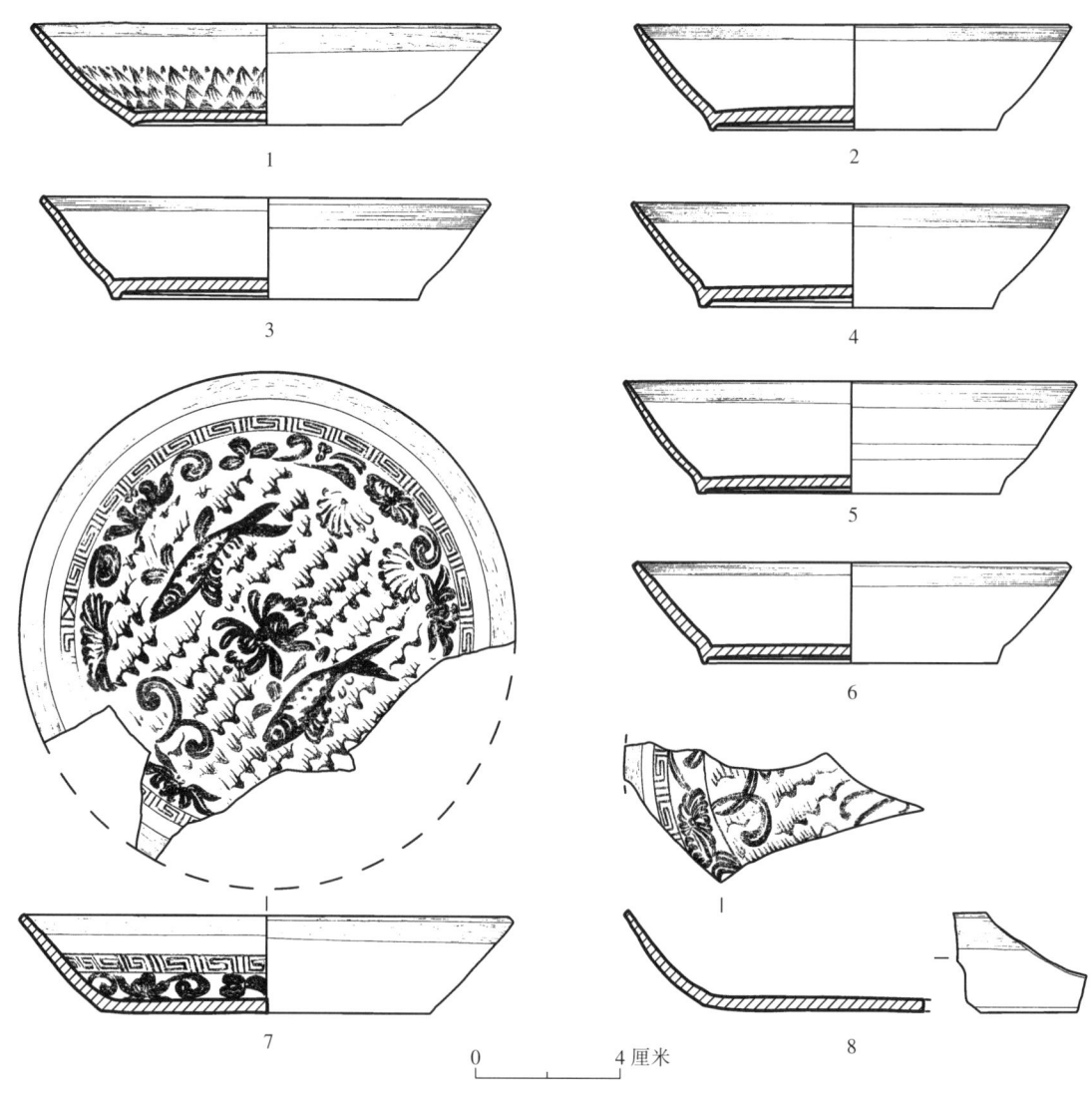

图一四六　西岸发掘区出土宋代 B 型瓷盘

1. XTG1④：19　2. XT1016④：5　3. XT1119④：11　4. XT1120③：15　5. XT1120③：23　6. XT1128①：4
7. XT1120③：12　8. XT1436④：1（景德镇窑）

足径8.4、高2.7厘米。（图一四六，3）

XT1120③：12，敞口，斜壁微弧，平底。内底模印荷塘双鱼纹，内壁上模印的纹饰由莲花、荷花、蓼花和菰草组成，并由回纹和弦纹围饰。灰白胎，胎壁薄，青白釉，釉色明亮，口沿无釉，为"芒口"。口径13.7、底径9.1、高2.6厘米。（图一四六，7；彩版一二五，1）

XT1120③：15，灰白胎，胎壁薄，青白釉，釉色明亮，口沿无釉，为"芒口"。口径12、足径8、高2.8厘米。（图一四六，4）

XT1120③：23，灰白胎，胎壁薄，青白釉，盘口无釉。口径12.4、足径8.3、高2.9厘米。（图一四六，5）

XT1128①：4，灰白胎，胎壁薄，青白釉，釉色明亮，口沿无釉。口径12、足径8.1、高2.7厘米。（图一四六，6；彩版一二五，2）

XT1436④：1，内壁压印纹饰由莲花、荷花、蓼花和菰草组成，并由回纹和弦纹围饰。灰白胎，胎壁薄，青白釉，釉色明亮，口沿无釉。高2.7厘米。（图一四六，8）

C型　平底盘，1件，为龙泉窑产品。敞口，圆唇，浅腹，腹壁斜直。

XG2②：6，内底刻划牡丹纹。灰胎，青泛绿釉，满釉，足底露胎。口径12.2、底径4.6、高2.5厘米。（图一四五，4；彩版一二六，1）

罐

共3件。有A型和B型。

A型　双系罐。1件，未定窑口。

XTG1③：3，敛口，弧鼓腹，平底内凹。肩部是对称系已残。口下饰弦纹，腹下部留有一圈支钉块状痕。红胎，酱釉。口径24.9、最大腹径29.4、底径11.1、高24.6厘米。（图一四七，1）

B型　敛口罐。2件，未定窑口。

XT1121③：2，敛口，弧肩，鼓腹，瓜棱状，下残。肩部饰两道凹弦纹，其下压印缠枝兰花纹。灰白胎，施透明釉。口径3.2、残高4厘米。（图一四七，2）

XTG1④：10，直口，圆唇，溜肩，鼓腹，下腹弧收，平底内凹。红胎，青釉泛褐，施釉不匀，有流釉痕。口径9.6、最大腹径16.2、底径6.9、高9.6厘米。（图一四七，3；彩版一二六，2）

盒

3件，可辨识的有景德镇窑1件、龙泉窑1件、未定窑口1件。

景德镇窑　1件。

XT1106③：5，子母口，尖唇，弧直腹斜收，平底。灰白胎，青白釉，外壁满釉，内壁器底施釉。高3.8、底径2.4厘米。（图一四七，4）

龙泉窑　1件。

XT1126①：2，敞口，圆唇，折腹较浅，平底略内凹。内底饰篦划纹。灰白胎，青釉泛黄，釉色光亮，底部露胎。口径11.2、底径4.9、高2.6厘米。（图一四七，6；彩版一二七，1）

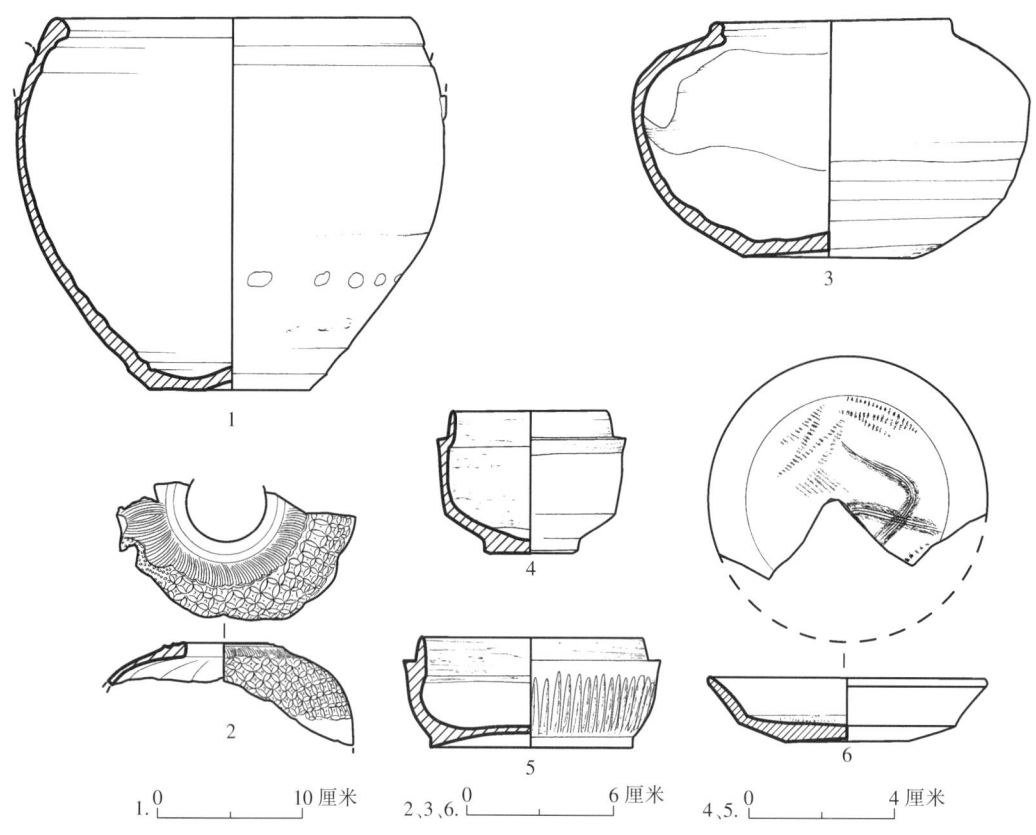

图一四七　西岸发掘区出土宋代瓷罐、盒

1. A 型罐（XTG1③：3）　　2、3. B 型罐（XT1121③：2、XTG1④：10）　　4～6. 盒（XT1106③：5、XT1119④：13、XT1126①：2）（4 景德镇窑，6 龙泉窑，余未定窑口）

未定窑口　1 件。

XT1119④：13，子母口，尖唇，弧壁，平底内凹。外壁压印仰莲纹。黄灰胎，施青釉。足径5.4、高2.8 厘米。（图一四七，5）

器盖

5 件，可辨识有景德镇窑4 件、未定窑口1 件。

景德镇窑　4 件。胎体呈灰色，均施青白釉。

XT1119④：6，子口，尖唇，弧顶近平。盖身模印缠枝莲花纹。灰胎，青白釉。盖径6、高1.5 厘米。（图一四八，1；彩版一二七，2）

XT1120③：17，印花盒盖，尖唇，母口，弧顶近平。盖顶模印缠枝莲花纹，外壁饰竖纹。灰胎，青白釉。盖径6.7、高2 厘米。（图一四八，2；彩版一二七，3）

XT1120④：15，圆纽，弧顶弧沿，子口。盖面刻划向心直线纹。细灰胎较薄，青白釉泛湖绿，有光泽。盖面径8、口径6.4、高2 厘米。（图一四八，4；彩版一二七，4）

XT1126①：3，弧顶，直口。顶部压印宝相花纹。灰胎，青白釉泛湖绿，釉色莹润，口部无釉。口径7.2、高2.3 厘米。（图一四八，3；彩版一二七，5）

未定窑口　1 件。

XTG1④：17，子口，弧顶，顶部钮残，灰胎，青白釉，盖面满釉，盖内无釉。盖面径12、

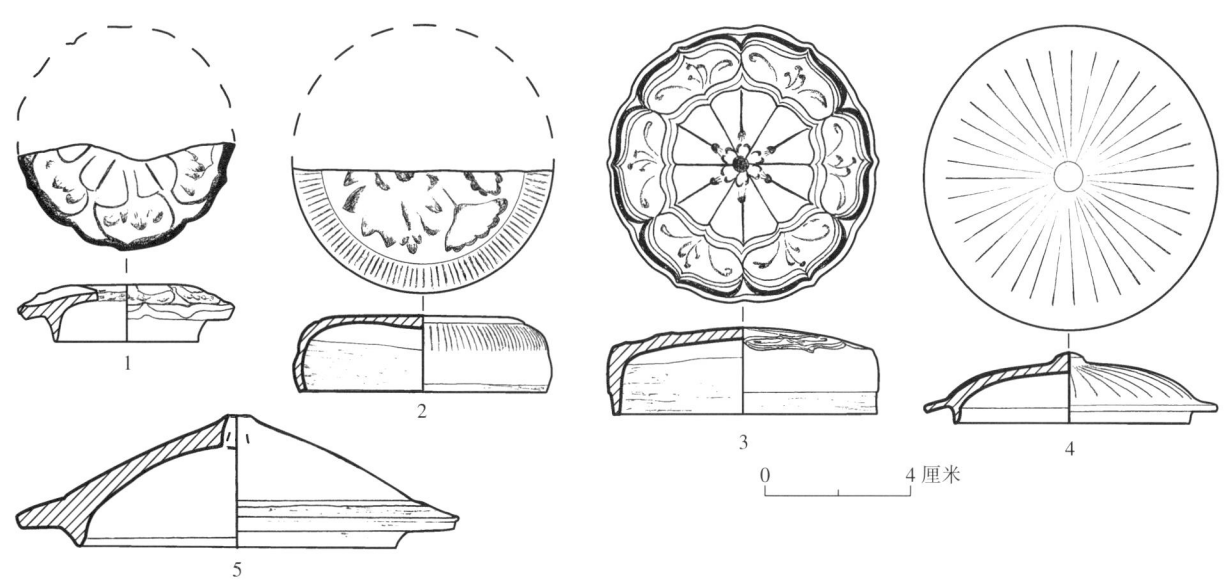

图一四八　西岸发掘区出土宋代瓷器盖

1. XT1119④：6　2. XT1120③：17　3. XT1126①：3　4. XT1120④：15　5. XTG1④：17（1~4景德镇窑，5未定窑口）

残高3.4厘米。（图一四八，5）

执壶

1件。为景德镇窑青白瓷。

XT1119④：14，瓜棱执壶，喇叭口，长颈，弧鼓腹，平底内凹。颈腹部流已残失，对称处附一扁形带状执手，柄上附有一管状纽。器腹呈八瓣瓜棱状，口颈结合处饰两道弦纹，执手下部及腹下部饰有乳突。器底上留有四个支钉块状痕。灰白胎，青白釉，釉色光洁。口径6.7、底径8、高23厘米。（图一四九，1；彩版一二八）

杯式炉

2件，可辨识有景德镇窑1件、未定窑口1件。

景德镇窑　1件。

XT1209③：1，刻花杯式炉，内折沿，筒形腹，近底处折收，足部残。器身饰莲纹，腹部刻菊花。青白釉闪淡绿色，釉色莹亮。残高15厘米。（图一四九，2）

未定窑口　1件。

XT1120③：9，内折沿，筒形腹，圈足。器内底一处火石痕，外底上黏附少许窑残渣。灰白胎，青白釉，满釉，釉色不匀，有开片。口径10.4、足径8.4、高11.5厘米。（图一四九，3；彩版一二九，1）

盏托

2件，可辨识有景德镇窑1件、龙泉窑1件。

景德镇窑　1件。

XT1119③：3，托台已残，内底中空，直圈足。灰黄胎，青白釉，足缘满釉，有开片。托口径13.6、足径7.5、残高3.4厘米。（图一四九，4）

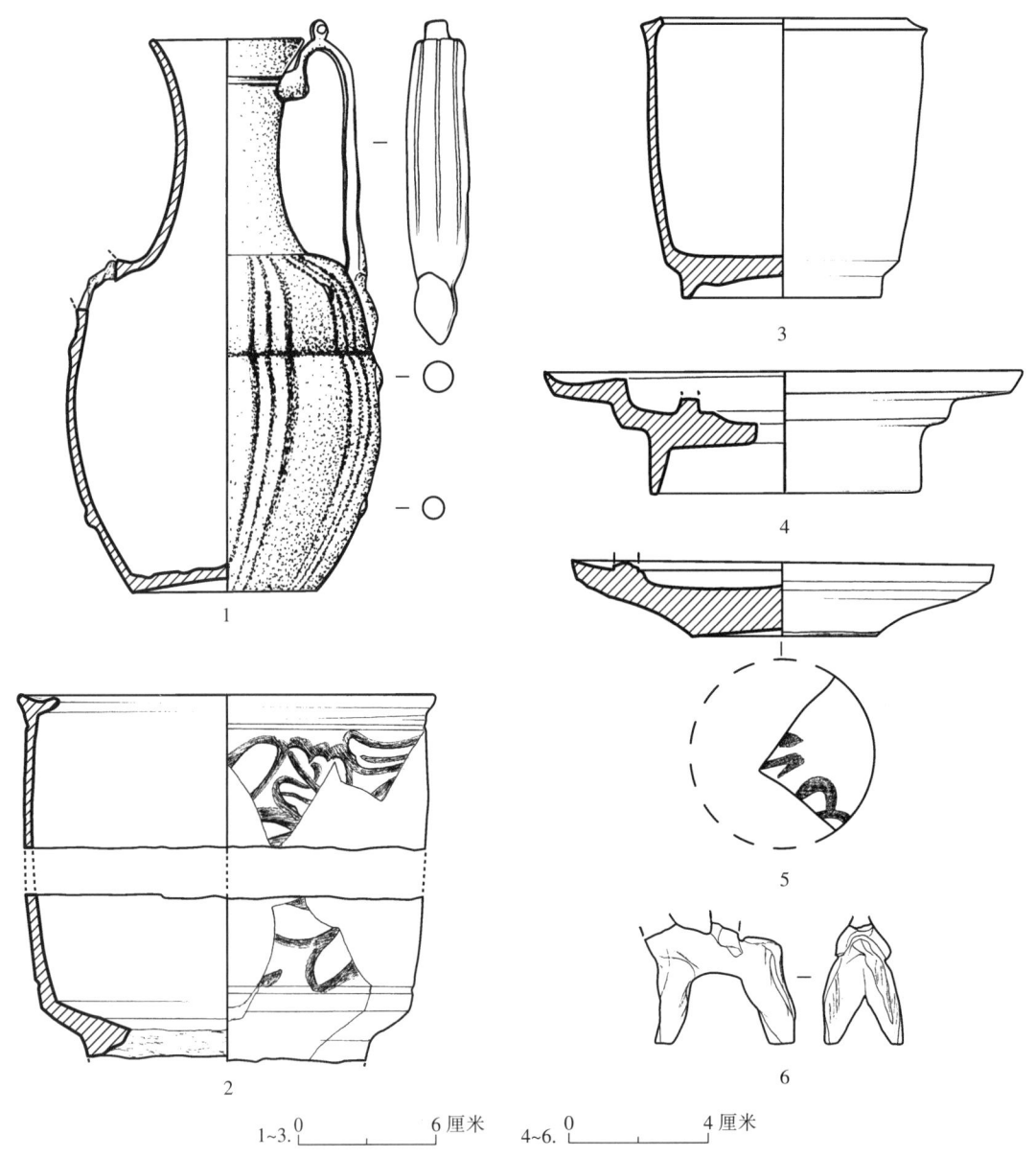

图一四九　西岸发掘区出土宋代瓷执壶、炉、盏托、俑
1. 执壶（XT1119④：14）　2、3. 杯式炉（XT1209③：1、XT1120③：9）　4、5. 盏托（XT1119③：3、XTG1④：4）　6. 俑（XT1105③：3）（1、2、4 景德镇窑，5 龙泉窑，余未定窑口）

龙泉窑　1件。

XTG1④：4，托台已残，平底内凹。足底见墨书痕。灰胎，青釉，足底无釉。有开片。托口径12、足径5.2、残高2厘米。（图一四九，5；彩版一二九，2）

俑

1件。未定窑口。

XT1105③：3，锥形四足，作伫立状，背上有一骑行者，上部残，灰黄胎，白釉，光泽感不强。长4、宽2、残高3.5厘米。（图一四九，6；彩版一二九，3）

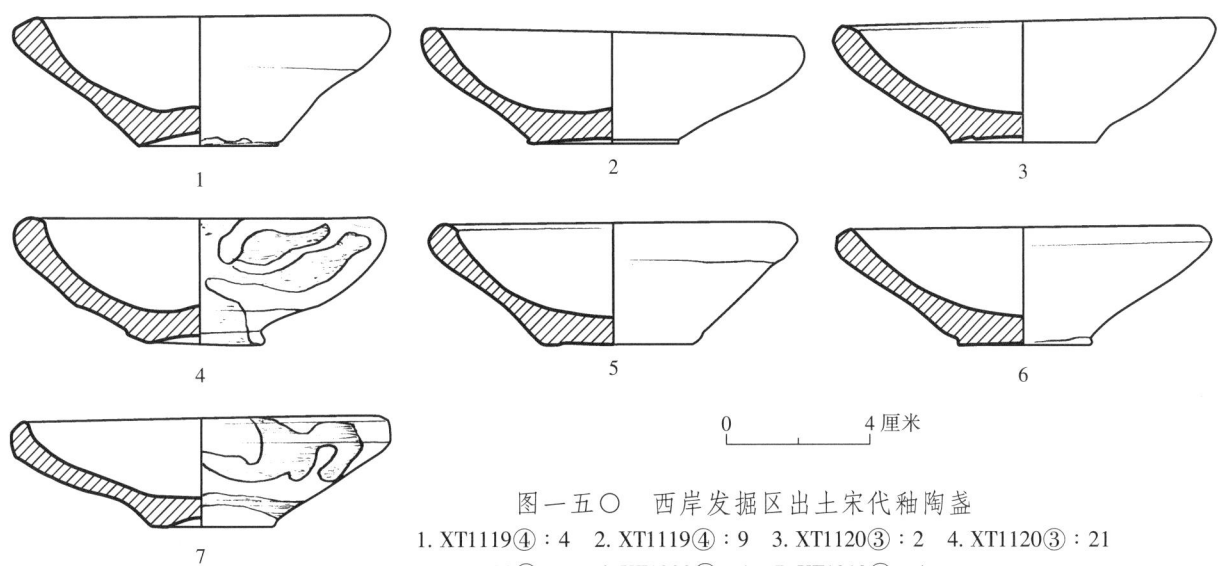

图一五〇　西岸发掘区出土宋代釉陶盏
1. XT1119④：4　2. XT1119④：9　3. XT1120③：2　4. XT1120③：21
5. XT1120④：7　6. XT1208③：1　7. XT1219①：4

（二）釉陶器

盏

7件。

XT1119④：4，敞口，圆唇，浅腹，腹壁斜直，平底内凹。口径10.3、底径3.8、高3.5厘米。（图一五〇，1）

XT1119④：9，敞口，圆唇，浅腹，腹壁斜直，平底内凹。口径10.4、底径4、高3.1厘米。（图一五〇，2）

XT1120③：2，敞口，圆唇，浅腹斜弧，平底内凹。红胎，酱釉，满釉，底部露胎。口径10.5、底径4、高3.4厘米。（图一五〇，3）

XT1120③：21，造型不甚规整。敞口，圆唇，浅腹，平底内凹。红胎，青釉已蚀。口径10.2、底径3.6、高3.4厘米。（图一五〇，4）

XT1120④：7，微敛口，厚圆唇，弧壁，平底略内凹。青釉。口径10、底径4.3、高3.3厘米。（图一五〇，5）

XT1208③：1，敞口，圆唇，斜弧壁，平底。酱釉。口径10.4、底径3.8、高3.2厘米。（图一五〇，6）

XT1219①：4，敞口，圆唇，浅腹，平底内凹。褐釉。口径10.4、底径3.2、高3厘米。（图一五〇，7）

盆

6件。有A型、B型和C型。

A型　4件。侈口，卷沿，弧直壁，深腹，平底内凹。

XT1120④：4，内外底均见支钉块状痕。红褐胎，酱釉。口径24.3、最大腹径23.7、底径9.4、高15.1厘米。（图一五一，1；彩版一三〇，1）

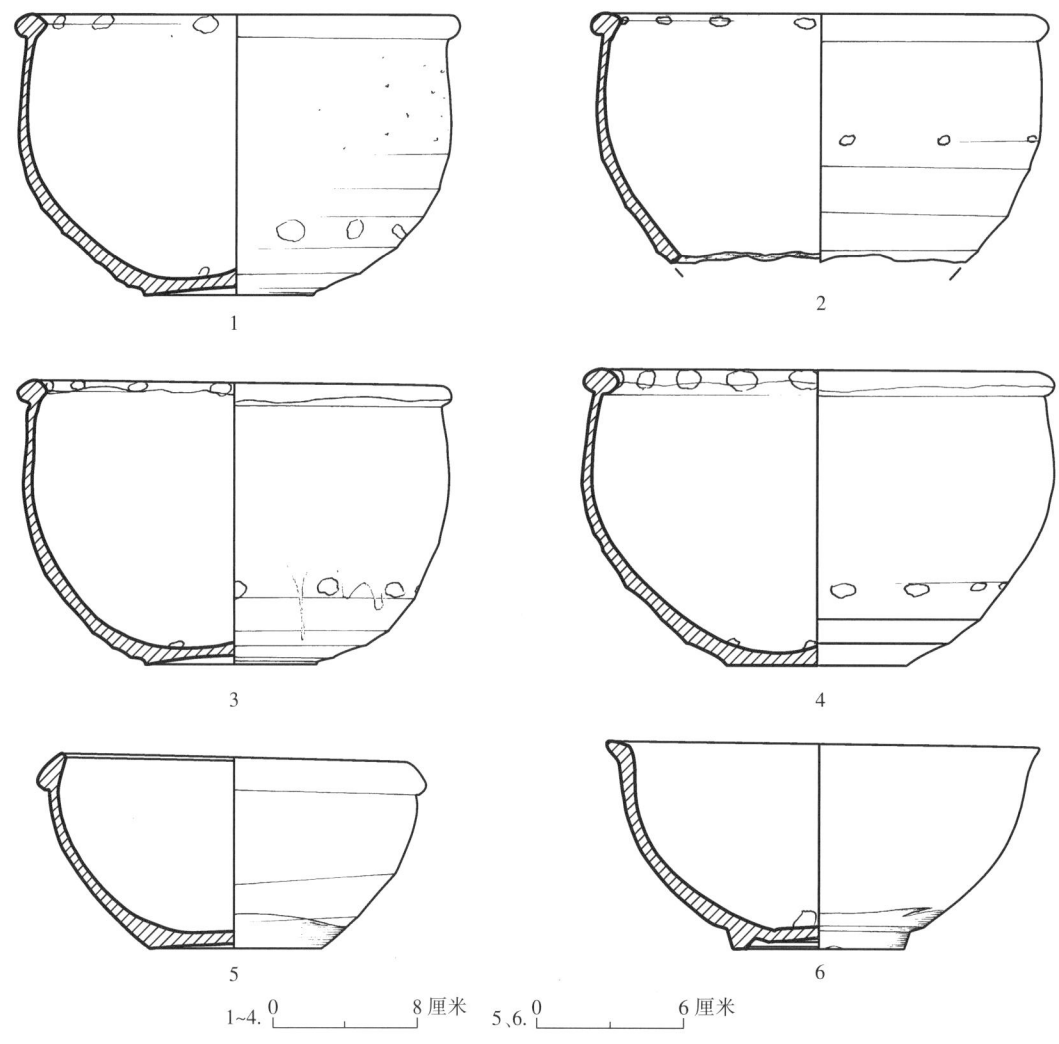

1~4. 0 _____ 8厘米   5、6. 0 _____ 6厘米

图一五一　西岸发掘区出土宋代釉陶盆

1~4. A 型（XT1120④：4、XY1120④：5、XT1120④：8、XT1120④：13）　5. B 型（XT1120④：20）　6. C 型（XTG1④：12）

XT1120④：5，窄沿，圆唇，深腹，下腹弧收，底残。器口见见支钉块状痕。酱釉。口径24.6、最大腹径24、残高13.3厘米。（图一五一，2）

XT1120④：8，卷沿，弧直壁，深腹，平底内凹。口部、内外底均见支钉块状痕。红褐胎，酱釉。口径23.6、最大腹径23.5、底径9.6、高15厘米。（图一五一，3；彩版一三〇，2）

XT1120④：13，侈口微敛，圆唇，深腹微鼓，下腹弧收，平底。口部、内底及外壁下腹部均留见支钉块状痕。酱釉。口径25.5、底径10、高15.8厘米。（图一五一，4）

B 型　1件。敛口，圆唇，弧壁，平底内凹。

XT1120④：20，灰胎，酱釉，内壁满釉，外壁釉不及底。口径14.2、底径7、高7.8厘米。（图一五一，5；彩版一三一，1）

C 型　1件。侈口，窄沿，尖圆唇，弧腹，圈足。

XTG1④：12，红胎，酱釉。口径17.6、底径7、高8.3厘米。（图一五一，6）

韩瓶

2件。敛口，溜肩，直筒腹，腹下部斜收，平底内凹，肩部附四系。

XT1128①：11，外卷沿，方圆唇，束颈，弧直腹，平底内凹。肩部有四系穿耳，其中两个残，腹部有轮制形成数道轮旋痕。口径10、最大腹径13.7、底径7.6、高28.8厘米。（图一五二，1）

XH5：1，红胎，釉色青中泛黄，口底露胎。肩腹部饰弦纹。口径10.6、最大腹径18、底径8.8、高34厘米。（图一五二，2；彩版一三一，2）

碾钵

2件。直口，弧折壁，腹部斜收成小平底。

XTG1④：18，内壁刻划凹槽。口径18、底径5、高6.6厘米。（图一五二，3）

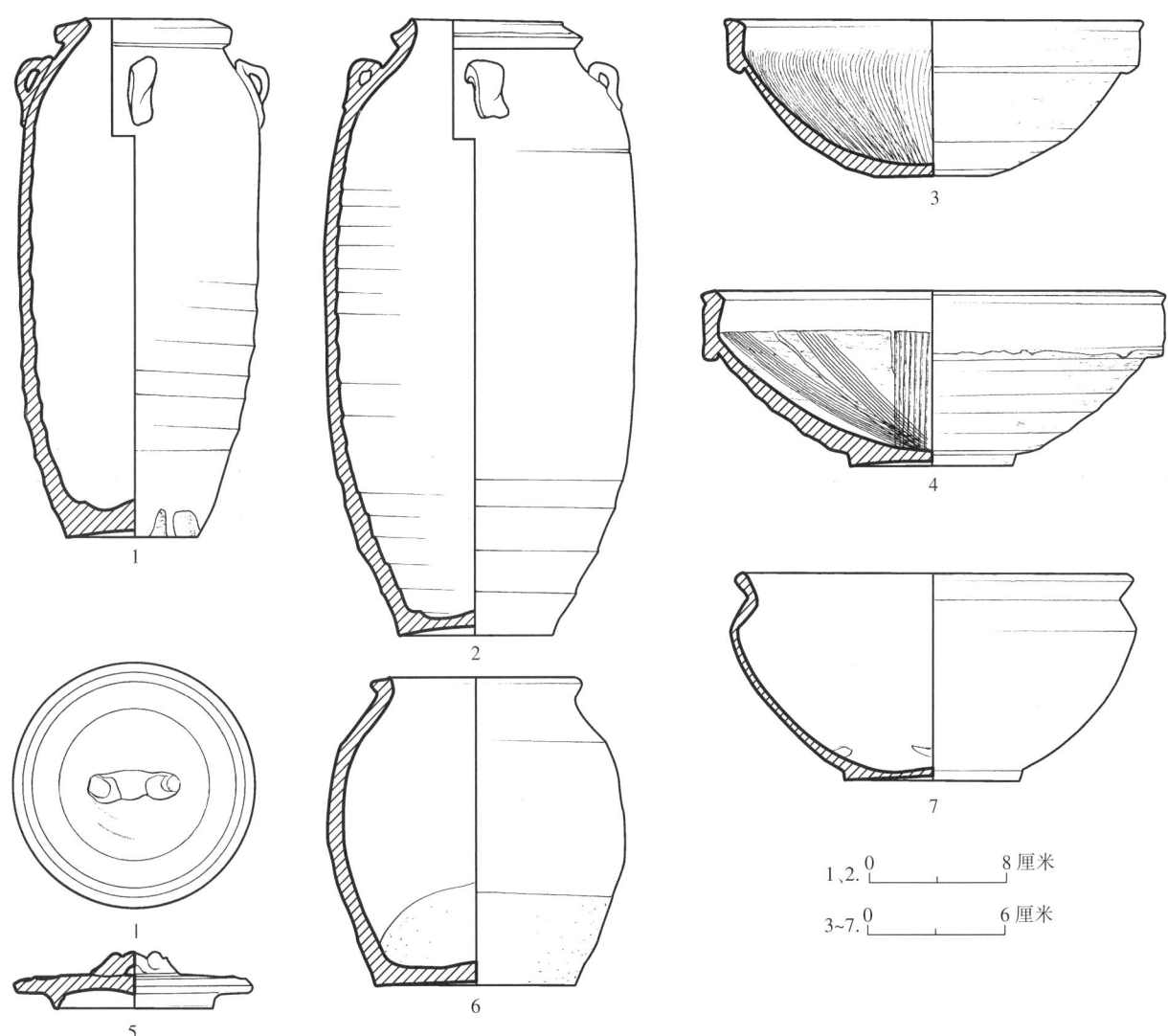

图一五二　西岸发掘区出土宋代釉陶韩瓶、碾钵、器盖、罐

1、2. 韩瓶（XT1128①：11、XH5：1）　3、4. 碾钵（XTG1④：18、XT1436④：2）　5. 器盖（XT1219①：3）

6、7. 罐（XM1：1、XG2⑥：1）

XT1436④：2，弧折腹部斜收，小平底，内壁刻划碾槽。口径 19.1、底径 6.8、高 7.2 厘米。（图一五二，4）

器盖

1 件。

XT1219①：3，子母口，牛鼻状纽。盖面施酱釉。面径 10.2 厘米，高 2.4 厘米。（图一五二，5；彩版一三二，1）

罐

2 件。侈口，弧腹，平底。

XG2⑥：1，束颈，折肩，深腹，内底见支钉块状痕。酱釉。口径 17.2、最大腹径 17.6、底径 7.6、高 8.6 厘米。（图一五二，7；彩版一三二，2）

XM1：1，窄沿，斜肩，鼓腹。酱釉，外壁施釉不及底。口径 9、最大腹径 12.6、底径 8.5、高 12.8 厘米。（图一五二，6；彩版一三二，3）

（三）陶器

盆

3 件。有 A 型和 B 型。

A 型　2 件。侈口，外折沿，弧壁，深腹，平底略内凹。

XT1016④：4，泥质灰陶。口径 33、底径 24.4、高 12.6 厘米。（图一五三，1）

XT1016④：8，泥质灰陶。口径 33.6、底径 24.9、高 13.5 厘米。（图一五三，2）

B 型　1 件。直口，弧壁，平底内凹。

XTG1④：20，泥质灰陶。口径 30、底径 29、高 15 厘米。（图一五三，3）

罐

2 件。

XG2②：1，泥质灰陶。轮制。侈口，圆唇，溜肩，弧折腹，平底。口径 9.6、最大腹径 13.4、底径 9.6、高 5 厘米。（图一五三，4；彩版一三三）

XT1120③：30，夹砂灰褐陶。侈口，尖唇，短束颈，溜肩，鼓腹，下腹斜收，平底内凹，肩附对称双桥耳。口径 10.6、最大腹径 26.2、底径 10.3、高 38.3 厘米。（图一五三，5）

烛台

1 件。

XT1120③：27，泥质灰陶。长柄，上端有两处凸起，其下一处隔断，喇叭状圈足残。残高 17 厘米。（图一五三，6）

（四）建筑材料

砖

4 件。

XT1109④：2，楔形砖，楔形。长 11.6、宽 3、厚 3.2 厘米。（图一五四，1；彩版一三四，1）

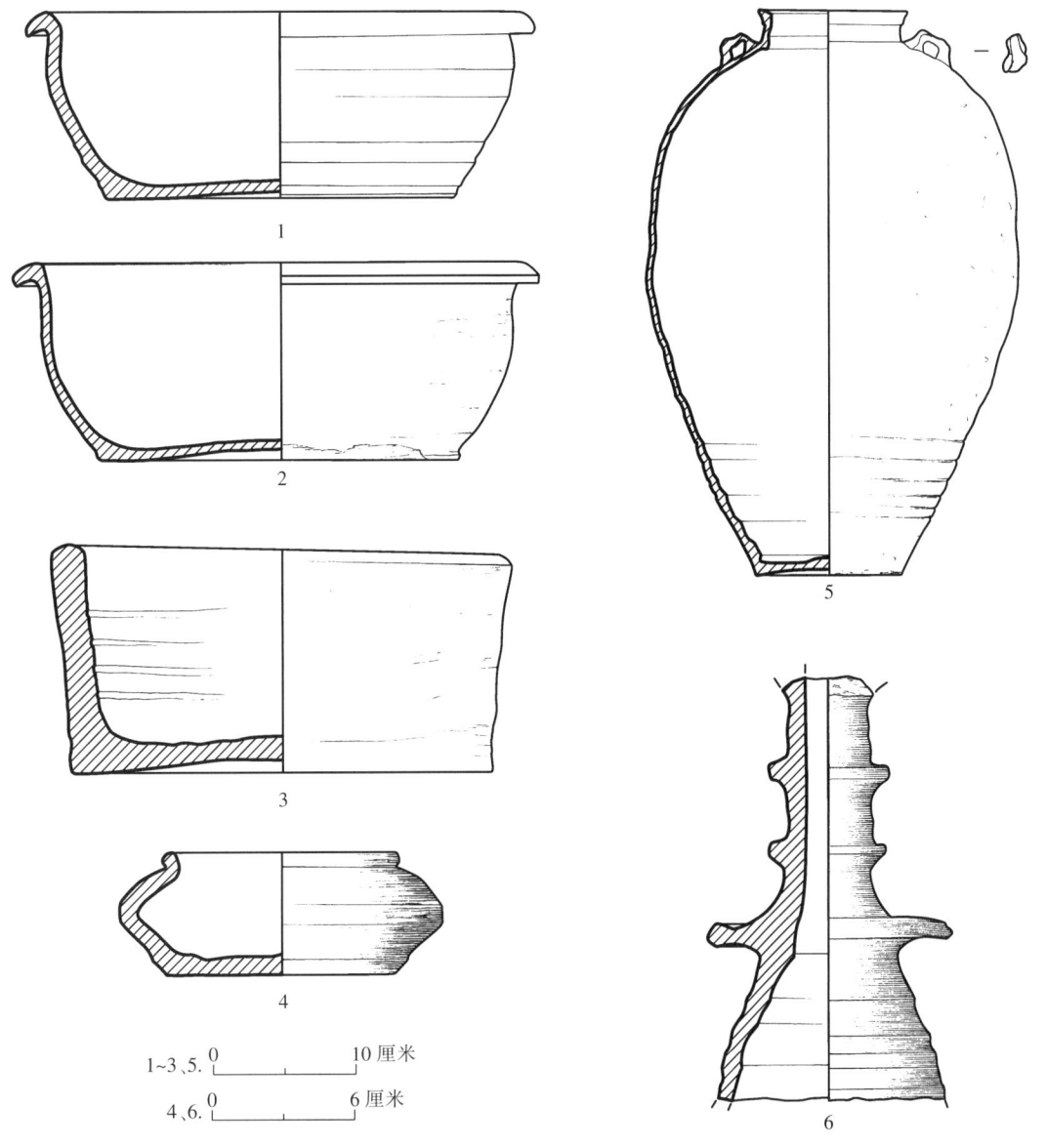

图一五三 西岸发掘区出土宋代陶盆、罐、烛台

1、2. A 型盆（XT1016④：4、XT1016④：8） 3. B 型盆（XTG1④：20） 4、5. 罐（XG2②：1、XT1120③：30） 6. 烛台（XT1120③：27）

XT1119③：6，条形砖。质地细密，磨印明显。长 29.3、宽 6、厚 4.3 厘米。（图一五四，2）

XT1120④：9，条形砖。素面。长 26.4、宽 7、厚 4.4 厘米。（图一五四，3；彩版一三四，2）

XJ1：1，方形砖。器身微弧，榫卯结构构制。长 24.3、宽 11.8、厚 3.2 厘米。（图一五四，4；彩版一三四，3）

（五）铜器

簪

3 件。

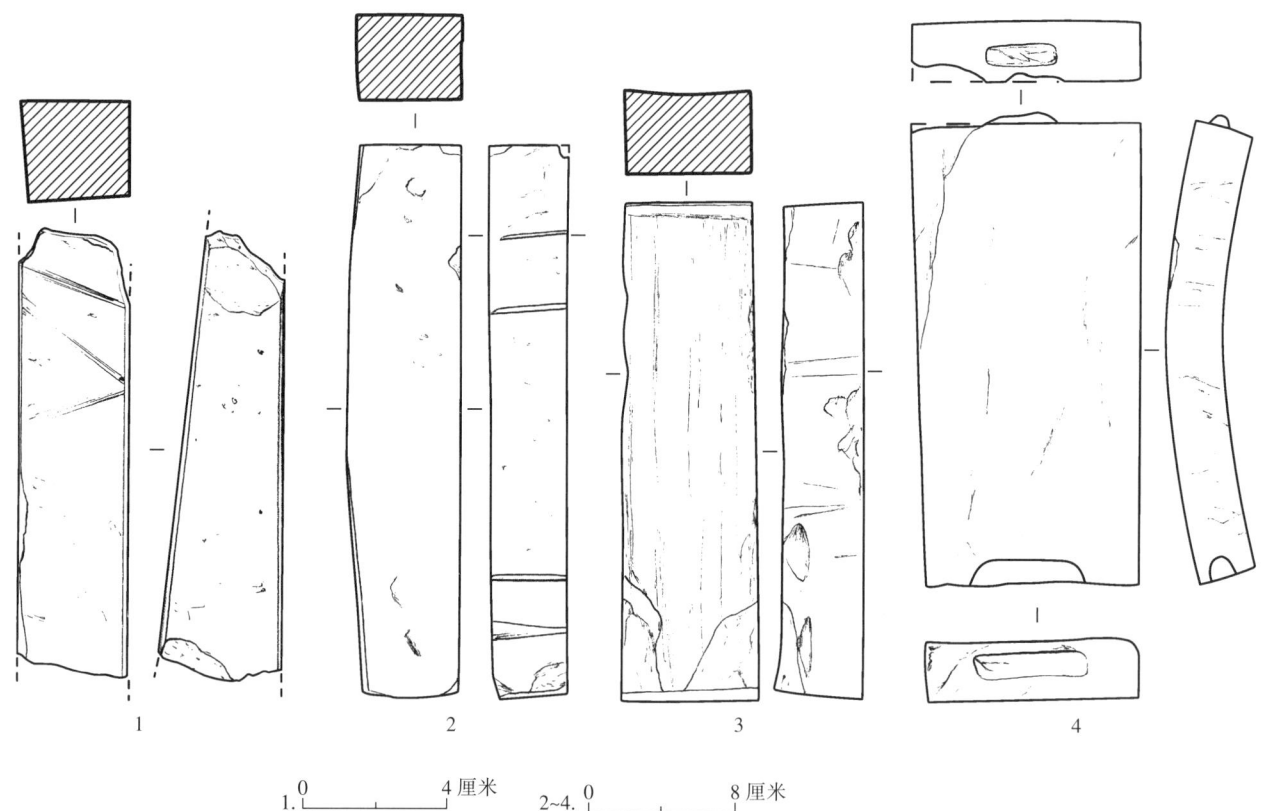

图一五四　西岸发掘区出土宋代青砖
1. XT1109④：2　2. XT1119③：6　3. XT1120④：9　4. XJ1：1

XT1120③：5，残长 15.6 厘米。（图一五五，1）

XTG1④：29，长 15.7 厘米。（图一五五，2）

XTG1④：1，长 7.2 厘米。（图一五五，3）

镜

1 件。

XT1234①：6，锈蚀。六出葵花状，素面，方形短柄。镜面径 8.7、柄长 2.3、厚 0.15 厘米。（图一五五，4）

铜钱

5 枚。

太平通宝　2 件。

XM1：2，圆形，方孔，可辨"太平通宝"。直径 2.5、方孔径 0.6、厚 0.1 厘米。（图一五五，5）

XM1：3，圆形，方孔，可辨"太平通宝"。直径 2.5、方孔径 0.6、厚 0.1 厘米。（图一五五，6）

政和通宝　1 件。

XT1105③：1，圆形，方孔，可辨为"政和通宝"。直径 2.6、方孔 0.6、厚 0.1 厘米。（图一五五，7；彩版一三四，4）

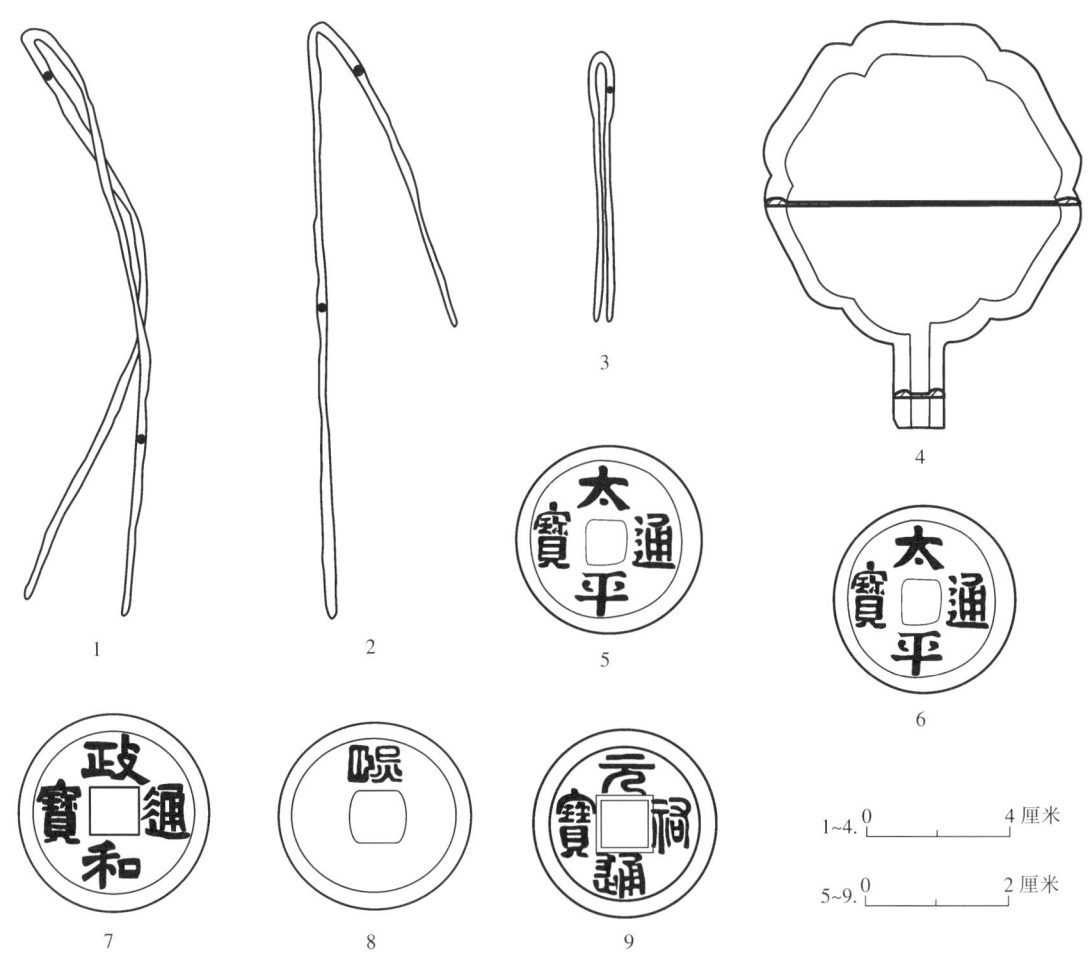

图一五五　西岸发掘区出土宋代铜簪、镜、钱

1～3. 铜簪（XT1120③：5、XT1G1④：29、XT1G1④：1）　4. 铜镜（XT1234①：6）　5～9. 铜钱
（XM1：2、XM1：3、XT1105③：1、XT1109③：1、XT1120③：3）

熙宁通宝　1件。

XT1109③：1，锈蚀严重，字迹可辨一"熙"字，应为"熙宁通宝"。直径2.5、方孔径0.7、厚0.1厘米。（图一五五，8）

元祐通宝　1件。

XT1120③：3，圆形方孔，可辨为"元祐通宝"。直径2.5、方孔径0.6、厚0.1厘米。（图一五五，9）

第七章　元明遗存

一、遗存概述

遗址东、西岸发掘区第 1、2 层发现少量元明时期遗存，其中西岸发掘区揭露灰沟 1 条。出土元明时期遗物较少，器形以碗、盘、罐、炉等为主。

二、遗迹

XG6

位于西岸发掘区 XT1016 南侧，延伸至探方外（参见图六）。开口于 2 层下，打破 3 至 7 层。揭露部分呈长条状，东西向，与泰东河交叉分布（图一五六）。开口距地表深 0.28 米，长 4、宽 1.6 米，沟深 0.8 米。填黄褐色土，土质致密坚硬。出土少量瓷器，可辨器形有青瓷碗和陶盆等。（附表七）

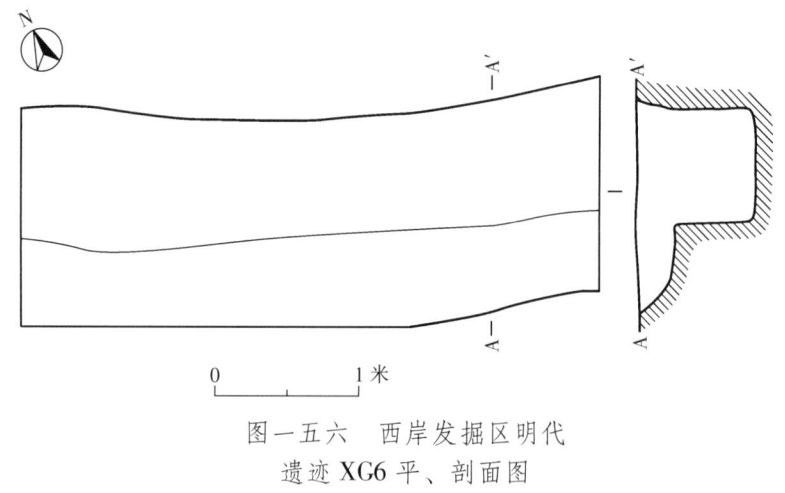

图一五六　西岸发掘区明代
遗迹 XG6 平、剖面图

三、遗物

均为瓷器（附表八）。

碗

共 12 件。可辨有景德镇窑 9 件、龙泉窑 3 件。

景德镇窑　9 件。以灰胎为主，胎质细腻，釉色为青白釉。

XG6①：1，灰胎，青白釉泛灰，有开片，足底露胎。口径 11.6、足径 3.6、高 4.5 厘米。（图一五七，2；彩版一三五，1）

XT1119②：2，灰胎，青白釉泛灰，杂有许多小黑点，满釉，足底露胎。口径 16.1、足径 6.1、高 5 厘米。（图一五七，1）

XT1120②：1，灰胎，青白釉泛天蓝色，釉色光亮，有开片，满釉，足底露胎。口径 11.2、足径 3、高 4.8 厘米。（图一五七，8）

XT1215①：1，灰胎，青白釉，足底无釉。口径 16.4、足径 6.2、高 5.1 厘米。（图一五七，4）

XT1230①：1，灰胎，青白釉泛灰。口径 14、足径 4.9、高 4.2 厘米。（图一五七，6；彩版一三五，2）

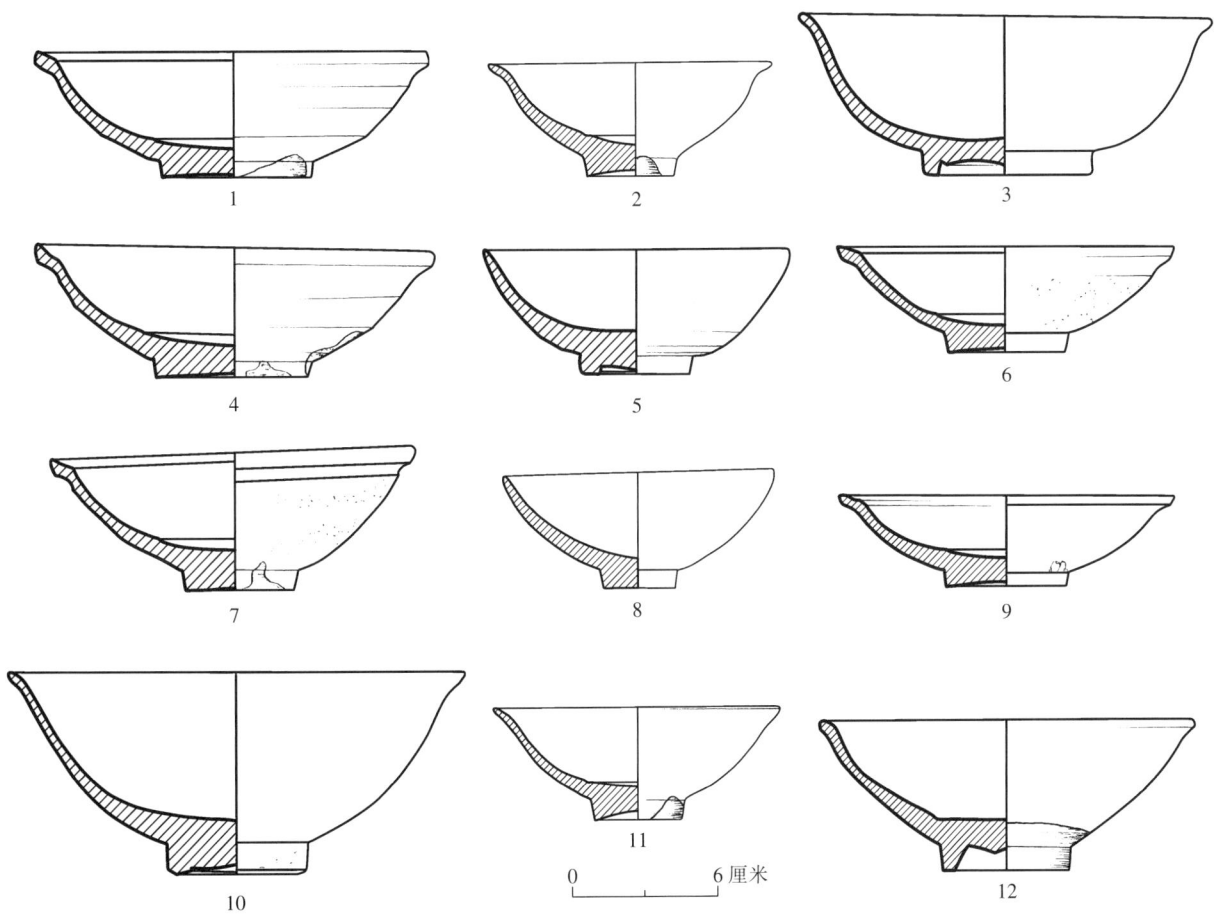

图一五七　西岸发掘区出土元明瓷碗
1. XT1119②：2　2. XG6①：1　3. DT2402②：1　4. XT1215①：1　5. XT1119②：1　6. XT1230①：1　7. XTG1②：4　8. XT1120②：1　9. XTG1②：7　10. XTG1②：5　11. XTG1②：3　12. XT1211①：4（3、5、12 为龙泉窑，余为景德镇窑）

XTG1②：3，灰胎，青白釉泛灰。口径11.8、足径3.6、高4.5厘米。（图一五七，11；彩版一三六，1）

XTG1②：4，灰褐胎，青白釉泛灰。口径14.9、足径4.5、高5.7厘米。（图一五七，7）

XTG1②：5，灰胎，青白釉泛灰。口径18.7、足径5.7、高8厘米。（图一五七，10；彩版一三六，2）

XTG1②：7，灰胎，青釉泛灰白。口径13.8、足径5、高3.6厘米。（图一五七，9）

龙泉窑　3件。以灰胎为主，胎质细腻，施青釉。

DT2402②：1，灰胎，青釉泛绿。口径17.2、足径7、高6.3厘米。（图一五七，3）

XT1119②：1，灰胎，青釉泛灰绿，釉色有开片，满釉，足底露胎。口径12.6、足径4.4、高4.9厘米。（图一五七，5）

XT1211①：4，敞口微侈，圆唇，斜弧壁，圈足。灰胎，青釉泛绿，内外壁近底处露胎。口径15.6、足径5.2、高6厘米。（图一五七，12）

盘

共4件，其中龙泉窑2件、景德镇1件、未定窑口1件。

龙泉窑　2件。均为灰胎，施青釉，装饰技法有贴塑、刻划两种。

XT1228①：5，弧腹，圈足，盘内底贴塑双鱼纹。灰胎，青釉，足底未施釉，足径8.6、残高2.4厘米。（图一五八，1）

XTG1②：8，内壁刻划缠枝莲花纹。灰胎，青釉泛灰绿。口径19.8、足径6.9、高4.8厘米。（图一五八，2；彩版一三七，1）

景德镇窑　1件。

XT1231①：3，青花缠枝牡丹纹盘。敞口，圆唇，弧腹，圈足。灰胎，内外施釉，足底无釉。内外壁均画有青花弦纹，其间填充联珠状青花点彩，内底及外壁绘缠枝牡丹纹。高3.9厘米。（图一五八，4）

未定窑口　1件。

XT1103②：1，青花高士图盘。圈足。内底釉下绘高士图，外底"福"字款。白胎，白釉泛青。足径6.4、残高2.4厘米。（图一五八，3；彩版一三七，2）

罐

1件。未定窑口。

XTG1②：6，青釉罐口，束口，溜肩，下残。灰黄胎，青釉，口部无釉。口径7、残高3.2厘米。（图一五九，1）

炉

2件，其中龙泉窑1件、未定窑口1件。

龙泉窑　1件。青釉。

XTG1②：1，贴花奁式炉。口残，弧直腹，三蹄状足，腹部贴塑缠枝卷草纹。灰白胎，青釉较厚，足底无釉，有细小开片。底径21.2、残高8.4厘米。（图一五九，3；彩版一三七，3）

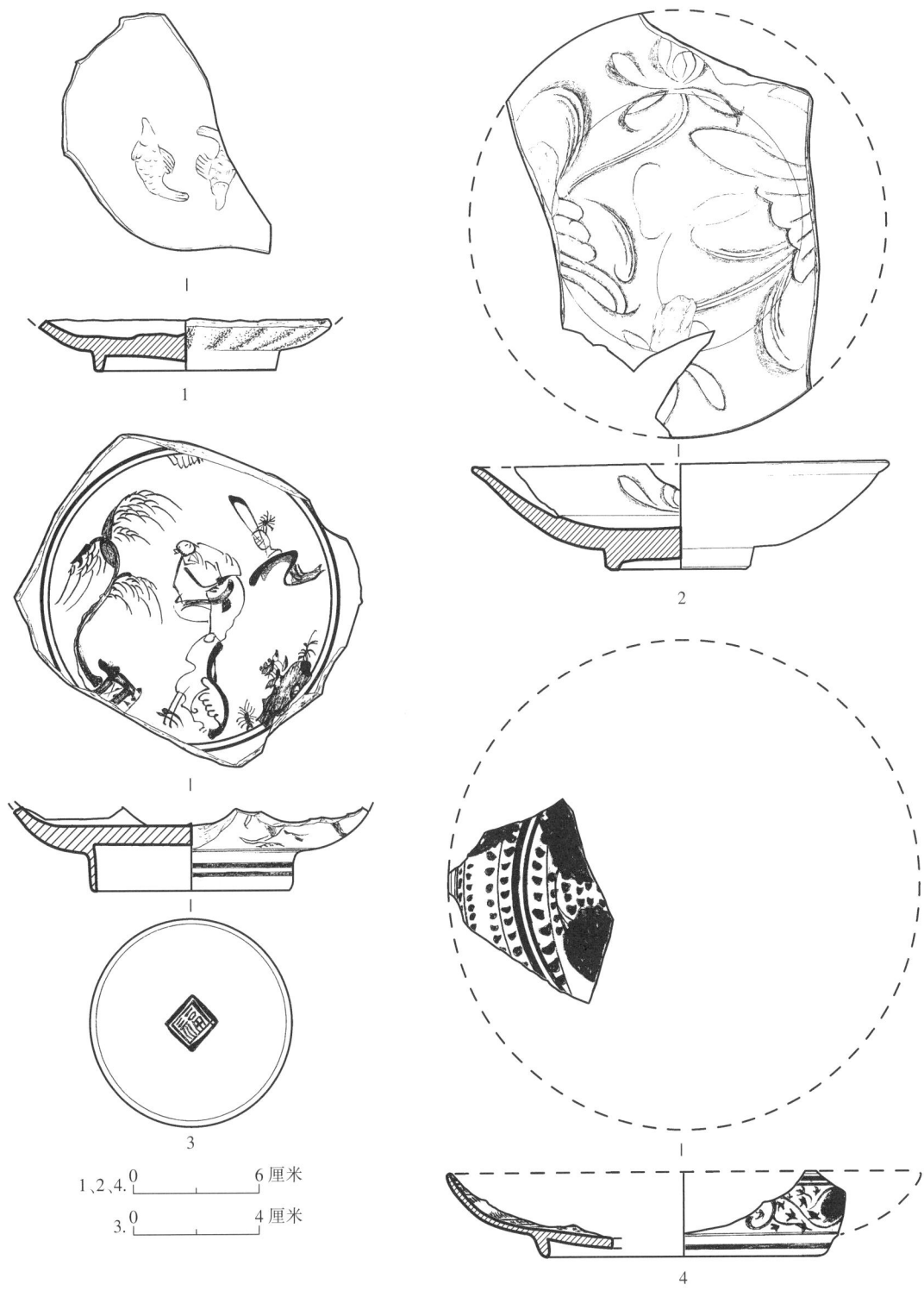

图一五八　西岸发掘区出土元明瓷盘

1. XT1228①：5　2. XTG1②：8　3. XT1103②：1　4. XT1231①：3（1、2龙泉窑，3未定窑口，4景德镇窑）

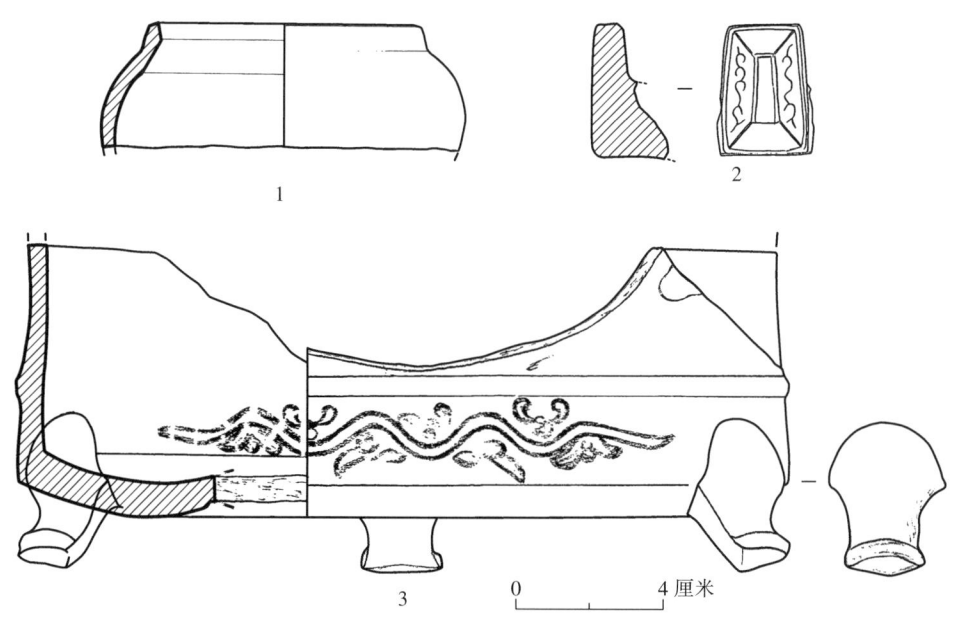

图一五九　西岸发掘区出土元明瓷罐、炉

1. 罐（XTG1②：6）　　2、3. 炉（XTG1②：2、XTG1②：1）（1、2 未定窑口，3 龙泉窑）

<u>未定窑口</u>　1 件。孔雀蓝釉。

XTG1②：2，香炉耳。方形绶带耳。施孔雀蓝釉，部分剥落。长 3.4、宽 2.4 厘米。（图一五九，2）

第八章 动物遗存

此次发掘也获取了一批动物骨骼遗存，保存状况较好，这些动物遗存全部出土于泰东河西岸发掘区的地层和灰沟，属于唐代晚期和宋代两个时期。2017 年 2 月，我们对这批动物遗存进行了鉴定和整理，鉴定过程主要参考山东大学动物考古实验室的现生动物标本和部分图谱①。现将此次整理的情况报告如下。

一、动物遗存概况

辞郎村遗址共出土动物骨骼遗存 101 件，全部出土于泰东河西岸，属于唐代的有 92 件，属于宋代的有 8 件，另有 1 件牛左角心（有切锯痕）因单位缺失无法判断具体年代。下面将按时期介绍动物群的概况。

（一）唐代动物遗存

标本共 92 件，其中 50 件出土于灰沟，42 件出土于地层，可鉴定标本 90 件。全部为哺乳动物，动物种属包括牛、猪、狗和马。

1. 脊椎动物门 Vertebrate

1.1 哺乳纲 Mammalia

共有标本 92 件，其中可鉴定种属的标本 90 件，至少代表 9 个个体，分别属于牛、猪、狗和马 4 个种属。

2 件不能鉴定种属的标本，根据其尺寸和特征判断，1 件为大型哺乳动物肢骨残片，重 16.7 克；另 1 件为中型哺乳动物颈椎，重 14 克。

1.1.1 偶蹄目 Artiodactyla

1.1.1.1 牛科 Bovidae

1.1.1.1.1 水牛属 *Bubalus*

1.1.1.1.1.1 水牛 *Bubalus bubalus*

共有可鉴定标本 77 件，按照保存部位可以分别进行描述：

① 伊丽莎白·施密德著，李天元译：《动物骨骼图谱》，中国地质大学出版社，1992 年。安格拉·冯登德里施著，马萧林、候彦峰译：《考古遗址出土动物骨骼测量指南》，科学出版社，2007 年。

中轴骨（42件）：牛角心3件，总重1637.8克，其中左角角心1件，重956.2克，右角角心1件，重500.6克，3件牛角心上均有切锯痕；左侧上颌 M^1—$M^2$1件，重137.6克，齿列长65.42毫米；右侧上颌 M^1—$M^2$1件，重143.4克，齿列长66.5毫米；左侧上颌 M^1/$M^2$4件，总重255.6克；右侧上颌 M^1/$M^2$4件，总重215.5克；右侧下颌 M_1/$M_2$1件，重45.6克；右侧下颌带 P_2—$M_3$1件，重998.5克，齿列长156.1毫米；下颌骨残片1件，重14.7克；颈椎1件，重124.7克；胸椎残块4件，总重384.9克，关节脱落，其中1件有切割痕；肋骨残片13件，总重1013.4克，其中1件有切锯痕，1件有切割痕；左侧髋骨残片3件，总重430.4克；右侧髋骨残片2件，总重287.5克；骶椎2件，总重480.7克；髋骨残片1件，63.8克。

前后肢骨骼（35件）：左侧肱骨1件，重761.6克，上有切割痕；左侧肱骨近端1件，重391克；右侧肱骨3件，总重2164.9克，其中1件有切割痕；左侧股骨2件，总重2025.3克；左侧尺骨近端1件，重110.5克；左侧尺桡骨远端1件，重140克；左侧桡骨近端1件，重238.1克；右侧桡骨1件，重315.5克；左侧股骨近端2件，总重360.7克；左侧股骨远端1件，重440克；右侧股骨近端1件，重169克；右侧股骨远端2件，总重656.9克；右侧股骨1件，重805.3克，近端关节未愈合，远端关节脱落；右侧股骨1件，重1254.3克，上有切割痕；左侧胫骨3件，总重2208.5克；右侧胫骨近端1件，重91.6克；右侧胫骨远端2件，总重377.1克；左侧掌骨远端1件，重185.7克；左侧掌骨2件，总重498.3克；右侧掌骨1件，重168.3克；右侧跖骨1件，重230.2克，上有切割痕和食肉动物咬痕；右侧跖骨远端1件，重240.1克，上有食肉动物和啮齿动物咬痕；右侧髌骨1件，重52.8克；左侧4+5腕骨1件，重17.2克；右侧中间腕骨1件，重19.1克；右侧中央跗骨1件，重80.5克。

全部标本至少代表5个不同的个体，其中1个为未成年个体。根据牛角判断其为水牛。

1.1.1.2 猪科 Suidae

1.1.1.2.1 猪属 *Sus*

1.1.1.2.1.1 家猪 *Sus scrofa domesticus* Linnaeus

共有可鉴定标本2件，分别为：右侧下颌带 $M_1$1件，重30.1克，C 和 P_1正在萌出，M_2未萌出，M_1长16.13毫米；左侧下颌残片1件，重8克。

全部标本至少代表1个未成年个体，年龄为7~9个月之间

1.1.2 奇蹄目 Perissodactyla

1.1.2.1 马科 Equidae

1.1.2.1.1 马属 *Equus*

1.1.2.1.1.1 马 *Equus caballus* Linnaeus

仅有标本1件，为右侧股骨，代表1个个体。

1.1.3 食肉目 Carnivora

1.1.3.1 犬科 Canidae

1.1.3.1.1 犬属 *Canis*

1.1.3.1.1.1 狗 *Canis familiaris* Linnaeus

共有可鉴定标本10件，分别为：头骨1件，保存较完整，枕髁处有切割痕；左侧下颌带

C、P_2—M_2 1 件，重 68.2 克；右侧下颌带 P_2—M_2 1 件，重 61.9 克；右侧下颌带 C、P_2—M_2 1 件，重 31.5 克；左侧肩胛骨 1 件，重 38.2 克；右侧肱骨 1 件，重 55.4 克；左侧股骨 1 件，重 61.9 克，上有切割痕；右侧股骨 1 件，重 61.6 克，上有切割痕；左侧胫骨（带部分腓骨）1 件，重 60.5 克；髋骨 1 件，97.8 克。

全部标本至少代表 2 个个体。

（二） 宋代动物遗存

标本共 8 件，其中 1 件出土于灰沟中，7 件出土于地层中，全部为牛的骨骼，包括肋骨、肱骨、股骨和胫骨。

1. 脊椎动物门 Vertebrate

1.1 哺乳纲 Mammalia

1.1.1 偶蹄目 Artiodactyla

1.1.1.1 牛科 Bovidae

共有可鉴定标本 8 件，分别为：肋骨 3 件，重 579.8 克；左侧肱骨远端 1 件，重 275.3 克；右侧肱骨远端 1 件，重 379.9 克，有切割痕；左侧股骨远端 1 件，重 412 克；右侧股骨近端 1 件，重 247.9 克；右侧胫骨远端 1 件，重 140.3 克。

全部标本至少代表 1 个个体。根据遗址晚唐时期的发现，推测应为水牛。

二、统计与分析

（一） 数量统计分析

根据鉴定结果，笔者对辞郎村遗址动物遗存的数量比例进行了统计（表一），可以看出，遗址中超过 90% 的动物遗存出自晚唐时期的地层和灰沟中，宋代遗址出土的动物遗存数量骤减，种属也只有牛这一种动物，因此推测辞郎村遗址从晚唐到宋代可能存在由盛转衰的过程；无论是晚唐还是宋代，牛的数量都占据绝对优势，晚唐时期牛的数量占全部标本数量的 85.6%，宋代牛的数量占全部标本数量的 100%，可以看出牛始终是该遗址最重要的动物资源，关于这一点将在下文中进行分析；晚唐时期遗址中狗、猪和马的数量也占一定比例。

表一 辞郎村遗址出土动物遗存数量统计表

动物种类	NISP/MNI*	晚唐	宋
牛	NISP*	77	8
	MNI	5	1
猪	NISP	2	0
	MNI	1	0
狗	NISP	10	0
	MNI	2	0
马	NISP	1	0
	MNI	1	0

注：表格中 NISP 代表可鉴定标本数；MNI 代表最小个体数

（二）　骨骼表面改造痕迹及破碎程度分析

1．骨骼表面改造痕迹

骨骼表面改造痕迹是指各种埋藏学因子造成的骨骼或牙齿（化石）表面的正常形态和结构的改变，从而生成的各种痕迹[1]。骨骼表面痕迹的成因一般可以归纳为三种形式：一是埋藏学作用，比如风力侵蚀、流水搬运、微生物腐蚀等；二是人类行为，比如屠宰加工、烹饪、制作骨器、艺术创作等；三是动物行为，比如动物啃咬、咀嚼、消化等[2]。下面我们将根据这三种形式对该遗址动物遗存的表面痕迹进行分析。

通过观察，我们发现该遗址骨骼整体的风化程度较轻，骨骼表面有骨表皮脱落的现象，骨密质暴露，有较细的裂纹，应多数属于3级风化[3]；由于受到流水侵蚀和微生物腐蚀的影响，部分骨骼表面形成了不规则的纹理。

骨骼上有动物啃咬痕迹的标本仅有2件，占标本总数的1.9%，全部出自唐代晚期的遗迹单位。标本XT1206⑦：2，为牛的右侧跖骨，远端缺失，在骨干的断口处有密集的牙齿凹坑痕迹，近圆形，底部略尖，应为食肉动物啃咬造成的；标本XG7①：2，为牛的右侧跖骨远端，在断口处除了有食肉动物啃咬痕迹外，还有啮齿类动物啃咬的痕迹，主要表现为在骨干表面有多条近似平行的牙齿划痕，划痕成组分布，较短浅。

遗址中动物骨骼风化程度较轻和动物啃咬痕迹极少的现象表明，这些骨骼并未长期暴露在户外，而是被丢弃后不久即被掩埋，因此，遗址中骨骼的破碎应该是埋藏前人类行为造成的；另外，由于遗址位于泰东河沿岸，多水的环境有利于骨骼的保存，同时也在骨骼表面留下了特殊的纹理。

经鉴定，骨骼上有人工痕迹的标本有15件，占标本总数的14.8%，其中晚唐时期14件、宋代1件，主要见于牛和狗这两种动物骨骼之上，痕迹类型主要包括切割痕和切锯痕两种。

有切割痕的标本共10件，其中牛的有7件，狗的有3件，痕迹主要见于四肢骨、头骨、肋骨和胸椎上。通过观察，我们发现骨骼上的切割痕主要分两类：一类位于近骨骼的关节联合处和四肢骨的关节部位，目的是肢解和分离动物骨骼，因为人们在肢解动物骨骼的时候通常会选择附着肌肉最少的关节联合处，这样既便于操作又能省时省力。标本XT1206⑦：20，为一件狗的头骨，保存完整，在枕髁上有数道切割痕，应为人们屠宰分离狗头时所致。另一类主要位于骨干上，近骨干中部，目的应该是为了剔肉。标本XG10②：7，为一件牛的胸椎，在椎体的腹侧有切割痕，应为人们为了剔除胸椎上附着的肉所致。

有切锯痕的标本共5件，4件为牛角心（其中1件牛角心单位缺失），1件为牛的肋骨。切锯痕是用工具在骨骼上同一部位反复磨锯形成的，我们推测该遗址的人们截取牛角和肋骨可能有两个目的：一是在屠宰时，将较大的肋骨锯断，便于携带和储存；二是截取骨料和角料，用来制作骨器、角器以及其他用途。

————————

①　王运辅、武仙竹、李海军：《国外切割痕研究方法评述及在湖北白龙洞的初步应用》，《考古》2009年11期，第86页。
②　王运辅、武仙竹、李海军：《国外切割痕研究方法评述及在湖北白龙洞的初步应用》，《考古》2009年11期，第86~87页。
③　胡松梅：《风化作用在动物考古中的应用》，《化石》1995年第3期，第26页。

　　该遗址中发现的4件牛角均有切锯痕，是人们特意从牛的头骨上截取下来，并且均不见角鞘，因此，我们认为人们截取牛角的目的是为了获取角鞘等部位用作其他用途。在唐宋时期，牛角的角鞘用处极广，可以用来制作角梳、乐器、饮酒器、弓箭等。宋代范成大《桂海虞衡志》中记载："牛角杯，海旁人截牛角令平，以饮酒，亦古兕觥遗意。"[1] 说明牛角杯自古以来就用作饮酒的器具。《续日本纪》卷二十三记载，唐肃宗曾对日本遣唐使说"属禄山乱离，兵器多亡。今欲作弓，交要牛角。闻道本国多有牛角，卿归国为求，使次相赠。"[2] 可见牛角是制作角弓的必需品。牛的角鞘也可以做号角，唐诗中便有"五更鼓角声悲壮，三峡星河影动摇"（杜甫《阁夜》）的描写。除此之外，牛角的角脂可以用来润滑车轮，牛角䚡[3]可以入药，是一种珍贵的药材。因此，该遗址的人们可能锯下牛角以获取有用的角鞘、角脂和牛角䚡等部位，而将用处不大的角心丢弃。

　　2. 骨骼破碎程度分析

　　遗址中以牛的骨骼为主，据骨骼的保存情况，我们对遗址中牛的主要骨骼部位进行了破碎程度统计，具体的统计方法是：在对骨骼进行充分拼对的前提下，根据骨骼的测量数据和对骨骼形态的观察，将骨骼残存部分占完整骨骼的比例进行大致记录，分为完整、大于1/2、1/2～1/4、小于1/4这四个等级。狗、猪和马的标本数量太少，在此不做统计。统计结果如图一六〇所示。

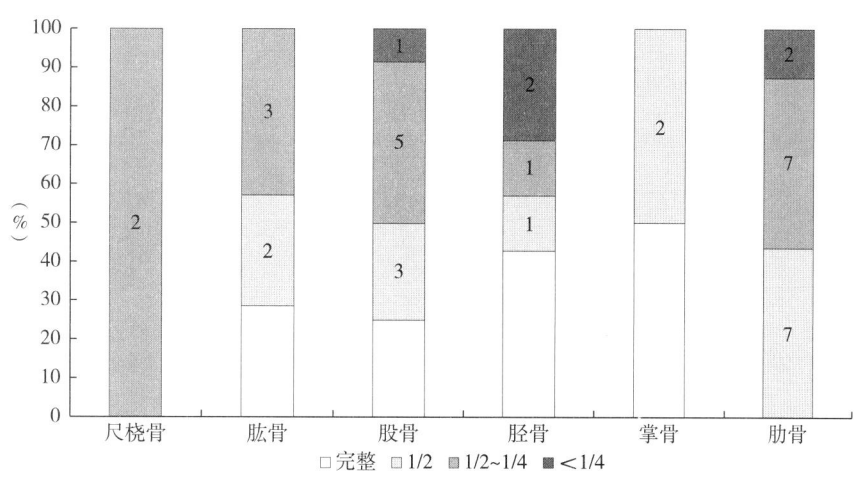

图一六〇　牛主要骨骼破碎程度统计图

　　通过观察分析可以看出，遗址中牛的主要骨骼破碎程度相对较低，而且有不少完整的四肢骨和下颌骨。骨骼的破碎程度不高，一方面和保存环境较好有关，另一方面也说明人们对于牛的骨骼的利用率并不高，至少不存在提取骨髓的现象，并且除了截取牛角外，应该很少利用骨骼制作骨器，人们主要还是获取牛的肉食资源。

①　［宋］范成大著，胡起望、覃光广校注：《桂海虞衡志辑佚校注》，四川民族出版社，1986年，第77页。
②　吴慧主编：《中国在商业通史·第2卷》，中国财政经济出版社，2006年，第159～160页。
③　牛角䚡是黄牛或水牛角中的骨质角髓。唐代《药性论》中记载："黄牛角䚡，味苦甘，无毒。"又载"黄牛角䚡灰，能止妇人血崩不止，赤白带下，止冷痢、泻血。"在《名医别录》《日华子本草》以及《备急千金要方》等各时期的医书中都有牛角䚡入药的记载。

（三）　骨骼保存部位分析

笔者对遗址中数量最多的牛的骨骼的出土部位进行了统计（图一六一、一六二），发现牛出土数量最多的是四肢骨和肋骨，四肢骨占牛骨骼总数的 46.5%，肋骨占 18.6%。

四肢骨是动物身上附着肌肉最多的地方，遗址中牛的四肢骨数量最多，再结合骨骼上的屠宰加工痕迹，说明牛是当时该遗址居民肉类的主要来源，并且人们主要利用牛的四肢骨上的肉，同时也会从牛的肋骨上剔一部分肉。

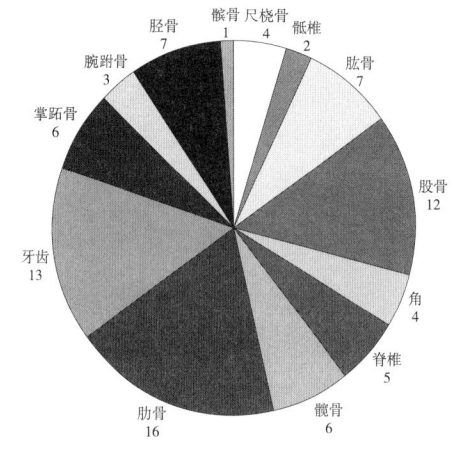

图一六一　牛骨骼出土部位统计图

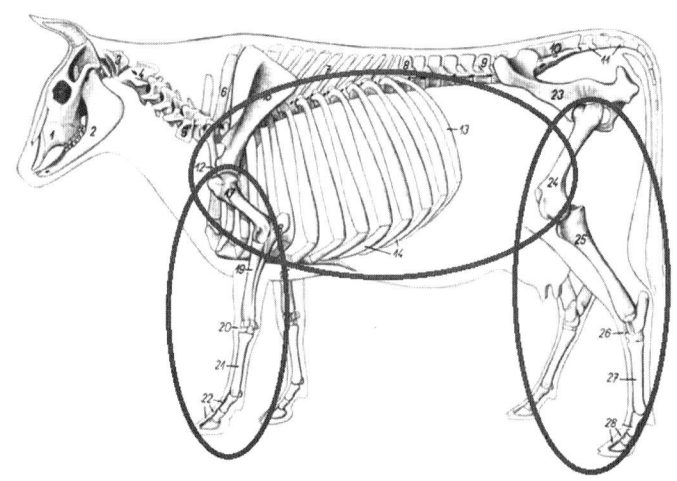

图一六二　牛主要出土部位示意图

（四）　关于遗址中出土牛的讨论

牛作为重要的耕作工具和运输工具，在以农业为本的中国古代社会有着重要的地位。自古以来统治者们对宰杀耕牛就有许多限制和规定，《礼记·王制》中记载："诸侯无故不杀牛，大夫无故不杀羊，士无故不杀犬豕，庶人无故不食珍。"① 说明自古以来牛肉就是十分贵族化

①　杨天宇：《礼记译注》，上海古籍出版社，2004 年，第 153 页。

的肉食，只有王室和高等级贵族才有资格享用，并且只有在高规格的宗庙祭祀活动中才可以宰杀牛。

到了唐宋时期，政府更是加大了对耕牛的保护力度，禁止宰杀耕牛，杀牛罪甚至可被判死刑。《唐律疏议》卷第十九《贼盗律》规定："马牛军国所用，故与余畜不同，若盗而杀者，徒两年半。"[①]《宋刑统》中规定："臣等参详，今后应有盗官私马牛杂畜而杀之，或因仇嫌憎嫉而潜行屠杀者，请并为盗杀。如盗杀马牛，头首处死，从者减一等。如有盗割牛鼻，盗祈牛脚者，处死，从减一等，创合可用者，并减一等。如盗割盗祈至三头者，虽创合可用，头首不在减死之限。"[②] 唐大中五年，"敕两京天下州府，起大中五年正月一日以后，三年内不得杀牛。如郊庙享祀合用者，则以诸畜代。"[③] 可以看出无论是以法律还是敕令的形式，统治者都十分重视对耕牛的保护。另一方面，在反映北宋都城汴梁风土人情的《东京梦华录》一书中，记载了卖猪肉和羊肉的店铺以及多种关于猪肉和羊肉等的烹饪方法，如旋炙猪皮肉、猪脏、须脑子肉、肚肺、赤白腰子、膘皮、炙骨头、猪大骨清羹、煎肝、乳炊羊、炖羊、虚汁垂丝羊头、炒兔、鹅鸭签等，唯独没有关于牛肉的记录，[④] 也从侧面说明宋代官府对食用牛肉有严格的控制。

在官府严格控制宰杀耕牛的情况下，唐宋时期，猪和羊成为人们主要的肉食来源。《唐六典》卷四《膳部郎中》记载："凡亲王已下食料各有差"，亲王"每月给羊二十口，猪肉六十斤，鱼三十头"，"三品以上羊肉四分"。[⑤] 这表明羊肉和猪肉是唐代皇室和政府规定的肉食来源。《太平广记》记载，唐代"周至鄠县界有果毅，每客来，恒买豚设馔"[⑥]，"庆植将聚亲宾客，备食，家人买得羊"[⑦]。表明在广大民间，猪肉和羊肉也是人们日常的主要肉食来源。《东京梦华录》记载，北宋都城南薰门，"唯民家所宰猪，续须从此入京，每日至晚，每群数万，止十数人驱逐，无有乱行者。"[⑧]《宋会要辑稿·职官二一》记载，宋代设牛羊司，"掌畜牧羔羊栈饲，以给烹宰只用"，"御厨岁费羊数万口"。[⑨] 足可见宋代皇室对猪和羊的消费量巨大。《东京梦华录》中的记载表明猪肉和羊肉已经成为人们习以为常的食物，[⑩] 因此，在唐宋时期，不论皇室还是普通民众，都普遍以猪和羊作为主要的肉食来源。

虽然唐宋时期政府禁止杀牛，但食用牛肉的现象仍然存在，一方面皇室和官府有专门的牧场和庄园为其提供肉牛，[⑪] 另一方面官府颁布的禁屠耕牛的律令并不能够严格执行，《太平广记》记载，唐代"广陵有朱氏子，家世勋贵，性好食黄牛，所杀无数"[⑫]，"唐洛州司严昇

① ［唐］长孙无忌等撰，刘俊文点校：《唐律疏议》卷第十九《贼盗律》，中华书局，1983 年，第 356 页。
② ［宋］窦仪等撰，薛梅卿点校：《宋刑统》卷第十九《盗官私马牛杀》，法律出版社，1999 年，第 340～341 页。
③ ［后晋］刘昫等撰：《旧唐书》卷第十八下，中华书局，1975 年，第 628 页。
④ ［宋］孟元老撰，姜汉椿译注：《东京梦华录》，贵州人民出版社，2009 年。
⑤ ［唐］李林甫等撰，陈仲夫点校：《唐六典》卷四，中华书局，1992 年，第 128 页。
⑥ ［宋］李昉等编：《太平广记》卷一百三十二，中华书局，1961 年，第 939 页。
⑦ ［宋］李昉等编：《太平广记》卷一百三十四，中华书局，1961 年，第 954 页。
⑧ ［宋］孟元老撰，姜汉椿译注：《东京梦华录》卷第二《朱雀门外街巷》，贵州人民出版社，2009 年，第 25 页。·
⑨ ［清］徐松辑：《宋会要辑稿·职官二一》，中华书局，1957 年。
⑩ ［宋］孟元老撰，姜汉椿译注：《东京梦华录》，贵州人民出版社，2009 年。
⑪ 陈伟明著：《唐宋饮食文化初探》，中国商业出版社，1993 年，第 97～99 页。
⑫ ［宋］李昉等编：《太平广记》卷四百三十四，中华书局，1961 年，第 3522 页。

期摄侍御史，于江南巡察，性嗜牛肉，所至州县，烹杀极多"①，似乎表明禁令对王公贵族和官员并不十分有效。唐代"容南土风，好食水牛肉，言其脆美，或脍或炙，尽此一牛"②，《宋会要辑稿·食货一》记载，大中祥符九年（1016 年），洛阳、开封之间，道路两旁"鬻牛肉者甚众"③，表明禁令在民间也不能完全贯彻执行，人们食用牛肉的行为还是比较普遍的。

综上所述，我们认为，唐宋时期猪和羊是人们最主要的肉食来源，食用牛肉的情况虽然也存在，但在官府禁止杀牛的法令的要求下，吃牛肉的行为应该还是不如吃猪肉和羊肉普遍。

根据我们的鉴定和分析，我们发现辞郎村遗址的动物遗存有一个十分特殊的现象：牛的数量最多，并且是人们最主要的肉食来源，而猪的数量极少，并不见羊的骨骼。这和唐宋时期人们食猪羊为主的饮食习惯以及官府的杀牛禁令并不相符，背后的原因值得探讨。

如果是有居民长期生活的聚落遗址的话，动物遗存中猪骨和羊骨的数量应该占较大比例，因此我们认为辞郎村遗址应该不是一处普通的聚落遗址。泰东河是历代重要的运盐水道。④ 唐代为了保证漕运的安全，在运河两岸设立驿站，并在沿河每两处驿站设立三百人的护运军队，而且还派遣官吏督运，士兵押船。⑤ 据此，我们推测辞郎村遗址可能是泰东河沿岸一处驿站或者据点，供军队和来往的船只休息。该遗址以食用牛肉为主可能因为牛是军队的军粮。唐代为了避免粮食转运之苦，规定肉畜可以充作军粮，《唐大诏令集》记载，太宗征高丽，"虽足以为兵储，犹恐劳于转运。故多马牛羊，以充军食。"⑥ 可见唐代就有了马牛羊做军粮的传统。驱赶马牛羊作为军粮，既能减少运粮之苦，又改善了军队的生活，遗址中牛骨数量最多可能是有军队在此驻扎，宰杀牛并食用牛肉所致。

以上只是我们根据动物遗存的鉴定结果，结合部分文献对该遗址的性质所做的推断，并不是定论。要想对遗址的性质有更加详细的了解，还需要结合更多的发掘资料和文献资料，进行更深入的讨论和研究。

三、小结

辞郎村遗址 2011 年发掘共出土动物遗存 101 件，单位明确的有 100 件，其中唐代 92 件，宋代 8 件。动物种属共计 4 种，全部为哺乳动物，牛的数量最多，占总数的 76.2%，其次是狗，占 9.9%，还有少量的猪和马。通过对这批动物遗存的鉴定和分析，我们得出以下认识：

1. 从出土骨骼的数量来看，唐代的动物遗存数量远远超过宋代，或许说明该遗址从唐代到宋代存在由盛转衰的过程。

2. 从骨骼的表面痕迹及破碎程度来看，人们主要是利用动物获取肉食资源，同时还截取牛角用作其他用途，但很少用动物骨骼来提取骨髓以及制作骨器等；骨骼的破碎多是在埋藏

---

① ［宋］李昉等编：《太平广记》卷二百四十三，中华书局，1961 年，第 1881 页。
② ［唐］刘恂撰，尚壁、潘博校：《岭表异录校补》，广西民族出版社，1988 年，第 61 页。
③ ［清］徐松辑：《宋会要辑稿·食货一》，中华书局，1957 年。
④ 南京博物院、无锡市文化遗产保护与考古研究所、东台市博物馆：《江苏东台辞郎村遗址发掘简报》，《东南文化》2017 年第 6 期。
⑤ 赵冕：《略论唐宋时期的运河管理》，《华北水电水利学院（社科版）》第 19 卷第 4 期，2003 年，第 10 页。
⑥ ［宋］宋敏求编：《唐大诏令集》卷一百三十，商务印书馆，1959 年，第 527 页。

前的加工过程中形成的，被丢弃后并未长时间暴露在户外，而是被丢在灰沟或运河中，很快就被掩埋。

3. 从骨骼的保存部位来看，牛是该遗址最主要的肉食来源，另外还食用少量狗。人们主要获取牛四肢骨以及肋腹部上的肉。

4. 结合相关文献，我们推测该遗址是泰东河沿岸的一处和运盐及漕运有关的驿站或营地，并且可能有军队在此驻扎过。

第九章　结　语

第一节　遗址时代推断

依据辞郎村遗址地层堆积和典型器物的对比，可将遗址发掘揭露的文化遗存概分为晚唐、宋、元明三个时期。

（一）晚唐文化遗存

遗址西岸的第5～12层属于晚唐文化层，遗迹主要为灰沟和灰坑。开口于西岸第3层及其下的 XH1～XH4、XH11～XH15、XG4、XG7、XG8、XG10、XG11 属于晚唐文化遗存。开口于东岸第1层和第3层下的 DH2～DH13、DG1～DG6 属于晚唐文化遗迹。

东岸 DG2 出土晚唐至宋代遗物，沟内第4层为晚唐堆积，第3层为宋代堆积，该河道的使用期为晚唐时期，至宋代已逐渐淤塞废弃。

晚唐文化层的器物组合为瓷碗、钵、罐、执壶、盂、盏、盆、盒、灯盏等9大类，以碗为主，另有釉陶器、泥质陶盆、莲花纹方砖、瓦当、石器、铁器和铜钱等。

（二）宋代文化遗存

遗址东岸的第3层和西岸的第3、4层属于宋代文化层，遗迹单位可分为灰沟、灰坑、水井、墓葬四类。

西岸开口于第2～4层下的 XH5、XH7～XH10、XG2、XG3、XG5、XJ1、XJ2、XM1 以及东岸开口于第1层下的 DH1 属于宋代文化遗存。

宋代文化层的器物组合为瓷碗、盏、罐、盘、枕、杯式炉、执壶、盏托和俑等，以碗类为主，另有釉陶盏、陶盆等。

（三）元明文化遗存

东岸第2层、西岸第2层属于明代文化层。开口于西岸第2层下的 XG6 属于明代文化遗迹。地层中出土少量元明时期遗物，可辨有青瓷碗、盘及青花瓷碗和少量灰陶片等。

辞郎村遗址唐宋时期的文化遗存最为丰富，正值其兴盛时期，宋代以后遗存减少，遗址逐渐废弃衰落。遗址西岸发掘区堆积丰富，有晚唐、宋和明代地层，而东岸发掘区堆积未见唐代文化层，却发现有唐代遗存，推测与河水侵蚀或社会功能有别相关。

第二节　泰东河与盐场

泰东河，亦名西溪河，曾是泰州西溪直通海口的河道，现河道西起泰州西坝，穿泰州、兴化、东台，东至东台串场河海道口，全长 60 千米。因两淮海盐之利，该河历代为盐运水道，是东台各盐场转运全国各地的主航道；明代以后，由于海岸线变迁，河道功能转变为泄洪排水、水运灌溉为主。泰东河是淮南水路系统的重要组成部分，在临水入海的特殊地理条件下，泰东河的变迁沿革不仅与海岸线的进退联系紧密，淮南盐业的兴盛亦与之息息相关。

新石器时代末期发生的一次海侵事件，使得江苏地区的海岸线向西退回到一个峰值点，当时的海岸线大致在赣榆—青莲岗—冈刘—沙缺口—沙旺头—仓冈—西沙—龙冈—大冈—沙冈一线。先秦时代江苏地区的海岸线由于受到海平面升降的影响，出现来回波动现象。贺云翔通过分析江苏沿海一带遗址数量的增减与变化，认为夏商时期江苏海平面呈下降趋势。[①] 凌申以地名为证，认为秦汉时期江苏地区的海岸线大致位于赣榆—海州—灌南—盐城—东台—靖江一线。[②] 西汉中期至东汉时期，海平面逐渐上升，东汉晚期以后逐渐下降。此后直到现代，江苏地区海岸线总体呈向东发展的趋势（图一六三）。

《东台县地名录》载，泰东河最早开发于汉代，又名运盐河，东起东台镇的海道口。[③] 秦汉时，泰东河直通海口，海口外有九龙港，渔民多沿此线出海。其时，东台西溪东邻黄海、南依泰东河，处在临河入海的重要地理位置，正是淮南盐场的一个重要制盐中心，西汉时期已然成镇。依靠东临大海之利，吴王刘濞在江苏沿海两淮地区的封国境内"煮海水以为盐，以故无赋，国用富饶"[④]，在广陵东建"海陵仓"以储盐，开挖邗沟以通盐运，泰东河即是该盐运系统的重要组成部分。及至武帝废封国、立郡县，于元狩六年（前 117 年）在该地区建海陵县（今泰州），辖海安、西溪镇。西溪镇为主管煎盐之区，即吴王刘濞所置"海陵仓"所在。[⑤] 武帝此举加强了对盐铁业的管理，"原募民自给费，因官器作煮盐，官与牢盆"[⑥]，尽收淮南盐利，同时巩固了对该地区的统治。

① 贺云翔：《夏商时代至唐以前江苏海岸线的变迁》，《东南文化》1990 年第 5 期。
② 凌申：《地名与历史时期江苏海岸变迁的相关研究》，《海洋科学》2002 年第 1 期。
③ 东台县地名委员会编：《东台县地名录》，东台县地名委员会，1985 年，第 229 页。
④ 《史记·货殖列传》载："彭城以东，东海、吴、广陵，此东楚也。其俗类徐、僮。朐、缯以北，俗则齐。浙江南则越。夫吴自阖庐、春申、王濞三人招致天下之喜游子弟，东有海盐之饶，章山之铜，三江、五湖之利，亦江东一都会也。"（［汉］司马迁：《史记》卷一百二十九《货殖列传》，中华书局，1963 年，第 3267 页）《史记·吴王刘濞传》载："吴有豫章郡铜山，濞则招致天下亡命者（益）［盗］铸钱，煮海水为盐，以故无赋，国用富饶。"（《史记》卷一百六《吴王濞列传》，中华书局，1963 年，第 2822 页）
⑤ 凌申：《江苏沿海两淮盐业史概说》，《盐业史研究》1989 年第 4 期。
⑥ 《史记·平准书》载："大农上盐铁丞孔仅、咸阳言：'山海，天地之藏也，皆宜属少府，陛下不私，以属大农佐赋。原募民自给费，因官器作煮盐，官与牢盆。浮食奇民欲擅管山海之货，以致富羡，役利细民。其沮事之议，不可胜听。敢私铸铁器煮盐者，鈦左趾，没入其器物。郡不出铁者，置小铁官，便属在所县。'"（《史记》卷三十《平准书》，中华书局，1963 年，第 1429 页）

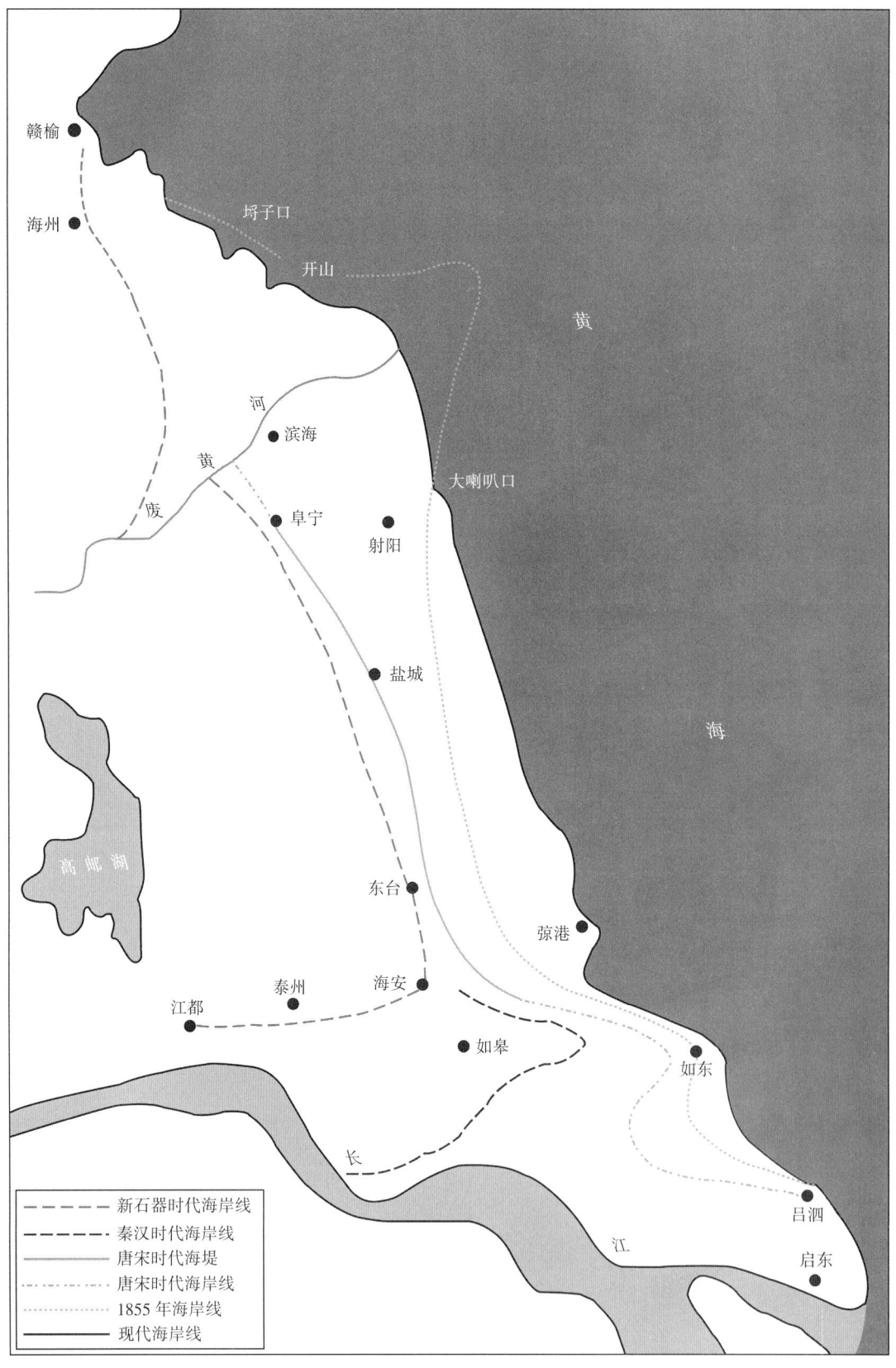

图一六三　江苏海岸线变迁图

（说明：底图据凌申《黄河南徙与苏北海岸线的变迁》，《海洋科学》1988 年第 5 期）

魏晋南北朝时期，政权更迭频繁，淮南海盐的生产虽未停止，但少见记载。李唐王朝为垄断盐利，在海陵县设盐官。[①] 据《新唐书》载："乾元元年（758 年），第五琦初变盐法，就山海井灶近利之地置监院"，设海陵监于西溪。宝应元年（762 年），刘晏为盐铁史，改革盐法，开始设立专场产盐，不再让官府垄断盐业，分利于商户，"官收厚利而人不知贵"。经此改革，盐业得到很大发展，"天下之赋，盐利居半，宫闱服御、军饷、百官禄俸皆仰给矣。"[②] 除了制度的变化，唐代还创造了新的"煎煮"制盐法，即开沟引潮，铺设亭场，先晒灰淋卤，然后熬盐。新的制盐技术的运用，加之淮南盐场因其得天独厚的地理优势，淮南盐业的生产得到大规模的发展。《元和郡县图志》言："（海陵）盐监，煮盐六十万石，而楚州盐城，浙西嘉兴、临平两监所出次焉，计每岁天下盐利，当租赋三分之一。"[③] 由此可见，海陵监盐业之利对于国家财政的巨大贡献。同时，唐王朝为应对海潮灾害的威胁，使淮南西道黜陟使李承筑捍海堰（又名常丰堰）于盐城、海陵二监之间。[④] 捍海堰大致建于苏北平原一天然沙堤——东冈的基础上，北起阜宁北沙，沿串场河一线经草堰、盐城、刘庄，入东台市境内，南抵海安。[⑤] 除遮蔽海潮、保护民田，捍海堰还起到了保护盐场的作用；堤成以后，抵御风潮，堤内谷物常丰，故又名常丰堰。

五代政局变动、战乱频仍，西溪海陵监依然维持着较大规模的海盐生产。南唐在海陵县置泰州，下辖泰兴、盐城、兴化、如皋四县，主要目的为了加强对海陵监的管理。[⑥] 后"淮甸盐场皆入于周"[⑦]，南唐欲要还海陵监以赡军费，后周不应，世宗"诏岁支盐三十万斛以给江南"[⑧]，说明当时海陵监的产盐量依然极大，至少超过三十万斛。[⑨] 宋初，海陵监由泰州向东移至如皋县，并置西溪盐仓，更靠近盐场所在。[⑩]《东台县志》中言："西溪盐仓即海陵监也。"[⑪]《读史方舆纪要》亦言："海陵监本泰州盐场。宋置监于此，亦曰西溪盐仓，在今泰州东北百里。"[⑫]

及至北宋天圣年间，常丰堰"历时既久，颓圮不存"[⑬]，时任西溪盐仓监的范仲淹经张纶

---

① 王红花：《海陵监和西溪盐仓考》，《盐业史研究》2013 年第 4 期。

② ［宋］欧阳修，宋祁：《新唐书》卷五十四《食货志》，中华书局，1975 年，第 1378 页。

③ ［清］李吉甫：《元和郡县图志》阙卷逸文卷二《淮南道》，中华书局，1983 年，第 1074 页。

④ ［后晋］刘昫：《旧唐书》卷一百一十五《李承列传》，中华书局，1975 年，第 3378～3379 页。

⑤ 凌申：《盐城市境内全新世以来的海陆变迁》，《东海海洋》1989 年第 3 期。

⑥ 《太平寰宇记》卷 130《淮南道八》载："伪唐于海陵县置泰州以辖其监。"（［宋］乐史著：《太平寰宇记》，《文渊阁四库全书》470 册，台湾商务印书馆，1982 年，第 275 页）《南唐书》卷一载："以扬州海陵县为泰州，割泰兴、盐城、兴化、如皋四县属焉，以海陵制。"（［宋］马令：《南唐书》，《文渊阁四库全书》464 册，台湾商务印书馆，1982 年，第 251 页）

⑦ ［清］吴任臣：《十国春秋》卷 16《南唐二·元宗本纪》，《文渊阁四库全书》465 册，台湾商务印书馆，1982 年，第 167 页。

⑧ 《资治通鉴》卷 294"世宗显德五年（958 年）五月"条："刘承遇之还自金陵也，唐主使陈觉白帝，以江南无卤田，愿得海陵监南属以赡军。帝曰：'海陵在江北，难以交居，当别有处分。'至是，诏岁支盐三十万斛以给江南，所俘获江南士卒，稍稍归之。"（［宋］司马光：《资治通鉴》，《文渊阁四库全书》310 册，台湾商务印书馆，1982 年，第 736 页）

⑨ 吉成名：《江苏海盐产地变迁》，《扬州大学学报》2016 年 1 月。

⑩ 《太平寰宇记》卷 130《淮南道八》载："皇朝开宝七年（974 年）移监于如皋县，置从盐场之便近也。"（［宋］乐史著：《太平寰宇记》，《文渊阁四库全书》470 册，台湾商务印书馆，1982 年，第 275 页）《泰州志》载："开宝七年，以海陵监移至如皋，置西溪盐仓。"（泰州市地方志编纂委员会：《泰州志》，江苏古籍出版社，1998 年）

⑪ ［清］周右总纂：《东台县志》，嘉庆二十二年（1817 年）刊本，台北成文出版社有限公司，1970 年。

⑫ 《读史方舆纪要》载："海陵监，州东北百二十里，宋为西溪盐仓，州产盐，因置监于此，以司盐利。"（［清］顾祖禹：《读史方舆纪要》，《续修四库全书》601 册，上海古籍出版社，2002 年，第 161～162 页）

⑬ ［元］脱脱等撰：《宋史》卷九十七《河渠七》，中华书局，1977 年，第 2394 页。

奏请宋仁宗重筑捍海堰，"酌量移堰稍近西溪，以避海潮冲击，乃垒土（《淮安府志》谓'垒石'）以固其外，延袤迤逦如坡形，不与水争。①在范仲淹、张纶、胡令仪等人主持下，历经五年修筑，大堤于天圣六年（1028年）完工，海堰总长143里，较原堤旧基稍有西移，堤线在今大丰县草堰镇以南丁溪、东台、梁垛、安丰一线（图一六四）。"《宋史》载："……本朝天圣改元，范仲淹为泰州西溪盐官日，风潮泛溢，潴没田产，毁坏亭灶，有请于朝，调四万余夫修筑，三旬毕工。遂使海濒沮洳潟卤之地，化为良田，民得奠居，至今赖之"②。嘉庆《东台县志》载："自五年秋，越六年春堰成。长二万五千六百九十六丈六尺，计百四十三里，趾厚（宽）三丈……服筑坚固，砖秋瓦周密，潮不能侵。自是流移复业者三千余户，人呼为范公堤，以仲淹力赞之也。"此后，范公堤又经后人多次增筑。但因沿海风潮怒盛，常有冲决之患。

两宋之际，社会动荡不安。宋室南渡，两淮许多盐场被废弃，亭户逃亡。高宗绍兴二年（1132年），"壬子，朝奉郎、通判泰州马尚就差知泰州，招谕军民归业，并兴盐场等事。"③马

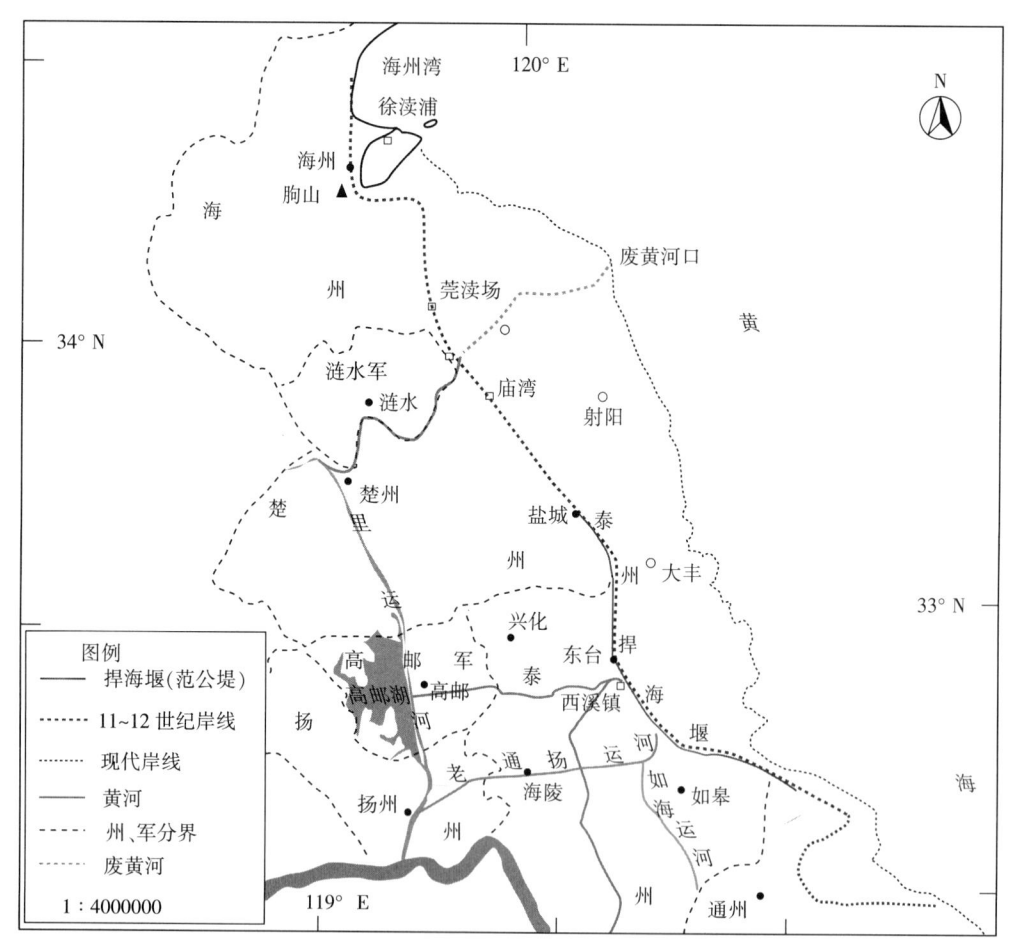

图一六四　公元11～12世纪江苏海岸与堤堰
（说明：据谭其骧主编《中国历史地图集》第6册第22～23页图描绘）

① ［清］周右总纂：《东台县志》，嘉庆二十二年（1817年）刊本，台北成文出版社有限公司，1970年。
② ［元］脱脱等撰：《宋史》卷九十七《志》第五十《河渠志七》，中华书局，1977年，第2394页。
③ ［清］毕沅：《续资治通鉴》卷第一百九《宋纪》，中华书局，1957年，第2881页。

尚采取了恢复盐业生产的诸多举措，一定程度上恢复了盐业生产。但宋金连年征战，两淮地区多兵燹之灾，淮北盐场尽归金国政权，南宋政权对淮南盐场的控制也并不稳定。战乱之下，两淮盐业生产也再难恢复到鼎盛之时。南宋建炎二年（1128 年），东京留守"杜充决黄河，自泗入淮以阻金兵"①。此后，黄河夺泗入淮成为常态，在 1128 年到 1193 年的六十五年间，黄河入泗入淮达 8 次之多。黄河挟带的泥沙在沿海堆积，致使海岸东迁，黄河带来的淡水冲淡了沿海卤水，淮南盐场赖以兴旺的卤水不断东去，范公堤以西盐灶大减，淮南盐业的生产遭到严重影响。南宋孝宗乾道七年（1171 年），海潮冲毁了范公堤，徐子寅兴工修复，因议请置场官，分治其境，以护海堰，裁西溪盐仓，"罢盐仓，置官盐场"②，至此，西溪盐仓废去。

此后直到明代，黄河夺淮对江苏地区海岸线的影响增大，明代中叶苏北海岸线已东迁至板浦—四套—南洋岸—南团—小海—沈灶—李堡一线。1128～1500 年间，河口东移 20 千米，1500 —1855 年间，河口又向东迁移 71 千米。③ 至 1855 年，海岸线已移至西溪以东 60 千米处。1855 年以后，因沿海海流所携带侵蚀物的淤积作用，土地资源增加和卤水东流，淮南煎盐产量不断减少，《清史稿·食货志》载："宣统元年（1909 年），度支部尚书载泽疏言：淮南因海势东迁，卤气渐淡，石港、刘庄等场产盐既少，金沙场且不出盐。"④大丰、东台一带的海岸线持续向东延伸，发育出了规模巨大的辐射沙脊群，废盐垦荒渐成趋势。《东台县志》载："东台场东一百五十里至沿海小龙港，原有灶地陷于荒废，虽盐法禁垦，而人民私垦者日多。"⑤ 20 世纪初，张謇倡导"废灶兴垦"，加之淮北盐业的迅速发展，⑥ 淮南盐业终被农耕替代。

泰东河与淮南盐业密切相关，但并未随着淮南盐业的衰落而衰落。泰东河全线开挖贯通于明永乐二年（1404 年），提升了河道的水运和挡潮御卤功能，后又三次挑浚泰东河道。明成化七年（1471 年）监察御史杨澄修筑泰东河堤，从东台西溪至泰州鱼行庄，有御潮通漕、保障国税的功效，后世称杨公堤。⑦ 清代，淮南盐业荒废后，亦多次疏浚泰东河，修筑泰东河堤，其功能变为以泄洪排水为主，"上承上运河、邵北各坝减下之水，由绿洋、艾陵等湖经泰州小溪河，入运盐河归串场河出丁溪闸、下古河口（今大丰）入海"。

中华人民共和国成立后，泰东河一直是引江干河和水利水运的主通道，多次进行疏浚与整治。2011 年初，泰东河拓浚工程全面实施，工程南起泰州通扬运河，北至东台五神庙渡口，全场 48.7 千米。

第三节 遗址的性质

辞郎村遗址位于江苏省东台市五烈镇辞郎村东约 700 米处，东距东台市区 7 千米，北临东

---

① ［元］脱脱等撰：《宋史》卷二十五《本纪》第二十五《高宗二》，中华书局，1977 年，第 459 页。

② 《中国地方志集成·江苏府县志辑⑤》，江苏古籍出版社，1991 年，第 9 页。

③ 凌申：《黄河南徙与苏北海岸线的变迁》，《海洋科学》1988 年第 5 期。

④ ［清］赵尔巽等撰：《清史稿》卷一百二十三《食货四》，中华书局，1977 年。

⑤ ［清］周右总纂：《东台县志》，嘉庆二十二年（1817 年）刊本，台北成文出版社有限公司，1970 年。

⑥ 鲍俊林：《再议黄河夺淮与江苏两淮盐业兴衰——与凌申先生商榷》，《盐业史研究》2013 年第 3 期。

⑦ 东台水利志编纂委员会：《东台市水利志》，河海大学出版社，1998 年，第 71 页。

台镇西溪古街道。遗址分布于泰东河两岸，西岸遗迹多为生活废弃或葬地遗留；东岸发掘区揭露的 DG1、DG2、DG4 与泰东河交叉合汇，具有联通运河的意义，另有灰坑等遗迹单位分散于两岸发掘区内。

从遗迹的分布情况来看，东、西岸的遗迹应是泰东河沿岸的生产生活遗存，由此可窥见遗址依河而生、临河而建之布局。遗址出土的大量瓷器、陶器和少量建筑构件，器类以碗、罐、壶、盆、盏等生产生活用品为主，具有较典型的时代特征，遗址主体年代为晚唐至南宋，另有少量元明时期的遗物出土。泰东河两岸发现的遗迹、遗物，反映了唐宋及元明时期当地的社会生产生活状况。

遗址所在的泰东河流域，河网密布，水路交通发达。泰东河古为运盐河，因盐而兴，又促进了盐业的发展。遗址下游 3 千米处是西溪古镇，唐时设置的海陵监所在，为淮南盐场的一个中心区。遗址所处年代正值当地盐业兴旺时期，唐宋时期的海岸线长期稳定在西溪附近，加之唐大历年间与北宋天圣年间，海岸线附近先后有淮南黜陟使李承和西溪盐仓监范仲淹所修筑的常丰堰和范公堤，起到了屏蔽盐灶的作用，使捍海堰以西"农子盐课，皆受共利"。得益于淮南盐场的"海盐之饶"，泰东河流域灶贩稠密，商贸频繁，沿河城镇随之兴起。而从遗址出土的食用过的动物骨骼来看，辞郎村遗址似乎并不是一般意义的沿河商贸市镇，遗址中出土的牛骨数量远大于日常食用的猪羊骨骼数量，这很有可能是军队驻地的重要特征。[①] 为了保障盐运和赋税，唐宋时期在运河沿岸常置两三百人的军队护卫，遣官吏督运，士兵押船。作为重要的耕作和运输畜力，唐宋政府严格控制对牛的宰杀，但由于军队特殊的性质，可能存在以牛代粮的现象。结合遗址所在运河两岸的地理位置和附近的西溪盐场在当时的重要地位，这里很有可能是保障泰东河运盐业的重要军事营地。

辞郎村遗址作为运盐河岸边的村落，因为盐运发展而兴起，成为保障盐运的重要驻地，又随着盐场的变迁而衰落。南宋建炎二年以后，黄河夺淮入海，大量泥沙沉积在沿海，使得海岸线迅速东迁，加之淡水的冲灌，使当地盐业赖以兴旺的卤水东渐，盐灶遂迁至范公堤以东。同时南宋与金长期处于对峙之势，两淮正是二者针锋相对之地，淮南诸州饱受兵燹之灾，致使西溪诸盐场盐业生产遭受严重打击，盐运商贸逐渐衰落。

值得注意的是，两岸的堆积情况有较大差异，说明了遗址两岸有着不同的发展变迁历史。西岸堆积丰富，有晚唐文化层、宋代文化层和元明文化层，这三个时期均存在灰沟、灰坑等遗迹。而东岸未发现唐代文化层，却发现大量晚唐遗迹，相对来说宋代遗迹有明显减少。这种情况可能与遗址的特殊地理位置有关，也喻示着两岸所承担的功能并不相同。晚唐时期两岸均因盐而兴，牛骨均发现于西岸遗迹中，故而西岸可能为军事驻地，而东岸则是适应盐运商贸的村落。到了宋代，因盐灶的东移，泰东河成为范公堤以西的主干运河，向东连接各盐灶，泰东河东岸的灰沟证明其主要功能是联通运河。由于河水的冲刷，导致部分文化层缺失，其他遗迹也相对减少。而西岸的军事驻地在战乱中无法维持，原先东岸的村落搬迁到西岸，随着西溪盐仓被废，两岸的遗迹也逐渐减少。泰东河未因盐业衰落而衰落，相反，后期在水

---

① 见本书第八章。

运排洪方面发挥了更大的作用。

辞郎村遗址晚唐至宋代的昙花一现，见证的是东台西溪盐场和运河盐运的盛衰，当遗址的区位优势丧失后，便随之默默沉寂于历史的长河之中。"辞郎"取自董永七仙女的故事。[①] 2006 年，"董永传说"作为民间文学入选首批国家级非物质文化遗产。该传说起源于汉代孝子故事，经过南北朝时期的发展，到唐代后期广泛流传于各地，并与当地的民间传说相结合，产生了多种带有地方特色的董永传说。[②] 东台地区有大量与董永传说相关的地名和遗迹，辞郎村遗址的发现无疑也为董永传说增添了深厚的文化实物载体。

辞朗村遗址依河而建，其发展之历程与河道的沿革变迁有着密不可分的关系，此次泰东河工程沿线调查在泰东河沿岸 40 多千米长的范围内共发现新石器时代、唐宋和明清时期遗址 10 余处，如此多的遗址集中分布于运河两岸，充分说明了泰东河的历史重要性。辞郎村遗址作为唐宋时期泰东河沿岸的重要遗址，对该遗址的发掘充分揭示了淮南盐业的过往变迁，充分说明了泰东河的深厚历史文化内涵，为里下河地区经济文化史、淮南盐业盐运史及漕运史等的研究提供了十分重要的实物资料。

---

① 南宋《方舆胜览》载："天女缫丝井，在西溪镇西广福院，相传汉董永所居……"（［宋］祝穆撰、祝洙增订，施和金点校：《方舆胜览》，中华书局，2003 年，第 814 页）。［清］周右总纂《东台县志》卷三十四《古迹》："辞郎河，在西溪镇，相传孝子董永与天女别处。"（台北成文出版社有限公司，1970 年）至今，在东台西溪、梁垛、五烈一带，共有有关董永传说的地名、风物等五十多处。2006 年，"董永传说"作为民间文学入选首批国家级非物质文化遗产。

② 车锡伦：《东台地区董永传说考》，《扬州师院学报》1984 年第 3 期。

附　表

附表一　唐代遗迹登记表

序号	编号(2011DC)	所处探方	层位关系	平面形状	堆积情况	大小尺寸(长×宽－高)	出土遗物	备注
1	DG1	分布于 DT1501 ～ DT1504、DT1601 ～ DT1604 等探方	开口于 3 层下，打破生土	长条状	沟内堆积分 3 层：第 1 层，红烧土块，夹杂大量红褐色土块，土质较软。第 2 层，夹杂草木灰，土质疏松。第 3 层，灰褐色土，夹杂草木灰，土质较黏。第 3 层下为生土	沟口距地表深 0.1～0.6 米，揭露部分沟口长 19，宽 1.35～1.7 米，沟深 0.6～1.0 米	第 2 层出土大量青瓷片、泥质釉陶片和少量釉陶片及砖瓦残块等，可辨器形有青瓷碗、罐、钵及釉陶罐、灰陶盆等	
2	DG2	分布于 DT2001、DT2101 ～ DT2104、DT2201 ～ DT2204、DT2301 ～ DT2304 等探方	开口于 1 层下，打破生土	长条状	坑内堆积分为 4 层：第 1 层，深灰色土，致密，略硬，含炭粒、沙粒、蚌壳，出土有砖瓦块、石砚、铁器等。第 2 层，灰色土，致密，略硬，含炭粒、沙粒。第 3 层，灰褐色，致密，略硬，含炭粒、沙粒。第 4 层，青灰色土，土质纯净。	沟口距地表深 0.15～0.65 米，揭露部分长 19 米，宽 11.8 米，沟底宽 6 米，沟深 1.2 米	第 3 层出土有青瓷枕、青瓷碗、壶、青瓷流和釉陶罐底、陶盆口沿、陶砖块、铜钱等。第 4 层出土有青瓷碗的平底、玉璧底、青瓷壶底及青瓷罐口底残片、砖、石碾轮等	根据出土遗物可知，DG2 的使用年代，第 1～3 层为沟内废弃堆积，出土遗物时代以来为主。第 4 层出土晚唐遗物
3	DG3	位于 DT1702、DT1703 探方内	开口于 3 层下，打破生土	长条状	沟内堆积分 3 层：第 1 层，灰色土，土质较黏。第 2 层，黑灰土，夹杂大量草木灰，灰色土。第 3 层，土质较黏	沟口距地表深 0.6 米，长 8、宽 1.7 米，沟深 1.1 米	第 2 层出土较多陶片和釉陶片，可辨器形有青瓷碗、瓷壶、瓷罐和陶盆等	

续附表一

序号	编号 (2011DC)	所处探方	层位关系	平面形状	堆积情况	大小尺寸 (长×宽-高)	出土遗物	备注
4	DG4	分布于 DT1004、DT1101～DT1104 等探方	开口于 3 层下，打破生土	条状	沟内堆积分 2 层：第 1 层，黄褐色土，土质略松，含沙量较大。第 2 层，灰褐色土，土质较硬，内夹杂有草木灰	揭露部分东西长 19，南北宽 3.8 米，沟深 0.4 ～ 0.8 米	第 1 层出土有泥质灰陶片、瓷片、青砖残块等，可辨器形有陶盆、瓷钵、瓷壶。第 2 层出土有泥质灰陶片、瓷片等，可辨器形有瓷盆、瓷碗、瓷钵、瓷盆等	
5	DG5	分布于 DT1704、DT1804、DT1904、DT2004 等探方	开口于 3 层下，打破生土，西南角被 DH10 打破	不规则方形	沟内填灰黑色土，土质略硬	距地表 0.7 米，揭露部分南北长 14，东西宽 3.6 米，沟深 0.5～0.9 米	出土较多陶片和青瓷片，可辨器形有陶盆、青瓷碗、青瓷罐等	
6	DG6	位于 DT0901、DT0801 探方内	开口于 3 层下，打破生土	长条状	沟内堆积分为 2 层：第 1 层，灰色土，土质较黏。第 2 层，灰黑色土，夹杂草木灰	沟口南北长 8.6，东西宽 0.54～0.7 米，沟深 0.4 米	第 2 层出土较多瓷片和陶片，可辨器形有瓷碗、陶罐及陶盆等	
7	DH2	位于 DT2304 和 DT2404 探方内	开口于 3 层下，打破生土	圆形	坑内填深灰色土，土质较软	坑口东西 2.56，南北 2.45 米，坑深 1.45 米	出土有大量瓷片、泥质灰陶片和砖块等，可辨器形有瓷碗、瓷壶和陶盆等	

续附表一

序号	编号(2011DC)	所处探方	层位关系	平面形状	堆积情况	大小尺寸（长×宽-高）	出土遗物	备注
8	DH3	位于DT1801探方内	开口于3层下，打破生土	圆形	坑内堆积分3层：第1层，灰黄色土，土质疏松。第2层灰黑色土，土质疏松，含草木灰，第3层，灰黄土，较密实	坑口直径2.35米，坑底直径1.3米，坑深1.3米	出土较多青瓷瓷片，可辨器形有碗和壶	
9	DH4	位于DT2401的西南部，部分叠压于南壁下	开口于3层下，打破DH5至生土	揭露部分为半圆形	坑内填黄灰色土，质地紧密	坑口长1.2，宽0.8米，坑深0.4米		
10	DH5	位于DT2401中南部，部分叠压于南壁下	开口于3层下，被DH4打破，打破生土	揭露部分为半圆形	坑内填灰黄色土，质地紧密	坑口长1.4，宽0.8米，坑深0.52米		
11	DH6	位于DT2401东南角，部分叠压于东、南壁下	开口于3层下，打破生土	揭露部分为扇形	坑内填灰黄色土，土质松软	坑口距地表深0.65米，东西长1.3，南北宽1.2米，坑深0.3米		
12	DH7	位于DT1201东侧	开口于3层下，打破生土	圆形	坑内填灰黄色土	直径2.32米，坑深1.3米	出土较多瓷片和陶片，可辨器形有瓷碗、瓷罐及瓦块等	
13	DH8	位于DT1004探方内	开口于1层下，打破生土	圆角方形	坑内填深灰色土	坑口距地表深0.35米，东西长1.52米，南北宽0.72米，坑深0.2米	出土有青瓷碎片，泥质灰陶片和青砖残块等物，可辨器形有瓷碗和灰陶盆	

续附表一

序号	编号（2011DC）	所处探方	层位关系	平面形状	堆积情况	大小尺寸（长×宽－高）	出土遗物	备注
14	DH9	位于DT1004内，部分叠压于DT1003东隔梁下	开口于3层下，打破生土	圆形	坑内填深灰色土，土质松软，夹杂较多灰粒	坑口距地表0.35米，直径1.9米，坑深0.94米	出有较多瓷片和陶片，可辨器形有青瓷执壶和陶盆等	
15	DH10	位于DT1704内	开口于3层下，打破DG5至生土	圆形	坑内堆积分3层：第1层，深灰色土，土质较黏。第2层，灰褐色土，含草木灰。第3层，灰色土，土质湿黏	坑口直径2.6米，坑深1.3米	第2层出土大量瓷片和陶片，可辨器形有瓷碗、陶盆和陶罐等	
16	DH11	位于DT0804西南部	开口于3层下，打破生土	三角形	坑内填深灰色土，土质略松	坑口距地表0.35米，长1，宽0.68米，坑深0.45米	出土少量瓷片和陶片，可辨器形有瓷碗和陶盆	
17	DH12	位于DT0804东南角	开口于3层下，打破生土	长方形	坑内填深灰色土，土质略松	坑口距地表0.4米，长0.9，宽1.2米，坑深0.5米	出土少量瓷片和陶片，可辨器形有瓷碗等	
18	DH13	位于DT0701内	开口于3层下，打破生土	半圆形	坑内填深灰色土，土质松软，含较多灰粒	坑口距地表0.05米，直径1.7米，坑深0.65米	出土较多瓷片和陶片，可辨器形有瓷碗和陶盆	
19	XG4	位于XT1106北部	开口于3层下，被XG5打破，打破XG10及8、9层	长条状	沟内填灰褐色土，土质疏松	揭露部分沟口长3.6，宽1.7米，沟深0.32米	出土少量青瓷片和灰陶片，可辨器形有青瓷钵、碗和陶盆等	

续附表一

序号	编号(2011DC)	所处探方	层位关系	平面形状	堆积情况	大小尺寸(长×宽-高)	出土遗物	备注
20	XG7	位于XT1104、XT1105内	开口于9层下，被XH9打破，打破XH14、XH5至生土	条状	沟内堆积分4层：第1层，黑灰土，土质湿软，出土较多动物骨骼。第2层，浅灰土，湿软，夹杂有小锈斑块。第3层，青灰土。第4层，灰褐土	揭露部分沟口长4.4米，宽4.4米，沟深2.05米	第4层出土青瓷片，灰陶片及少量兽骨，可辨器形有青瓷钵、碗和灰陶盆等	
21	XG8	位于XT1208、XT1209探方内	开口于6层下，打破生土	长条状	沟内填青黑色土，土质较疏松，夹杂黄褐泥块	开口距地表2米，残长5.6、宽1.2米，沟深0.4米	出土有瓷片、泥质灰陶片和较多兽骨等，可辨器形有瓷罐、陶盆等	
22	XG10	位于XT1105、XT1106内，东西延伸至探方外	开口于7层下，被XG4打破，向下打破8、9层及生土	不规则方形	沟内堆积分4层：第1层，黑灰色土，夹杂红烧土颗粒。第2层，灰褐色土，土质较硬。第3层，黑灰色土，夹杂有草木灰、红烧土颗粒。第4层，黑灰色土，夹杂有红烧土颗粒。第5层，青灰色土，土质较松，出土较多动物骨骼。第6层，浅青灰色土，包含物较少	揭露部分沟口长4.宽5.6米，沟深0.95米	第1层出土较多青瓷片、陶片，可辨器形有青瓷碗、兽骨等，砖块及壶等，钵、壶及陶盆等	

续附表一

序号	编号(2011DC)	所处探方	层位关系	平面形状	堆积情况	大小尺寸（长×宽×高）	出土遗物	备注
23	XG11	位于XT1103北部，东西延伸至探方外	开口于6层下，打破XH13及7、8层	不规则状	沟内填灰褐土，夹杂黄泥块等物	沟口长4、宽2.7米，沟深0.37米	出土青瓷片和泥质灰陶片，可辨器形有青瓷钵、碗和陶罐	
24	XH1	位于XT1206西北部	开口于4层下，打破5和6层	椭圆形	坑内填土呈灰黑色，土质疏松	开口距地表深0.6米，坑口长1.5、宽1.2米，坑深0.6米	出土较多瓷片，泥质灰陶片，可辨器形有瓷罐、钵和陶盆	
25	XH2	位于XT1206西南侧	开口于3层下，打破XH2及4层	不规则圆形	坑内填灰褐色土，土质疏松	开口距地表0.8米，揭露部分长3.2、宽1.16米，坑深0.22米	出土少量青瓷片和动物骨骼，可辨器形有瓷碗	
26	XH3	位于XT1206西南部，向西南伸出探方外	开口于9层下，被XH2打破，打破生土	不规则状	坑内填青灰色土，土质湿软	坑长3.8、宽1.3米，坑深0.4米	出土兽骨、灰陶及瓷器残片等，可辨器形有陶盆、瓷碗、瓷钵	
27	XH4	位于XT1206西北部	开口于9层下，打破生土	椭圆形	坑内填青灰色土，土质湿软	开口距地表深1.6米，长1.9、宽0.35米，坑深1.4米	出土砖、瓦残片和瓷钵残片以及兽骨等	
28	XH11	位于XT1101西南部	开口于4层下，北侧被XH10打破	不规则状	填灰褐色土，土质较紧密	开口距地表0.7米，揭露部分长2.1、宽1.56米，坑深1.1米	出土瓷碗、瓷钵等物	

序号	编号(2011DC)	所处探方	层位关系	平面形状	堆积情况	大小尺寸(长×宽－高)	出土遗物	备注
29	XH12	位于 XT1101 西北部	开口于 4 层下，被 XH10 和 XH5 打破	揭露部分呈扇形	坑内堆积分 2 层：第 1 层，青灰土，土质较紧密。第 2 层，灰褐色土，土质较软，夹杂锈色土块	开口距地表深 0.7 米，长 1.5 米，宽 1.2 米，坑深 0.8 米	第 1 层出土少量瓷片和泥质灰陶片，可辨器形有瓷碗、陶盆等	
30	XH13	位于 XT1103 中部	开口于 7 层下，被 XG11 打破，打破 8 层	方形	灰黑土，土质较紧密，夹杂红烧土及草木灰	开口距地表深 1.3 米，长 0.9 米，宽 0.9 米，坑深 0.2 米	出土少量青瓷片和泥质陶片	
31	XH14	位于 XT1104 西北部	开口于 12 层下，被 XH9、XG7 打破，打破 XH15 至生土	不规则长方形	坑内填青灰色土，土质较紧密，夹杂草木灰	开口距地表深 1.8 米，揭露部分长 2.16，宽 1.94 米，坑深 0.4 米		
32	XH15	位于 XT1104 中部	开口于 12 层下，打破生土，被 XH8 和 XH14 打破	不规则长方形	沟内填土呈青灰色，土质较紧密，夹杂草木灰	开口距地表深 1.9 米，长 2.4、宽 2.1 米，坑深 1.5 米		

附表二　晚唐遗物标本统计表

发掘区	出土单位	碗A	碗B Ba	碗B Bb	碗C	钵A	钵B	罐A	罐B	罐C	罐D	执壶A	执壶B	盂A	盂B	盖	盘	盆A	盆B	盆C	盒/盒盖	灯盏	釉陶器盆	釉陶器缸	釉陶器盖	陶器盆A	陶器盆B	陶器罐	砚	网坠	莲花纹方砖	莲花纹瓦当	碾轮	石杵	砺石	铁器	铜钱	动物骨骼	合计
东岸发掘区	DG1	33	13	27	1			3	11	2		2	4	5	1	9	2	1	2		2			2		1	2												123
	DG2	4							1	1	1																						1						8
	DG3	16		4				1					2	1																				1	1				26
	DG4	12	2	7					2		1		2										1																27
	DG5	6		4					1														1				1												13
	DG6	1		3	1					1																													6
	DH2	6											2																				1						9
	DH3	1		1																																			2
	DH4																																						0
	DH5																																						0
	DH6																																						0
	DH7	3																																					3
	DH8																																						0
	DH9												1				1																						2
	DH10	7		1																											2			1					11
	DH11	4		1																																			5
	DH12			1																																			1
	DH13			1																																			1
	探方	8		5			1						1																										15
	采集	19			8								1				1					1																	29
合计		120	15	55	10	0	1	4	15	4	2	2	12	6	1	9	4	1	2	0	2	1	2	2	0	1	3	0	0	0	2	0	2	2	1	0	0	0	281

续附表二

发掘区	出土单位	瓷器 碗A	碗B(Ba)	碗B(Bb)	碗C	钵A	钵B	罐A	罐B	罐C	罐D	执壶A	执壶B	盂A	盂B	盏	盘	盒A	盒B	盒C	盒/盒盖	灯盏	釉陶器 盆	缸	盏	陶器 盆A	盆B	罐	砚	网坠	建筑材料 莲花纹方砖	莲花纹瓦当	石器 碾轮	石杵	砺石	其他 铁器	铜钱	动物骨骼	合计
	XG4	2																																					2
	XG7	4	2																																			1	7
	XG8																																						0
	XG10	23	5	3		1						1				4				1	4					1		1				1			1	1		57	105
	XG11	1																																					1
东岸发掘区	XH1																																						0
	XH2																																						0
	XH3	3																																					3
	XH4																																						0
	XH11					1	1																																2
	XH12																																						0
	XH13																																						0
	XH14																																						0
	XH15																																						0
	探方	105	12	21	0	5	9	4	4	1		2	3	1		2	0	0		1	1	1	1	0	2	1			1	1	0	1	0	0	1		1	34	211
合计		138	19	24	0	7	10	4	4	1	0	3	3	1	0	6	0	0	0	2	5	1	0	0	2	2	0	1	1	1	0	1	0	0	1	1	1	92	331

附表三　唐代瓷器窑口统计表

发掘区	出土单位	器类	类型与釉色	窑口					合计
				宜兴窑	越窑	寿州窑	长沙窑	未定窑口	
东岸发掘区	DG1	碗	A型青釉碗	12	6			15	33
			Ba型青釉碗		7	2		4	13
			Bb型青釉碗		13	11		3	27
			C型青釉碗	1					1
		盏	青釉盏		5	1		3	9
		罐	A型青釉罐					3	3
			B型青釉罐	5	2		3		10
			B型酱釉罐				1		1
			C型青釉罐				1	1	2
		执壶	A型青釉执壶				2		2
			B型青釉执壶				1	2	3
			B型酱釉执壶				1		1
		盂	A型青釉盂		2			3	5
			B型青釉盂					1	1
		盘	青釉盘					2	2
		盆	A型青釉盆	1					1
			B型青釉盆					2	2
		盒	青釉盒盖				2		2
	DG2	碗	A型青釉碗	3				1	4
		罐	B型酱釉罐	1					1
			D型酱釉罐			1			1
	DG3	碗	A型青釉碗	5	4			7	16
			Bb型青釉碗		3	1			4

续附表三

发掘区	出土单位	器类	类型与釉色	窑口					合计
				宜兴窑	越窑	寿州窑	长沙窑	未定窑口	
东岸发掘区	DG3	罐	A型青釉罐				1		1
		罐	C型酱釉罐					1	1
		执壶	B型青釉执壶			1	1		2
	DG4	盂	A型青釉盂					1	1
		碗	A型青釉碗	2	3			5	10
		碗	A型酱釉碗					1	1
		碗	A型茶叶末釉碗	1					1
		碗	Ba型青釉碗		1	1			2
		碗	Bb型青釉碗		6	1			7
		罐	B型青釉罐	1					1
		罐	B型酱釉罐					1	1
		罐	D型酱釉罐			1			1
		盘	青釉盘				1		1
		灯盏	酱釉灯盏					1	1
	DG5	碗	A型青釉碗	1	3	1		1	6
		碗	Bb型青釉碗		4				4
		罐	B型青釉罐	1					1
	DG6	碗	A型青釉碗	1					1
		碗	Bb型青釉碗		1	2			3
		罐	C型酱釉罐					1	1
	DH2	执壶	B型酱釉执壶	1					1
		碗	A型青釉碗	5				1	6
		碗	C型青釉碗	1					1
		执壶	B型酱釉执壶					2	2

续附表三

发掘区	出土单位	器类	类型与釉色	宜兴窑	越窑	寿州窑	长沙窑	未定窑口	合计
	DH3	碗	A型青釉碗	1					1
	DH3	碗	Bb型青釉碗		1				1
	DH7	碗	A型青釉碗	1	1			1	3
	DH9	执壶	B型青釉执壶					1	1
	DH10	碗	A型青釉碗	2	1			2	5
	DH10	碗	A型酱釉碗	2					2
	DH10	碗	Bb型青釉碗		1				1
	DH11	碗	A型青釉碗		3			1	4
	DH11	碗	Bb型青釉碗		1				1
	DH12	碗	Bb型青釉碗		1				1
	DH13	碗	Bb型青釉碗			1			1
东岸发掘区	DT0703	碗	Bb型青釉碗		1				1
	DT0804	碗	A型青釉碗	2					2
	DT1002	碗	Bb型青釉碗		1			1	2
	DT1302	钵	B型青釉钵		1				1
	DT1304	碗	A型青釉碗	1					1
	DT1402	碗	A型青釉碗		1				1
	DT1501	碗	Bb型青釉碗			1			1
	DT1602	执壶	B型酱釉执壶					1	1
	DT1703	碗	A型青釉碗	1					1
	DT2001	碗	A型青釉碗					1	1
	DT2204	碗	A型青釉碗	2					2

续附表三

发掘区	出土单位	器类	类型与釉色	窑口					合计
				宜兴窑	越窑	寿州窑	长沙窑	未定窑口	
东岸发掘区	D采	碗	A型青釉碗	12	3			2	17
		碗	A型酱釉碗	2					2
		碗	C型青釉碗	6		2			8
		执壶	B型酱釉执壶					1	1
		盘	青釉盘					1	1
	合计			74	75	27	13	77	266
西岸发掘区	XG4	碗	A型青釉碗		2				2
	XG7	碗	A型青釉碗		4				4
		碗	Ba型青釉碗		1	1			2
	XG10	碗	A型青釉碗	9	13				22
		碗	A型酱釉碗	1					1
		碗	Ba型青釉碗		3	2			5
		碗	Bb型青釉碗		2	1			3
		盏	青釉盏		4				4
		钵	A型青釉钵				1		1
		执壶	A型青釉执壶					1	1
		盂	A型青釉盂					1	1
		盆	C型青釉盆					1	1
		盒	青釉盒				3	1	4
	XG11	碗	A型青釉碗		1				1
	XH3	碗	A型青釉碗		3				3
	XH11	钵	A型青釉钵		1				1
		钵	B型酱釉钵	1					1
	XTG1	碗	Bb型青釉碗		1		1		2

续附表三

发掘区	出土单位	器类	类型与釉色	窑口					合计
				宜兴窑	越窑	寿州窑	长沙窑	未定窑口	
西岸发掘区	XT1016	碗	A型褐釉碗		1				1
	XT1101	碗	A型青釉碗	1	1				2
		钵	A型青釉钵		3			1	4
	XT1102	钵	B型青釉钵		2			1	3
		碗	A型青釉碗		1				1
	XT1103	碗	A型酱釉碗	1					1
		碗	Bb型青釉碗		1				1
	XT1104	碗	A型青釉碗	2	1				3
	XT1105	碗	A型青釉碗		2				2
		碗	A型褐釉碗		1				1
		碗	Bb型青釉碗		1				1
		盏	青釉盏		1				1
		罐	C型青釉罐				1		1
	XT1106	碗	A型青釉碗		2				2
		碗	Ba型青釉碗			1			1
		碗	A型青釉碗		1				1
	XT1109	碗	A型青釉碗	3	6				9
	XT1119	碗	Bb型青釉碗		2				2
		罐	B型酱釉罐		1				1
	XT1120	碗	A型青釉碗		2				2
		碗	Bb型青釉碗		1				1
		罐	B型酱釉罐	1					1

续附表三

发掘区	出土单位	器类	类型与釉色	窑口					合计
				宜兴窑	越窑	寿州窑	长沙窑	未定窑口	
	XT1126	钵	B型青釉钵		1				1
	XT1127	碗	Bb型青釉碗				1		1
	XT1128	碗	A型青釉碗		2				2
		钵	B型青釉钵		1				1
		罐	B型青釉罐	1					1
		盏	青釉灯盏					1	1
	XT1129	碗	A型青釉碗	3	5				8
	XT1130	碗	A型青釉碗		2				2
	XT1203	碗	A型青釉碗		1				1
		钵	A型青釉钵					1	1
			B型青釉钵		1				1
			B型酱釉钵					1	1
西岸发掘区	XT1204	碗	A型青釉碗	12	30				42
		碗	A型酱釉碗	3					3
			Ba型青釉碗		6	1			7
			Bb型青釉碗		11	1			12
		盏	青釉盏		1				1
	XT1206	钵	B型酱釉钵					1	1
		罐	A型青釉罐				1	3	4
			B型青釉罐				1		1
		执壶	A型青釉执壶				2		2
			B型青釉执壶			2			2
			B型酱釉执壶	1					1

续附表三

发掘区	出土单位	器类	类型与釉色	窑口 宜兴窑	越窑	寿州窑	长沙窑	未定窑口	合计
西岸发掘区	XT1206	盆	C型青釉盆		1				1
	XT1210	盒	青釉盒			1			1
		钵	B型青釉钵					1	1
	XT1211	碗	A型青釉碗		2				2
	XT1212	碗	A型青釉碗		3				3
	XT1213	碗	A型青釉碗		1				1
	XT1214	碗	A型青釉碗	1	1				2
			Ba型青釉碗				1		1
	XT1215	碗	A型青釉碗		1				1
			Ba型青釉碗		1				1
	XT1219	碗	A型青釉碗		1				1
	XT1225	碗	Bb型青釉碗		1				1
	XT1228	碗	A型青釉碗		3				3
	XT1231	碗	A型青釉碗		3				3
	XT1232	碗	A型青釉碗		1				1
	XT1233	碗	A型青釉碗		1				1
	XT1234	碗	A型酱釉碗	1	2				3
			A型青釉碗	1					1
	XT1435	碗	A型青釉碗		1				1
合计				43	149	10	12	14	228

附表四　宋代遗迹登记表

序号	编号（2011DC）	所处探方	层位关系	平面形状	堆积情况	大小/尺寸（长×宽－高）	出土遗物	备注
1	DH1	分布于DT1401、DT1402、DT1301、DT1302等探方内	开口于1层下，打破生土	不规则状	坑内填黑灰土，土质疏松，夹杂较多红烧土块	坑口距地表深0.1米，东西长9.5、南北宽5.6米，坑深0.85米	出土大量瓷（器）片和陶片等，可辨器形青瓷碗、罐、盘和陶盆等物	
2	XG2	位于XT1108、XT1109内，部分延伸至探方外	开口于2层下，打破第3、4、5层至生土	不规则状	沟内堆积分7层：第1层，灰黄色土，夹杂红烧土颗粒及草木灰，土质较硬。第2层，黑灰色土，土质疏松，夹杂有草木灰。第3层，黑色土，夹杂有较多蚌壳和红烧土颗粒，土质较松。第4层，第5层，浅灰色土，土质较松。第6层，灰红色土。第7层，灰褐色土，夹杂有水锈斑，土质较硬	南北长6、东西宽2.3~3.75米，沟深1.35米	第1层出土较多瓷片和灰陶片。第2层出土瓷片较多，另有少量动物骨骼发现	
3	XG3	位于XT1107内，延伸至探方外	开口于2层下，打破3、5层	长条状	填土呈灰褐色，土质较疏松，夹杂草木灰	开口距地表深0.35米，揭露部分长4、宽1.15米，沟深0.32米	出土瓷片、泥质灰陶片和砖瓦残片，可辨器形有瓷碗、瓷罐和陶盆等	

续附表四

序号	编号 (2011DC)	所处探方	层位关系	平面形状	堆积情况	大小尺寸 (长×宽-高)	出土遗物	备注
4	XG5	分布于 XT1106 北侧, XT1107 南部, 延伸至探方外	开口于3层下, 打破4、5层至生土	长条状	沟内堆积分6层: 第1层, 青灰土, 土质较疏松。第2层, 黄褐色土, 土质较紧密。第3层, 黄灰色土, 土质较疏松, 夹杂有黄泥块、草木灰等。第4层, 灰褐色土, 土质较松。第5层, 灰黄色土, 土质较松。第6层, 灰黑色土, 土质较紧密, 夹杂红烧土颗粒	开口距地表深0.4米, 长4、宽4.1米, 沟深1米	第2层出土较多瓷片和灰陶片, 可辨器形有瓷碗、罐、钵和陶盆等。第3层出土动物骨骸	
5	XH5	位于 XT1101 东北部, 延伸至探方外	开口于3层下, 打破 XH12	揭露部分呈半圆形	坑内为青灰土, 土质疏松	开口距地表深0.6米, 长0.8、宽0.4米, 坑深0.35米	出土少量青瓷碗残片	
6	XH7	位于 XT1101 东侧, 向东延伸至探方外	开口于3层下, 打破3至7层	揭露部分呈半圆形	填土为褐土, 土质疏松	开口距地表深0.4米, 长1.4、宽0.8米, 坑深0.6米	出土少量青瓷片, 可辨器形有瓷碗等	
7	XH8	位于 XT1104 东侧	开口于4层下, 打破7层及10层	方形	填土为灰褐色, 土质疏松	开口距地表深0.9米, 长1.22、宽0.65米, 坑深0.29米	出土少量青瓷片, 可辨器形有瓷罐、瓷钵等	

续附表四

序号	编号 （2011DC）	所处探方	层位关系	平面形状	堆积情况	大小尺寸 （长×宽－高）	出土遗物	备注
8	XH9	位于 XT1104 西北部，向北伸入北隔梁	开口于4层下，打破8层	方形	坑内填灰黄色土，土质较软	开口距地表 0.95 米，长 1.05，宽 1 米，坑深 0.25 米	出土少量白瓷、青瓷残片和灰陶片	
9	XH10	位于 XT1101 内	开口于4层下	圆形	坑内填灰土，土质较疏松	开口距地表 0.6 米，长 1.5，宽 1.3 米，坑深 0.4 米	出土少量碎瓷片和泥质陶片，可辨器形有瓷碗等	
10	XJ1	位于 XT1221 西南部	开口于4层下，打破5、6层至生土	圆形	井内堆积分 2 层：第 1 层，灰黄土，土质湿黏，夹杂较多砖块、蚌壳等。第 2 层，青青泥层，土质湿黏	井口径 1 米，底径 1 米，深 2.68 米	第 2 层出土少量瓷片，可辨有青瓷壶执手、灰陶罐残片等物	井的建造是首先挖的圆形竖井穴，放置一层厚约 0.28 米的木板于井底，预留宽 0.06，高 0.12 米蓄水口，再以弧状榫卯青砖自下而上围砌，单排侧立围砌两层后，又置一层厚约 0.3 米的木板，然后再行围砌，弧状榫卯青砖残存 12 块，每层青砖残存 0.9 米，围砌井圈径 0.9 米，榫卯砖规格为 24.5×12－3.5 厘米

续附表四

序号	编号 （2011DC）	所处探方	层位关系	平面形状	堆积情况	大小尺寸 （长×宽－高）	出土遗物	备注
11	XJ2	位于 XT1209 东南部	开口于3层下，打破生土	圆形	井内为青灰色填土，较湿软	距地面面深2.35米，井口直径1.2米，井底直径1米，井深1.8米	出土少量灰陶盆残片	
12	XM1	位于 XT1120 东南部	开口于3层下，打破4层	长方形	墓内填灰褐色花土，土质疏松	距地表深0.55米，墓扩长2.26，宽0.6~0.72米，墓底长2.2，宽0.56~0.66米，深0.4米	随葬品较少，在骨架头端有1件酱釉罐，另见有2枚铜钱分散于骨架颈部及腿骨处，可辨为"太平通宝"	棺木已朽，可辨朽痕。人骨保存较差，仰身直肢葬，头向353°，经鉴定为男性

附表六　宋代瓷器器口统计表

发掘区	出土单位	器类	类型与釉色	窑口					合计
				繁昌窑	龙泉窑	景德镇窑	定窑	未定窑口	
	DG2	碗	A 型青白釉碗	1					1
			Ba 型青釉碗					1	1
			Db 型青白釉碗	2					2
		烛台	青釉烛台			1			1
东岸发掘区	DH1	碗	A 型青釉碗	21				5	26
			Ba 型青釉碗	19	1	1			21
			C 型青釉碗	1				1	2
			Da 型青釉／青白釉碗			6		11	17
			Db 型青白釉碗			4			4
			Db 型白釉碗					1	1
			Ea 型青釉／青白釉碗	4		11			15
			Eb 型青白釉碗	5		7		6	18
			Ec 型青釉碗			4			4
			Ec 型黑釉碗				1		1
		盏	Aa 型黑釉盏				2	1	3
			Aa 型青白釉盏			1			1
			Ab 型青白釉盏			2			2
			B 型青釉盏					3	3
		盘	A 型青釉盘		2	3		1	6
		罐	A 型酱釉罐					3	3
			A 型青釉罐					2	2
			B 型酱釉罐				1	1	2
			B 型青釉罐					4	4

续附表六

发掘区	出土单位	器类	类型与釉色	窑口					合计
				繁昌窑	龙泉窑	景德镇窑	定窑	未定窑口	
东岸发掘区	DH1	枕	青釉枕					1	1
	DH1	枕	酱釉枕					2	2
	DH1	炉	青釉杯式炉					1	1
	DH1	执壶	青釉执壶			1			1
	DT1401	碗	A型青釉碗	1					1
	DT2503	碗	Eb型青釉碗					1	1
	DT2604	碗	Ba型青釉碗					1	1
合计				54	3	42	4	45	148

发掘区	出土单位	器类	类型与釉色	窑口								合计
				繁昌窑	龙泉窑	景德镇窑	吉州窑	磁州窑	耀州窑	建窑	未定窑口	
西岸发掘区	XG2	碗	Ba型青釉碗	1	1						1	3
	XG2	碗	C型青釉碗		1							1
	XG2	碗	Da型白釉碗								1	1
	XG2	碗	Fa型青釉碗		5							5
	XG2	盏	青白釉碗底			1						1
	XG2	盏	Aa型青白釉盏			1						1
	XG2	盏	C型黑釉盏				1					1
	XG2	盘	C型青釉盘		1							1
	XH7	碗	Db型青釉碗	1								1
	XH7	碗	Ba型青釉碗		3							3
	XTG1	碗	Bb型青釉碗		1							1
	XTG1	碗	Bc型青釉碗			1						1
	XTG1	碗	C型青釉碗	1								1

续附表六

发掘区	出土单位	器类	类型与釉色	窑口								合计
				繁昌窑	龙泉窑	景德镇窑	吉州窑	磁州窑	耀州窑	建窑	未定窑口	
	XTG1	碗	Da 型白釉碗			1					1	2
			Fa 型青釉碗		8							8
			Fb 型青釉碗	1	2	2						5
			Fc 型青釉碗托		1							1
		盏	Aa 型白釉盏			1						1
			Ab 型青釉盏			1						1
			B 型青釉盏						2		1	3
			C 型黑釉盏							1		1
		盘	B 型青白釉盘			1						1
		罐	A 型酱釉罐								1	1
			B 型青釉罐								1	1
		器盖	青白釉器盖								1	1
		盏托	青白釉盏托		1							1
西岸发掘区	XT1016	碗	A 型青釉碗								1	1
			Ba 型青釉碗		2							2
			Ba 型白釉碗					1				1
			Da 型青白釉碗			1					1	2
			Fa 型青釉碗		1							1
		盘	B 型青白釉盘				1					1
	XT1021	碗	Ba 型青釉碗		1							1
		盏	C 型酱釉盏							1		1
	XT1102	盏	C 型酱釉盏							1		1
			C 型黑釉盏							1		1

续附表六

发掘区	出土单位	器类	类型与釉色	窑口								合计
				繁昌窑	龙泉窑	景德镇窑	吉州窑	磁州窑	耀州窑	建窑	未定窑口	
	XT1105	碗	Fa 型青釉碗		1							1
		俑	白釉俑								1	1
		碗	Da 型青白釉碗								1	1
	XT1106	碗	Db 型青釉碗	1								1
			Fa 型青釉碗		2							2
		盒	青白釉盒			1						1
	XT1107	碗	Fa 型青釉碗		1						1	2
		碗	Bc 型青釉碗			1						1
	XT1108	碗	Fa 型青釉碗		5							5
		碗底	青釉碗底								1	1
		盘	A 型青釉盘		1							1
西岸发掘区	XT1109	盘	A 型青釉盘		1							1
		碗	A 型青釉碗	1								1
			Ba 型青釉碗		4							4
			Fa 型青釉碗				1					1
			Fb 型青釉碗		1							1
			Fc 型青釉碗			1						1
	XT1119	盏	B 型黑釉盏							1		1
			C 型黑釉盏								1	1
		盘	B 型青白釉盘			1						1
		盒	青釉盒								1	1
		器盖	青白釉器盖			1						1
		执壶	青白釉执壶			1						1
		盏托	青白釉盏托			1						1

续附表六

发掘区	出土单位	器类	类型与釉色	繁昌窑	龙泉窑	景德镇窑	吉州窑	磁州窑	耀州窑	建窑	未定窑口	合计
西岸发掘区	XT1120	碗	Ba 型青釉碗		8						2	10
			Bb 型青釉碗		2							2
			C 型青釉碗		1							1
			Fa 型青釉碗		5							5
			Fb 型青釉碗		1							1
			Fc 型青釉碗		2	1						3
		盖	Aa 型青白釉器盖	1	1						1	3
			C 型黑釉盏				2					2
			C 型青釉盖							1		1
		盘	A 型青釉盘		1	3						4
		器盖	青白釉器盖			1						1
		炉	青白釉杯式炉								1	1
	XT1121	碗	Fa 型青釉碗		1							1
		罐	B 型透明釉罐								1	1
	XT1123	盏	B 型青白釉盏	1								1
	XT1124	碗	Fa 型青釉碗									0
	XT1126	盒	青釉盒		1							1
		器盖	青白釉器盖			1						1
	XT1128	碗	C 型青釉碗								2	2
			Fc 型青釉碗			1						1
		盏	B 型酱釉盏								1	1
		盘	B 型青白釉盘			1						1
	XT1129	碗	C 型青釉碗		1							1
		盏	B 型青白釉盏								1	1

续附表六

发掘区	出土单位	器类	类型与釉色	繁昌窑	龙泉窑	景德镇窑	吉州窑	磁州窑	耀州窑	建窑	未定窑口	合计
西岸发掘区	XT1206	碗	Db 型青釉碗								1	1
		盏	C 型黑釉盏							1		1
	XT1208	盏	Aa 型青白釉盏								1	1
	XT1209	炉	青白釉杯式炉			1						1
	XT1210	碗	C 型青釉碗		1							1
		盏	B 型黑釉盏				1					1
	XT1212	碗	C 型青釉碗								1	1
	XT1214	碗	Fa 型青釉碗		1							1
	XT1218	碗	Ba 型青釉碗		1							1
		碗	Db 型青釉碗								1	1
	XT1219	碗	Ba 型青釉碗		1							1
	XT1227	盏	B 型黑釉盏				1					1
	XT1228	盏	B 型酱釉盏								1	1
	XT1229	碗	C 型青釉碗		1							1
	XT1231	碗	Da 型青白釉碗				1					1
		盏	C 型黑釉盏								1	1
	XT1234	碗	C 型青釉碗								1	1
	XT1436	盘	B 型青白釉盘			1						1
合计				7	65	24	7	1	2	6	30	156

附表七　明代遗迹登记表

序号	编号 (2011DC)	所处探方	层位关系	平面形状	堆积情况	大小尺寸 （长×宽－高）	出土遗物	备注
1	XG6	XT1016南侧，延伸至探方外	开口于2层下，打破3至7层	揭露部分呈长条状	坑内填黄褐色土，土质致密坚硬	开口距地表深0.28米，长4，宽1.6米，深0.8米，沟深0.8米	出土少量瓷器标本，可辨器形有青瓷碗和陶盆等物	

附表八　元明瓷器器口统计表

发掘区	出土单位	器类	类型与釉色	窑口			合计
				龙泉窑	景德镇窑	未定窑口	
	XG6	碗	青白釉碗		1		1
	XTG1	碗	青白釉碗		4		4
		盘	青釉盘	1			1
		罐	青釉罐			1	1
		炉	青釉炉	1		1	2
东岸发掘区	XT1103	盘	青花盘	1			1
	XT1119	碗	青白釉		1		1
	XT1120	碗	青白釉碗		1		1
	XT1211	碗	青釉碗	1			1
	XT1215	盘	青白釉盘		1		1
	XT1228	碗	青白釉碗	1			1
	XT1230	盘	青白釉盘		1		1
	XT1231	盘	青花盘		1		1
	XT2402	碗	青釉碗	1			1
合计				6	10	3	19

后　记

　　东台辞郎村遗址是泰东河沿岸唐宋时期的重要发现，该遗址的发掘充分揭示了遗址临河而建、依河而生的文化布局面貌。遗址主体文化为唐宋时期遗存，时值南北社会融合发展、淮南盐场由盛转衰的变革阶段，透过遗址揭露之实物遗存，窥视其反映的人地关系、历史地理环境，对泰东河流域历史沿革、西溪古镇历史变迁、淮南盐业史和经济社会发展史等的深入研究具有十分重要的意义。

　　本报告各章节撰写具体分工如下：第一章，前言，周润垦执笔；第二章，地理环境与历史沿革，陈怡执笔；第三章，遗址概况，周润垦执笔；第四章，发掘区堆积，李光日执笔；第五章，唐代遗存，高伟执笔；第六章，宋代遗存，高伟执笔；第七章，元明遗存，高伟、范育彬执笔；第八章，动物遗存，山东大学历史文化学院王杰、高亚琪、宋艳波执笔；第九章，结语，高伟执笔。

　　考古发掘工作得到江苏省文物局、江苏省水利厅、泰东河工程建设局及盐城市文物局、东台市文物局、无锡市文化遗产保护和考古研究所、东台市博物馆等单位的大力支持。报告整理工作得到南京博物院李民昌副院长、考古所林留根所长的悉心指导。南京博物院霍华老师对遗址出土瓷器的窑口鉴定给予了指导性建议，山东大学宋艳波老师及其团队对遗址出土动物骨骼进行了鉴定分析，南开大学历史学院考古学与博物馆学系王音老师翻译了英文摘要，文物出版社谷艳雪女士为本报告的出版付出了辛勤劳动。在此，谨向他们致以诚挚的感谢！

编　者

2020 年 3 月

Cilangcun Site of Dongtai

(Abstract)

Cilangcun Site is located about 700m east of Cilangcun Village, Dongtai City, Jiangsu Province. It is distributed on both sides of Taidonghe River, 7km east of downtown Dongtai City and adjacent to Xixi ancient street of Dongtai Town in the north. The site lies in the basin of Lixiahe River, which owns dense water network and developed water transportation as it can easily reach both rivers and sea.

The site was discovered in June of 2011 during the archaeological survey of the channel widening project of Taidonghe River, which comprises two parts, the east bank and the west bank of the river. The part of the east bank is 320m long and 150m wide, covering an area of 48 000m^2, while the part of the west bank is 320m long and 100m wide, covering an area of 32 000m^2. The total area of the site is about 80 000m^2.

With the approval of the State Bureau of Cultural Relics, Nanjing Museum, together with Wuxi Municipal Institute of Cultural Heritage and Archaeology, Dongtai Museum and other units, formed a joint archaeological team to conduct rescue excavation of the site from November of 2011 to January of 2012. The excavation area is concentrated on the east and west banks within the excavation line of Taidonghe River estuary. Rectangular excavation units were arranged according to the trend of the river channel. 80 rectangular units of 5m × 5m were arranged on the east bank, two of which were expanded to the west by 1m due to excavation needs, covering an excavation area of 2 010m^2. 60 rectangular units of 5m × 5m and 1 exploration ditch were arranged on the west bank, one of which was expanded to the east by 4m, covering an area of 1 545m^2. The total excavation area on both banks is about 3 555 m^2. Important relics such as ash ditches, ash pits, wells and tombs dating back from late Tang to the Southern Song Dynasty, along with a small amount of cultural relics of the Yuan and Ming Dynasties were discovered, with a large number of production and living remains such as porcelain and pottery unearthed.

Cultural remains of the Tang and Song Dynasties are the most abundant in the site, while remains after the Song Dynasty gradually decline, until the site was finally abandoned. Remains of the Tang and Song Dynasties are relatively rich in the excavation area of the west bank, which are mainly distributed in the southern part and most of which are living junk or burial remains. The overlapping and breaking relationships between the relics are complex, reflecting frequent human activities on the west bank. Remains of the Tang Dynasty in the excavation area of the east bank mainly compose of ash pits and ditches. The exposed DG2 is 11.8m wide and intersects with Taidonghe River, with the exposed part being 19m long from east to west and still extending towards the east, which has the significance of connecting the canal. The same relics include DG1, DG4, etc. According to the distribution of cultural relics on the east and west banks, Cilangcun Site has the typical layout characteristics of towns which are built and developed along the canal. A large amount of porcelain and pottery as well as a small number of building components dating back from late Tang to the Southern Song Dynasty were unearthed in the site, of which the main types are daily necessities such as bowls, pots, kettles, basins and cups, showing typical characteristics of that time and fully revealing the social production and living situation during the period from late Tang to the Southern Song Dynasty of the area.

Taidonghe River was named Yunyanhe River and Xiayunhe River in the ancient times. During Qin and Han Dynasties, Taidonghe River had direct access to the estuary where there was Jiulong port outside, and fishermen mostly went to sea along this routine. The ancient town of Xixi is 3km downstream of the site. Xixi, once an important salt production center of Huainan saltworks, had become a town in the Western Han Dynasty thanks to the benefit of facing the sea in the east. At that time, Liu Bi, feudatory king of Wu, set up *Hai Ling Cang* (Hailing warehouse) in Xixi Town, taking charge of the salt decocting area. Emperor Wu strengthened the administration of salt and iron production, collected all the salt benefits of Huainan, and consolidated the rule over the area. During the Tang Dynasty, the post of salt officials was set up in Hailing County so as to monopolize salt profits. In Xixi, the post of *Hai Ling Jian* (supervisors of Hailing) was set up, with the method of salt boiling and decocting created and ditches dug, which promoted the development of salt production. The profits and taxes of salt production in Huainan once occupied a large part of the national finance. During Dali Period of the Tang Dynasty (766 – 779 A. D.) and Tiansheng Period of the Northern Song Dynasty (1023 – 1032 A. D.), *Chang Feng Yan* (Changfeng weir) and *Fan Gong Di* (Fangong dam) were built successively to block the tide, shield the salt stoves and ensure the prosperity of salt production. During Qingli Period of the Northern Song Dynasty (1041 – 1048 A. D.), Xixihe River of Taizhou was rebuilt to transport the accumulated salt.

Benefiting from the rich sea salt and the development of salt production, merchants gathered densely and traded frequently in Taidonghe River basin, and towns along the river sprang up. In order to guarantee salt transportation and taxes, in Tang and Song Dynasties, 200 to 300 military guards were in garrison along the canal, while officials were dispatched to supervise the transportation and soldiers to escort the ships. The number of cattle bones unearthed from the site is much larger than that of pigs and sheep which were daily food of the civilians, which is probably an important feature of the garrison. Combined with the important status of Xixi salt production at that time, the site is very likely to be an important military camp in protection of the salt transportation along the canal.

After the 2nd year of Jianyan Period in the Southern Song Dynasty (1128 A. D.), the Yellow River repeatedly encroached the channel of Huaihe River to enter the sea, leading to a large amount of sediment deposited along the coastal area, and the coastline moved eastward rapidly. In addition to this, fresh water flushed in and the brine on which Huainan saltworks relied continued to move eastward, resulting in the production of salt stoves west of *Fan Gong Di* declining greatly, and the stoves moving gradually to the east of the dam. Moreover, due to the confrontation between the Southern Song Dynasty and the Jin Dynasty, states of Huainan were in the turmoil and chaos of wars, which was a serious blow to the salt production of Xixi saltworks and led to the decline of salt transportation and trade. To a certain extent, the appearance of the relics in the late stage of the site reflects such change.

However, Taidonghe River was not abandoned due to the decline of salt production. On the contrary, its functions in water transportation and shielding the brine from the tide became more and more important. The excavation of the whole Taidonghe River was completed in the 2nd year of Yongle in the Ming Dynasty (1404 A. D.), and the logistics of sea salt was accelerated. In the Qing Dynasty, Taidonghe River was dredged many times and the levees were built. The functions of Taidonghe River changed to flood discharge and drainage. After the founding of the People's Republic of China, Taidonghe River has been the main channel of water diversion and waterway transportation.

Cilangcun Site, of which the prosperity was transient only from late Tang to the Song Dynasty, witnessed the rise and fall of the saltworks of Xixi in Dongtai as well as the salt transportation of the canal. When the location advantage of the site was lost, it then fell silently into the long river of history. In addition, the name of "Ci Lang" derives from the story of Dong Yong and the seven fairies. The legend of Dong Yong originated in the Western Han Dynasty, was enriched in the Wei and Jin Dynasties, and matured in the Tang and Song Dynasties. There are a large number of place names and relics related to the legend in Dongtai area. The discovery and research of Cilangcun Site undoubtedly adds a profound material cultural carrier to the legend.

The excavation of the site provides very important materials for the study of the history of Taidonghe River, as well as the salt production and history of economic and cultural development in Lixiahe area, builds a scientific foundation for the in-depth exploration of the history and culture of Dongtai and the inheritance of excellent regional traditional culture, and provides sufficient materials for the better protection of cultural heritage and service of the public.

彩　版

1. 前期调查情形

2. 2011辞郎遗址东、西岸发掘区

彩版一　辞郎村遗址前期调查与发掘区情形

1. 东岸发掘区工作场景

2. 西岸发掘区工作场景

彩版二　发掘场景

1. DG1

2. DH2

彩版三　东岸发掘区唐代灰沟与灰坑

1. DG1：6（宜兴窑青瓷）   2. DG1：12（宜兴窑青瓷）

彩版四　东岸发掘区出土唐代A型瓷碗

1. DG1：43（宜兴窑青瓷）　　　　　　2. DG3：8（宜兴窑青瓷）

彩版五　东岸发掘区出土唐代A型瓷碗

1. DG4：9（宜兴窑青瓷）　　　　　2. DH3：2（宜兴窑青瓷）

彩版六　东岸发掘区出土唐代A型瓷碗

1. D采：2（宜兴窑青瓷）　　　　　　2. D采：22（宜兴窑青瓷）

彩版七　东岸发掘区出土唐代A型瓷碗

1. D采：25（宜兴窑青瓷）　　　　　　　2. DG1：20（越窑青瓷）

彩版八　东岸发掘区出土唐代A型瓷碗

1. DG1：89（越窑青瓷）   2. DG3：9（越窑青瓷）

彩版九　东岸发掘区出土唐代A型瓷碗

1. DG5：7（越窑青瓷） 2. DH11：3（越窑青瓷）

彩版一〇 东岸发掘区出土唐代A型瓷碗

1. DH11：4（越窑青瓷）　　　　　　　　　　2. D采：3（越窑青瓷）

彩版一一　东岸发掘区出土唐代A型瓷碗

1. DG5：9（越窑青瓷）　　　　　　　　2. DG1：13（未定窑口青瓷）

彩版一二　东岸发掘区出土唐代A型瓷碗

1. DG1：30（未定窑口青瓷）　　　　　　　　2. DG1：76（未定窑口青瓷）

彩版一三　东岸发掘区出土唐代A型瓷碗

1. DG3：7（未定窑口青瓷）　　　　　　　　　　2. DG3：10（未定窑口青瓷）

彩版一四　东岸发掘区出土唐代A型瓷碗

1. A型碗DG5：4（未定窑口青瓷）　　　　　　2. Ba型碗DG1：11（越窑青瓷）

彩版一五　东岸发掘区出土唐代A、Ba型瓷碗

1. DG1：28（越窑青瓷）　　　　　　　2. DG1：33（越窑青瓷）

彩版一六　东岸发掘区出土唐代Ba型瓷碗

1. DG1∶56（越窑青瓷）　　　　　　　2. DG1∶38（寿州窑青瓷）

彩版一七　东岸发掘区出土唐代Ba型瓷碗

1. Ba型碗DG1：10（未定窑口青瓷）　　　2. Bb型碗DG1：23（越窑青瓷）

彩版一八　东岸发掘区出土唐代Ba、Bb型瓷碗

1. DG1：24（越窑青瓷）　　　　　　2. DG1：36（越窑青瓷）

彩版一九　东岸发掘区出土唐代Bb型瓷碗

1. DG1：41（越窑青瓷）　　　　　　　　2. DG4：4（越窑青瓷）

彩版二〇　　东岸发掘区出土唐代Bb型瓷碗

2. DG6：5（越窑青瓷）

1. DG5：1（越窑青瓷）

彩版二一　东岸发掘区出土唐代Bb型瓷碗

1. DG4：3（越窑青瓷）　　　　　　　　2. DG1：44（寿州窑青瓷）

彩版二二　东岸发掘区出土唐代Bb型瓷碗

1. DG1：45（寿州窑青瓷）   2. DG6：3（（寿州窑青瓷）

彩版二三　东岸发掘区出土唐代Bb型瓷碗

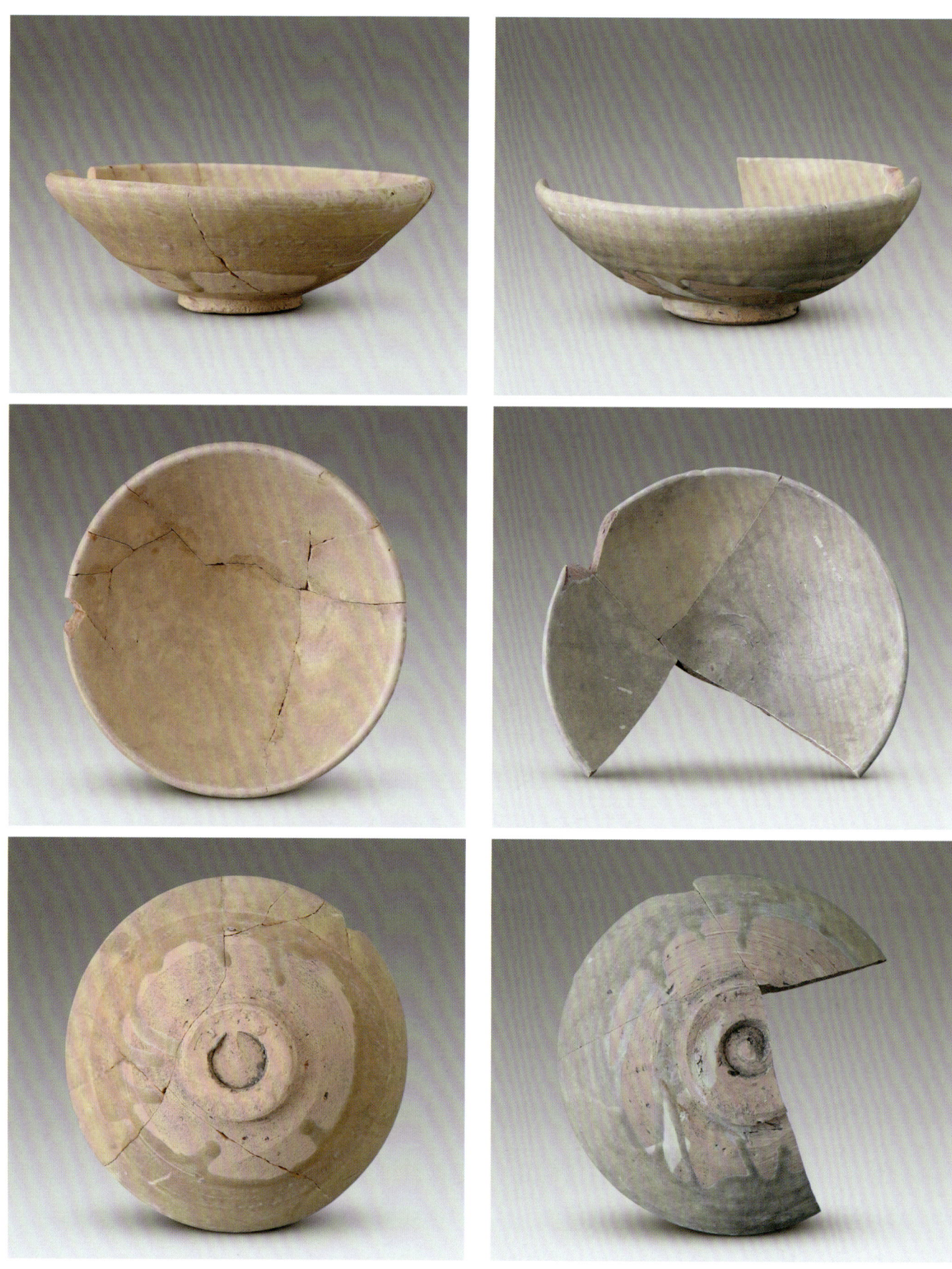

1. DG6：4（寿州窑青瓷）　　　　2. DG1：9（寿州窑青瓷）

彩版二四　东岸发掘区出土唐代Bb型瓷碗

1. DG1：15（寿州窑青瓷）　　　　2. DG1：22（寿州窑青瓷）

彩版二五　东岸发掘区出土唐代Bb型瓷碗

1. DG1：25（寿州窑青瓷）   2. DG1：34（寿州窑青瓷）

彩版二六　东岸发掘区出土唐代Bb型瓷碗

2. C型碗DH2：2（宜兴窑青瓷）

1. Bb型碗DG3：2（寿州窑青瓷）

彩版二七　东岸发掘区出土唐代Bb、C型瓷碗

1. DG1：121（宜兴窑青瓷）

2. D采：26（宜兴窑青瓷）

彩版二八　东岸发掘区出土唐代C型瓷碗

1. DG1：42（越窑青瓷）   2. DG1：14（越窑青瓷）

彩版二九　东岸发掘区出土唐代瓷盏

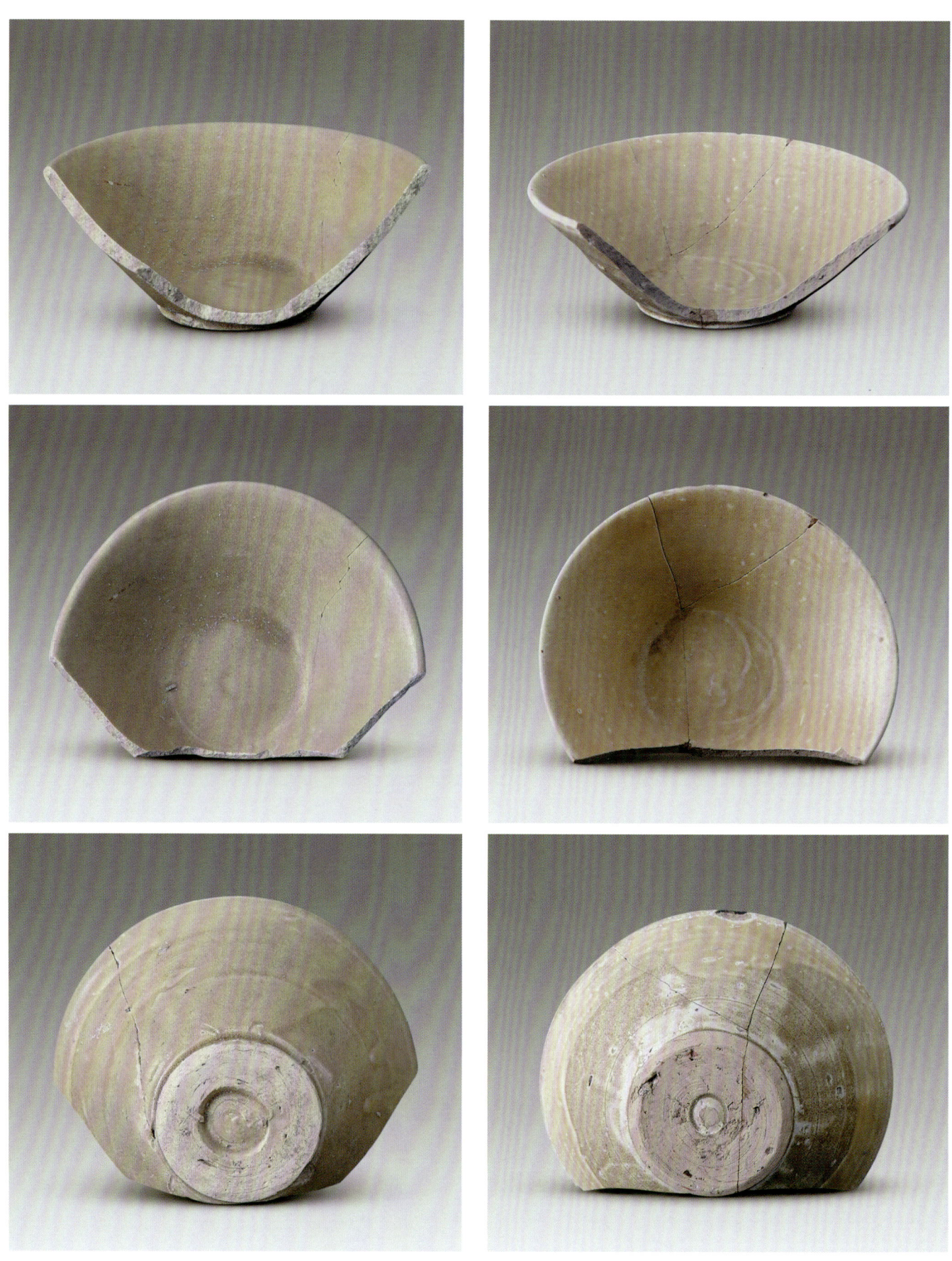

1. DG1∶21（越窑青瓷）　　　　2. DG1∶48（越窑青瓷）

彩版三〇　东岸发掘区出土唐代瓷盏

1. A型罐DG1：57（未定窑口青瓷）

3. B型罐DG1：16（宜兴窑青瓷）

2. A型罐DG1：123（未定窑口青瓷）

彩版三一　东岸发掘区出土唐代A、B型瓷罐

1. DG1：70（宜兴窑青瓷）

2. DG1：72（宜兴窑青瓷）

3. DG5：3（宜兴窑青瓷）

彩版三二　东岸发掘区出土唐代B型瓷罐

1. DG2④：4（宜兴窑酱瓷）

2. DG4：20（宜兴窑酱瓷）

3. DG1：54（长沙窑青瓷）

彩版三三　东岸发掘区出土唐代B型瓷罐

1.B型罐DG1：71（越窑青瓷）　　　　　　　　2.B型罐DG4：1（未定窑口青瓷）

3.C型罐DG1：60（长沙窑青瓷）

彩版三四　东岸发掘区出土唐代B、C型瓷罐

1. C型罐DG3：5（未定窑口酱瓷）

3. A型执壶 DG1：58（长沙窑青瓷）

2. C型罐DG6：2（未定窑口酱瓷）

彩版三五　东岸发掘区出土唐代C型瓷罐、A型瓷执壶

1. DG3：6（寿州窑青瓷）　　　　2. DG1：46（未定窑口青瓷）

彩版三六　东岸发掘区出土唐代B型瓷执壶

1. DG1：55（未定窑口青瓷）

2. DG1：59（未定窑口青瓷）

彩版三七　东岸发掘区出土唐代B型瓷执壶

1. DH9：2（未定窑口青瓷）　　　　　　　　2. D采：23（未定窑口酱瓷）

彩版三八　东岸发掘区出土唐代B型瓷执壶

2. DG1：83（长沙窑青瓷）

1. DG1：53（越窑青瓷）

3. DG1：17（未定窑口青瓷）

彩版三九　东岸发掘区出土唐代A型瓷盂

1. A型盂DG1：84（未定窑口青瓷）　　　　2. B型盂DG1：82（长沙窑青瓷褐彩）

彩版四〇　东岸发掘区出土唐代A、B型瓷盂

1. DG4：12（长沙窑青瓷）　　　　　　2. DG1：4（未定窑口青瓷）

彩版四一　东岸发掘区出土唐代瓷盘

2. A型盆DG1：86（宜兴窑青瓷）

1. 盘DG1：7（未定窑口青瓷）

彩版四二　东岸发掘区出土唐代瓷盘、A型瓷盆

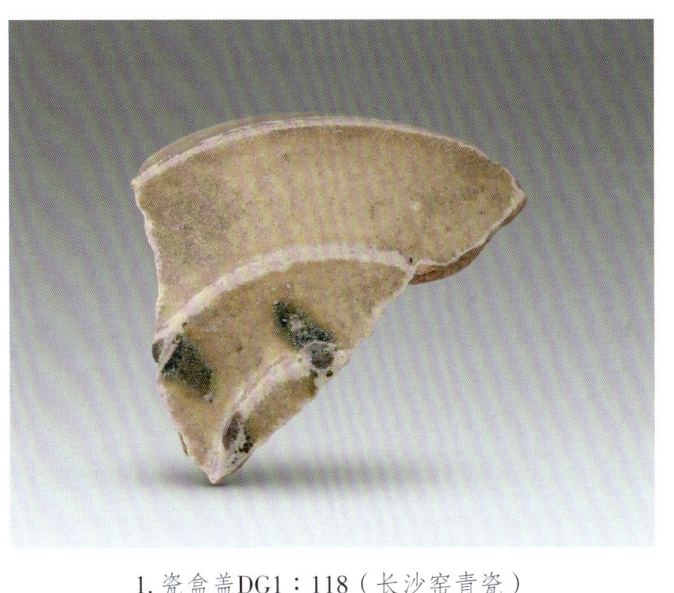

1. 瓷盒盖DG1：118（长沙窑青瓷）　　　　　2. 瓷盒盖DG1：122（长沙窑青瓷）

3. 灯盏DG4：19（未定窑口酱褐瓷）　　　　　4. 釉陶盆DG4：2

彩版四三　东岸发掘区出土唐代瓷盒盖、灯盏及釉陶盆

3. 莲花纹方砖DH10：1

1. 釉陶盆DG5：8

4. 莲花纹方砖DH10：6

2. B型陶盆DG5：13

5. 石碾轮DG3：12

彩版四四　东岸发掘区出土唐代釉陶盆、陶盆、莲花纹方砖及石碾轮

1. XH3：2（越窑青瓷）　　　　　2. XT1129①：3（越窑青瓷）

彩版四五　西岸发掘区出土唐代A型瓷碗

1. XT1206⑥：40（越窑青瓷）　　　　2. XT1206⑦：4（越窑青瓷）

彩版四六　西岸发掘区出土唐代A型瓷碗

1. XT1206⑦：13（越窑青瓷）　　　　2. XG10①：10（宜兴窑青瓷）

彩版四七　西岸发掘区出土唐代A型瓷碗

1. XG10①：11（宜兴窑青瓷）　　　　　　2. XT1206⑥：28（宜兴窑青瓷）

彩版四八　西岸发掘区出土唐代A型瓷碗

1. XT1206⑦：3（宜兴窑青瓷）　　　　　　2. XT1206⑦：6（宜兴窑青瓷）

彩版四九　西岸发掘区出土唐代A型瓷碗

1. XT1214①：3（宜兴窑青瓷）　　　　　　　　　　　2. XT1103⑤：1（宜兴窑酱瓷）

彩版五〇　西岸发掘区出土唐代A型瓷碗

2. XT1105⑤：1（越窑青瓷）

1. XG7①：2（越窑青瓷）

彩版五一　西岸发掘区出土唐代Ba型瓷碗

1. XG10②：1（越窑青瓷）　　　　　　2. XG10②：3（越窑青瓷）

彩版五二　西岸发掘区出土唐代Ba型瓷碗

1. XT1206⑥：7（越窑青瓷）　　　　　　　　2. XT1206⑥：42（越窑青瓷）

彩版五三　西岸发掘区出土唐代Ba型瓷碗

1. XG7②：2（寿州窑青瓷）　　　　　2. XG10②：2（寿州窑青瓷）

彩版五四　西岸发掘区出土唐代Ba型瓷碗

1. XG10②：4（寿州窑青瓷）　　　　　　2. XT1106⑤：2（寿州窑青瓷）

彩版五五　西岸发掘区出土唐代Ba型瓷碗

1. XG10②：5（越窑青瓷）　　　　　2. XT1206⑤：6（越窑青瓷）

彩版五六　西岸发掘区出土唐代Bb型瓷碗

1. XT1206⑥：32（越窑青瓷）　　　　2. XT1206⑥：6（越窑青瓷）

彩版五七　西岸发掘区出土唐代Bb型瓷碗

1. XT1206⑥：41（越窑青瓷）　　　　　　　2. XTG1⑤：2（长沙窑青瓷）

彩版五八　西岸发掘区出土唐代Bb型瓷碗

1. XG10①：9（越窑青瓷）　　　　　　　2. XG10④：6（越窑青瓷）

彩版五九　西岸发掘区出土唐代瓷盏

2. XT1203①：1（未定窑口青瓷）

1. XT1101⑦：6（越窑青瓷）

彩版六〇　西岸发掘区出土唐代A型瓷钵

1. XT1126①：1（越窑青瓷）　　　　　　2. XH11：1（宜兴窑酱瓷）

彩版六一　西岸发掘区出土唐代B型瓷钵

2. XT1206⑥：50（长沙窑青瓷）

1. XT1119⑦：2（宜兴窑酱瓷）

3. XT1128①：10（未定窑口青瓷）

彩版六二　西岸发掘区出土唐代B型瓷罐

XT1105⑤：5（长沙窑青瓷）

彩版六三　西岸发掘区出土唐代C型瓷罐

XG10②：7（长沙窑青瓷）

彩版六四　西岸发掘区出土唐代A型瓷执壶

XT1206⑦：9（长沙窑青瓷）

彩版六五　西岸发掘区出土唐代A型瓷执壶

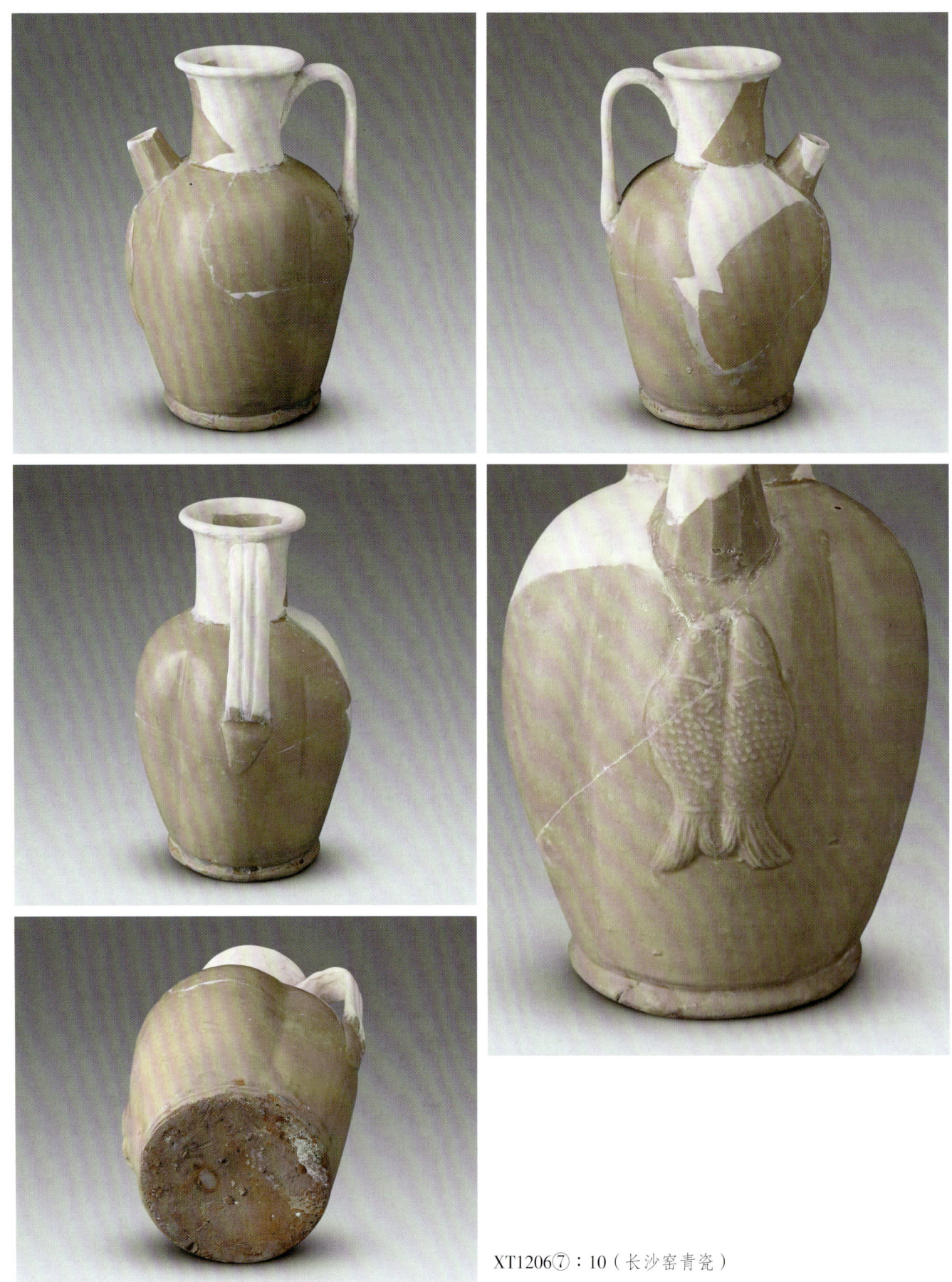

XT1206⑦：10（长沙窑青瓷）

彩版六六　西岸发掘区出土唐代A型瓷执壶

XT1206⑥：3（寿州窑青瓷）

彩版六七　西岸发掘区出土唐代B型瓷执壶

1. B型执壶XT1206⑦：8（宜兴窑酱瓷）

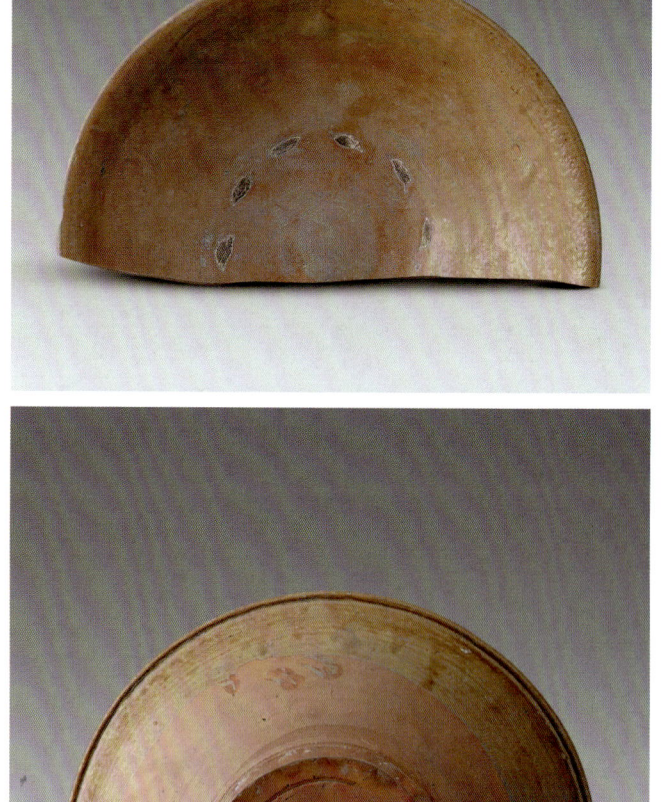

2. C型盆XT1206⑦：11（越窑青瓷）

彩版六八　西岸发掘区出土唐代B型瓷执壶、C型瓷盆

1. C型瓷盆XG10⑥：1（未定窑口青瓷）

2. 瓷盒XG10②：6（长沙窑青瓷）

3. 瓷盒盖XG10①：12（长沙窑青瓷）

4. 陶抄手砚XT1206⑥：33

彩版六九　西岸发掘区出土唐代C型瓷盆、瓷盒及陶砚

1. 陶网坠 XT1016⑤：1

2. 莲花纹瓦当 XG10②：8

4. 铁器 XG10⑥：3

3. 砺石 XG10⑥：2

5. 铜钱 XT1120⑥：2

彩版七〇　西岸发掘区出土唐代陶网坠、瓦当、砺石、铁器及铜钱

1. DH1∶17（繁昌窑青瓷）　　　　　　　2. DH1∶34（繁昌窑青瓷）

彩版七一　东岸发掘区出土宋代A型瓷碗

1. DH1：64（繁昌窑青瓷）　　　　　　2. DH1：138（繁昌窑青瓷）

彩版七二　东岸发掘区出土宋代A型瓷碗

1. DT1401②：1（繁昌窑青瓷）

2. DH1：60（未定窑口青瓷）

彩版七三　东岸发掘区出土宋代A型瓷碗

1. DH1：24（繁昌窑青瓷）　　　　　　2. DH1：59（繁昌窑青瓷）

彩版七四　东岸发掘区出土宋代Ba型瓷碗

1. DH1：65（繁昌窑青瓷）　　　　　　　　　　2. DH1：149（繁昌窑青瓷）

彩版七五　东岸发掘区出土宋代Ba型瓷碗

1. DH1：22（繁昌窑青白瓷）　　　　　　2. DH1：23（繁昌窑青白瓷）

彩版七六　东岸发掘区出土宋代Ba型瓷碗

1. Ba型碗DH1：7（龙泉窑青瓷）　　　　　　　2. C型碗DH1：156（繁昌窑青瓷）

彩版七七　东岸发掘区出土宋代Ba、C型瓷碗

1. DH1：25（繁昌窑青瓷）　　　　　2. DH1：50（繁昌窑青瓷）

彩版七八　东岸发掘区出土宋代Da型瓷碗

1. DH1：53（繁昌窑青瓷）　　　　2. DH1：54（繁昌窑青瓷）

彩版七九　东岸发掘区出土宋代Da型瓷碗

1. DH1：63（景德镇窑青瓷）　　　　2. DH1：40（景德镇窑青白瓷）

彩版八〇　东岸发掘区出土宋代Da型瓷碗

1. Da型碗DH1：106（景德镇窑青白瓷）　　　2. Db型碗DH1：2（景德镇窑青白瓷）

彩版八一　东岸发掘区出土宋代Da、Db型瓷碗

1. DH1：27（景德镇窑青白瓷）　　　　　2. DH1：115（景德镇窑青白瓷）

彩版八二　东岸发掘区出土宋代Db型瓷碗

1. DH1：116（景德镇窑青白瓷）　　　　2. DG2③：4（繁昌窑青白瓷）

彩版八三　东岸发掘区出土宋代Db型瓷碗

1. Db型碗DH1：69（未定窑口白瓷）　　　　2. Ea型碗DH1：143（景德镇窑青瓷）

彩版八四　东岸发掘区出土宋代Db、Ea型瓷碗

1. DH1：144（景德镇窑青瓷）　　　　2. DH1：31（景德镇窑青白瓷）

彩版八五　东岸发掘区出土宋代Ea型瓷碗

1. DH1：35（景德镇窑青白瓷）　　　　　　　　　2. DH1：55（景德镇窑青白瓷）

彩版八六　东岸发掘区出土宋代Ea型瓷碗

1. DH1：146（景德镇窑青白瓷）　　　　　2. DH1：6（繁昌窑青瓷）

彩版八七　东岸发掘区出土宋代Ea型瓷碗

1. Ea型碗DH1：26（繁昌窑青瓷）　　　2. Eb型碗 DH1：3（景德镇窑青白瓷）

彩版八八　东岸发掘区出土宋代Ea、Eb型瓷碗

1. DH1：12（景德镇窑青白瓷）　　　　　2. DH1：52（景德镇窑青白瓷）

彩版八九　东岸发掘区出土宋代Eb型瓷碗

1. DH1：4（繁昌窑青瓷）　　　　　　2. DH1：32（繁昌窑青瓷）

彩版九〇　东岸发掘区出土宋代Eb型瓷碗

1. DH1：13（未定窑口青瓷）　　　　　　　2. DH1：44（未定窑口青瓷）

彩版九一　东岸发掘区出土宋代Eb型瓷碗

1. DH1：45（未定窑口青瓷）　　　　　　　2. DH1：51（未定窑口青瓷）

彩版九二　东岸发掘区出土宋代Eb型瓷碗

1. DH1：166（景德镇窑青瓷）　　　　　　　　　2. DH1：56（定窑黑瓷）

彩版九三　东岸发掘区出土宋代Ec型瓷碗

1. DH1：49（定窑黑瓷）   2. DH1：38（景德镇窑青白瓷）

彩版九四　东岸发掘区出土宋代Aa型瓷盏

1. Aa型DH1：21（未定窑口黑瓷）　　　　　2. Ab型DH1：157（景德镇窑青白瓷）

彩版九五　东岸发掘区出土宋代Aa、Ab型瓷盏

1. DH1：8（景德镇窑青瓷）　　　　2. DH1：39（龙泉窑青瓷）

彩版九六　东岸发掘区出土宋代A型瓷盘

1. A型带耳罐DH1：81（未定窑口酱瓷）

3. 枕DH1：72（未定窑口青瓷）

2. B型无耳罐DH1：71（未定窑口酱瓷）

4. 枕DH1：89（未定窑口酱瓷）

彩版九七　东岸发掘区出土宋代A、B型瓷罐及瓷枕

1. 瓷枕DH1：91（未定窑口酱瓷）

2. 釉陶碾钵DH1：83

3. B型釉陶盆DH1：77

彩版九八　东岸发掘区出土宋代瓷枕及釉陶碾钵、B型釉陶盆

2. C型陶盆DH1：132

1. 釉陶器盖 DH1：80

彩版九九　东岸发掘区出土宋代釉陶器盖、C型陶盆

2. 砖DH1：88

1. 屋脊瓦DH1：104

3. 石碾轮DT1801②：1

4. 铜钱DG2③：1

彩版一〇〇　东岸发掘区出土宋代屋脊瓦、砖、石碾轮及铜钱

彩版一〇一　西岸发掘区宋代遗迹XJ1

1. XM1清理现场

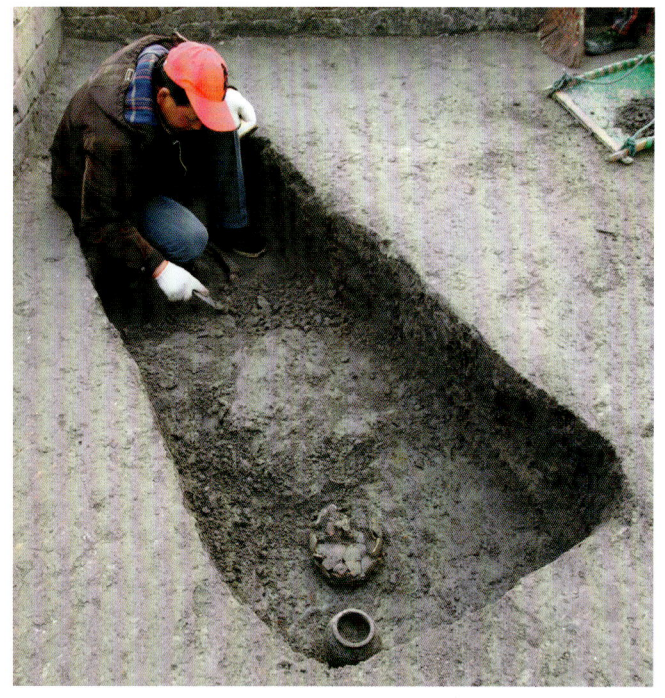

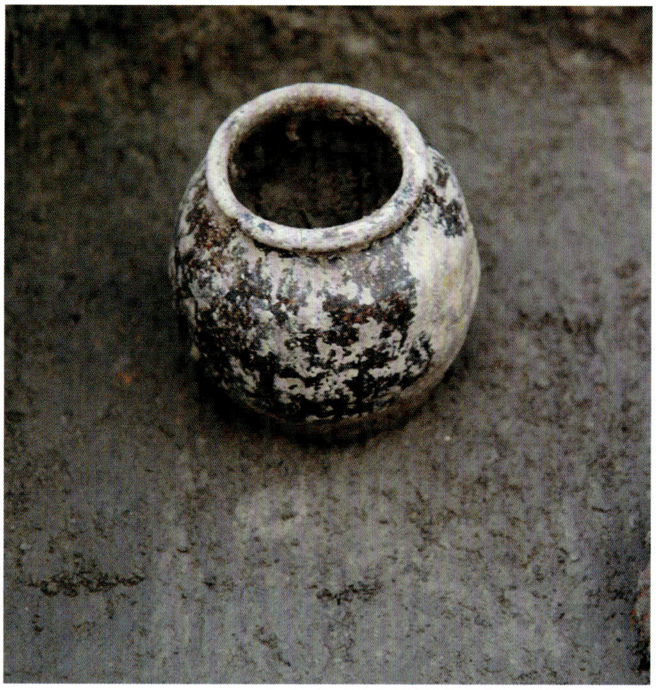

2. XM1出土陶罐

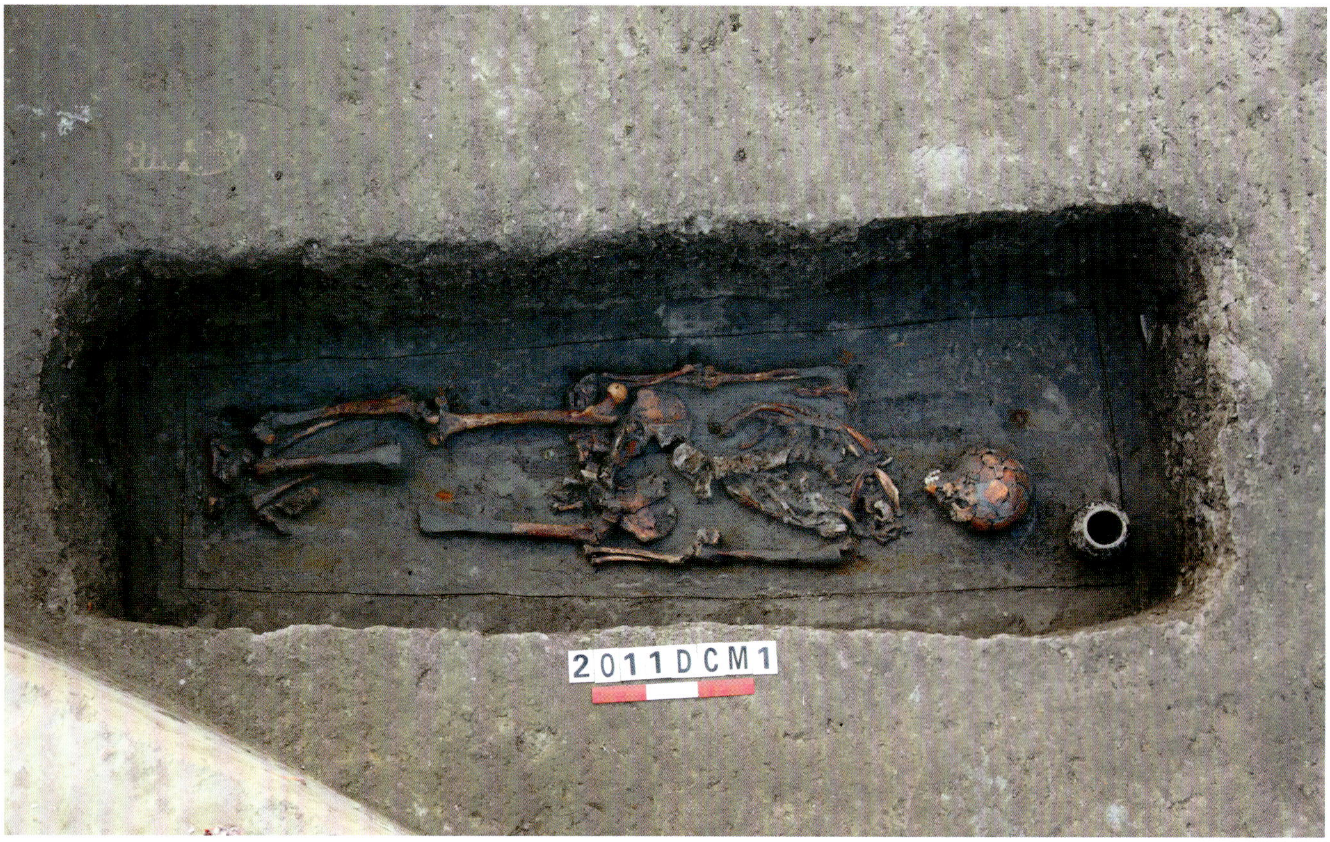

3. XM1

彩版一〇二　西岸发掘区宋代墓葬XM1

1. XG2②：3（龙泉窑青瓷）

2. XTG1④：21（龙泉窑青瓷）

1. XT1016④：6（龙泉窑青瓷）　　　　2. XT1119③：5（龙泉窑青瓷）

彩版一〇四　西岸发掘区出土宋代Ba型瓷碗

2. XT1120③：13（龙泉窑青瓷）

1. XT1120③：6（龙泉窑青瓷）

彩版一〇五　西岸发掘区出土宋代Ba型瓷碗

1. XT1120③：18（龙泉窑青瓷）

2. XT1120④：17（龙泉窑青瓷）

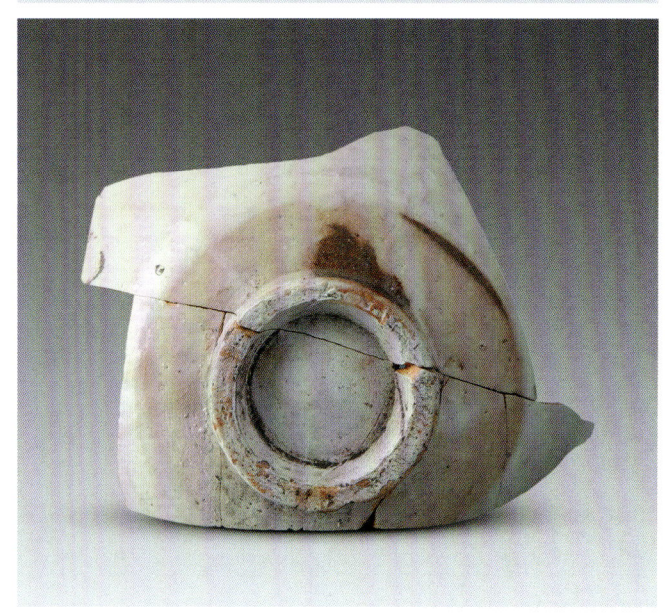

2. XT1016④：9（磁州窑白地黑花）

1. XT1120④：1（龙泉窑青瓷）

彩版一〇七　西岸发掘区出土宋代Ba型瓷碗

1. Ba型碗XT1120③：1（未定窑口青瓷）　　　2. Bb型碗XTG1④：25（龙泉窑青瓷）

彩版一○八　西岸发掘区出土宋代Ba、Bb型瓷碗

1. XT1120③：4（龙泉窑青瓷）

2. XT1120④：18（龙泉窑青瓷）

彩版一〇九　西岸发掘区出土宋代Bb型瓷碗

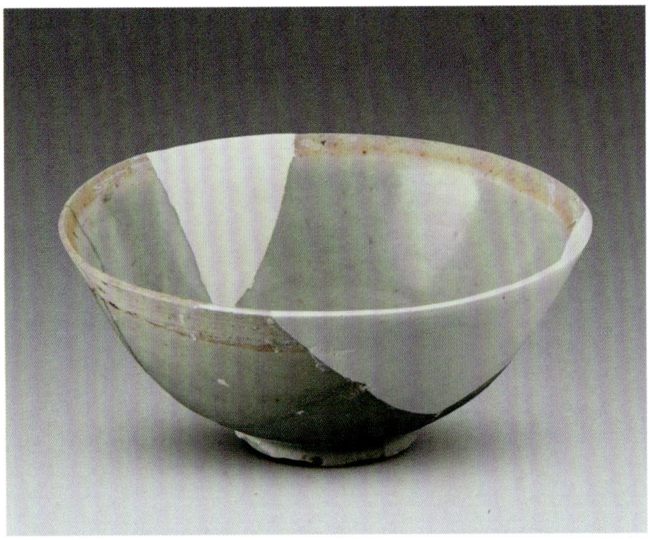

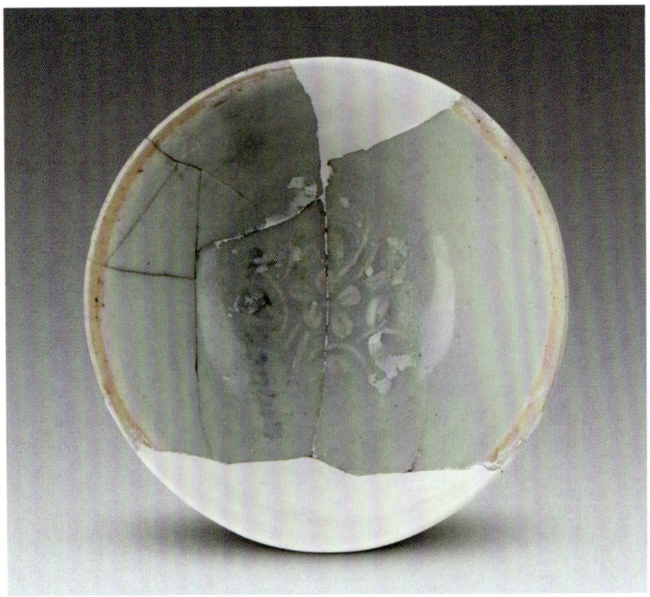

1. Bc型碗XTG1④：23（景德镇窑青白瓷）

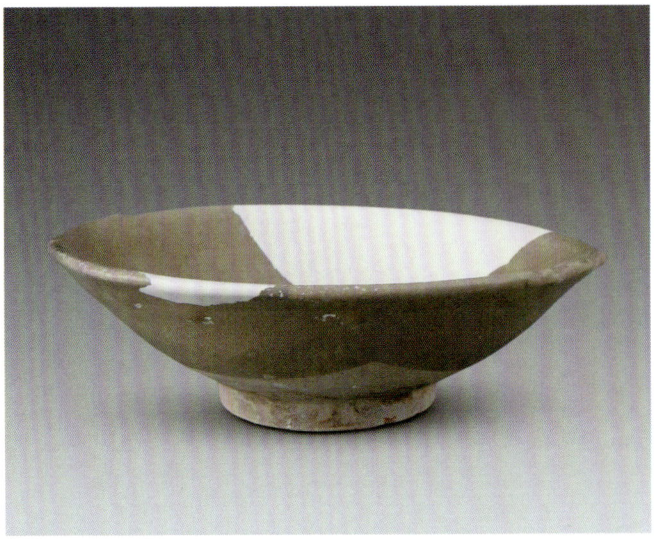

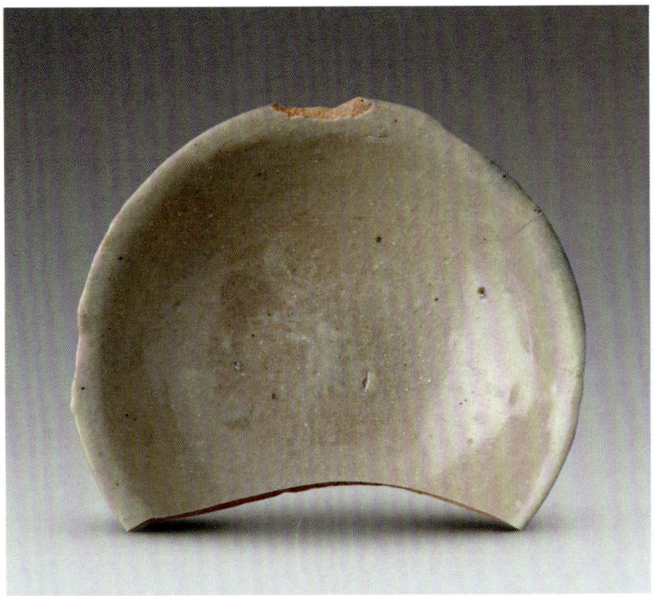

2. C型碗XT1210①：1（龙泉窑青瓷）

彩版一一〇　西岸发掘区出土宋代Bc、C型瓷碗

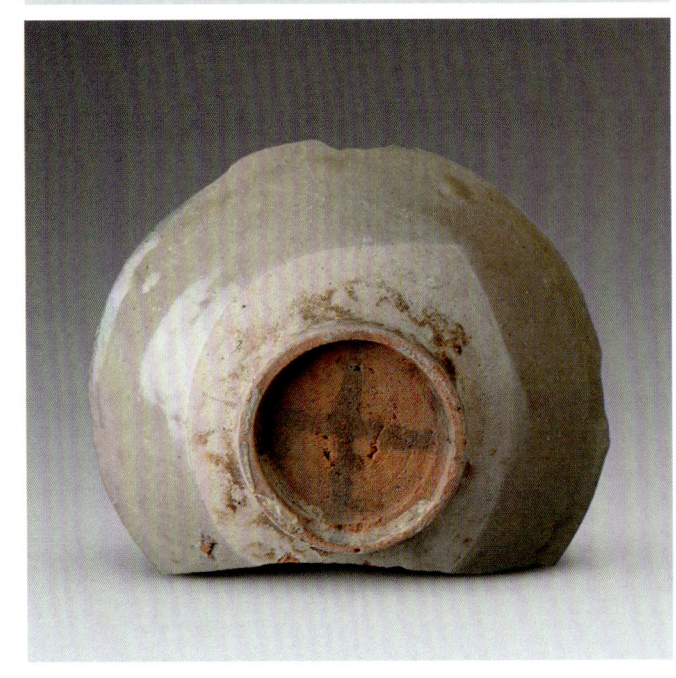

1. Da型碗XG2②：5（未定窑口白瓷）　　　　　2. Fa型碗XTG1④：9（龙泉窑青瓷）

彩版一一一　　西岸发掘区出土宋代Da、Fa型瓷碗

1. XTG1④：24（龙泉窑青瓷）　　　　　　　2. XT1105③：2（龙泉窑青瓷）

彩版一一二　西岸发掘区出土宋代Fa型瓷碗

1. XT1106③：1（龙泉窑青瓷）　　　　2. XT1106③：4（龙泉窑青瓷）

彩版一一三　西岸发掘区出土宋代Fa型瓷碗

1. XT1108④：4（龙泉窑青瓷）　　　　　2. XT1120③：8（龙泉窑青瓷）

彩版——四　西岸发掘区出土宋代Fa型瓷碗

1. XT1120③：19（龙泉窑青瓷）　　　　　　2. XT1120④：3（龙泉窑青瓷）

彩版一一五　西岸发掘区出土宋代Fa型瓷碗

1. XT1120④：16（龙泉窑青瓷）　　　　　　　2. XT1121③：1（龙泉窑青瓷）

彩版一一六　西岸发掘区出土宋代Fa型瓷碗

2. XT1119④∶1（龙泉窑青瓷）

1. XTG1④∶14（龙泉窑青瓷）

彩版一一七　西岸发掘区出土宋代Fb型瓷碗

1. Fb型碗XTG1④：33（景德镇窑青白瓷）　　　2. Fc型碗XT1120③：10（龙泉窑青瓷）

彩版一一八　西岸发掘区出土宋代 Fb、Fc 型瓷碗

2. 碗XG2⑥：3（景德镇窑青白瓷）

1. Fc型碗XT1120④：14（龙泉窑青瓷）　　　　3. 碗XT1108③：2（未定窑口青瓷）

彩版一一九　西岸发掘区出土宋代瓷碗

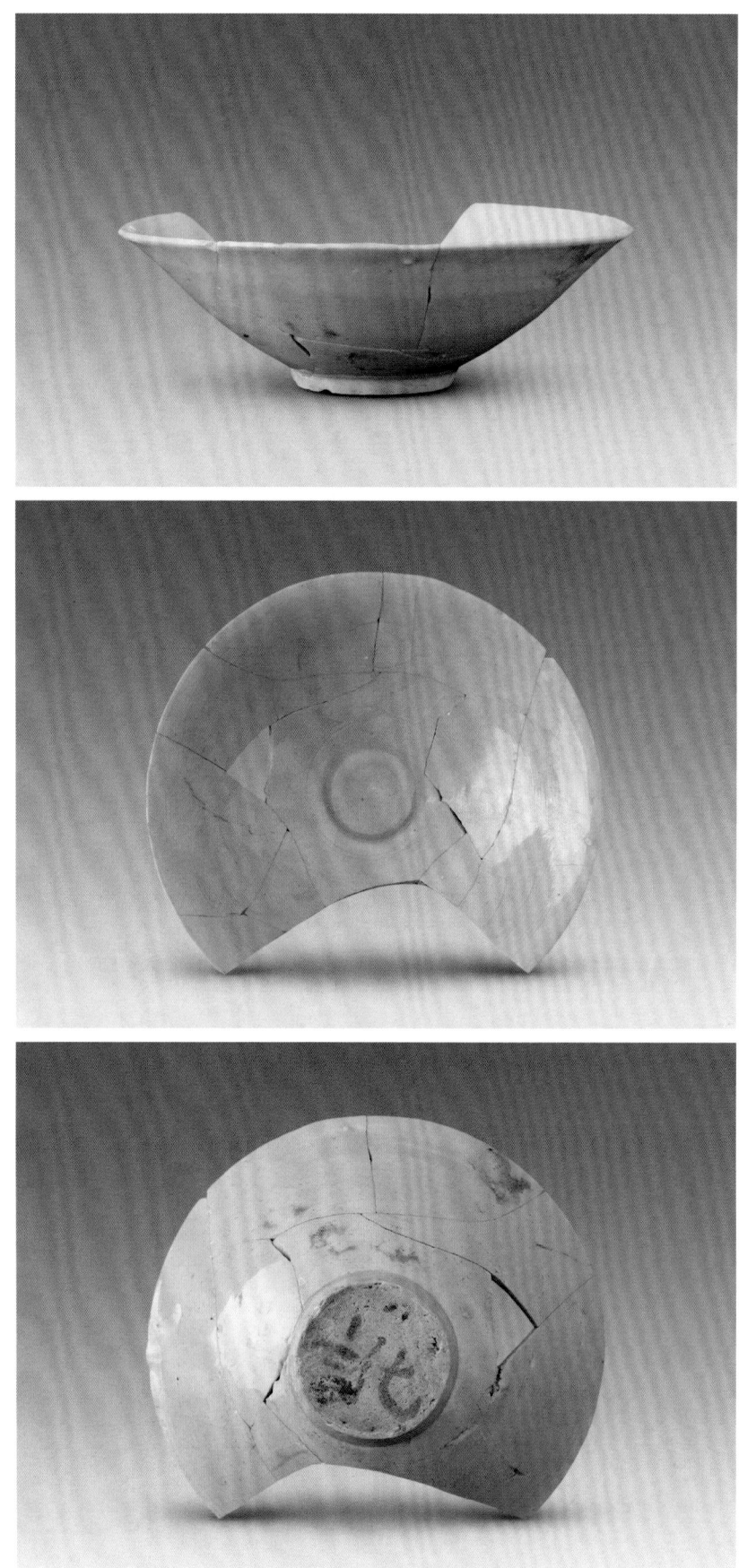

XTG1④：28（景德镇窑青白瓷）

彩版一二〇　西岸发掘区出土宋代Aa型瓷盏

1. XT1119③：2（吉州窑黑瓷）　　　　　　2. XT1210①：3（吉州窑黑瓷）

彩版一二一　西岸发掘区出土宋代B型瓷盏

2. XT1119③：4（建窑黑瓷）

1. XT1102④：1（建窑酱瓷）

彩版一二二　西岸发掘区出土宋代C型瓷盏

1. XG2②：2（吉州窑黑瓷）　　　　　　　　2. XT1120③：25（吉州窑黑瓷）

彩版一二三　西岸发掘区出土宋代C型瓷盏

1. A型圈足盘XT1120④：2（龙泉窑青瓷）　　　　2. B型芒口盘XT1016④：5（景德镇窑青白瓷）

2. XT1128①：4（景德镇窑青白瓷）

1. XT1120③：12（景德镇窑青白瓷）

彩版一二五　西岸发掘区出土宋代B型瓷盘

2. B型敛口罐XTG1④：10（未定窑口青瓷）

1. C型平底盘XG2②：6（龙泉窑青瓷）

彩版一二六　西岸发掘区出土宋代C型瓷盘、B型瓷罐

1. 盒XT1126①：2（龙泉窑青瓷）

4. 器盖XT1120④：15（景德镇窑青白瓷）

2. 器盖XT1119④：6（景德镇窑青白瓷）

3. 器盖XT1120③：17（景德镇窑青白瓷）

5. 器盖XT1126①：3（景德镇窑青白瓷）

彩版一二七　西岸发掘区出土宋代瓷盒、器盖

XT1119④：14（景德镇窑青白瓷）

彩版一二八　西岸发掘区出土宋代瓷执壶

2. 盏托XTG1④：4（龙泉窑青瓷）

1. 杯式炉XT1120③：9（未定窑口青白瓷）

3. 俑XT1105③：3（未定窑口白瓷）

彩版一二九　西岸发掘区出土宋代瓷炉、盏托、俑

1. XT1120④：4 2. XT1120④：8

彩版一三〇　西岸发掘区出土宋代A型釉陶盆

1. B型釉陶盆 XT1120④：20

2. 釉陶韩瓶 XH5：1

彩版一三一　西岸发掘区出土宋代B型釉陶盆、韩瓶

1. 器盖XT1219①：3

2. 罐XG2⑥：1

3. 罐XM1：1

彩版一三二　西岸发掘区出土宋代釉陶器盖、罐

XG2②：1

彩版一三三　西岸发掘区出土宋代陶罐

1. 砖XT1109④：2

3. 砖XJ1：1

2. 砖XT1120④：9

4. 铜钱XT1105③：1

彩版一三四　西岸发掘区出土宋代砖、铜钱

1. XG6①：1（景德镇窑青白釉瓷）　　　　　2. XT1230①：1（景德镇窑青白釉瓷）

彩版一三五　西岸发掘区出土元明瓷碗

2. XTG1②：5（景德镇窑青白釉瓷）

1. XTG1②：3（景德镇窑青白釉瓷）

彩版一三六　西岸发掘区出土元明瓷碗

1. 盘XTG1②：8（龙泉窑青瓷）

2. 盘XT1103②：1（未定窑口青花瓷）

3. 炉XTG1②：1（龙泉窑青瓷）

彩版一三七　西岸发掘区出土元明瓷盘、炉